게임 밸런스
수치 기획 바이블

游戏数值百宝书

ISBN 9787121417535

Copyright ©2021 PUBLISHING HOUSE OF ELECTRONIC INDUSTRY CO., LTD.
All rights reserved.

First published in the Chinese language under the title 游戏数值百宝书
Korean translation rights arranged with PUBLISHING HOUSE OF ELECTRONICS INDUSTRY CO.,
LTD through Media Solutions, Tokyo Japan (info@mediasolutions.jp).

게임 밸런스 수치 기획 바이블

1판 1쇄 발행 2024년 8월 26일
1판 2쇄 발행 2024년 9월 13일

지은이 위안자오양
옮긴이 권유라
펴낸이 장성두
펴낸곳 주식회사 제이펍

출판신고 2009년 11월 10일 제406-2009-000087호
주소 경기도 파주시 회동길 159 3층 / **전화** 070-8201-9010 / **팩스** 02-6280-0405
홈페이지 www.jpub.kr / **투고** submit@jpub.kr / **독자문의** help@jpub.kr / **교재문의** textbook@jpub.kr

소통기획부 김정준, 이상복, 안수정, 박재인, 송영화, 김은미, 배인혜, 권유라, 나준섭
소통지원부 민지환, 이승환, 김정미, 서세원 / **디자인부** 이민숙, 최병찬

진행 이상복 / **교정 · 교열** 조서희 / **내지 디자인** 이민숙 / **내지 편집** 백지선 / **표지 디자인** nu:n
용지 타라유통 / **인쇄** 해외정판사 / **제본** 일진제책사

ISBN 979-11-93926-29-1 (93000)
책값은 뒤표지에 있습니다.

제이펍은 여러분의 아이디어와 원고를 기다리고 있습니다. 책으로 펴내고자 하는 아이디어나 원고가 있는 분께서는
책의 간단한 개요와 차례, 구성과 지은이/옮긴이 약력 등을 메일(submit@jpub.kr)로 보내주세요.

위안자오양 지음　권유라 옮김

유저를 붙잡아두는
수치 기획의 모든 것

게임 밸런스
수치 기획 바이블

Jpub 제이펍

CHAPTER 4   게임의 경제 수치   105

CHAPTER 5   게임 수치 검증   179

옮긴이 머리말 _____

9세에 <스타크래프트>로 처음 게임을 접한 이후로 수백 개의 게임을 플레이했고, 근 2년은 미호요의 <원신>을 플레이하고 있습니다. 미호요 등의 게임들을 접하면서 중국 게임이 정말 빠르게 성장하고 있다는 생각이 들었습니다. 중국에서 8년 동안 유학 생활을 할 때는 한국 게임만 플레이하며 중국 게임은 아직 멀었다고 생각했는데, 그 생각이 뒤집어졌습니다.

<원신> 성공의 이면에는 이 책의 저자와 같은 훌륭한 기획자들이 있었을 것입니다. 그들은 수많은 게임을 분석하며 공식을 만들었고, 게이머들을 사로잡는 최적의 수치를 게임에 적용했습니다. 수치는 전투 밸런스에만 국한되지 않습니다. 경제 밸런스, 성장 밸런스, 보상, 수익화 등 기획의 다양한 부분에서 수치가 등장합니다.

이 책에서는 수치 작업을 프로세스화해서 준비 작업, 전투 수치, 경제 수치, 수치 검증, 수익화로 나눕니다. 그때그때 요구 사항에만 맞춰 수치를 디자인하다 보면, 수치 기획자는 여러 수치들 사이의 관계를 완벽하게 파악하기가 어렵습니다. 저자는 수치 기획 업무를 공장의 '생산 라인'처럼 정립해서 하나의 완벽한 제품을 만들 수 있도록 이 책을 썼습니다.

1장에서는 먼저 수치를 프로세스화합니다. 이어지는 장에서는 이 프로세스에 맞춰 수치를 제작하기만 하면 됩니다. 2장은 준비 작업입니다. 먼저 게임의 장르와 테마를 분석하고, 게임의 3요소를 알아봅니다. 3장에서는 전투 수치를 만듭니다. 먼저 속성을 정의하고, 전투 구조를 이해하여 전투 플로와 공식을 정의합니다. 그리고 전투 밸런스, 직업 밸런스의 틀을 갖춘 후 성장 시스템을 구축합니다.

4장에서는 게임의 경제 수치를 만듭니다. 경제모델을 선택하고, 화폐와 자원을 확정합니다. 경제구조를 구축한 후에는 가치 체계를 만들어 각 요소의 가치를 정량화합니다. 5장에서는 그동안 만든 수치들과 밸런스를 검증하는 방법을 다룹니다. 6장에서는 게임의 수익화에 대해 알아봅니다. 수익 모델을 선택하고, 수익화 전략을 세웁니다.

7장에서는 더 명확하고 효과적인 의사소통을 위해 게임의 수치를 시각화하는 방법을 알려줍니다. 8장에서는 각 수치를 최적화하기 쉽도록 수치 시스템을 모듈화합니다. 이를 통해 체계적으로 게임의 수치를 구축할 수 있게 됩니다.

이 책을 통해 수치 기획자라는 직업이 국내에서도 보편화되기를, 그래서 더 좋은 품질의 게임을 만날 수 있게 되기를 기원합니다.

마지막으로 이 책을 추천해주신 오영욱 님, 저를 믿고 번역을 맡겨주신 장성두 대표님, 저를 응원하고 지지해준 이상복 팀장님께 감사의 인사를 전합니다.

권유라

국내에는 주로 일본이나 미국의 게임 개발에 대한 지식들이 많이 들어오는 편이며, 원서를 찾아보는 사람들도 많은 편입니다. 저도 그중 하나로, 새로운 경험이나 영감을 주는 책들을 항상 찾아다니고 가끔 국내에 소개하는 편이기도 합니다. 게임 기획에 대한 서적들은 한국, 일본, 미국 서적을 가리지 않고 국내에 책이 적지 않게 있는 편입니다. 이런 책들은 저자의 게임 개발에 대한 철학을 다루며 본인의 경험을 전달해주는 좋은 내용이 많습니다. 하지만 이런 책만으로는 부족함을 느낄 때가 있습니다.

일본과 미국이 여전히 가정용 게임기를 중심으로 한 스탠드얼론 게임이 중심인 시장이라면, 일본을 제외한 동아시아나, 남미, 동남아시아 등의 시장은 모바일 중심의 게임 시장인 경우가 많습니다. 게임은 더 이상 하나의 제품이 아닌 서비스로 접근해야 하는 경우가 많아졌고, 이러한 접근 행태는 점점 가정용 게임기로 넘어가고 있기도 합니다. 한국은 온라인 게임 초기에 다양한 게임을 제작하고 서비스해오면서 노하우를 쌓았지만, 2010년 이후에는 서비스나 운영적인 측면에서 중국의 개발사들이 더 주목받는 경우가 많아졌습니다.

그러자 이런 생각이 들었습니다. 게임 서비스를 많이 하고 있으니까 게임 내 경제 운영이나 기획에 대한 노하우가 담긴 좋은 책이 중국에는 있지 않을까? 국내에는 중국 게임 개발 자료가 그렇게 많이 소개되지는 않는 편이었기 때문에 중국어로 검색을 했고 몇몇 책을 찾았습니다. 그중 하나가 바로 이 책 《게임 밸런스 수치 기획 바이블》입니다. 번역기의 힘을 빌려서 읽어보려고 했으나 결국 끝까지 읽는 데는 실패했습니다만, 인연이 닿아 이렇게 한국어로 된 책을 받아볼 수 있게 되니 감개가 무량합니다.

지금까지 게임 기획에서 수치에 대한 연구가 없었던 것은 아니고 수치를 전문적으로 다룬 책도 존재하긴 하지만, 그 범위가 경제에까지 이르는 경우는 드문 것 같습니다. 이 책에서는 저자의 서비스 경험이 묻어나는 실제 경험담으로 게임 내 경제 수치에 대한 기획의 노하우를 엿볼 수 있다는 것이 큰 강점 아닐까 싶습니다.

이 책은 게임 수치 기획에서 전투와 경제를 중심으로 다룹니다. 준비 작업부터 전투 수치, 경제 수치, 수치 검증, 수익화에 이르기까지, 각 단계별로 상세한 설명과 저자가 직접 작업한 사례를 포함한 실제 사례를 통해 독자가 쉽게 이해하고 적용할 수 있도록 돕고 있습니다. 특히 경제 수치 파트에서는 게임 내 경제 시스템을 구축하고 균형을 맞추는 방법을 매우 상세히 설명하고 있습니다. 자원의 흐름과 화폐의 가치, 플레이어의 소비 패턴 등을 분석하여 효과적인 경제모델을 설계하는 방법을 제시합니다. 또한 수치를 검증하는 예시들을 통해 수치를 어떻게 기획하고 검증할지 막막한 사람들에게 길을 제시해줍니다.

마지막의 수익화 부분은 중국 게임들의 비즈니스 모델이 어떤 식으로 기획되는지 살펴볼 수 있는 좋은 경험이 되리라 생각합니다. 비즈니스 모델에 대해 문서화된 지식을 찾기 어려운 상황에서 좋은 지침 중 하나가 될 것입니다.

물론 이 책에서 다루는 내용들은 중국 시장에서 이용된 노하우들이고 절대적이고 완벽한 방법론은 아닐 것입니다. 하지만 우리는 언제나 다른 사람들은 어떤 방식으로 접근하고 어떤 결과를 얻었는지 궁금해하기에, 실제 경험에서 비롯된 저자의 노하우를 습득할 수 있다는 점은 이런 책을 읽으면서 얻을 수 있는 가장 큰 보물이 아닐까요.

이 책이 한국의 게임 개발자들이 고민하고 있는 부분을 해결하는 데 도움이 되었으면 좋겠습니다. 이 책을 출판하는 데 참여한 모든 분께 진심으로 감사드립니다.

오영욱, 《게임 기획의 정석》 역자, 《우리가 사랑한 한국 PC 게임》 공저자

베타리더 후기 _____

제이펍은 책에 대한 애정과 기술에 대한 열정이 뜨거운 베타리더의 도움으로
출간되는 모든 IT 전문서에 사전 검증을 시행하고 있습니다.

 박수빈(엔씨소프트)

게임 회사에서 근무하고 있지만 분야가 달라 게임 수치를 기획하는 일에 대해서는 이 책을 통해 처음 알게 되었습니다. 책을 읽다 보면 내가 만들고 즐기는 게임이 정말 복잡한 계산식 아래에 있다는 것을 느끼게 됩니다. 밸런스가 잘 맞춰진 게임을 플레이할 때 재밌다고 느끼게 되는데, 그런 게임을 만드는 일이 얼마나 어려운 일인지도 구체적으로 알게 됐습니다. 제대로 된 게임을 만들고 싶은 사람이라면 정독할 것을 권하고 싶습니다. 수치와 계산식이 많고 이론적인 부분이 많아 읽기 쉽지만은 않았습니다.

 사지원(카카오모빌리티)

여러 게임을 하며 접했던 숫자들이 실제로는 얼마나 많은 고민과 근거를 바탕으로 설계되었는지 알 수 있는 책이었습니다. 게임의 근간을 바꿀 수 있는 밸런스와 게임의 경제를, 기획자가 어떤 의도를 가지고 만들어가는지 실제 게임의 예시를 통해 배울 수 있습니다. 제가 즐겨 하는 게임이 다양한 곳에서 예제로 나와 책을 읽는 도중 반가운 마음이 많이 들었습니다. 다만 책 주제가 '수치'인 만큼 많은 숫자가 나오는데, 이 점이 조금 부담스럽기도 했습니다.

 양성모(현대오토에버)

게임이 인기를 꾸준히 유지하기 위해 가장 필요한 조건은 '밸런스'라고 생각합니다. 이 책은 잘 조율된 좋은 품질의 게임을 만들기 위하여 게임 수치를 설계하는 방법을 구체적으로 소개합니다. 인디 게임 개발자나 기획자들에게 특히 많은 도움이 될 것 같습니다. 전반적으로 편하게 읽을 수 있었습니다.

어린 시절에 플레이한 한두 개의 게임에 영향을 받아 게임 산업에 들어온 종사자가 많다. 게임에서 얻은 인사이트를 통해 창작의 열망을 품고 업계에 입문하는 것이다.

게임 유저에서 개발자로 변신하면서 달라지는 것은 역할만이 아니다. 마음가짐도 달라진다.

8~9년 전에 저자를 만났다. 당시 웹 게임의 등장으로 많은 개발자가 게임 산업에 뛰어들었고, 부족한 경험에도 놀라운 성과를 낸 사례도 있었다. 당시에는 중국인이 쓴 체계적인 게임 개발 서적이 많지 않았다. 최고의 작품을 분석해 공학적 사고를 체계적으로 적용하며, 독창성을 갖고자 노력하는 방법이 우리가 할 수 있는 최선이었다.

추천사를 쓸 기회를 준 저자에게 감사드리며, 게임 제작에 대해 개인적인 미숙한 견해이지만 공유하고자 한다.

저자와 같은 게임 개발자가 현장 경험을 통해 게임 수치 개발을 위한 실용적이고 유용한 안내서를 쓰게 돼 기쁘다. 수치는 게임 운영에서의 핵심이다. 이 책을 통해 게임 설계 지식을 체계적으로 이해하고, 구조적 사고의 게임 개발에 대해 첫발을 떼게 될 것이다. 게임 개발의 기반을 만든 저자를 이해하고 결론의 요인을 인식하며 자신의 해석에 따라 시스템을 만들 수 있으리라 생각한다.

게임의 가치는 게임 속 작은 '목표'를 '플레이'라는 행위와 연결 사용자 경험의 방향과 리듬을 제어하는 데 있다고 생각한다. 거시적인 관점에서 이를 경험 아키텍처라고 부르고 싶다. 방향이 합리적이고 속도가 적절할 때 플레이어는 점차 가상 아이템의 가치를 인식하고 성장을 느낄 뿐만 아니라, 기획자가 전달하려는 메시지, 감정, 재미, 의미를 느낄 수 있다. 좋은 게임은 현실에서 쉽게 얻을 수 없는 일을 경험케 한다. 세상의 모든 것, 즉 역사, 다른 사람들의 삶과 이야기, 사람과 세상에 대한 감정, 심지어 우리가 생각할 수 있는 것과 생각하지 못하는 멋지고 터무니없는 환상까지 포괄하는 가상 세계에 몰입할 수 있게 해주는 것, 그것이 바로 좋은 게임이다.

시드 마이어Sid Meier의 철학을 인용하고 싶다.

"시간의 시험을 견딜 수 있는 게임을 만들라."

내가 아는 훌륭한 개발자는 모두 삶에 대한 깊은 감각을 가진 사람들이다. 그들은 문학, 예술, 역사, 수학, 물리학, 심리학, 철학 등 훌륭한 사상의 정수를 읽고 세상의 다양한 색채를 직접 경험했다.

창의성의 강력한 원동력이자 뿌리는 무엇인가? 무엇을 표현하고 싶은가? 무엇을 표현해야 하는가? 어떤 가치 있는 정보와 경험을 기록하고 전파해야 하는가? 그 답은 사람마다 다를 수 있다.

이상주의와 현실주의를 갖고 게임을 만들며, 삶에서 배운 도를 예술과 더불어 모두 게임에 담을 수 있기를 바란다.

여러분의 건승을 기원한다.

우위쥔吳郁君, 첸징원화千境文化

추천 서문 2 ————————————————————————

과거에는 제품이 좋거나, 시장이 좋거나, 운이 좋으면 게임이 성공할 수 있었다. 오늘날 글로벌 게임 시장을 살펴보면 리텐션 감소, 비용 상승, ROI 회수 기간의 장기화, 방법론의 실패 등 몇 가지 주요 변화가 나타나고 있다. 배당금이 점차 줄어들고 오개닉 트래픽 확보가 점점 더 어려워지면서 게임의 성공은 필연적으로 제품 개발에 더 많이 의존하게 될 것이다. 배당금과 현금화 메커니즘이 발전한 상황에서 우리가 할 수 있는 일은 시대의 흐름을 따라 좋은 상품을 개발해 승리하는 것이다. 이때 게임 상품을 평가하는 가장 중요한 지표는 수치 설계다.

오랜 기간 업계에 종사한 데이터 분석가로서, 게임 비즈니스를 주도하는 것이 데이터 분석의 핵심 목표 중 하나라고 확신하지만, 이는 결코 쉬운 일이 아니다. 비즈니스를 주도하려면 R&D, 운영, 유통에 대한 충분한 지식과 이해가 기본이다. R&D의 깊이 있는 이해에는 수치 이해가 수반돼야 한다.

이 책을 읽고 많은 것을 배웠다. 이런 경험을 공유할 수 있는 사람은 드물다고 생각한다. 수치 기획자들과 대화를 나누고 강의를 들어봐도 이 책 내용의 일부밖에 들을 수 없을 것이다. 그만큼 이 책은 게임 수치에 관한 포괄적인 내용을 담고 있다.

수치 설계 방법론부터 전투, 경제 등의 수치 설계 프로세스, 수치 검증까지 수치 시스템의 틀과 주요 업무를 체계적으로 설명한다. 이 책이 출간됨으로써 게임 산업에 실용적인 책이 하나 더 늘었다. 다년간의 경험을 살린 실용적인 참고 자료를 통해 독자는 업무와 학습에 큰 도움을 받을 수 있을 것이다. 게임 산업에 이런 저자가 더 많이 등장하면 좋겠다. 실무자에게는 기쁜 소식이자 성장을 가속화할 수 있는 좋은 책이다.

흔히 데이터 분석과 수치는 별개의 것이 아니라고 말하곤 하는데 이는 사실이다. 게임 설계 관점에서 게임 행동 데이터를 수치 검증 데이터와 비교하면 문제점을 파악할 수 있다. 데이터 이상 현상을 분석할 때 유저의 관점에서만 추측하지 않고 문제의 원인을 재빨리 파악할 수 있다. 분석가에게 수치적 계획에 대한 지식을 이해하는 것은 쓸 수 있는 손이 하나 더 생기는 것과 같다.

고기를 잡아서 주는 것보다 잡는 법을 알려주는 것이 더 낫다고 흔히 말한다. 이 책을 통해 게임 수치 기획자와 게임 수치를 이해하고 싶은 독자 모두 도움을 받을 수 있을 것이다. 게임 산업 발전에 기여해준 저자에게 감사하다. 앞으로도 더 좋은 게임이 많이 나왔으면 좋겠다.

리샹옌黎湘艳,《数据驱动游戏运营(데이터 기반 게임 운영)》 저자

저자가 갑자기 찾아와 "제가 게임 수치 기획에 관한 책을 썼는데 추천사를 부탁하고 싶어요!"라고 말했다. 나는 깜짝 놀랐다. 그는 이어서 "제가 이 책을 쓴 지 10년이 지났는데 끝을 내고 싶어요"라고 했다. 이 말에, 나는 한숨을 쉬며 추천사를 쓰겠다고 할 수밖에 없었다. 긴 세월, 청춘을 방황하며 보낸 게임 업계 종사자들에게 미안한 마음이 들어서다.

게임 산업은 수년 동안 급속히 발전했다. 수많은 프로그래머, 기획자, 디자이너, 운영자의 노력으로 산업의 규모는 거대해지고 내부는 더 단단해져 점점 많은 돈을 벌고 있다. 집을 짓는 것은 언제나 기반을 다지는 것부터 시작한다. 전략, 수치, 사교는 게임의 핵심 요소다. 집을 짓는 것에 비유하면 수치는 기반, 전략은 집, 사교는 지붕이다. 수치는 게임의 하한선, 사교는 게임의 상한선이다. 전략이 뼈, 수치가 혈관, 사교가 신경계라면, 혈관은 뼈와 신경계 모두에 영양을 공급해야 하는 만큼 수치의 중요성은 자명하다 할 수 있다. 전략을 완벽하게 표현하고, 사교의 지속성을 높이고, 유저를 몰입시키려면 수치 설계는 없어서는 안 될 존재다.

수치는 단순한 수학 문제가 아니라고 생각한다. 연결된 요소와 균형을 밸런스를 맞춰야 하는 요소가 지나치게 많아서 수치 설계를 잘하기가 어렵기 때문이다. 게다가 가장 기본적인 개념조차 갖추지 못한 채 단순히 수치를 게임 개발의 일부분으로만 여기는 수치 기획자도 상당히 많다. 그래서 게임 개발에 종사하는 독자에게 이 책을 추천하고 싶다. 클라우드 게임, AI, AR, VR과 같은 고급 개념보다 먼저 탄탄한 '기반'을 쌓는 방법을 이해해야 한다.

수치 설계는 사용자의 요구 사항에서 비롯된다. 수치 기획의 기본 논리를 소개한다. 다음 사항은 꼭 기억해야 한다.

1. 수치 설계는 사용자의 요구 사항에서 비롯된다는 점을 다시 한번 강조한다.

2. 수치 설계는 카테고리, 전략, 성장, 사교, 사용자 습관과 맞아야 한다. 다양한 유형의 제품 사용에는 다양한 차원의 요구 사항이 있다는 점을 전제한다. 높은 수치, 빠른 성장의 수치가 꼭 좋지만은 않다. '정도'에 주의를 기울이면서 너무 늦거나 '충돌'을 일으키지 않도록 해야 한다.

3. 수치는 게임의 다양한 시스템에 있지만, 각 수치에는 각기 다른 정확한 목적이 있으므로 하나의 수치 설계를 그대로 복제한다고 해도 목적을 이룰 수는 없다. 수치 설계자는 수치란 무엇인지, 어떤 요구 사항에서 와서 어디로 가는지 이해해야만 한다.

4. 수치 설계는 계획과 감각이 매우 중요하다. 수치 설계 요구 사항은 매우 정확하고(점검의 기준 척도는 시간이다), 각 수치 라인의 결합도가 합리적이고 제어가 가능해야 하기 때문이다. 수치 설계는 인문적이면서도 감각적이어야 하고 인간의 본성에 맞아야 한다.

5. 수치 설계는 게임 개발의 다양한 모듈을 연결하고, 사물을 최대한 활용하며 인색하지 않고, 자원을 낭비하거나 방치하지 않아야 한다. 또한 수치는 단독으로 존재할 수 없으므로 다른 시스템에 연결해야 한다.

좋은 수치 기획은 업계에서 매우 희귀한 리소스다. 좋은 수치 기획은 기본 개념 이해부터 시작되므로, 이 책을 적극 권장한다.

류전팡刘震方

추천 서문 4 _____

곧 출간될 게임 수치 설계에 관한 책의 추천사를 부탁받았다. 게임 업계에서 10년 이상 있었지만 '선배'라고 자신 있게 말할 수 없는 나로서는 전문 게임 연구 개발 서적의 추천사를 쓸 수 있게 돼 정말 영광이라고 생각한다. 이 책에 대한 소개와 게임 산업에 대한 개인적인 생각을 써보려고 한다.

필자는 중국 촨메이 대학 애니메이션 학부에서 게임 디자인을 전공했다. 중국 최초 게임 분야 학부의 교육 방향은 '게임 산업을 위해 우수한 개발 인재를 양성'하는 것이어서, 재학 중에 아트 디자인부터 기획과 제작, 프로그램 구현에 이르기까지 게임 개발의 거의 모든 핵심 모듈을 경험했다. 어렸을 때부터 비디오게임을 좋아하다 보니 자연스럽게 게임 개발을 향한 열망이 컸고, 졸업 후에는 전문 게임 개발자가 되고 싶었다. 하지만 여러 우연의 결과로 졸업 후 퍼블리싱 회사에서 게임 운영 업무를 맡으면서, 게임을 만들고 싶다는 꿈과는 점점 멀어졌다.

하지만 게임 운영 업무 덕분에 게임을 다른 시각에서 바라볼 수 있었다. MUDmulti user dungeon부터 PC 온라인 게임, 모바일 온라인 게임까지 게임의 장르와 표현 방식은 큰 변화를 겪었지만, 유저가 게임을 선택하는 기본적인 마음가짐은 그대로다. 게임은 '보기 좋고, 재미있고, 오래가야' 한다. 이 간단한 문장 뒤에는 풍부한 정보가 있다. 보기 좋다는 것은 예술성을, 재미있다는 것은 핵심적인 게임 플레이와 창의성을, 오래간다는 것은 게임을 지탱하는 건강한 수치 시스템을 나타낸다.

게임을 사람에 비유하면 게임 플레이 시스템은 뼈, UI 디자인은 피부와 살, 수치는 혈관과 신경으로서 게임이 실제로 작동할 수 있게 하는 핵심 요소라고 생각한다 수치 설계는 게임이 이형저인 성능을 바꿀 수는 없지만, 건강하고 지속 가능한 게임을 위해 매우 중요한 요소다.

이 책은 수치 설계를 기반으로 하지만 기존의 전투 수치나 육성 수치에 국한되지 않고, 타깃 AI 설계, 경제 시스템 구조, 화폐 규칙 등 보다 심도 있는 수치 설계 아이디어와 더 나아가 수익화 수치 설계까지 확장된 내용, 장기 운영에 대한 사고와 방법론까지 담았다. 수치 및 시스템 기획 분야에서 경험이 매우 풍부한 저자는 각 장의 거의 모든 요점에 예제를 첨부해, 게임 수치 설계의 모든 측면을 심도 있게 설명한다. 이 책을 통해 독자가 하룻밤 사이에 수치 기획의 '신'이 되는 기적은 없겠지만, 성숙한 이론을 습득하고 자신만의 설계 아이디어를 찾을 수는 있을 것이다.

게임은 엔터테인먼트의 한 형태이며, 게임 출시는 사용자에게 행복을 가져다주는 것이 핵심 목적이다. 게임의 종류에 상관없이 몰입할 수 있고 유저에게 즐거운 경험을 선사할 수 있다면 좋은 게임이라고 할 수 있다. 앞으로 '다른 사람에게 기쁨을 준다'는 이념을 가진 더 많은 젊은 피가 업계에 합류해, 고품질의 게임 제품을 계속 출시하고 게임 산업이 더욱 발전하고 더 밝은 미래를 열어갈 수 있기를 바란다.

돤옌밍段延明, 퍼블리셔 겸 프로듀서

저자는 필자의 오랜 친구다. 수년 동안 수치 기획 분야를 고수한 그를 존경한다. 10년 동안 업계에서 시스템, 수치, 전투, 레벨 및 기타 하위 분야에 뛰어들어 어느 한 분야에만 집중하지 못하는 기획자를 많이 봤다.

게임 기획 분야는 체계적 교육이 가능하지 않아서 조급해지기 쉽다. 많은 사람이 한 분야의 일을 몇 년간 하면 금세 '천장'에 부딪힌다. 천장을 깨려면 이해도가 매우 높거나, 대단한 선임이 있어야 한다. 스스로에만 의존하면 딜레마에 빠지기 매우 쉽다. 그래서 많은 사람이 수직적 발전이 아닌 수평적 발전을 도모해 시스템, 전투, 레벨, 운영, 수치를 모두 시도해본다. 필자는 시스템 기획에서 병목을 겪었을 때, 코딩을 배우고, 그림을 배우기 위해 태블릿을 구입했다. 물론 대부분 중간에 그만뒀다.

최근에 누군가 세부 분야를 고수해야 하는지, 아니면 수평적으로 발전해야 하는지 물었다. 필자의 대답은 이랬다. "전문 분야 하나를 갖고 있으면서 다양한 능력이 있어야 한다. 전문 분야 하나가 핵심이다"라는 나무통 원리[1]는 게임 개발처럼 복잡한 작업에서는 적용되지 않는다. 물론 스스로 프로그램, 디자인, 기획을 다 하는 인디 게임을 만들고 싶다면 적용이 가능하다. 이런 경우 가장 짧은 나무판자의 길이가 당신이 얼마나 멀리 갈 수 있는지 결정한다. 하지만 대형 게임 개발 팀에 속해 있고, 상업화된 대형 게임에서 성공하고 싶다면 팀 전체를 하나의 '나무통'으로 봐야 한다. 이 경우 자신의 전문 분야에서만 충분히 우수하면 괜찮다. 당신이 어느 한 분야에서 정통하다면 당신 옆에 마찬가지로 실력 있는 동료가 있을 테고, '가장' 전문적인 개발 팀에 들어갈 수 있을 것이다. 각자

1 　[옮긴이] 나무판자들로 만든 나무통에서 물을 담을 수 있는 높이는 가장 짧은 나무판자 높이까지라는 원리로, 로렌스 피터(Laurence Peter)가 주창했다고 알려져 있다.

가 자신의 가장 긴 나무판자로 깊은 '나무통'을 만들면서, 각 방면이 모두 우수한 게임을 함께 만들 수 있다.

필자는 줄곧 수치가 대규모 게임 개발이라는 '나무통'에서 가장 중요한 판자라고 생각했다. 수치 설계에 문제가 있으면 게임의 시스템, 전투, 레벨 디자인이 아무리 훌륭해도 쓸모가 없다. 우수한 수치 기획자는 현재 매우 부족한 실정이다.

수치 기획을 잘 하려면 수학적 기초를 제외하고 가장 중요한 것은 역시 게임의 재미에 대한 이해, 유저에 대한 이해다. 유저와 게임의 전체 생명주기 관점에서 문제를 생각할 수 있어야 한다. 훌륭한 수치 기획자는 게임의 재미에 대해 미시적 규모부터 거시적 규모까지 설명할 수 있어야 하며, 그래야만 수치가 게임 경험에 도움이 될 수 있다. 이를 위해 수치 기획자는 풍부한 게임 경험과 본질부터 사고하고 성찰하는 능력, 유저의 게임 행동의 복잡성을 구체적인 수학적 논리로 추상화할 수 있는 능력이 필요하다. 모든 것은 시간이 걸리고, 프로젝트 경험의 축적이 필요하며, 오랜 시간 동안 유저를 생각해야 하기 때문에 수치 기획자는 경력이 길수록 매력적인 직업이다. 게임 제작자에게 수치 기획자는 꿈의 커리어이기도 하다.

게임 수치 기획은 모든 기획 중에서 가장 어렵다. 게임 수치 기획자는 회사마다 양성 기준과 경로가 다르다. 성숙한 회사에서 성숙한 프로젝트에 참여하고 있고 선임 수치 기획자가 있다면 훨씬 쉬울 것이다. 선임 수치 기획자는 후임을 문으로 인도한다. 모범적인 행동으로 길을 알려주는 것이다. 이 책은 훌륭한 선임 수치 기획자이자, 선임 없이 홀로 고군분투하고 있는 수치 기획자를 위한 길벗이라고 생각한다. 독자가 성숙한 시스템에서 성장하고 있는 수치 기획자라면, 이 책은 다른 관점에서 수치의 폭과 깊이를 생각할 수 있게 하고 수치 기획 지식을 쌓는 데 큰 도움이 될 것이다.

마지막으로, 저자의 바람대로 이 책이 게임에 꿈을 품은 '새내기'들에게 도움이 되어, 더욱 성숙해진 게임 산업 속에서 모든 게임이 더욱 훌륭하고 재미있게 만들어지기를 바란다.

톈샤오둥田晓东, 시니어 게임 제작자

얼마 전에 이 책의 추천사를 써달라는 요청을 받고 사실 두려움이 앞섰다. 거물들 앞에 서기에는 내 경력은 초보자와 다를 바 없고, 내가 만든 결과물 또한 뛰어나다고 보기도 어려워 이 글이 가당치 않다고 생각했기 때문이다. 원고를 읽으면서 몇 년간의 경험을 회상해보니 몇 가지 생각과 감정이 떠올라 결국 이 글을 쓰게 됐다. 미숙하지만 그에 대해 말해보고자 한다.

필자가 처음 업계에 발을 들였을 때 중국의 게임 산업은 빠르게 발전 중이었다. 많은 인재가 유입되고 우수한 게임이 다양하게 등장하고 있었다. 몇 년 전까지만 해도 업계는 좌절과 어려움을 겪었지만, 어떤 산업이든 성장을 위해서는 반드시 몇 가지 어려움을 겪어야 한다는 것을, 그리고 이것은 필수적이고 불가피한 일이라는 것을 깨달았다.

지금까지 이룩된 모든 산업에는 모두를 곤경에서 벗어날 수 있도록 이끄는, 이른바 '선구자'가 필요했다. 게임 환경에 대한 자신감은 증가했지만 문제 해결에서는 어려움이 남아 있는 시기에, 선구자는 자신의 생각과 판단에서 비롯된 문제 해결 방법을 제시한다. 물론 선구자가 아예 없는 것은 아니지만, 더 많이 필요하다. 게다가 현장의 실무자 모두 선구자가 될 수도 없다. 선구자가 되려면 좋은 기초, 좋은 성장 환경, 좋은 커리어 경험이 필요하다. 이때 '좋다'는 것은 객관적인 우월함이 아니라 다른 사람의 성장에 도움이 되는 주관적인 것을 의미한다.

이 책은 실무자들에게 좋은 학습 환경을 제공하려고 노력했다. 이 책의 각 부분은 기본에서 시작해 실제 프로젝트에서 발생하는 문제와 어려움, 대처 방법을 설명한다 나아가 아이디어의 세부적인 부분까지 자세히 다뤄 이후 발생할 수 있는 모든 것을 빠짐없이 담았다.

처음 이 업계에 입문했을 때의 필자의 모습이 떠오른다. 게임을 좀 해봤고, 아이디어도 있고, 열정도 있었지만, 이를 실무 능력으로 전환해 실질적인 문제를 해결하려면 어떻게 해야 할지 몰랐다.

근무 시간이 길어지면서 점차 막막해졌고, 처음에는 스스로에 대한 의구심으로 시작했으나 나중에는 업계 전체에 대한 의심으로 확장됐다. 이는 사실 업계에서 일하기 시작했을 때 좋은 시작과 학습 환경이 부족했고, 길을 밝혀주는 지시등이 없었던 탓이다. 필자는 안개 낀 바다에서 바람과 함께 표류할 뿐이었으며, 곤경을 운으로 헤쳐나가고 있었다.

당시 필자에게는 깨우칠 만한 지식이 필요했다. 모든 것이 시작할 때는 어렵지만, 시작을 잘 하고 나면 이후의 일들이 훨씬 쉬워진다. 그때는 전문 지식과 전문 기술을 높이기 위해 무언가를 배울 수 있는 기회를 갈망했다. 생각해보면 당시 이런 책이 있었다면 선구자들의 경험과 생각을 찾아 인터넷을 뒤지느라 허비했던 많은 시간을 절약할 수 있었을 것이라는 아쉬움이 남는다. 어떤 의미에서는 이 책은 지름길이 아닐까 생각한다.

물론 이런 생각들을 수집하고 정리하기는 힘든 일이다. 책의 내용은 교육적인 부분이 많으며, 시대나 사회를 막론하고 교육 방면의 일은 매우 고되다.

이런 작품이 점점 더 많아지면 게임 산업은 더 성숙해지고, 안정감이 생길 것이다. 새로운 후배들도 자신과 업계를 이해하면서 스스로의 장점을 더 잘 발휘할 수 있는 여건과 기회를 얻게 되리라 생각한다.

이러한 비전이 실현된다면 필자 역시 매우 행복할 것이다.

주위안천朱元晨, 시니어 게임 수치 기획자

머리말 _____

수치 기획자가 게임 기획자에서 분리돼 어엿한 전문 직종이 된 것은 시대의 산물이자 업계가 더 성숙해졌다는 신호다. 게임 수치를 이해하고 수치 구조를 읽는 데 도움이 되며, 구체적이고 '실현 가능한' 수치 방법론을 제공하고자 이 책을 썼다. 특히 게임 산업의 발전과 게임 품질의 향상을 위해 실현 가능한 수치 개발 프로세스, 수치 구조를 해석하는 방법, 게임 수치 아이디어의 모듈식 제작을 제시하고자 했다. 고품질 게임을 제작하기 위해 게임 개발 일선에서 고군분투하는 사람들을 위한 책이다.

사실 이것은 오랜 기간 동안 게임 개발 업계에서 일한 개인적 경험이기도 하다.

먼저 게임 수치 프로세스의 5단계로 준비 작업, 전투 수치, 경제 수치, 수치 검증, 수익화를 소개한다. 그런 다음 수치 시각화를 통해 게임 수치에 따른 유저의 게임 경험을 알아본다. 마지막으로 게임 수치에서 수치 모듈화의 중요성을 설명한다.

게임 수치 기획을 막 시작했거나 이직을 앞두고 있다면, 수치 기획에 입문하고, 게임 수치의 제작 과정을 이해하고, 게임 수치의 모든 작업을 완성하는 데 이 책의 1장~6장이 도움이 될 것이다. 이미 수치 기획 경험이 있다면 7장 수치 시각화를 통해 게임 수치에 따라 달라지는 게임 경험을 보다 명확하고 직관적으로 이해할 수 있다. 8장 수치 모듈화는 수치 기획자들의 미래에 새로운 설계 아이디어와 발전 방향이 되기를 바라며 게임 수치에 대한 개인적인 생각과 경험을 설명했다.

이 책을 읽으면서 자신에게 익숙한 게임을 선택해서 책에서 설명하는 다양한 방법으로 게임의 수치 시스템을 만들어보고, 실습을 통해 게임 수치를 깊이 이해할 수 있을 것이다. 또한 현재 시장에서 성숙한 게임 모듈을 골라 자신만의 수치 구조를 구축하고, 다른 사람의 성공에서 배울 수 있으리라 생각한다. 그런 경험은 이후 게임 제작에 귀중한 자료가 될 것이다.

꿈을 가진 모든 '게임인'들에게 게임 수치가 더는 게임 제작의 걸림돌이 되지 않기를 바란다. 나아가 게임 수치의 멋진 아이디어가 완벽히 구현되고 진정한 '좋은 게임'을 제작하는 데 도움이 되는 내용이기를 소망한다.

마지막으로 항상 응원하고 함께해준 부모님과 아내에게 감사의 말을 전하고 싶다. 이 책의 추천사를 써준 우위쥔, 리샹옌, 류전팡, 돤옌밍, 톈샤오둥, 주위안천에게도 감사드린다. 책의 교정과 수정을 도와준 편집자 장후이민张慧敏과 스첸石倩에게도 고마운 마음이 많다. 이 책을 만들 수 있도록 기회를 주신 Shengqu Games의 트레이닝 팀도 감사하다.

이 책에 대한 좋은 제안이나 의문점이 있다면 책의 QQ(2380572) 그룹에 가입해 이야기해주기를 바란다. 여러분의 방문을 기대하고 있겠다.

위안자오양

수치 프로세스화

한 게임 회사 면접에서 이런 질문을 받은 적이 있다.

"게임 수치를 어떻게 기획하나요?"

당시 몇 년간 게임 수치 기획을 했고 몇 개의 게임 개발 과정에도 참여했지만, 여전히 명확한 답변을 하기가 어려웠다. 그 내용을 생각해본 적도 없었고, 어떤 대답이 옳은 대답인지 알지 못했다. 업무 경력을 물어도, 게임 기능의 수치와 시스템 수치를 설계했다고 답할 뿐이었다. 수치 기획은 무엇을 포함하는지, 구체적으로 완성해야 하는 것은 무엇인지 구체적으로 가늠해본 적이 없었다. 한 일을 자질구레하게 설명하다가 자신에 대한 어필도, 남을 설득하는 것도 결국 실패했다.

돌이켜봐도 경험이 부족한 사람에게는 답하기 어려운 질문이다. 게임 수치 기획자는 A 기능의 수치 기획이 필요하면 A의 일을, B 플레이의 수치 기획이 필요하면 B의 일을 하는 단계를 거친다. 이때 내부 개발자, 외부 퍼블리셔, 운영 팀 등 요구하는 사람에 의해 수치가 만들어진다. 끝없는 요구 사항으로 프로젝트 수립부터 게임의 베타 테스트 단계까지 수치 기획이 이어진다. 수치 기획자는 자신이 어떤 콘텐츠를 만들었는지, 모든 수치 간의 관계가 어떻게 이뤄지는지 모른다. 수치 기획 작업의 성과는 '검수 통과'가 고작이다.

게임 개발 전체 프로세스와 수치 기획 업무를 되짚어보니 공장의 생산 라인과 비슷하다는 사실을 깨달았다. 고정된 프로세스와 방법에 따라 흘러가며, 긴밀하게 연결된 각각의 수치 모델을 여러 번 개선하고 최적화한다. 여러 번의 실전 검증을 거치면 하나의 우수한 제품이 탄생한다.

게임 수치 기획은 더 이상 게임 제작의 페인 포인트pain point[1]가 아니다. 게임의 수치는 '생산 라인'에 따라 컨트롤할 수 있고, 게임은 생산 라인을 거쳐 완전한 제품이 될 수 있다.

현재 생산 라인의 기준에 따르면 수치 기획의 전체 프로세스는 이렇다.

준비 작업, 전투 수치, 경제 수치, 수치 검증, 수익화의 5단계로 구성된다. 수치 검증과 수익화 단계를 통해 전투 수치와 경제 수치를 끝없이 다듬어 완벽한 하나의 예술 작품을 만들어낸다. 지금부터 구체적인 내용을 알아보자.

1.1 1단계: 준비 작업

"일을 잘하고 싶으면 먼저 연장을 잘 다듬자."

게임 수치 기획의 초기 준비 작업은 게임의 전략적 계획에서 비롯된다. 전략적 계획의 요소는 게임 장르, 게임 테마, 게임의 3요소, 타깃 제품이다.

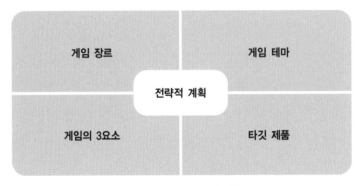

그림 1.1 **게임의 전략적 계획**

- **게임 장르**는 게임을 구분하는 분류 방식이다. 게임 장르에 따라 게임 수치 설계 방향이 결정된다. 예를 들어 '롤플레잉 게임'은 캐릭터의 성장 경험이, '액션 게임'은 게임의 전투 경험이 돋보여야 한다. 두 게임의 수치 설계는 천차만별이다.
- **게임 테마**는 게임의 배경과 스타일을 결정짓는다. 게임 테마에 따라 유저가 받아들이는 것과 체험하고 싶은 콘텐츠가 다르다. 가령 유저는 '삼국지 게임'에서 명장을 플레이하고 수집하고

---

1 [옮긴이] 상품과 서비스를 이용할 때 발생하는 불편 지점을 말한다.

싶어 하며, '무협 게임'에서는 강해질 뿐 아니라 사람들과 소통하려는 욕구가 높다. 테마에 따라 유저가 체험하고픈 콘텐츠가 다르며, 게임의 수치 구조도 다를 것이다.

- **게임의 3요소**를 통해 디자이너의 관점에서 게임을 전반적으로 기획하고 게임 수치 측면에서 전체적인 계획을 세운다. 게임에 어떤 육성 모듈을 포함해야 하는지, 각 육성 모듈의 포지셔닝과 경험은 어떤지 디자이너는 게임을 제작하기 전에 최대한 상상력을 발휘해 게임의 최종 모습을 묘사해야 한다.
- **타깃 제품**은 게임의 벤치마크다. 여기서 타깃 제품은 같은 장르, 같은 테마의 경쟁 게임이거나 비슷한 부분이 있는 게임일 수도 있다. 타깃 제품을 통해 게임의 제작 기준을 세우고, 이미 검증된 수치 구조를 사용할 수도 있다.

1.2 2단계: 전투 수치

"전투는 게임의 핵심 경험이며, 게임의 외적 표현이다. 게임의 수준, 즉 예술적 수준과 성취 수준을 결정한다."

게임의 전투 수치는 속성, 전투 구조, 능력치, 인공지능artificial intelligence, AI을 다룬다. 이에 대응하는 전투력 밸런스 설계의 4단계는 속성 설계, 전투 구조, 능력치 정량화, AI 설정이다. 간단히 말해 게임 캐릭터에게 의미 있는 속성을 설계하고, 전투 구조로 이 속성을 연결하며, 캐릭터 속성 향상의 매개체로 각종 직업과 성장 모듈[2]을 설계한다. 마지막으로 주인공의 성장 단계에 따라 난이도가 다른 적을 구상해 캐릭터가 얼마나 성장했는지 가늠하게 한다(그림 1.2).

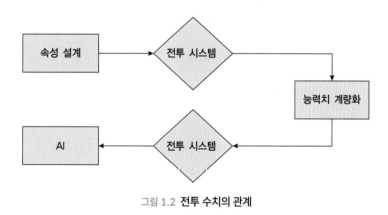

그림 1.2 **전투 수치의 관계**

2 　옮긴이　원서 내용상 저자는 '성장 검증'과 '육성 검증'은 구분해서 썼지만, '성장 모듈'과 '육성 모듈'은 용어를 정의하거나 구분해서 쓰지 않았고, 이에 '성장 모듈'과 '육성 모듈'은 원서 그대로 옮겼다. 같은 의미라고 봐도 무방하다.

- **속성**은 게임의 기반이 된다. 전투뿐만 아니라 육성에도 영향을 준다. 속성은 게임 능력치를 숫자 형태로 나타낸다.
- **전투 구조**는 게임의 커넥터다. 각각의 속성을 연결하고, 속성과 전투를 연결한다. 전투에서 각각의 요소를 연결해 치밀한 전투 로직을 형성한다.
- **능력치**는 게임의 핵심이다. 주인공의 능력치 향상은 게임에서 얻을 수 있는 가장 직접적인 체험 피드백이자 유저가 달성하고자 하는 목표다.
- **AI**는 게임의 피드백이다. 능력치의 향상에는 AI의 당근과 채찍이 필요하다.

전투 수치는 '사용자 경험'을 중심으로 전개된다. 여기서 '사용자 경험'은 일반적인 사용자의 경험을 뜻한다. 일부 사용자의 경험 때문에 다른 사용자의 경험을 해칠 수 없다. 전투 수치 설계에서 '사용자 경험'의 밸런스를 잡는 방법이 가장 중요하며, 전투 수치 최적화와 보정을 반복하는 가장 큰 이유다.

1.3 3단계: 경제 수치

> "경제는 게임의 윤활유이자 게임의 내부 로직이다. 경제는 게임의 깊이, 즉 게임의 지속력과 재미를 결정짓는다."

게임의 경제와 현실의 경제는 비슷하면서도 다르다. 둘 다 원리는 같아 거시경제와 미시경제를 다루며, 경제모델도 비슷하다. 그러나 생산자와 소비자가 다르다. 현실 사회는 수요가 부족하고 화폐가 경화[3]이지만, 게임 사회는 소비가 부족하며 능력치가 경화다. 경제 밸런스는 게임의 경제모델, 화폐와 자원, 경제구조, 가치 체계를 다룬다.

- **경제모델**은 게임의 거시경제와 미시경제를 결정하며, 게임의 커뮤니케이션 경험에도 영향을 줄 수 있다.
- **화폐와 자원**은 게임 경제 시스템에서 상징적인 콘텐츠다.
- **경제구조**는 모든 화폐와 자원의 흐름을 나타내며, 플레이와 육성을 연결한다.
- **가치 체계**는 모든 화폐와 자원의 가치를 측정하고 가상 세계에서 가치의 기준을 잡는다. 게임의 수익화에 기준이 되는 데이터 지표를 제공하기도 한다.

---

3   옮긴이 원래는 금속으로 만든 화폐를 뜻하는 말이었으나, 오늘날에는 다른 가치로 바꿀 수 있는 화폐를 의미한다.

경제는 생산자와 소비자에 의해 이뤄진다. 이론상 가장 완벽한 경제는 영원한 생산과 끝없는 소비다. 생산이 줄어들면 연결고리를 축소해 디플레이션이 일어나고, 소비가 줄어들면 자원이 축적돼 인플레이션이 일어난다. 이는 현실 경제와 같다. 경제 수치 작업은 생산과 소비 간의 균형을 잡아 모든 순환 과정을 안정적이고 지속 가능하게 만드는 일이다(그림 1.3).

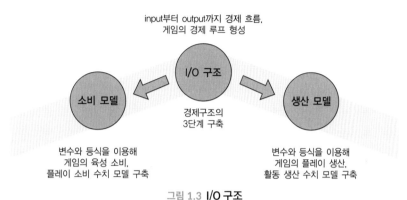

그림 1.3 I/O 구조

1.4 4단계: 수치 검증

"수치 검증은 이론을 증명하고 경험을 최적화한다."

게임의 전투 수치와 경제 수치, 두 모듈을 완성하면 설계 측면은 일단 마무리지을 수 있다. 다음으로 두 모듈 사이의 균형과 연결을 검증하는 문제가 남았다. 경제 검증, 육성 검증, 전투 검증을 통해 전투 수치와 경제 수치가 설계대로 이뤄지는지 검증한다. 수치 검증 단계를 통해 유저가 게임을 플레이할 때의 '전투 경험'과 가상 세계에서 느끼는 '생존 압박'을 유저의 입장에서 시뮬레이션할 수 있다. 이런 방식으로 게임의 수치를 검증하고, 불편한 경험은 최적화와 튜닝을 적절히 진행해 더 '재미있고 오래 즐길 수 있는' 게임을 만든다.

- **경제 검증**은 게임의 경제 흐름을 시뮬레이션하는 과정이다. 성장에 필요한 자원과 더불어 전투에 보상을 제공한다.
- **육성 검증**은 게임의 성장을 시뮬레이션하는 과정이다. 성장 경험을 원활하게 하고 핵심 전투에 데이터를 제공한다.
- **전투 검증**은 게임의 전투를 시뮬레이션하는 과정이다. 전투 결과의 밸런스를 맞춰 게임 성장에 피드백을 제공한다.

완벽한 게임 수치를 위해서는 수치를 끊임없이 최적화하고 바꾸며, 경험을 갈고 닦아야 한다. 처음부터 흠잡을 데 없는 게임 수치는 없다. 수치 검증은 수치를 최적화하는 과정에 객관적인 수치 근거를 제공한다. 수치 검증을 통해 다양한 '사용자 경험'을 최적화할 수 있으며, 이 단계에 정답은 없다. 모든 게임 제작자가 자신이 만든 게임에 부여한 사용자 경험만이 게임의 수준과 깊이를 최종적으로 결정한다.

1.5 5단계: 수익화

"게임은 예술이자 상품이다. 수익화는 게임의 가장 좋은 활로다."

수익화는 모든 게임의 최종 목표다. 부끄럽다고 생각할 수도 있지만 창피할 일이 아니다. 게임의 수익화는 상품의 수익화와 비슷하며, 구체적으로 게임 수치 기획자는 수익화 단계에서 수익화 포지셔닝, 수익화 전략, 수익화 검증을 고려해야 한다.

- **수익화 포지셔닝**은 게임의 수익을 극대화하는 전략을 구상하는 것이다. 이는 게임의 매출 규모를 결정짓는다.
- **수익화 전략**은 포지셔닝에 기반해 세워지는 실질적인 전략이다. 유저의 과금을 효과적으로 유도할 수 있다.
- **수익화 검증**은 각기 다른 유저의 과금을 시뮬레이션해 수익화 전략에 데이터 근거를 제공한다.

수익화는 게임에서 양날의 검이다. 합리적인 수익 모델은 게임의 '사용자 경험'을 향상시킬 수 있지만, 게임의 플레이 리듬을 바꾸고 유저의 게임에 대한 흥미를 빠르게 감소시켜 게임의 수명을 줄일 수도 있다. 수치 기획자는 게임의 수익 모델을 잘 만들어 수익을 극대화할지의 방법을 계속 고민하고 연구해야 한다.

2

수치 구축 준비 작업

수치 기획은 장편소설을 쓰는 것과 같다. 장르를 정한 후 시놉시스를 작성하고, 이야기의 줄거리를 다듬으며 주요 캐릭터를 설정한다. 캐릭터 간의 관계를 설정하고, 이야기의 흐름을 정리한다. 그럼 어느 정도 감을 잡을 수 있게 되고, 소설을 완성하는 데 시간이 얼마나 필요할지 예상할 수 있게 된다. 그에 따라 일정을 적절히 세우면 소설이 완성되는 날도 머지않았다.

게임 수치 기획 준비 작업의 흐름을 위의 장편소설 작성의 흐름과 비교하면 이렇다. 게임 장르와 테마를 정하고, 게임의 핵심 전투를 다듬고 게임의 핵심 성장을 설정한다. 전투와 성장 간의 관계를 설정하고, 게임의 경제 흐름을 정리한다. 이것이 바로 2장에서 설명할 게임 장르, 게임 테마, 게임의 3요소다. 1.1절에서 소개했듯 타깃 제품을 설정하는 것은 같은 장르의 게임 제작 방법을 배우고 이해하는 데 도움이 된다. 선배가 닦아놓은 길 덕분에 자신의 게임은 더 멋지고 정교해질 수 있다.

2.1 게임 장르

게임의 장르에 따라 설계 방향도 다르며, 유저가 원하는 체험도 다르고 재미를 느끼는 방식 역시 다르다. 오늘날 게임 장르는 롤플레잉 게임, 액션 게임, 어드벤처 게임, 겨투 게임, 스포츠 게임, 레이싱 게임, 전략 게임, 슈팅 게임, 음악 게임, 카드 게임, 미소녀 게임, 성인 게임, 캐주얼 게임, 멀티플레이어 온라인 배틀 아레나 등 14가지로 나눌 수 있다(그림 2.1).

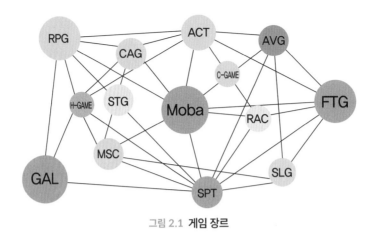

그림 2.1 **게임 장르**

➊ 롤플레잉 게임

롤플레잉 게임role-playing game, RPG은 전통적인 롤플레잉 게임과 대규모 다중 사용자 온라인 롤플레잉 게임massively multiplayer online role-playing game, MMORPG으로 나뉜다. 유저는 게임에서 하나 혹은 그 이상의 역할을 수행하며, 게임에는 완성도 있는 스토리가 있다. 턴제, 실시간 또는 반 실시간 전투로 진행하며, 스토리 전개와 개인의 성장 경험을 강조한다. <선검기협전仙劍奇俠传>, <검협정연劍俠情緣>, <월드 오브 워크래프트>, <디아블로> 등을 예로 들 수 있다.

➋ 액션 게임

액션 게임action game, ACT은 '액션'이 게임의 주된 연출 방식이며, 유저의 순발력quick time event, QTE을 필요로 한다. 격투 게임의 에어본, 스턴, 넉백 등의 요소와 액션 게임 특유의 불릿 타임bullet time 등 물리 규칙 또는 마법 규칙을 사용하며, 콤보로 전투 경험을 바꾸기도 한다. 액션 게임은 스토리보다는 전투 과정의 긴장감과 스릴 넘치는 컨트롤이 중요하다. <데빌 메이 크라이> 시리즈, <베요네타> 시리즈 등이 유명하다.

➌ 어드벤처 게임

어드벤처 게임adventure game, AVG은 유저가 게임 캐릭터를 조작해 가상의 모험을 하는 게임이다. 퀘스트를 완료하거나 퍼즐을 푸는 식으로 스토리가 전개된다는 점이 롤플레잉 게임과 다르다. 게임 과정에서 퍼즐의 중요성을 특히 강조하며 스토리 전개가 퍼즐 해결에 달려 있다.

게임이 끝임없이 발전하면서 지금의 어드벤처 게임은 생존과 오픈월드 방향으로 나아가고 있다. 어떻게 살아남아 오픈월드를 탐험하는지에 따라 전개된다.

어드벤처 게임은 보통 독립적인 형태를 띠지 않는다. 액션 게임, 일인칭 슈팅 게임first-person shooter, FPS과 삼인칭 슈팅 게임third-person shooter, TPS, 퍼즐 게임 등 다른 장르의 게임 요소를 섞어 새로운 게임 장르가 되기도 한다. 예컨대 롤플레잉 게임과 오픈월드 요소를 섞은 <엘더 스크롤 V: 스카이림>, 롤플레잉 게임 요소를 섞은 <툼 레이더> 시리즈, 삼인칭 슈팅 게임 요소를 섞은 <바이오하자드> 시리즈 등이 있다.

4 격투 게임

격투 게임fighting game, FTG은 유저가 다양한 캐릭터를 컨트롤해 컴퓨터나 다른 유저가 컨트롤하는 캐릭터와 격투하는 게임으로, 게임 테크닉과 전투 리듬을 강조한다. <더 킹 오브 파이터즈> 시리즈, <스트리트 파이터> 시리즈, <철권> 시리즈 등이 있다.

5 스포츠 게임

스포츠 게임sports game, SPT은 현실 속 다양한 스포츠 종목을 시뮬레이션한 게임으로, 현실 모방을 강조한다. 주로 콘솔 게임이 많은데, 하드웨어의 발전에 따라 콘솔 게임도 다양한 기구를 도입해 운동 경험을 향상하고 있다. <FIFA> 시리즈, <NBA> 시리즈, 닌텐도 스위치에서 인기 있는 <링 피트 어드벤처> 등이 있다.

6 레이싱 게임

레이싱 게임racing video game, RAC은 다양한 스포츠카로 레이싱하는 게임이다. 현실풍과 카툰풍이 있다. 현실풍은 일반적으로 실제 도로, 산길 등 실제로 있는 장소에서 진행된다. 그래픽과 음향 효과에 초점을 두고 주행의 즐거움과 빠른 속도의 쾌감을 강조한다. 현실풍 게임으로는 <니드 포 스피드> 시리즈가 있다. 카툰풍은 특정 경기장에서 진행되며 상호작용 툴을 도입하고, 오락성을 강조하면서도 부스트와 드리프트 같은 재미는 남겨놓는 편이다. 카툰풍 게임은 <크레이지레이싱 카트라이더>, <GKART>, <마리오 카트> 등이 있다.

7 전략 게임

전략 게임simulation game, SLG은 전략을 활용해 컴퓨터 또는 다른 유저와 겨뤄 다양한 형태의 승리를 쟁취하는 경험을 강조한다. 4X 또는 4E 표순(탐험explore, 확상expand, 개발exploit, 발살exterminate)을 따르며, 대부분 전쟁 전략이나 전투 전략 위주다. SRPG류 전략 게임, 턴제/반턴제 전략 게임, 실시간 전략 게임, 시뮬레이션 전략 게임 등 크게 4가지로 나뉜다.

SRPGsimulation role-playing game**류 전략 게임**은 맵이나 신scene의 체스판 같은 타일에서 캐릭터를 이동시켜 전투하는 게임이다. 체스, 장기와 유사하다. 전술과 전략에 치중하고 진행 속도가 느린 편이다. 이를테면 <삼국지> 시리즈, <파이어 엠블렘> 시리즈가 있다.

턴제 전략 게임turn-based strategy은 플레이어끼리 한 턴씩 순서대로 돌아가며 행동하는 방식이다. 자신의 차례(턴)일 때만 전투를 조작할 수 있다. 속도 개념(속도는 턴 지속 시간에 영향을 줄 수 있다)을 도입한 턴제 게임은 반턴제 게임이라 한다. 턴제/반턴제 전략 게임은 전투 과정에서 위치가 바뀌지 않으며, 가만히 서서 전투하는 것에 초점을 맞춘다. 전투 전 전략과 전술을 세우는 것이 중요하며, 전투 자체의 진행 속도는 빠른 편이다. <대화서유大话西游>, <몽환서유梦幻西游>, <음양사> 등의 게임이 유명하다.

실시간 전략 게임real-time strategy, RTS은 턴제 게임과 달리 실시간 전투 방식을 사용한다. 전쟁 시뮬레이션이 많으며, 전략을 강조하고 전술을 가볍게 다룬다. 미시적인 국지전에 중점을 두고 전투 조작 경험을 강조한다. <에이지 오브 엠파이어> 시리즈, <스타크래프트> 시리즈, <워크래프트> 시리즈 등이 있다.

시뮬레이션 전략 게임simulation, SIM은 경영 시뮬레이션이나 전쟁 시뮬레이션 위주다. 경영 시뮬레이션과 전쟁 플레이 경험을 강조하며 현실 모방 요소에 중점을 둔다. 실생활 시뮬레이션 게임 <심즈>, 경영 시뮬레이션 게임 <비즈니스 타이쿤>, 도시 경영 시뮬레이션 게임 <시티즈: 스카이라인>, 게임 개발 시뮬레이션 게임 <게임 데브 타이쿤>, 섬 경영 시뮬레이션 게임 <동물의 숲>, 연애 시뮬레이션 게임 <센티멘탈 그래피티>, 육성 시뮬레이션 게임 <프린세스 메이커>, <스타덤>, 왕국 전쟁 시뮬레이션 게임 <클래시 오브 킹즈> 등이 있다.

8 슈팅 게임

슈팅 게임shooting game, STG은 유저가 다양한 사격 도구를 컨트롤해 원거리 사격을 하는 게임이다. 사격 도구는 총, 비행 물체, 탱크, 전함 등이 있으며, 탄착, 탄도, 회피 등의 체험을 강조한다. 슈팅 게임은 여러 분류로 나눌 수 있으며 우수한 게임이 많다. 슈팅 게임은 관점에 따라 아래와 같이 나뉜다.

시점으로 분류
- **일인칭 슈팅 게임**FPS: 일인칭 시점으로, 현실 모방을 강조하며 사격 준비에 초점을 둔다. <콜 오브 듀티> 시리즈, <하프라이프> 시리즈가 있다.

- **삼인칭 슈팅 게임**TPS: 삼인칭 시점으로, 환경 조성을 강조하며 사격 과정에 초점을 둔다. <바이오하자드> 시리즈, <워페이스> 시리즈, <배틀그라운드>, <포트나이트>가 있다.
- **탑다운 슈팅 게임**: 탑다운 관점으로, 탄약 효과를 강조하며 사격 결과에 초점을 맞춘다. <고단영웅孤胆英雄> 시리즈가 있다.
- **횡스크롤/종스크롤 슈팅 게임**: 횡스크롤과 종스크롤로 게임을 진행한다. 적의 탄막을 강조하며 총알을 회피하는 것에 초점을 맞춘다. <메탈슬러그> 시리즈, <콘트라> 시리즈, <동방 프로젝트>가 있다.

사격 도구로 분류

- **총기 슈팅 게임**: 총기 위주로 진행되고 총기의 사격 원리 시뮬레이션을 강조하며, 유저가 반동과 탄도 등 총기의 특성을 고려해야 한다.
- **탈것 슈팅 게임**: 기계 위주로 진행되며, 사격 시점에 따라 초점을 두는 방향도 다르다. <월드 오브 탱크>가 있다.
- **사물화 슈팅 게임**: 카툰풍 슈팅 게임에서 자주 나온다. 탄도 예측에 초점을 둔다. 새를 도구로 하는 유명 게임 <앵그리버드>가 있다.

9 음악 게임

음악 게임music game, MSC은 유저의 음악적 민감성과 감수성을 높이는 데 초점을 둔다. 음악적 표현과 연주 시뮬레이션을 강조하며, 커뮤니티 개념도 강조하는 음악 게임도 있다. <태고의 달인>, <오투잼>, <절주대사节奏大师>가 있다.

10 카드 게임

카드 게임card game, CAG은 카드로 진행되는 게임으로, 비수집형 카드 게임과 수집형 카드 게임(트레이딩 카드 게임) 두 종류가 있다.

- **비수집형 카드 게임**: 유저가 지정된 카드 덱에서 일정한 수의 카드를 임의로 골라 다른 유저와 대전한다. 상황 대처 능력이 중요하며, 즉흥적인 플레이에 초점을 둔다. 다른 유저를 따라하기가 쉽지 않아 고수가 되기 비교적 어렵다. 예를 들어 포커형 게임 <삼국살三国杀>이 있다.
- **수집형 카드 게임**: 유저가 지정된 카드 덱에서 일정한 수의 카드를 직접 골라 대전한다. 전략이 중요하며, 즉흥적인 플레이에 초점을 둔다. 전략은 다른 유저가 따라하기 쉬워 고수되기가 비교적 쉽다. 예를 들어 <하스스톤>, <매직 더 개더링>이 있다.

⑪ 미소녀 게임

미소녀 게임gal game, GAL은 스토리와 인물 묘사만을 강조하는 극단적인 게임 유형이다. 보통 한 가지 요소를 다른 장르의 게임과 섞는데, 2D 게임이 다수를 차지한다. 액션 게임과 롤플레잉 게임 요소를 섞은 <붕괴3rd>, 수집형 카드 게임 요소와 전략 게임 요소를 섞은 <Fate/stay night>, 수집형 카드 게임 요소와 타워 디펜스 게임 요소를 섞은 <명일방주>가 있다.

⑫ 성인 게임

성인 게임H-game은 일반적으로 성적 요소가 핵심인 게임으로, <데스블러드> 등이 있다.

⑬ 캐주얼 게임

캐주얼 게임casual game, C-game은 간단한 오락 형식 위주이며 다양한 장르의 게임의 축소판이라 볼 수 있다. 간단하고 노골적이며 목적성이 매우 강하다. 기술을 학습하고 훈련하는 것에 초점을 둔다. 제거류,[1] 타워 디펜스류, 러닝 액션 게임, 교육용 게임 등의 유형으로 나뉜다.

- **제거류 캐주얼 게임**의 핵심 플레이는 제거다. 2048류(합성해서 제거), 테트리스류(쌓아서 제거), 매치3류(이동해서 제거), 사천성류(선으로 연결해서 제거)로 나뉜다. 합성해서 제거하는 것이 핵심인 <2048>, <구합체求合体>, 쌓아서 제거하는 것이 핵심인 <테트리스>, 이동해서 제거하는 것이 핵심인 매치3류 <천천애소제天天爱消除>, <캔디크러쉬사가>, 선으로 연결해서 제거하는 것이 핵심인 사천성류 <연연간连连看>이 있다.

- **타워 디펜스류 캐주얼 게임**은 타워를 건설해 침입을 막는 게임으로, 고정 타워 디펜스와 커스텀 타워 디펜스 두 종류로 나뉜다. 고정 타워 디펜스는 고정된 위치에 타워를 배치해 타워의 조합과 배치가 중요하다. 커스텀 타워 디펜스는 몬스터가 전진하는 거리와 대미지damage가 중요하다. <플랜츠 vs. 좀비>, <보위라복保卫萝卜>을 예로 들 수 있다.

- **러닝 액션류 캐주얼 게임**의 핵심은 러닝 중 퀵 타임 이벤트quick time event, QTE다. 장애물을 피하고 보상을 수집하는 등의 형식으로 러닝을 완수한다. 레이싱 게임의 간소화된 버전이라고 볼 수 있다. <템플 런>, <Parkour Everyday>, <소울 나이트>가 있다.

- **교육용 캐주얼 게임**은 범주가 매우 넓다. 두뇌 트레이닝과 학습 능력 향상 위주로 진행되며, 지금은 여러 명과 상호작용하는 방식이 대다수다. 예를 들어 <Draw Something>이 있다.

---

1   옮긴이 테트리스처럼 적당한 조건을 충족하면 블록이 사라지는 종류

⓮ 멀티플레이어 온라인 배틀 아레나

멀티플레이어 온라인 배틀 아레나multiplayer online battle arena, MOBA는 비교적 최근에 등장했다. 게임 장르와 상관없이 개인의 컨트롤과 팀워크를 중시한다. 슈팅 배틀, 전략 배틀, 격투 배틀, 타워 배틀 등이 있으며, 경쟁 정신을 강조하고 시즌제로 이뤄질 때가 많다. 예를 들어 <워크래프트 III: 레인 오브 카오스>, <리그 오브 레전드>, <펜타스톰>이 있다.

이상 서술한 14가지가 현재 게임 업계에서 주류를 이루는 게임 장르다. 물론 구체적인 게임 장르 분류 방식은 게임의 체험 방식으로 나누는 것 외에도 더 있다. 게임의 핵심 플레이를 통해 나눈다면 전략 게임, 액션 어드벤처 게임, 액션 게임, 방치형 게임, 격투 게임, 롤플레잉 게임, 퍼즐 게임, 레이싱 게임, 카드 게임, 연애 게임, 어드벤처 게임, 시뮬레이션 게임, 플랫폼 게임, 샌드박스 게임, 슈팅 게임, 육성 게임, 리듬 게임, SRPG류 전략 게임 등 18가지 장르로 나눌 수 있다. 게임의 분류에 정확성은 중요하지 않으며, 구체적인 분류 방식은 개개인의 이해에 따라 달라질 수 있다. 각 게임 장르의 포지션과 특성을 이해해야 한다.

게임 프로젝트 계획 수립 단계에서는 아직 게임 장르를 확정하지 않았을 수 있다. 보통 게임 프로젝트 계획 수립 단계에서는 하나의 아이디어, PPT 또는 프로그램 데모demo로 게임 장르를 정한다. 심지어 "어떤 게임을 카피하면 되겠네"라는 의사 결정자의 한 마디로 게임 장르가 결정되기도 한다.

게임 장르를 선택할 때 장르 하나만 선택하지 않기도 한다. 위에서 소개한 14가지 게임 장르 모두 범주에 속하며, 장르를 선정하거나 판단할 때 이 범주를 하나의 체험 요소로 세분화할 수 있다. 따라서 하나의 게임은 여러 요소들의 집합일 수 있다. 현재 게임의 발전 추세는 대융합이다. 게임은 하나나 그 이상의 요소를 융합할 수 있다. 현재 유행하는 카드 게임은 전략 게임에도 속하고 롤플레잉 게임에도 속하는 것처럼 말이다. 심지어 여기에 미소녀 게임의 요소가 조금 섞인다면 이 게임은 SPRG뿐만 아니라 GRPG라고 부를 수도 있을 것이다. 장르가 추가될수록 게임의 경험도 풍부해지고 유저를 더 많이 모을 수 있다.

세계적으로 유명한 <판타지 타운Fantasy Town>이라는 게임이 있다. 시뮬레이션 게임으로, 유저가 물려받은 농장을 열심히 수리해 농장을 점점 크고 아름답고 개성 있게 발전시키는 콘셉트의 게임이다. 그리고 동시에 캐주얼 게임이기도 하다. 유저는 '매치3'으로 목표를 달성하고 보상을 받아 농장의 다른 구역을 해금하는데, 이런 게임을 SCGsocial casino game라고 한다. 이런 게임의 수치를 기획할 때는 시뮬레이션 게임과 캐주얼 게임의 특징을 파악하고 방향을 이쪽으로 잡아야 한다.

게임 장르를 이해하는 것은 게임 수치 기획의 시작일 뿐이다. 게임 장르를 확정하고 나면 게임의 많은 요소를 계획할 수 있다. 유저가 기대하는 것이 무엇인지, 우리가 중점으로 두고 설계해야 하는 방향은 어디인지 파악하고, 수치도 가능한 한 이를 반영해야 한다. 예컨대, 롤플레잉 게임은 육성 경험이 중요하므로 육성 모듈의 수치 설계에 중점을 둬야 한다. 전략 게임은 전투 경험과 경제 흐름이 중요하므로 전투 모듈과 경제 모듈의 수치 설계를 매우 신경써야 한다.

'많이 경험하고 부지런히 고민하는 것'만이 다양한 유형의 유저의 수요를 탐색하고, 게임 수치의 진정한 중심을 파악하며, 유저의 기대에 부합하는 게임 수치를 만드는 길이다.

2.2 게임 테마

게임 테마는 게임의 콘텐츠 요소를 결정한다. 테마마다 뽑아낼 수 있는 콘텐츠 요소와 게임 경험 역시 다르다. 마법 판타지, 중국 판타지, 무협, 삼국지, 타임 슬립, 궁중 암투, 전쟁, 서브컬처 등이 자주 볼 수 있는 게임 테마다. 테마마다 유저가 경험하고 싶어 하는 콘텐츠는 다르며, 수치의 전체 구조에도 차이가 있을 수 있다.

수치의 관점에서는 테마의 핵심 요소를 찾기 위해 게임 테마를 이해해야 한다. 각각의 테마는 어떤 전투 방식이 어울릴까? 어떤 속성을 가질까? 어떻게 능력을 수치화하고, 유저에게 어떤 적을 만들어줄 것인가? 해당 테마의 화폐는 무엇인가? 어떤 자원과 아이템을 매치해야 할까? 아이템은 어떤 효과가 있는가? 등을 고려하는 것이 좋다.

테마에서 유저가 가장 기대하는 것과 유저가 가장 신경 쓰는 것이 무엇인지를 반드시 명확히 이해해야 한다. 바틀의 플레이어 유형, 커시의 기질 분류, 인구통계학적 게임 설계 모델을 통해 다양한 유저의 유형을 구분하는 모델을 만들 수 있고, 모델을 통해 테마마다 유저가 기대하는 콘텐츠를 알 수 있다.

바틀의 플레이어 유형 Bartle's taxonomy of player types은 게임 <MUD1>의 공동 창시자 리차드 바틀Richard Bartle이 논문 <Hearts, Clubs, Diamonds, Spades: Players Who Suit MUDs(하트, 클럽, 다이아, 스페이드: 머드 게임을 즐기는 플레이어)>에서 처음으로 제시한 4가지 플레이어 유형인데, 이후에 저서 《Designing Virtual Worlds(가상 세계)》(New Riders, 2006)에서는 8가지로 확장했다. 4가지 플레이어 유형은 킬러, 달성가, 모험가, 사교가다(그림 2.2).

- **킬러**: 게임 세계의 운영 또는 다른 플레이어의 게임 경험을 방해하는 것을 즐긴다.
- **달성가**: 게임 세계의 다양한 도전을 극복하고 업적을 쌓는 것을 즐긴다.
- **모험가**: 게임 세계의 운영 규칙을 탐구하는 것을 즐긴다.
- **사교가**: 다른 플레이어와 게임 세계의 이야기를 나누고 사회적 관계를 형성하는 것을 즐긴다.

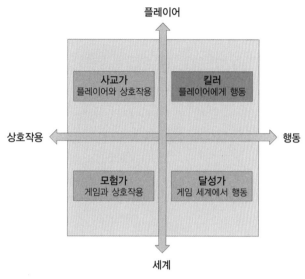

그림 2.2 **바틀의 플레이어 유형**

커시의 기질 분류 Keirsey temperament sorter는 심리학자 데이비드 커시David Keirsey가 마이어스 브릭스 Myers-Briggs의 이름을 따서 만든 MBTIMyers-Briggs Type Indicator다. MBTI에서는 16가지 성격 유형으로 4가지 기질 유형을 정리했다. 커시가 심리학자 마릴린 베이츠Marilyn Bates와 공동 집필한 저서《성격을 읽는 심리학》(행복한마음, 2006)에서는 4가지 기질 유형을 상세히 서술한다. 기질 유형 4가지는 각각 경험주의자, 전통주의자, 합리주의자, 이상주의자다(그림 2.3).

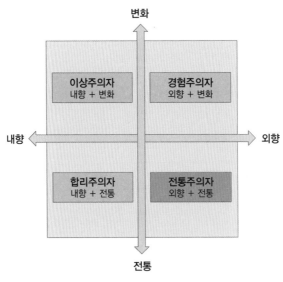

그림 2.3 **커시의 기질 분류**

- **경험주의자(감각 + 인식)**SP: 현실적, 전략적, (사람 또는 물건에 대해) 통제에 능함, 실용주의, 충동적, 행동 중심, 자극 추구.

- **전통주의자(감각 + 판단)**SJ: 실용적, 논리적, 계층적, 조직적, 세부 사항을 신경 씀, 소유욕이 강함, 과정 중시, 안전 추구.

- **합리주의자(직관 + 사고)**NT: 혁신적, 전략적, 논리적, 과학/기술을 좋아함, 미래지향, 결과 중시, 지식 추구.

- **이상주의자(직관 + 감정)**NF: 상상력 풍부, 외교에 능함, 감정 풍부, 관계지향, 드라마틱, 인문 중시, 인정 추구.

인구통계학적 게임 설계 모델은 크리스토퍼 베이트먼Christopher Bateman이 집필한 《21st-Century Game Design(21세기 게임 설계)》(Cengage Learning, 2005)에서 제시한 게임 스타일 선호에 관한 인구통계학적 게임 설계demographic game design, DGD1 모델이다. 이 모델은 커시와 바틀의 모델을 효과적으로 보완했다. DGD1 모델은 커시와 바틀의 모델에서 플레이어 혹은 기질 유형에 끼워 맞추기보다 다음 등급의 유형을 만들어 주요 유형 사이의 공백을 메우는 데 중점을 뒀다(그림 2.4).

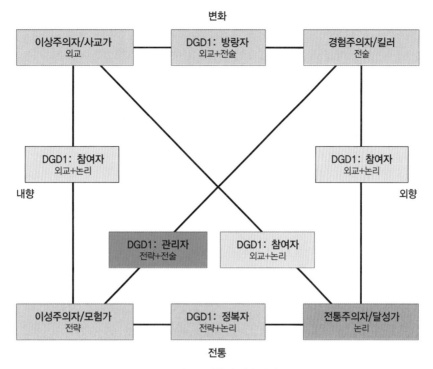

그림 2.4 **인구통계학적 게임 설계 모델**

플레이어 유형은 여기서 자세히 인용하지 않겠다. 상세한 통합 이론은 바트 스튜어트의 <Personality And Play Styles: A Unified Model>[2]에서 찾아볼 수 있다.

우리는 다양한 유형의 유저에게 게임 테마의 요소들을 매칭해야 한다. 바틀의 모델로 유저를 분류해 '삼국지 배경'을 게임 테마로 잡는 예를 살펴보자.

- 킬러는 광활한 전장, 무장의 일대일 전투, 도시 파괴를 좋아할 수 있다.
- 달성가는 명장 수집, 무기, 재화 쌓기, 성지 건설에 치중할 수 있다.
- 모험가는 군주나 화신이 돼 장수로서 스토리에 참여하길 원할 수 있다.
- 사교가는 다른 군주들과 동맹을 맺어 함께 적을 공격하기를 바랄 수 있다.

게임 콘텐츠를 설계할 때 가능한 한 위 4가지 유형 유저의 수요를 만족시키려 할 것이다. 이때 게임에서 나타날 수 있는 요소를 미리 계획할 수 있다. 적어도 이 테마에서는 어떤 요소가 중요한지를 알아야 한다. 이 요소들을 이해하면 뒤에 진행되는 수치 설계에서도 이를 활용해서 게임을 더 멋지게 제작 가능하다.

---

2   옮긴이 https://www.gamedeveloper.com/design/personality-and-play-styles-a-unified-model

2.3 게임의 3요소

게임의 3요소는 넓은 의미와 좁은 의미로 나뉜다. 넓은 의미로는 게임 테마, 게임 아트, 게임의 깊이다. 좁은 의미로는 게임의 넓이, 게임의 깊이, 게임의 난이도다. 전투, 성장, 플레이가 게임의 3요소라고 말하는 의견도 있다. 게임의 배급사는 비즈니스 관점에서 넓은 의미의 게임의 3요소에 더 집중하지만, 유저의 관점과 게임 기획의 관점에서는 좁은 의미의 게임의 3요소에 집중해야 한다.

여기에서는 유저의 관점과 기획의 관점에서 좁은 의미의 게임의 3요소를 이해하는 법을 중점적으로 서술하겠다.

2.3.1 유저 관점에서의 게임의 3요소

유저 관점에서의 게임의 3요소는 게임의 넓이, 게임의 깊이, 게임의 난이도로 구성된다(그림 2.5).

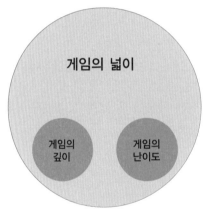

그림 2.5 게임의 3요소 간의 관계

게임의 넓이는 게임 장르의 규모다. 이는 육성, 플레이의 규모와 육성, 플레이가 커버하는 DGD1 모델의 플레이어 유형의 규모를 포함한다. 앞의 게임 장르, 게임 테마 부분에서 정리해야 하는 내용이다.

게임의 깊이는 게임성이라고도 하며, 주로 게임의 재미와 게임의 유지력을 말한다. 그중 게임의 재미는 전투의 재미와 플레이의 재미가 있다. 게임의 유지력은 육성의 유지력과 플레이의 유지력이 있다. 여기에서 재미와 유지력은 모든 장르의 게임에 적용되지는 않는다. 예를 들어 시뮬레이션 게임에서의 유지력은 경제 밸런스의 유지력이다.

게임의 난이도는 주로 유저의 입문 난이도, 플레이 난이도, 유저의 성장 난이도, 이렇게 3가지를 말한다. 유저의 입문 난이도는 유저의 게임 장르에 대한 이해, 테마가 익숙한 정도, 조작의 숙련도로 나타난다. 플레이 난이도는 유저의 스킬 파악 수준, 전략 운용과 게임 내 생존 난이도가 중요하다. 유저의 성장 난이도는 유저가 게임을 하면서 입문 난이도와 플레이 난이도를 낮추는 과정에 상응하는 보상이 있는지에 따라 결정된다. 게임의 난이도는 보통 '입문은 쉽게, 마스터는 어렵게'가 원칙이다.

2.3.2 기획 관점에서의 게임의 3요소

기획 관점에서의 게임의 3요소는 게임 성장, 게임 플레이, 게임 전투다. 게임 성장과 게임 플레이를 축으로 게임의 생태 사이클을 형성하는 형태다. 게임 플레이를 통해 생산한 자원은 게임 성장에 쓰이고, 게임 성장은 더 안전하고 효율적으로 게임 플레이를 할 수 있도록 한다. 게임 전투는 게임 플레이의 연장선으로, 게임의 출발점은 핵심 전투가 아닌 성장과 플레이의 순환에 있다. 이런 설정은 게임 전투를 하나의 모듈로 사용할 수 있다는 장점이 있다. 이는 그 어떤 형식의 게임 전투도 모방해 핵심 전투로 응용할 수 있다는 의미이기도 하다.

게임 성장은 게임에서 캐릭터 속성의 성장이다. 게임 캐릭터는 다양한 육성 루트를 통해 속성을 올리는데, 육성 루트는 육성의 수익, 육성의 깊이, 육성의 난이도, 육성의 표현을 차별화해 구분한다.

- **육성의 수익**은 육성에 따른 실질적인 속성 수익이다. 가령 캐릭터 시스템으로 공격 속성을 500 pt, 장비 시스템으로 공격 속성을 1,000 pt 올릴 수 있다면, 이 두 가지 시스템은 우선순위에서 차이가 있다.

- **육성의 깊이**는 육성 횟수의 수치다. 이를테면 캐릭터 레벨이 100이고 장비가 10개이면 이 다른 수치로 육성 속도의 차이를 만들 수 있다.

- **육성의 난이도**는 다양한 육성 콘텐츠의 업그레이드 난이도다. 여러 성장 모듈을 업그레이드하는 데 필요한 자원의 수량, 자원의 획득 난이도 등이 육성 난이도의 구체적인 형태가 될 수 있다. 가령, 캐릭터 레벨업에는 경험치만 필요한데 이 경험치는 게임의 모든 플레이에서 획득할 수 있는 반면, 장비는 난이도가 어느 정도 있는 플레이를 통해서만 얻을 수 있다. 육성 난이도에 따라 수익이 결정되기도 하며 게임의 체험을 크게 향상하기도 한나.

- **육성의 표현**은 육성에 따라 보이는 자신과 다른 유저 간의 시각적 차이다. 예를 들어 유저가 다른 장비를 끼면 캐릭터의 외형이 달라지고, 장비를 어느 정도 강화하면 빛나는 이펙트가 있다. 육성의 표현은 게임에서 과시할 수 있는 일종의 방식이며, 다양한 육성 단계에 있는 유저를 장

려하는 방법이기도 하다.

게임 플레이는 유저가 게임에서 체험하는 모든 게임 콘텐츠를 말한다. 게임 플레이는 목적성이 강하며, 플레이에 대해서는 플레이 종류, 주기, 해금 조건, 플레이 시간, 플레이 보상, 플레이 유형, 특전의 차이를 알아둬야 한다.

- 게임 플레이 속성을 구분 짓는 **플레이 종류**는 혜택성 플레이, 출첵(출석체크) 플레이, 방치형 플레이, 수동 플레이가 있다. 혜택성 플레이는 게임의 혜택성 이벤트다. 유저가 목표를 달성하면 즉시 게임 보상을 획득한다. 일일 활동 보상 등을 예로 들 수 있다. 출첵 플레이는 유저가 클릭한 번으로 바로 보상을 획득하는데, 일일 출첵, 길드 출첵 등이 있다. 방치형 플레이는 게임 내부 플러그인(자동 플레이)을 사용해 방치 형식으로 완료하는 게임 플레이다. 자동 일일 퀘스트, 자동 전투 등이 있다. 수동 플레이는 유저가 직접 플레이한다. 예컨대 엘리트 던전과 레이드 던전 등이 있다. 게임 플레이의 종류를 정리하면 플레이별 분포를 알 수 있어 이후 게임 플레이를 최적화하는 데 도움이 되기도 한다(그림 2.6).

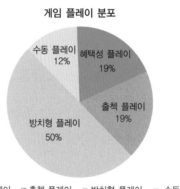

그림 2.6 **게임 플레이 분포도**

- **주기**는 플레이 간격 주기를 구분하는 데 쓰인다. 게임에서 자주 보는 주기는 일회성, 일일, 주간, 격주, 월, 분기, 년까지 있다. 예를 들어 게임의 메인/서브 퀘스트, 업적, 시크릿 미션 등은 모두 일회성 플레이다. 일일 플레이는 일일 퀘스트, 일일 이벤트 등 매일 횟수가 갱신되는 플레이다. 주간 플레이는 토너먼트, 대회 등 매주 한 번 열리는 플레이다. 격주 플레이는 격주 퀘스트, 14일 목표 등 2주마다 갱신되는 플레이다. 월 목표, 리그, 시즌 등 더 긴 주기의 플레이는 실제 시간으로 정의한다. 일반적으로 목표 지향적인 게임은 유저를 위한 세부 일정이 정해져 있고 주기는 일정을 완수해야 하는 시간 주기다. 주기를 정리하면 유저의 일, 주, 월 목표의 수를 판단할 수 있고 유저가 게임에 머무르는 시간을 미리 파악할 수 있다(그림 2.7).

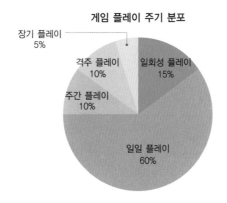

그림 2.7 게임 플레이 주기 분포도

- **해금 조건**은 말 그대로 플레이를 해금하는 조건이다. 게임 플레이의 해금 조건은 퀘스트 해금 조건, 레벨 해금 조건, 주기 해금 조건 위주이고, 전투력 조건(보통 유저의 전투력을 지칭하며, 캐릭터의 종합적인 능력치를 측정하는 데 쓰인다) 등도 있다. 해금 조건은 여러 유저의 목표가 되기도 하며 유저가 너무 빠르게 콘텐츠를 소비하지 않도록 하는 제한이 될 수도 있다(그림 2.8).

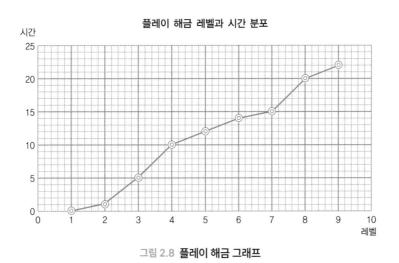

그림 2.8 플레이 해금 그래프

- **플레이 시간**은 각 게임 플레이에 소요되는 시간을 말한다. 보통 일 단위로 측정하고, 종류별로 구분한다. 예를 들어 출첵 플레이는 1분, 방치형 플레이는 15분, 수동 플레이는 30분이 소요되는 식이다. 플레이 시간으로 유저의 피로도를 측정할 수 있어 게임을 최적화할 때 콘텐츠 플레이 시간을 줄일지 늘릴지를 결정하는 데 도움이 된다(그림 2.9).

그림 2.9 **플레이 시간 분포도**

- **플레이 보상**은 플레이의 보상 콘텐츠로, 보통 게임에서 상응하는 성장 모듈에 중점을 둔다. 다시 말해 A1 플레이의 보상은 A1 육성 라인에 쓰인다. 보상 계획을 세우면 플레이 양이 부족한지 아니면 너무 많은지 명확하게 알 수 있다. 또 보상의 양을 통해 해당 육성의 난이도를 알 수 있다.

- **플레이 유형**은 싱글플레이어 PVE~player vs environment~, 싱글플레이어 PVP~player vs player~, 멀티플레이어 GVE~guild vs environment~, 멀티플레이어 GVG~guild vs guild~, 통합 플레이 등이 있으며, 멀티플레이에서 유저 간의 관계에 따라 협력 또는 경쟁으로 구분할 수도 있다. 플레이 유형을 정리하면 게임의 생태를 판단할 수 있어 유저의 핵심 경험이 컴퓨터와의 대결인지, 사람과의 경험인지, 사람과의 경험이라면 협력 관계인지 경쟁 관계인지 알 수 있다(그림 2.10).

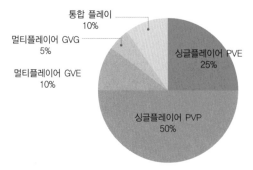

그림 2.10 **플레이 유형 분포도**

- **특전의 차이**는 과금 유저의 플레이 횟수, 장소, 경험 등에 차이를 두는 것이다. 인앱 결제 기능이 있는 게임에서 특전의 차이를 자주 볼 수 있다. 예를 들어 무과금 유저가 던전에 한 번 입장할 수 있다면, 과금 유저는 두 번 입장할 수 있는 것처럼 플레이 횟수에서 차이가 있다. 또 공

공장소에서 무과금 유저는 외곽 지역에만 있을 수 있다면, 과금 유저는 중간 지역에서 머물 수 있는 등 장소 차이가 있다. 그리고 같은 던전에서 무과금 유저는 미세 컨트롤을 해야 하고 과금 유저는 자동 플레이로 깨는 등 경험에서 차이를 둔다. 특전은 인앱 결제 기능이 있는 게임에는 보편적으로 차등을 두는데, 이런 차등은 유저가 결제하게 만드는 원동력이기도 하다.

게임 전투는 게임 내 전투를 표현하는 별도의 모듈이다. 전통적인 실시간 전투 <월드 오브 워크래프트>, 액션 게임 <붕괴3rd>, 반턴제 게임 <음양사>, 타워디펜스 게임 <명일방주>, 탄막 슈팅 게임 <버스트 위치> 등이 있다. 이런 장르의 게임 전투는 핵심 전투 요소에 더 치중하며, 직업 밸런스가 중요하다. 직업 밸런스는 뒤에서 자세히 서술하겠다.

2.4 타깃 게임

타깃 게임은 역방향 추론을 통해 쉽게 이해할 수 있다. 게임 연구 개발은 과정부터 결과까지 정방향으로 진행되며, 게임 역방향 추론은 결과부터 과정까지 역방향으로 설계 의도를 추론한다. 게임 역방향 추론은 게임을 기획의 관점에서 복원해내 전체 게임 구조를 이해하고 게임의 맥락을 다듬는 것이다. 이 단계는 독자들이 직접 시도해보는 것이 가장 좋겠다.

어디부터 손대야 할지 모르겠다면, 1목표, 3시스템, 수익화부터 체계적으로 역추론하는 방법을 제안한다. 게임 수치 설계 계획을 적절히 역추론해보기를 권한다(그림 2.11).

그림 2.11 게임 역추론

- **1목표**는 게임의 설계 목표다. 유저의 관점과 기획자의 관점에서 게임의 목표를 추리해서 설계할 수 있다. 예긴대 삼국지 게임을 유저의 관점에서는 명장을 수집하고, 성을 공격해서 배앗고, 위업을 달성하는 것이 목표다. 기획자의 관점에서는 유저가 매일 무장을 한 명 뽑고, 3일마다 명장을 한 명 뽑아 3개월 동안 게임에 열정을 유지해서 35만 원을 소비하게 만드는 것을 목표로 삼는다.

- **3시스템**은 게임의 성장 시스템, 플레이 시스템(핵심 시스템), 경제 시스템을 말한다. 게임의 핵심을 3가지 모듈로 분해해 게임 전체의 설계 맥락과 설계 방법을 추리한다. 즉 타깃 게임의 성장 시스템에는 어떤 것들이 포함돼 있는지, 다양한 성장 시스템이 어떻게 설계됐는지, 성장 경험은 어떤지, 시스템을 설계하는 목적은 무엇인지 등을 추리한다.
- **수익화**는 일반 결제 설계, 유도 결제 설계, 뽑기 결제 설계로 나뉜다. 다양한 결제 전략과 결제 방식에 따라 게임이 최대한 수익화를 실현할 수 있는지의 방법을 이해한다. 가령, 지금 유행하는 카드 게임에서 기획자는 유저가 결제를 통해 카드를 획득하기를 바라기에 핵심 카드에 결제 공간을 마련해둔다.

우리는 준비 작업의 3가지 부분에서 게임을 역추론할 수 있다. 게임을 역추론하는 방법을 더 길게 설명하지는 않겠다. 게임의 역추론 과정은 사실 개인의 경험을 쌓는 과정이기도 하다. 다른 게임의 설계 방법, 설계 맥락, 유저의 실제 경험 등을 이해하면 게임을 이해하는 데 도움이 될 것이다. 사물에는 모방, 정리, 초월, 혁신이라는 발전 규칙이 있다. 모방과 정리는 학습 과정이지만, 초월과 혁신을 위해서는 충분한 경험을 쌓아야 한다.

CHAPTER

3

게임의 전투 수치

게임의 전투 수치가 무엇인지 이해하려면 먼저 게임의 핵심 전투가 무엇인지를 알아야 한다. 게임의 핵심 전투는 전투 방식, 전투 표현, 전투 리듬, 전술과 전략 등 복잡하고 전투와 관련된 설정집을 포함하지만 이에 국한되지는 않는다. 그중 대부분은 게임의 전투 기획자가 설정해야 하며, 전투 기획자와 수치 기획자가 협의해 설정해야 하는 부분도 있다.

전투 방식은 전투의 주요 형식과 과정이다. 게임 종류에 따라 전투는 실시간 전투, 턴제/반턴제 전투 등의 형식으로 구분할 수 있고, 전투 과정은 스킬, 대미지, 승패 등 로직 프로세스와 관련 있다. 전투 방식은 속성 정의와 공식 정의, 두 가지 핵심 내용을 결정한다.

전투 표현은 전투의 주요 표현 방식이다. 전투의 표현 형식은 대부분 수치 기획과 무관하지만, 전투 과정과 전투 테크닉을 중요시하는 게임에서 수치 기획자는 표현 범위의 매개변수에 관심을 기울여야 한다. 예를 들어 액션 게임 요소가 있는 게임은 수치 기획자가 캐릭터 전투 중 매 공격 사이의 시간과 공격 후 경직되는 시간을 이해해야 한다.

참고 캐릭터가 공격하거나 스킬을 쓸 때 상응하는 모션을 취함으로 표현 범위의 일관성을 가진다. 이를테면 공격할 때 손을 들거나 무기를 쥐는 모션을 강제로 취하게 해 공격 전 경직을 일으킨다. 공격 혹은 스킬이 끝날 때는 자세를 풀면서 공격 후 경직을 일으킨다.

전투 리듬은 단일 전투의 지속 시간과 단일 전투에서 유저의 집중력을 올리는 것이 중요하다. 전투 리듬도 게임 장르와 어느 정도 관련이 있는데, 어떤 장르의 게임은 전투에서 여러 턴을 주고받아 전투의 과정을 중요시한다. 또 한 방에 승패가 결정돼 게임의 스릴을 중요시하는 게임도 있다. 두 게임은 전투 리듬이 확연히 다르다. 전투 리듬은 게임 수치의 계량화 능력을 결정하기도 한다.

전술과 전략은 전투 과정에서의 전술과 전체 전투에서의 전략이다. 예를 들면 개인 전투에 치중하는 게임은 전술에 더 집중하며, 부대를 이끌고 전쟁하는 게임은 전체적인 전략에 더 집중한다. 전투 게임의 과정이 곧 전술과 전략이며, 둘의 밸런스가 중요하다.

게임 핵심 전투의 주요 특징을 이해하면 게임 핵심 전투를 구성하는 데 필요한 전투 수치를 4단계로 나눌 수 있다. 전투 수치 4단계는 속성 정의, 전투 구조, 능력치 정량화, 인공지능이다. 단계를 순서대로 전개하면 게임의 완전한 전투 수치를 얻을 수 있고, 이는 게임 전투에 데이터 지침을 제공한다.

3.1 속성 정의

게임의 토대가 되는 속성은 게임 전투와 게임 육성 두 가지 설정에 영향을 준다. 전투 수치 기획의 첫 단계는 속성 정의다. 먼저 게임의 핵심 전투 모듈의 속성이 무엇인지 확실히 해야 한다. 준비 작업 단계에서 우리는 어떤 장르와 테마의 게임을 만들 것인지 결정했다. 여기에서는 게임 장르와 테마에 따라 다른 속성을 정의해야 한다.

응용 범위에 따라 게임 속성은 **일반 속성**과 **비일반 속성**으로 나뉜다. 일반 속성은 모든 장르의 게임에 대입할 수 있지만, 비일반 속성은 특정 장르의 게임에만 응용할 수 있다. 예컨대 공격 속성, 방어 속성, 체력 속성은 일반 속성 범위에 속하며 모든 장르의 게임에서 쓰일 수 있다. 격투 게임의 스턴과 에어본, 슈팅 게임의 탄도와 발사 속도, 미소녀 게임의 나이와 취미 등의 속성은 비일반 속성에 포함되며 특정 장르의 게임에만 응용할 수 있다.

게임은 반드시 일반 속성이 있어야 하지만, 비일반 속성은 꼭 필요하지는 않다. 비일반 속성 설정은 완전히 게임 핵심 전투의 수요와 우리가 게임에 넣고 싶은 특색에 따라 결정되며, 게임의 오락성을 높이는 데 쓰인다.

3.1.1 일반 속성

게임에서 일반 속성은 단계적 분류와 효용 분류의 두 가지 방식으로 분류한다. **단계적 분류**는 1단계 속성, 2단계 속성, 3단계 속성 등이 있으며, **효용 분류**는 공격 속성, 방어 속성, 체력 속성 등이 있다. 여기서는 속성을 쉽게 정의하기 위해 속성을 분류하는 것이며, 꼭 유저에게 보여주는 실제 속성일 필요는 없다(그림 3.1).

참고 게임 자체는 간단하고 배우기 쉬워야 하는 동시에 깊이도 있어야 하며 질리지 않아야 한다. 따라서 게임을 설계할 때 게임의 유지력을 높이도록 여러 속성을 정의할 것이다. 하지만 속성을 실제로 보여줄 때 유저의 이해도를 높이려면 이해하기 어려운 속성들은 감출 필요가 있다. 따라서 속성을 유저에게 보여줄지 말지는 스스로 결정하면 된다. 자신의 게임의 특징에 따라 일부 속성의 숨김 여부를 선택할 수 있다.

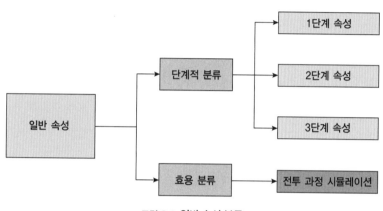

그림 3.1 일반 속성 분류

단계적 분류와 효용 분류는 모두 결과 지향적이며, 목표 설계를 통해 역방향으로 내용을 채워나가는 속성 정의 방식이다. 두 가지 속성 분류 방식 중 무엇을 선택할지는 개인 취향의 문제다. 실제 효과는 둘 다 큰 차이가 없다. 선호하는 방식을 선택하고 게임 전투에 필요한 속성을 결정하기만 하면 된다.

❶ 단계적 분류 방법

최근 자주 보이는 게임 장르는 대부분 **단계적 분류**로 게임 속성을 정의한다. 효용 분류보다 단계적 분류가 접근성이 좋고, 속성의 단계로 속성의 효과를 깔끔하게 정리하기에도 좋다. 단계적 분류를 사용하면 속성을 1단계 속성, 2단계 속성, 3단계 속성 등 최대 3단계로 나눌 수 있다(그림 3.2).

1단계 속성은 전투에 직접적으로 참여하는 기본 속성으로, 공격, 방어, 체력이 있다. 가장 쉬운 논리 관계에 따라 공격과 방어가 함께 작용해 대미지를 입히고, 체력과 대미지가 함께 작용해 게임 캐릭터의 승패를 결정한다. 공격, 방어, 체력은 가장 쉬운 1단계 속성으로, '공방체 삼대장'이라고도 한다. 이를 기반으로 1단계 속성을 더 복잡하게 만들어 게임 경험을 더 다양하게 할 수도 있다.

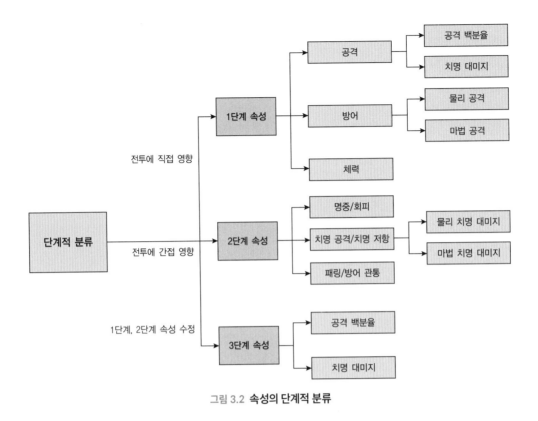

그림 3.2 **속성의 단계적 분류**

- 공격 속성은 공격 유형에 따라 물리 공격과 마법 공격 등 다양한 유형으로 나뉜다. 이렇게 다양한 공격의 형식을 갖추면 캐릭터의 유형마다 다른 공격 방식을 부여하기 좋고, 캐릭터 간 차별화를 둘 수 있다.
- '모(창)'를 정의했으면 당연히 '순(방패)'도 정의해야 한다. 방어에도 물리 방어, 마법 방어 등이 있다. 캐릭터마다 다른 공격 속성이 있어 각기 다른 방어 속성으로 다른 캐릭터에 맞설 수 있다. 물리 방어는 물리 공격에, 마법 방어는 마법 공격에 대응한다. 유저는 다양한 공격과 방어 속성을 키우며 전투 전략을 세운다. 공격과 방어만 있던 게임이 물리 공격과 마법 공격을 고를 수 있게 바뀌면 게임이 더 재미있어지기도 한다.
- 체력은 일반 계산 속성으로, 더 나뉘지 않는다. 따라서 게임에서 어떤 유형의 공격 속성이든 방어 속성이든 체력으로 계산해 단일 전투의 승패를 결정한다.

공격/방어 속성의 종류는 많을수록 좋은 것이 아니다. 공격의 종류가 많을수록 상응하는 방어의 종류도 많아지고, 게임의 밸런스 설계는 복잡해진다. 게다가 유저의 입문 난이도와 게임 캐릭터의 성장 난이도도 비례해서 올라간다. 일반적인 상황에서는 게임 장르와 테마에 따라 공격과 방어 속성이 1-3가지 정도면 족하다.

2단계 속성은 1단계 속성 위에 만들어진다. 단일 대미지 계산에 직접 영향을 줄 수 있는 전투 속성으로, 백분율 수치로 이루어진다. 보통 명중/회피, 치명 공격/치명 저항 등 1공격 1방어 형태를 띤다. 공격이나 방어 한쪽에만 치중한 2단계 속성도 있다. 예컨대 공격형인 치명 대미지, 방어형인 패링 등이 그러하다. 1단계 속성의 특징은 확실성인 반면, 2단계 속성의 제일 큰 특징은 무작위성 randomness이다. 무작위로 2단계 속성이 일어나면 유저가 얻는 전투 수익이 커지고, 이는 밸런스 설계의 재미있는 부분이기도 하다.

3단계 속성은 1단계 속성 또는 2단계 속성을 수정하는 데 쓰이며, 게임 설계 초반에는 설정해두지 않아도 된다. 계속 탐구하고 다듬는 과정에서 불합리한 부분을 수정해야 할 것이다. 밸런스를 맞추거나 새로운 경험을 추가할 때 속성을 늘리거나 줄이면 된다. 예를 들어 <월드 오브 워크래프트>에서 전투력/주문력/주문치유는 대미지와 힐을 구분하기 위해 만들어진 속성이다. 직업과 육성의 차이에 따라 유저는 다양한 유형의 속성 방향을 따른다. 속성의 복잡도 때문에 <월드 오브 워크래프트>의 후기 버전은 이런 속성들을 '대미지'라는 속성 하나에 통합하기도 했다. 우리가 게임을 만들 때는 실제 요구 사항에 따라 완전히 새로운 3단계 속성을 만들 수도 있겠지만, 반드시 게임에서 속성의 포지션을 정확하게 알아야 하며, 새로운 속성에는 목적이 있어야 한다. 그렇지 않으면 게임이 어려워지고 유저의 입문 난이도가 올라갈 것이다.

2 효용 분류 방법

효용 분류는 단일 게임 전투 과정을 시뮬레이션해 이뤄지는 분류 방법이다. 단일 전투 과정은 주로 공격, 방어, 체력 감소이며, 효용 분류는 이를 기반으로 각 과정에서 어떤 속성이 필요한지 정의한다(그림 3.3).

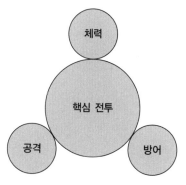

그림 3.3 효용 분류의 기초 3가지

효용 분류는 공격, 방어, 체력 세 가지 관점에서 단계를 나눠 게임 속성을 정의한다. 예를 들어 게임 핵심 전투에서 공격형 속성을 보자. 공격에 기여하는 가장 기초적인 속성은 공격력이다. 그러므로 공격력을 '기초 공격 속성'으로 정의할 수 있다. 게임의 직업을 다양하게 하려면 물리 공격, 마법 공격 등 직업마다 공격 방식을 다르게 할 수 있다. 이때 '기초 공격 속성'은 물리 공격과 마법 공격 두 가지 방향으로 전개되고, 두 가지 공격 유형은 모두 공격 속성의 연장선이므로 이를 '2단계 공격 속성'으로 정의한다.

이 방법을 응용해 '2단계 공격 속성'을 다시 한번 전개한다. 공격 효율에 영향을 주는 속성을 물리 명중 속성, 마법 명중 속성으로 세분화한다. 공격 수치 변동에 영향을 주는 속성은 물리 치명 공격 속성, 마법 치명 공격 속성으로 세분화한다. 공격 효율에 영향을 주는 속성을 물리 관통 속성과 마법 관통 속성으로 세분화한다. 이처럼 세 번째 나뉜 속성을 '3단계 공격 속성'이라 정의한다.

다음으로 실제 설계 요구 사항에 따라 3단계 공격 속성을 다시 나눌 수도 있다. '치명 공격 속성'에 영향을 주는 수치는 물리 치명 공격 대미지, 마법 치명 공격 대미지가 있고, '관통 효율'에 영향을 주는 수치는 관통 대미지, 관통 효과 버프 등이 있다.

방어와 체력 두 가지 관점에서도 같은 방법으로 분해해 게임에 필요한 모든 속성을 얻을 수 있다. 공격 관점에서 얻은 속성을 '공격형 속성', 방어 관점에서 얻은 속성을 '방어형 속성', 체력 관점에서 얻은 속성을 '체력형 속성'으로 통칭한다.

효용 분류의 원리는 단계적 분류와 비슷하다. 다만 효용 분류는 더 구체적이고 실전 경험에 충실하며, 단계적 분류는 실용성이 더 높다(그림 3.4).

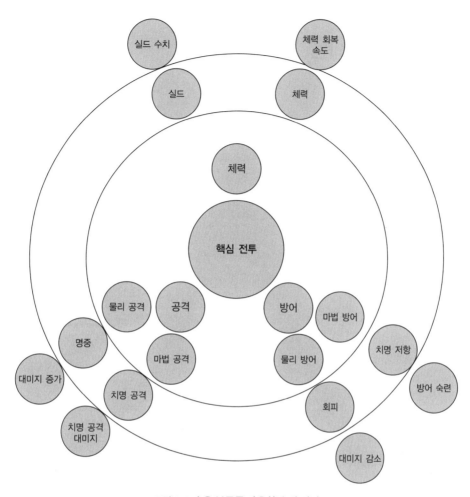

그림 3.4 **효용 분류를 사용한 속성 정의**

단계적 분류와 효용 분류 모두 게임의 일반 속성을 만드는 방법이다. 게임의 속성을 정의할 때 굳이 새로운 속성을 만들지 않고 자주 볼 수 있는 속성만 넣을 수도 있다. 게임에서 자주 보는 일반 속성은 표 3.1에서 볼 수 있다.

표 3.1 게임에서 자주 보는 일반 속성

속성 분류	이름	설명	영향을 주는 속성	유형
기초 속성	힘/지능	공격 속성으로 전환 가능, 힘 또는 지능 1 pt당 공격 1 pt 증가	공격	수치
	인내	체력 속성으로 전환 가능, 인내 1 pt당 체력 5 pt + 치명 저항 0.05%	체력, 치명 저항	수치
	민첩	방어 속성으로 전환 가능, 민첩 1 pt당 방어 0.5 pt + 치명 공격 0.05%	방어, 치명 공격	수치
1단계 속성	공격	캐릭터 공격력, 대미지 계산 프로세스에 영향		수치
	방어	캐릭터 방어력, 대미지 계산 프로세스에 영향		수치
	체력	캐릭터 체력, 체력이 0이 되면 사망		수치
2단계 속성	명중	캐릭터가 공격 시 명중할 확률 증가		수치
	회피	캐릭터가 공격을 받을 때 회피할 확률 증가		수치
	치명 공격	캐릭터가 치명 공격 대미지를 입힐 확률 증가		수치
	치명 저항	캐릭터가 치명 공격을 받을 확률 감소		수치
	패링 확률	캐릭터가 공격을 받을 때 대미지를 상쇄할 확률 증가		백분율
	패링 수치	캐릭터가 공격을 받을 때 상쇄되는 대미지 증가		수치
	치명 공격 대미지	캐릭터가 치명 공격 시 대미지의 배수 증가		백분율
	치명 공격 저항	치명 공격을 받을 때 대미지의 배수 감소		백분율
	반격 확률	반격할 확률 증가		백분율
	반격 저항 확률	반격을 받을 확률 감소		백분율
	반격 대미지	반격 대미지 증가		백분율
	반격 저항 대미지	받는 반격 대미지 감소		백분율
3단계 속성	명중률	적을 명중할 확률 증가	명중	백분율
	회피율	공격을 회피하는 확률을 감소시키는 백분율	회피	백분율
	방어 관통	공격 시 대상의 방어 속성을 감소	방어	백분율
	치명 공격 확률	치명 공격 대미지를 입히는 확률 증가	치명 공격	백분율
	치명 저항 확률	치명 공격 대미지를 받을 확률 감소	치명 저항	백분율
	방어력 무시	공격 시 대상의 방어력을 일정 비율만큼 무시할 수 있음	방어	백분율
	공격 대미지 증가	캐릭터가 공격시 입히는 대미지 증가 비율	최종 대미지	백분율
	피해 대미지 감소	공격을 받는 대미지 비율 감소	최종 대미지	백분율
	대미지 반사	캐릭터가 반사 대미지를 입히는 비율	최종 대미지	백분율
	방어력 무시 공격	방어력 무시 공격력 증가	최종 대미지	수치
	방어력 무시 공격 대미지	방어력 무시 공격의 효과 증가	최종 대미지	백분율
	방어력 무시 공격 저항	방어력 무시 공격을 받는 효과 감소	최종 대미지	백분율
	최종 대미지 감소	캐릭터가 받는 공격의 최종 대미지를 고정으로 감소, 유저는 40% 효과만 적용	최종 대미지	수치

속성 분류	이름	설명	영향을 주는 속성	유형
비일반 속성	속도	캐릭터의 이동 속도 증가		수치
	감속	감속 효과 명중 확률 증가		수치
	감속 저항	감속 효과 명중 확률 감소		수치
	속박	속박 효과 명중 확률 증가		수치
	속박 저항	속박 효과 명중 확률 감소		수치
	마비	마비를 일으킬 확률을 증가시키는 백분율 (3.5초 마비)		백분율
	마비 저항	마비에 걸릴 확률 감소		백분율
	골드 드롭	몬스터 처치 시 골드 드롭률 증가		백분율
	변신 대미지 증가	변신 후 스킬 대미지 증가		백분율
	변신 피해 대미지 저항	변신 후 스킬로 받는 대미지 감소		백분율

3.1.2 비일반 속성

비일반 속성은 특정 전투 또는 특정 게임 콘텐츠의 게임 속성으로만 쓰인다. 비일반 속성은 크게 기초 속성과 특수 속성으로 나뉜다.

기초 속성은 일반 속성을 수정하는 데 쓰는 속성이다. 예를 들어 캐릭터의 물리 공격력을 높이는 힘 속성에 게임 테마마다 다른 기초 속성을 쓰면 캐릭터의 사실감을 높일 수 있다. '3대' 혹은 '5대' 기초 속성이 자주 쓰인다. 5대 속성은 힘, 민첩, 지능, 인내, 지혜이고, 3대 속성은 힘, 지능, 인내다. 게임의 테마가 마법 판타지가 아니라면 해당 테마에 더 익숙한 이름으로 정의할 수 있다. 가령 삼국지 테마 게임은 무력, 지력, 통솔력, 정치력, 매력 등으로 기초 속성을 설정한다. 무협 테마 게임은 기혈, 무력, 내공, 신법, 원기 등으로 기초 속성을 설정한다.

특수 속성은 게임 장르를 기반으로 넣는 속성으로, 게임 전투를 보충한다. 특수 속성을 적절히 사용하면 게임 경험을 크게 향상할 수 있지만, 반대의 경우 밸런스에 부담이 될 수 있다. 예를 들어 모바일 게임 <펜타스톰>에서 이동 속도 속성은 중요한 전투 속성으로, 영웅 '관우'마저도 이동 속도를 전투 메커니즘으로 활용해야 한다. 모바일 게임 <음양사> 같은 턴제 게임에서는 이동 속도 속성이 크게 의미가 없다. 이런 게임에서 유저는 공격 속도 속성에 더 집중한다. 공격 속도가 빠를수록 공격의 빈도가 더 높기 때문이다. 특수 속성을 적절히 넣으면 전투 리듬이 빨라지지만 지나치면 게임의 전투력 밸런스가 붕괴될 수도 있다.

기초 속성과 특수 속성은 비일반 속성이다. 설정 초기 단계에서 게임에서 해당 속성의 포지션과 역할을 고려해야 한다. 같은 장르 게임의 기초 속성과 특수 속성을 참고할 수도 있다. 이 속성들을 설계 중인 수치 시스템에 넣기 전에 속성들이 게임에 어떤 경험을 추가할지 반드시 명확히 이해해야 한다. 자신이 관리할 수 있는 속성을 선택하고, 그 속성의 응용 환경을 깊이 파헤쳐야 한다. 기본 속성과 특수 속성이 부담이 되지 않도록 하라. 유저가 이해하기 어렵고 기획자가 사용하기에도 어려우면 결국 그 속성은 '계륵'이 된다. 게임 밸런스의 난이도를 높이고 게임 경험에 영향을 줄 뿐이다.

게임의 일반 속성과 비일반 속성을 설계할 때 반드시 '너무 튀지 않도록' 주의해야 한다. 지금 게임 속성의 종류는 꽤 많이 발전했다. 확실하지 않다면 가장 간단한 방법을 선택하면 된다. 같은 장르 게임의 속성을 빌려와 자신의 게임에 고유한 속성을 추가해 게임의 기초 인프라 모듈을 완성하는 것이다. 여기서 보충할 점은 속성의 종류와 수를 바꿀 수 있다는 것이다. 게임 제작 과정에서 새로운 속성을 추가해 게임의 경험을 극대화할 수 있다면 대담하게 그 속성을 게임에 추가할 수도 있다. 또한 초기에 미리 만들어둔 속성의 응용 포지션을 게임 제작이 끝날 때까지 찾지 못할 때도 있다. 이런 이유로 게임을 플레이할 때 이따금 '계륵'[1] 같은 애매한 속성을 보는 것이다.

가정에는 대담하고, 논증에는 신중을 기해야 한다. 속성을 정의하는 일을 귀찮아 하지 않고 최대한 많이 탐색하고 검증하되, '너무 많은' 속성이 게임 기획자와 플레이어에게 부담이 되지 않도록 반드시 주의해야 한다.

3.2 전투 구조

전투 구조는 게임 속 전투의 전체 구조(시스템)를 말한다. 일반적으로는 전투 기획자가 담당해 구조의 콘텐츠를 설계한다. 수치 기획자는 구조와 콘텐츠를 연결하는 일을 보조한다. 쉽게 말해 수치 기획자는 전투 플로와 공식 정의를 담당한다.

전투 플로는 게임의 전투 시작부터 종료까지의 사이클이다. 그중 모든 가능성을 열거하고 전체 전투 로직을 정리해야 한다. 게임의 장르에 따라 전투 로직도 달라진다. 전투 플로는 보통 기초 플로, 스킬 플로, 대미지 플로 세 가지로 구성된다. 그중 기초 플로는 단일 전투의 시작부터 종료까지 전체 과정을 정의한다. 스킬 플로는 스킬 시작부터 종료까지 전체 과정을 정의한다. 대미지 플로는 대미지의 시작부터 종료까지 전체 과정을 정의한다.

1 　[옮긴이] 상시로 방어력을 올려주는 '방어' 속성이 이미 있는데도, 보호막 스킬을 쓸 경우에만 보호막 효과를 강화해주는 '인내' 같은 속성이 계륵의 예가 될 수 있다.

스킬 플로와 **대미지 플로**는 캡슐화된 모듈로 이해할 수 있다. **기초 플로**의 핵심은 이러한 모듈을 호출해 연산을 수행하고, 그 결과를 기초 플로로 출력해 기초 플로의 사이클을 통해 전체 전투 플로를 완성하는 것이다. 이 세 가지 플로가 이뤄지려면 특정한 공식이 필요하다.

공식 정의는 여러 공식을 사용해 게임의 모든 속성을 전투 플로에 대입하고, 대입한 속성 수치를 연산해 얻은 결과로 전체 전투를 완성하는 것이다. 게임에서 공식은 전투와 속성을 연결하는 커넥터이며, 속성과 속성을 연결하는 커넥터이기도 하다. 전투와 속성을 연결하는 과정은 속성의 가치를 실현하는 과정이며, 속성과 속성을 연결하는 과정은 느슨한 속성 시스템을 촘촘하게 하는 과정이다.

전투 구조에서 필요한 공식은 **속성 계산 공식**, **스킬 계산 공식**, **대미지 계산 공식**이다. 이들은 전투 플로에서 각각 **기초 플로**, **스킬 플로**, **대미지 플로**에 대응한다. 속성 계산 공식은 모든 속성을 통합하는 방식으로, 주로 기초 플로에서 캐릭터를 초기화하는 데 쓰인다. 스킬 계산 공식은 스킬 사용 시 누적된 대미지를 계산하는 방식으로, 주로 스킬 플로에서 스킬을 계산하는 데 쓰인다. 대미지 계산 공식은 기본 대미지를 계산하는 방식으로, 주로 대미지 플로에서 기본 대미지를 계산하는 데 쓰인다.

공식 정의에는 여러 가지 단편적인 기타 공식도 있는데, 이후 개발 과정에서 꾸준히 추가하면 된다.

3.2.1 전투 플로

모든 게임의 전투는 '턴' 형식으로 나타낼 수 있다. 여기서 턴은 전통적인 의미의 턴제가 아니다. 실시간 전투와 턴제 전투 게임을 비교하면 턴제 전투는 각 유저의 공격 빈도를 공평하게 정의하는 반면, 실시간 전투는 공격 간격이나 공격 속도에 따라 각 유저의 공격 빈도를 정의하며 전투 과정도 더 자유롭다는 데 차이가 있다. 실시간 전투는 유저의 주관적인 판단에 따라 선제 공격하고, 전투 과정에서 적의 반격도 수용해 더 현실적이다. 턴제 전투는 속도나 다른 속성에 따라 선제 공격이 결정되므로 턴제 전투의 선제 공격이 실시간 전투의 선제 공격보다 더 중요한 요소로 작용한다. 양쪽이 같은 속성을 가졌다면, 선제 공격한 쪽이 다른 쪽보다 한 번 더 공격할 수 있으므로 전투에서 우위를 점하며, 승리할 가능성도 크게 높아진다. 턴제 중에서도 실시간 전투를 모방한 새로운 버전의 턴제도 있다. 여기서는 가 유저이 속도에 따라 대상에 대한 공격 빈도가 결정되며, 기준 속도가 같은 경우 속도가 빠를수록 더 많이 공격할 수 있다.

일반적으로는 '턴' 형식으로 전투 플로를 정의한다. 매 턴은 모두 한 번의 전투 플로다. 이를 바탕으로 전투 플로는 기초 플로, 스킬 플로, 대미지 플로의 세 단계로 나뉜다.

❶ 기초 플로

기초 플로는 기초 전투 플로의 준말이며, 전투의 규칙과 계산 방식을 뜻한다. 턴제 게임이든 실시간 게임이든 한 번의 전투는 여러 '턴'의 형식으로 진행될 수 있다. 전투에 진입하는 순간부터 적과 유저는 여러 '턴'을 거쳐 전투를 끝내거나 퇴장하게 되는데, 이것이 완전한 하나의 기초 전투 플로다. 전투가 끝나도 기초 전투 플로가 끝난 것이 아닌 대규모 롤플레잉 게임도 일부 있다. '전투 종료'부터 '전투 이탈'까지의 상태도 '턴'의 개념으로 존재한다. 일부 속성의 연산도 전투 중 상태로 계산한다. 예를 들어 <월드 오브 워크래프트>에서는 단일 전투가 끝나면 3초를 기다려야 전투를 이탈할 수 있는데, '5초 규칙'에 따라 5초마다 회복되는 마나 수치가 전투 상태/전투 이탈 후 상태에 따라 다르게 계산된다.

[참고] 게임 속 캐릭터는 회복약과 음식 아이템을 사용해 체력을 회복하는 것 외에도 자연 회복량이 있다. 자연 회복은 게임 진행 중 체력 또는 마나가 회복되는 것을 뜻한다. <월드 오브 워크래프트>에서는 5초마다 캐릭터가 1회 자연 회복을 하며(5초 규칙) 1회 회복량은 속성의 크기에 따라 결정된다.

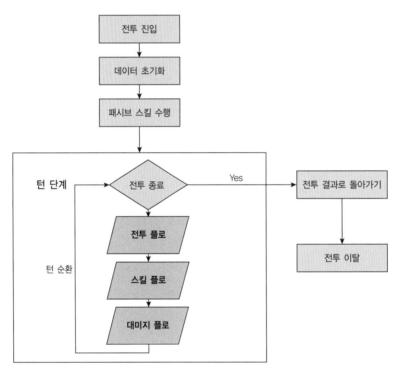

그림 3.5 **기초 플로 차트**

기초 플로는 그림 3.5와 같이 전투 진입을 기점으로 시작한다. 자세한 내용은 다음과 같다.

- 먼저 캐릭터의 단계적 속성을 초기화하고 캐릭터에게 수치를 부여한다.
- 다음으로 패시브 스킬, 오라 스킬, 전투 중 나타나는 버프를 수행한다.
- '턴' 상태에 들어간다. '턴' 상태는 대부분 캐릭터가 스킬을 시전하는 플로다.
- '턴' 상태의 순환은 전투가 끝나고 결과가 출력될 때까지 계속된다.
- 전투가 종료되면 일부 버프는 전투를 이탈해서 전체 기초 전투 플로가 끝날 때까지 지속된다.

게임에서 기초 플로는 게임 전투의 복잡성에 따라 달라진다. 복잡한 게임은 전투 정의가 꽤 복잡하다. <월드 오브 워크래프트>의 전투 상태에는 구체적인 규정이 있고, 전투 상태마다 유저가 조작할 수 있는 것이 다르다. 전투 중에는 탈것을 소환하거나 일부 아이템을 사용할 수 없다. 전투 이탈 조건도 엄격해서 유저가 던전에서 전투를 이탈해서 생기는 경험 문제를 어느 정도 방지할 수 있다. 기초 플로가 매우 간단해 게임의 전투 경험을 강조하지 않는 게임도 있다. 수치 기획자가 게임 전투 플로의 규칙을 이해하고 플로의 설정을 포괄적으로 생각한다면 게임 전투 플로의 복잡성은 크게 걱정할 필요가 없다. 설정에 따라 유저의 경험도 달라져야 한다. 수치 기획자는 이런 측면에서도 여러 전투 플로가 게임 전투에 미치는 직접적인 영향을 판단해야 한다.

2 스킬 플로

스킬 플로는 단일 스킬 시전의 전체 과정을 뜻한다. 게임에서 스킬의 전체 플로는 별도의 모듈로 캡슐화할 수 있으며, 모든 스킬 플로 진행은 이 모듈을 호출한다. 스킬은 유형에 따라 액티브 스킬과 패시브 스킬로 나눌 수 있다. 패시브 스킬은 기초 플로의 '전투 진입' 단계에서 통합해 연산하며, 여기서 스킬 플로는 주로 액티브 스킬의 시전 플로를 말한다.

게임에서 스킬 플로는 수치 측면에서 **대미지**와 **버프** 두 가지로 구성된다. 대미지는 기본 대미지를 증가시키는 백분율 또는 고정값이며, 버프는 대상에게 지속 시간이 있는 상태를 부여한다. 정방향 버프는 예를 들어 대상을 공격한 후 대상의 출혈 상태를 3초간 지속시키는 것이다. 다시 말해 대상은 다음 3초간 계속 체력이 깎인다. 역방향 버프는 대미지 반사 보호막을 가진 대상을 공격할 때 대상이 자신에게 일정 대미지를 입히는 것을 예로 들 수 있다.

게임 수치를 연산할 때 스킬 플로의 대미지 부분은 39쪽의 '3. 대미지 플로'에서 서술하는 연산을 직접 호출해서 사용한다. 버프는 기초 플로에 병합해서 처리한다.

스킬 플로 단계는 그림 3.6과 같이 스킬 시전 시점을 기점으로 시작한다. 자세한 내용은 다음과 같다.

- 대상을 선택한다. 대상은 단일 개체이거나 집단일 수도 있다. 대상의 수에 따라 최종 대미지를 약간 수정해야 한다.
- 대미지 부분의 연산을 수행한다. 여기서 대미지 공식을 사용해 적과 나의 속성을 넣어 연산해야 한다. 이 단계에서 대상이 죽었는지 여부를 판단하고, 대상이 죽었다면 기초 플로로 돌아간다. 대상이 살았다면 다음 프로세스를 진행한다.
- 대상과 자신에게 상응하는 버프를 부여한다.
- 마지막으로 스킬 시전이 끝나는 것을 마지막으로 전체 스킬 플로를 끝낸다.

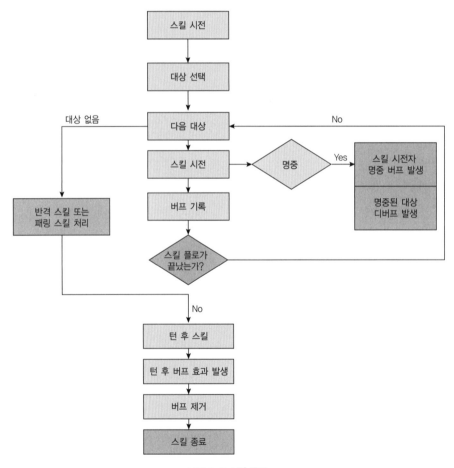

그림 3.6 **스킬 플로**

스킬 플로는 전체 전투 플로에서 다양성이 가장 높은 플로다. 동일한 기본 구조를 사용하지 않는 한 게임마다 스킬 플로가 모두 다르다고 할 수 있다. 또 게임마다 스킬 플로가 모두 달라서 기본이 되는 플로 모델을 게임에 적용해 적절히 대응해야 한다.

스킬 플로가 완전히 버프에 기반하는 게임도 있다. 대미지 부분을 연산할 때 먼저 유저에게 한 턴 동안 지속되는 공격력 증가 효과가 부여된다. 유저의 스킬 대미지가 공격력의 130%일 때, 스킬 시전 시 먼저 버프 메커니즘으로 유저의 공격력을 30% 증가시킨다. 이때 공격 대상은 스킬로 인한 대미지 증가 효과를 다시 대입하지 않아도 된다. 기획자에게 과정보다, 결과가 자신의 예측대로 실현되는 것이 중요하다. 기본이 되는 스킬 플로를 숙달해야만 게임의 전투 수치를 합리적으로 만들 수 있다.

❸ 대미지 플로

대미지 플로는 최종 대미지값(프로그램은 3.2.2절의 공식이 정의한 계산 방법에 따라 최종 대미지 수치를 얻는다. 유저의 관점에서는 이번 공격의 대미지 수치를 뜻한다.)의 계산 과정을 뜻하며, 대미지 플로의 복잡도는 주로 속성의 개수에 따라 결정된다. 속성이 공격과 방어만 있다면 대미지 플로는 매우 간단하겠지만, 게임의 전투 과정은 매우 지루할 것이다. 2단계 속성에 백분율 또는 수치로 계산되는 다양한 속성이 있고 특수 속성에는 고유 효과도 다채로워서 대미지 플로는 복잡해진다. 하지만 대미지 플로로 게임의 전투 과정이 더 풍부하고 흥미로워지기도 한다(그림 3.7).

2단계 속성에는 보통 백분율로 계산되는 속성이 여러 가지가 있다. 대미지 플로를 설정할 때 우리는 이런 무작위 변수의 우선순위를 고려해야 한다. 이를테면 백분율 속성(백분율로 계산되는 속성)인 명중률과 치명타 확률 중 치명타 확률을 먼저 계산한 뒤 명중률을 계산하면, 명중이 아닌 상태에서 '치명타'인지 여부를 계산하는 것이 무의미하다. 우선순위 개념은 속성의 실제 가치에도 영향을 미칠 수 있다. 예를 들어 대상의 명중률이 80%고 대상의 치명타 확률이 5%다. 속성을 연산할 때 명중했는지를 먼저 계산하고 치명타인지를 계산한다. 치명타 확률 5%를 실제로 계산할 때 먼저 명중률 80%를 곱해야 한다. 다시 말해 80% × 5% = 4%가 된다. 실제 치명타 확률은 원시 수치보다 작을 수 있다.

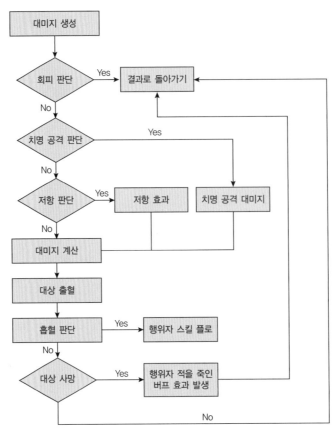

그림 3.7 **대미지 계산 플로**

이렇듯 대미지 플로는 두 가지 유형으로 나뉜다. 하나는 **확률론 알고리즘**, 나머지는 **원탁 이론 알고리즘**이다. 좀 더 공평한 확률론 알고리즘을 사용하자는 기획자도 있고, 정확성이 높은 원탁 이론 알고리즘을 적용하자는 기획자도 있다. 개인적으로 어느 하나가 맞고 틀린 게 아니라 각자 장단점이 있다고 생각한다. 어느 게 더 낫다고 평가하기보다는 두 알고리즘의 장단점과 2단계 속성에 미치는 영향을 이해하면 된다.

(1) 확률론 알고리즘

확률론 알고리즘은 2단계 속성을 미리 설정한 우선순위에 따라 순서대로 배열하는 것으로, 프로그램이 2단계 속성의 확률에 따라 차례로 효과를 발생할지 말지를 판단하고, 하나의 공격 방식을 선택하면 대미지 플로가 완성된다. 예를 들어 우리가 2단계 속성을 명중/회피, 치명타, 방어 관통으로 설정하고, 이 속성들의 우선순위를 명중 > 방어 관통 > 치명타로 정의한다. 프로그램은 연산시 정의한 순서에 따라 차례로 판정을 진행한다.

다만 확률론 알고리즘은 **우선순위가 낮은 속성의 효과가 발생할 확률이 표시된 확률보다 낮을 수 있다**는 단점이 있다. 이에 따라서 실제 속성 수익이 줄기도 한다.

게임 캐릭터의 명중률이 70%, 방어 관통률이 30%, 치명타 확률이 5%라고 가정해보고, 단계별로 계산해서 결괏값을 얻어보자. 70% 확률로 명중한다면 명중하지 않을 확률은 30%다. 70%의 명중률 중 방어 관통률은 21%(70% × 30%)이고, 치명타 확률은 2.45%{(70% − 21%) × 5%}다. 그렇다면 일반 공격 확률은 46.55%(70% − 21% − 2.45%)가 된다.

비교해보면 2단계 속성의 우선순위가 낮을수록 실제 수익도 낮아진다는 것을 알 수 있다. 우선순위 가중치를 어떻게 설정하든 우선순위가 낮은 속성일수록 우선순위 역전priority inversion으로 인한 수익 감소를 고려해야 한다. 실제 수익은 우선순위가 낮은 속성일수록 이들 속성의 확률 수치보다 작아서 이는 우선순위가 낮은 속성에 불균형을 초래한다.

확률론 알고리즘의 가장 큰 장점은 **모든 속성이 대미지 플로 계산에 들어갈 수 있다**는 것이다. 속성의 불공평한 부분에는 점수를 매겨 조정할 수 있다. 또한 **2단계 속성의 범위가 더 넓어질 수 있다**는 장점이 있다. 예를 들어 캐릭터의 명중률이 70%, 방어 관통률이 50%, 치명타 확률이 50%다. 차례로 계산해보면 명중률이 70%, 방어 관통률이 35%(70% × 50%), 치명타 확률이 12.25%{(70% − 35%) × 35%}, 일반 공격 확률은 22.75%(70% − 35% − 12.25%)다. 이렇게 해서 속성 성장에 깊이를 더할 수 있다. 확률론 알고리즘은 아이템 결제가 가능한 게임에서 자주 쓰이는 알고리즘이다.

(2) 원탁 이론 알고리즘

원탁 이론은 '원탁의 면적은 고정돼 있으며, 몇 개의 물건이 원탁의 모든 면적을 차지하면 다른 물건을 놓을 수 없다'는 사실에서 유래했다. <월드 오브 워크래프트>에서는 공격을 판단할 때 원탁 이론 알고리즘을 사용한다. 속성들 중 우선순위가 높은 속성의 합이 100%를 넘으면 우선순위가 낮은 결괏값은 '원탁'에서 밀려난다. 프로그램은 100% 중 각 속성이 차지하는 비율에 따라 판정한다.

원탁 이론은 우선순위가 높은 속성들의 합이 100%를 초과하면 우선순위가 낮은 속성은 작용하지 않는다는 단점이 한계다.

게임 캐릭터의 회피율이 30%, 방어 관통률이 30%, 치명타 확률이 5%라고 가정해보자. 원탁 이론을 사용하면 실제 캐릭터의 각 속성 확률이 원시 확률과 모두 같을 수 있다. 다시 말해 회피율이 30%, 방어 관통률이 30%, 치명타 확률이 5%, 일반 공격 확률이 35%다. 그런데 만약 캐릭터의 속성을 조정해 회피율 50%, 방어 관통률이 50%, 치명타 확률이 5%라면 실제 확률은 회피율

50%, 방어 관통률 50%, 치명타 확률 0%가 돼 치명타는 작용할 수 없게 된다. 물론 원탁 이론에서는 속성 범위에 대한 요구 사항이 더 엄격하며, 값을 고정할 때 어떤 속성이 너무 높아 우선순위가 낮은 2단계 속성이 가치를 잃게 되는 일을 방지해야 한다.

확률론 알고리즘과 달리 원탁 이론 알고리즘은 속성 수치가 일정한 경우 2단계 속성의 밸런스를 보장하며, 우선순위로 인해 속성이 사라지는 일은 발생하지 않는다. 이런 설정에 기반해 원탁 이론 알고리즘은 종합적으로 2단계 속성의 밸런스를 맞추며, 합리성을 단순한 확률 이론에 기대지 않는다.

확률론 알고리즘과 원탁 이론 알고리즘에 대한 논쟁은 여전히 진행 중이다. 두 알고리즘을 사용하는 게임은 아주 많으며, 절대적으로 옳고 그름은 없다. 두 가지의 장단점을 모두 이해하는 수치 기획자라면 자신의 게임에 가장 적합한 방식을 선택할 수 있을 것이다.

3.2.2 공식 정의

전투 구조 중 전투 플로는 게임의 전투에 규칙과 로직을 제공하지만, 이런 구조는 완전하지 않다. 우리는 여러 공식을 사용해 전투 플로에 많은 콘텐츠를 연결해야 한다. 공식들은 주로 전투에 필요해 이를 '전투 공식'이라고도 부를 수 있다. 게임의 속성이 전투에 기초 수치를 제공한다면, 게임의 공식은 전투에 수치 계산 방법을 제공한다. 완전한 전투 구조는 속성을 전투에 대입하고 공식을 사용해서 전투 플로 규칙에 따라 결과를 출력해야 한다.

전투 플로에는 공식이 필요하기 때문에 게임에서 공식 정의는 전투 플로와 거의 같다고 볼 수 있다. 기능 측면에서는 속성 계산 공식, 스킬 계산 공식, 대미지 계산 공식이 있고, 이는 전투 플로에서 각각 기초 플로, 스킬 플로, 대미지 플로에 해당한다.

1 속성 계산 공식

속성 계산 공식은 여러 속성을 계산하는 방식으로, 일반적으로 공식 형태로 나타낸다. 속성 계산 공식은 전투의 기초 플로에 필요하다. 캐릭터는 기초 플로의 시작 단계에서 캐릭터의 모든 속성을 초기화해야 하는데, 캐릭터 속성들은 속성 계산 공식에 의해 계산된다.

게임에 속성을 추가하는 루트는 여러 가지가 있다. 예를 들어 캐릭터 레벨업을 통해 캐릭터의 힘, 민첩, 지능 속성을 늘릴 수 있다. 또 캐릭터는 장비를 착용해 캐릭터의 공격, 방어, 체력 속성을 늘릴 수 있다. 이 속성을 **육성 속성**이라고 통칭하며, 육성 속성을 추가하는 방식을 **육성 루트**라고 한다. 완성도가 높은 게임은 육성 루트도 매우 다양하며, 어떤 플랫폼은 게임을 출시하는 기준으로 수십 가지의 육성 루트를 요구하기도 한다. **속성 계산** 방식 중 하나는 모든 육성 루트에서 얻는 캐릭터 속성을 공식으로 계산해 총합을 얻는 것이다. 이를 **육성 수치**라고 하며, 이 공식을 **속성 총합 공식**이라고 한다.

(1) 속성 총합 공식

간단한 속성 총합 공식은 다음과 같다.

> 속성 총합 = (캐릭터 초기 속성 + 캐릭터 레벨업 속성 + Σ 장비 속성 총합 + Σ 스킬 or 버프 속성 총합)
> × (1 + Σ 백분율 속성 총합 + Σ 스킬 또는 버프 백분율 속성 총합)

속성 총합 공식의 속성을 원하는 속성 이름으로 치환하면 단일 속성의 총합 공식을 얻을 수 있다. 장비 속성 총합 공식을 예로 도출해보자. 모두 가장 기본적인 육성 루트만 나열했다. 게임에 더 많은 육성 루트가 있다면 더 많은 공식을 사용해 단계별로 처리해야 한다.

> Σ 장비 속성 총합 = (장비 기본 속성 총합 × (1 + 장비 기본 백분율 속성 총합) + 장비 강화 속성 총합
> + 장비 재련 속성 총합 + 장비 초월 속성 총합)

수치 기획자는 공식을 설정할 때 **공식에서 백분율 속성의 위치**에 주의해야 한다. 백분율 수치가 **대공식**(대공식은 최종 결과를, 소공식은 어느 한 단계를 계산할 때 사용한다)에 있다면 이 속성을 넣을 때 반드시 조심해야 한다. 속성을 10% 올리면 최종 공격력이 10% 올라갈 수 있다. 백분율 수치가 **소공식**에 있다면 속성을 100% 올려도 최종 공격력이 5%밖에 올라가지 않는다. 10%와 100% 효과 중 어느 것이 유저에게 미치는 영향이 더 크겠는가?

게임의 초기 설정 단계에서는 구체적인 육성 루트를 완벽히 계획할 수 없으므로, 큰 범주에서 정의해야 한다. 예를 들어 게임을 처음 만들 때는 속성의 육성 루트가 캐릭터와 장비 두 가지뿐이다. 그럼 속성 총합 공식을 정의할 때 캐릭터와 장비에 따라 정의하기만 하면 된다. 물론 이 단계에서 수치 기획자는 미리 설정하는 것도 가능하다. 준비 작업에서 이미 게임의 3요소와 역추론으로 향후 게임에 추가할 수 있는 새로운 육성 루트를 대략적으로 이해했다. 따라서 향후에 나올 수 있는 육성 루트를 계획해서 구소에 미리 넣어둘 수 있나.

3.1절에서 속성은 일반 속성과 비일반 속성으로 나뉜다는 사실을 알았다. 속성 총합 공식에서 모든 일반 속성과 비일반 속성을 속성 총합 공식으로 정의하고 확실히 정리돼야 한다. 여러 속성

의 총합 공식은 모두 같기 때문에, 일반 속성 총합 공식으로 어느 한 속성의 총합 공식을 기술하고 다른 속성은 이 공식을 재사용하면 된다.

게임의 전투 플로에서 모든 속성이 전투에 직접적으로 영향을 주지는 않는다. 이를테면 일반 속성에서 3단계 속성, 비일반 속성에서 기초 속성과 특수 속성은 다른 속성을 보정하거나 전투 경험을 향상하기 위해 존재한다. 비일반 속성 중 힘, 지혜, 정신력은 단일 전투 과정에서 전투 플로에 직접적으로 영향을 주지 않고 다른 형식의 속성으로 변환돼 전투에 영향을 주는 사례도 있다.

물론 이는 절대적이지 않다. 삼국지 테마의 모바일 게임을 만들 때, 힘, 지혜, 정신력의 중요성을 높이기 위해 전투 플로에서 일부러 대미지 매개변수로 일반 속성의 3단계 속성과 비일반 속성의 기초 속성 및 특수 속성을 넣은 적이 있다.

> 최종 공격 수치 = 기본 공격력 × (1 + (힘 or 지혜 or 정신력 ÷ 상수))

쉽게 말해 게임 캐릭터의 힘, 지혜, 정신력 속성 수치가 높을수록 캐릭터의 대미지도 비례해 올라간다. 결과적으로 게임의 경험은 매우 훌륭했다. 모든 무장의 속성이 달랐으며 대미지 효율도 좋았다.

이는 게임 디자인 과정 중 하나의 방식일 뿐이다. 대부분 일반 속성의 3단계 속성, 비일반 속성의 기초 속성과 특수 속성이 전투 플로에 직접적으로 영향을 주지는 않는다. 이처럼 다른 속성을 보정하는 일반 속성과 비일반 속성을 처리할 때는 다음의 **속성 변환 공식**을 사용해야 한다.

(2) 속성 변환 공식
속성 변환 공식은 다음과 같다.

> 속성 A 수치 = 속성 B 수치 × 상수
>
> 속성 A 수치 = 속성 B 수치 ÷ (속성 B 수치 + 상수)
>
> 속성 A 수치 = 속성 B 수치 ÷ (속성 B 수치 + 상수 + 상수 × 캐릭터 레벨)

속성 변환 공식은 수학에서 함수다. 리샨란李善兰은 그의 저서 《代数学(대수학)》에서 함수를 이렇게 서술한다.

"변수 안에 다른 변수가 있으면 이것 또한 함수다."

속성 변환 공식도 이와 마찬가지로 한 숫자가 다른 숫자의 변화에 따라 변하는 함수의 특징을 기반으로 설정된다. 속성 변환 공식이 함수로 계산되니 함수의 종류를 활용해서 게임 속성의 변환을 정의할 수 있겠다. 속성 변환 공식에서 사용하는 함수는 주로 **다항함수**와 **초등함수** 두 가지다.

1. 다항함수

다항함수는 게임 수치 계산에서 가장 자주 쓰이는 함수로, 상수함수, 일차함수, 이차함수, 삼차함수 등이 있다. 그중 상수함수와 일차함수가 가장 자주 쓰이며, 이차함수는 비교적 적게 쓰이고, 삼차함수는 거의 사용하지 않는다. 다항함수는 속성 변환 공식에서 뿐 아니라 육성 시스템의 구조에서 특수한 육성 루트의 고유한 수치 성장 방식으로도 자주 쓰인다(다항함수에 특정 변수를 추가해 수치의 성장 곡선을 조정하면, 그에 따라 육성 모듈의 성장 리듬이 바뀐다. 가령 캐릭터 레벨, 성장 레벨을 변수로 놓고 성장 리듬을 주기에 따라 바뀌게 하면 성장 경험이 더 풍부해질 수 있다).

상수함수의 표현식은 $y = c$다. x의 값에 상관없이 y는 항상 c다. 게임에서는 주로 캐릭터 초기 속성 또는 규칙 속성을 설정하는 데 쓰인다. 예를 들어 캐릭터 초기 치명 공격 대미지를 150%, 초기 명중률을 80%, 이동 속도를 100 pt 등 상수로 설정한다. 대부분의 속성은 우리가 설정할 필요가 없지만, 꼭 설정해야 하는 상수 같은 경우 정해진 상숫값 또는 타깃 제품의 초깃값으로 설정하면 된다.

일차함수의 표현식은 $y = ax + b$다. 게임의 변환 공식에서 가장 자주 쓰이는 변환 함수로, 거의 모든 변환 공식에 일차함수를 사용한다. 표현식 우변의 a는 상수거나 다른 일차함수일 가능성도 있다. b도 마찬가지다. <월드 오브 워크래프트>에서는 다음과 같다.

> 체력 = 상수 × 인내 [상수 = 10]
> 근접 공격력 = 직업 상수 × 힘 [전사, 주술사, 드루이드, 성기사의 직업 상수는 2, 기타 직업은 1]

위의 식이 자주 쓰이는 일차함수다. 상수가 고정값이든 직업 상수이든 모두 간단한 속성 변환이다. 속성을 변환할 때 이처럼 캐릭터의 변수(예: 레벨, 성별, 직업, 나이 등)를 함수의 상수로 넣을 수 있다.

어떤 속성의 범위는 계산 때문에 반드시 0과 1 사이가 돼야 한다. 따라서 약간 더 어려운 일차함수가 쓰이는데, 이는 속성의 최종 범위가 구간 내에서 변동될 수 있게 하고, 캐릭터의 성장에 따라 수치가 변할 수 있게 한다. 그리고 속성의 성장과 캐릭터의 성장을 연동해 게임 콘텐츠와의 연관성을 높인다. 약간 더 어려운 일차함수는 다음과 같다.

> 대미지 감소율 = 방어력 ÷ (방어력값 + 상수 1 × 캐릭터 레벨 + 상수 2) [상수 1 = 85, 상수 2 = 400]
>
> 패링률 = 상수 + (방어 스킬 점수 - 유저 레벨 × 상수 1) × 상수 2 [상수 1 = 5, 상수 2 = 0.04]

속성 변환 공식에 자주 사용되는 또 다른 함수는 계단함수다. 계단함수에서 독립변수의 범위는 어떤 조건들의 변화에 따라 바뀐다. 게임에서는 레벨이나 속성값을 독립변수로 쓰므로, 레벨과 속성 수치 구간 내에서 상숫값이 바뀔 수 있다. 계단함수는 특정한 속성 변환에 자주 쓰인다. 예를 들어 어떤 게임의 속성 변환 공식은 다음과 같다.

> 치명타 확률 = 상수 × 민첩
>
> 상수 = 0.03 [민첩 < 100]
>
> 상수 = 3 + 0.02 × (민첩 - 100) [100 < 민첩 < 500]
>
> 상수 = 3 + 8 + 0.01 × (민첩 - 500) [민첩 > 500]

이차함수의 표현식은 $y = ax^2 + bx + c$다. 게임에서는 $y = (ax + b)x + c$로 확장되기도 하는데, 이는 비교적 복잡한 변환 관계에서 자주 쓰이며, 이차함수의 사용법과 규칙은 일차함수와 같다. 유일한 차이점은 게임 속성이 빠르게 늘어날 때 이차함수를 사용한 속성 성장 곡선이 더 가파를 수 있다는 것이다. 이차함수는 특수한 속성 변환에 활용하기 좋다. 예를 들어 게임 캐릭터의 힘 수치가 높아질수록 변환될 수 있는 공격력도 높아져, 이에 힘 수치가 캐릭터에 미치는 영향력이 올라가기도 한다. 삼국지 테마의 게임을 예로 들어보자. 화웅의 힘이 85, 관우의 힘이 95다. 두 캐릭터의 힘 수치는 크게 차이가 나지 않지만, 힘 수치에 이차함수를 사용하면 두 캐릭터의 전투 결과는 확실히 차이가 날 것이다. 물론 이차함수는 게임 경험을 더 훌륭하게 만들지만, 수치 밸런스 리스크도 높아지므로 이차함수를 사용할 때는 한 번 더 신중하게 생각해야 한다.

2. 초등함수

기본 초등함수는 멱함수, 지수함수, 로그함수, 삼각함수, 역삼각함수, 상수함수 등이 있다. 다항함수 곡선에 비해 기본 초등함수의 곡선이 한계효용을 자주 나타낸다. 게임에서 가장 자주 쓰이는 함수는 로그함수, 다음으로는 멱함수와 지수함수이고, 다른 함수는 거의 사용하지 않을 것이다.

로그함수는 대수함수라고도 하며, 표현식은 $y = \log_a x \ (a>0)$다. 로그함수는 게임 수치에서는 단독으로 나오지 않고, 다른 함수에서 독립변수의 형태로 나온다.

멱함수의 표현식은 $y = x^a$ (a는 상수)다. 어떤 속성의 효과를 높이기 위해 멱함수를 사용할 수 있다. 어떤 게임에서 물리 공격력 = 힘^{2}이라고 하자. 그렇다면 힘이 1 pt 오를 때마다 물리 공격력은 배율로 늘어나며, 상수 a를 조정해 이 속성의 가치를 높일 수 있다.

지수함수의 표현식은 $y = a^x$ (a는 상수)다. 멱함수에서 y 값은 x 값의 증가에 따라 배율로 증가하는 반면, 지수함수에서 x 값의 증가에 따라 기하급수적으로 y 값이 증가한다. 멱함수와 지수함수의 가장 큰 차이점은 속성이 늘어나는 속도다. 멱함수의 기울기가 더 완만하고 지수함수의 기울기가 더 가파르다(그림 3.8).

어떤 함수를 사용하든 좌측 y 값과 우측 $f(x)$의 치역의 변화를 가장 주의해야 한다. 양쪽 값이 선형으로 증가하면 다항함수를 사용하고, 치역의 변화에 특정 조건이 있다면 약간 더 어려운 일차함수나 일반 일차함수와 로그함수를 사용한다.

함수마다 그래프 곡선이 다르므로 속성에 기대하는 바에 따라 함수를 골라 사용한다. 함수를 사용할 때는 **반드시 모의 데이터로 계산해야 한다.** y와 $f(x)$ 속성들에 구체적인 수치를 대입해 효과가 어떻게 나올지 미리 이해해야 한다. 다시 말해 $f(x)$의 치역, y 결괏값의 치역을 알아야 하며, 치역은 게임 설정에 매우 큰 영향을 미칠 수 있다.

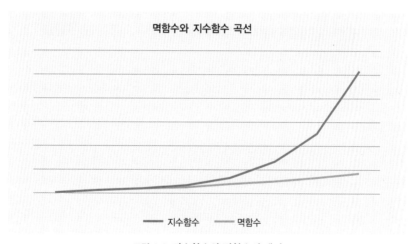

그림 3.8 **지수함수와 멱함수의 예시**

함수에는 보통 상수가 있으며, 초기에 모의 계산을 통해 상수를 정의할 수 있다. 다양한 상수를 대입해 y 값의 변화 양상을 확인한 후 설정에 맞는 상수를 확정한다. 타깃 게임과 비교를 통해 설정할 수도 있겠다. 게임의 초기 상태에서 상수는 대부분 임시로 설정된다. 이후 단계에서 게임의 육성 시스템이 확립되면 원하는 게임 밸런스를 맞추기 위해 이전에 설정해뒀던 상수를 수정한다.

속성 변환 공식을 설정할 때는 일반 속성의 3단계 속성과 비일반 속성을 각각 설정하고, 최종적으로는 반드시 모든 속성이 공식의 연산에 들어갈 수 있게 해야 모든 속성이 의의를 갖게 된다. 속성 설정 단계가 끝나면 첫 단계의 속성 총합 공식을 다시 수정해야 한다.

(3) 속성 총합 공식 수정하기

비일반 속성과 일반 속성의 3단계 속성에 속성 변환 공식을 사용하면 일반 속성의 1단계 속성과 2단계 속성을 얻는다. 첫 단계의 1단계 속성 총합 공식과 2단계 속성 총합 공식을 수정하면 아래와 같다.

> 속성 총합 = (캐릭터 초기 속성 + f(Σ 속성 A) + 캐릭터 레벨업 속성 + Σ 장비 속성 총합 + Σ 스킬 또는 버프 속성 총합) × (1 + Σ 백분율 속성 총합 + Σ 스킬 또는 버프 백분율 속성 총합)

최종 체력 계산 공식은 다음과 같다.

> 체력 = (캐릭터의 초기 체력 + Σ 인내 × 10 + Σ 장비 체력 총합 + Σ 스킬 또는 버프 체력 총합) × (1 + Σ 백분율 체력 총합 + Σ 스킬 또는 버프 백분율 체력 총합)

수정이 필요한 속성에 2차 수정을 진행하면 속성 계산 공식 정의가 일단락된다. 이후 수치 설정에서도 이런 기초 설정을 반복해서 수정할 수 있는데, 기능이나 속성의 수가 많아질수록 공식 수정이 끼치는 영향도 커진다는 점은 반드시 주의해야 한다.

2 스킬 계산 공식

스킬 계산 공식은 스킬 플로에서 필요하다. 스킬 계산 공식은 속성 계산 공식보다 간단하며, 스킬 계산 공식을 별도의 유형으로 사용하지 않고 대부분의 게임이 속성 계산 공식과 대미지 계산 공식에 넣어서 스킬을 계산한다. 스킬 계산 공식은 액티브 스킬 계산 공식, 패시브 스킬 계산 공식, 버프 계산 공식으로 나뉜다.

액티브 스킬 계산 공식은 다음과 같다.

> 스킬 효과 = 기본 대미지 × (1 + 스킬 효과 백분율 + Σ 캐릭터 버프 백분율 + Σ 대상 버프 백분율)
>
> 스킬 효과 = 기본 치유량 × (1 + 스킬 효과 백분율 + Σ 캐릭터 버프 백분율 + Σ 대상 버프 백분율)

게임에서 스킬 효과는 유저 자신에 대한 효과와 대상에 대한 효과를 구분해야 한다. 게다가 체력을 감소시키는 스킬도 있는가 하면 체력을 증가시키는 스킬도 있다. 게임에 이처럼 상반되는 스킬이 있고, 어떤 속성이 스킬 플로에 영향을 주길 바란다면, 이런 속성들을 스킬 계산 공식에 넣기만 하면 된다.

패시브 스킬 계산 공식은 다음과 같다.

> 스킬이 생성하는 보호막 수치 = 체력 × 상수 [상수 = 0.5]
> 패링으로 흡수하는 대미지 수치 = 힘 × 상수 [상수 = 0.1]

패시브 스킬의 효과는 일반적으로 속성이 아닌 특수한 형식으로 표현된다. 유저가 장착하면 유저에게 보호막을 씌우는 장비가 있는 게임이 있다고 하자. 보호막이 흡수하는 대미지 수치는 캐릭터 체력의 백분율 또는 어떤 고정값이다. 패시브 스킬 효과는 모두 패시브 스킬 계산 공식으로 정의해야 한다.

스킬이 부가하는 버프 계산 공식은 다음과 같다.

> 출혈 효과 = 기본 대미지 × 상수 [상수 = 0.02]
> 점화 효과 = 기본 체력 × 상수 [상수 = 0.02]

버프는 대부분 임시적으로, 짧은 시간 동안 유저나 대상에 효과를 부여한다. 효과의 수치는 버프 계산 공식을 사용해 설정해야 한다.

스킬 계산 공식은 스킬 플로에서 보조 작용을 일으키며, 속성 계산과 대미지 계산에 비해 매우 간단하다. 설계 초기에 전문적으로 설정할 필요는 없으며, 스킬이 필요할 때 다시 설정하면 된다.

❸ 대미지 계산 공식

대미지 계산 공식은 전투 플로에서 가장 중요한 기본 설정이다. 공식에는 일반 속성 중 1단계 속성의 공격력과 방어력을 대입해 계산하고, 마지막에 대미지 수치를 출력한다. 체력이 같은 상황에서 대미지 수치의 크기는 전투 중 양측의 승패에 직접적인 영향을 준다. 게임에서 체력과 대미지 수치의 비율을 사용해 유효 생명주기 또는 캐릭터의 생존 주기를 구하며, 유효 생명주기는 체력 회복 데이터와 함께 게임의 전투 리듬을 형성한다. 게임의 전투 리듬은 '콘트라 모델' 또는 '대전 30턴

모델'과 같은 것이다. 이는 모두 대미지 수치와 체력 잔량에 기반해 구할 수 있다.

거의 모든 게임의 대미지 계산 공식은 각각 다른데, 이는 대미지 계산 공식이 사용하는 함수가 다르고, 공식의 상수가 다르기 때문이다. 다른 함수를 사용하면 우측에 같은 수치를 입력해도 좌측 결과의 수치가 크게 달라질 수 있다. 현재 알려진 대미지 계산 공식은 **뺄셈 공식**, **나눗셈 공식**, **곱셈 공식** 등 3가지로 나뉜다.

기본 뺄셈 공식의 원형은 다음과 같다.

> **대미지 수치 = 공격 수치 - 방어 수치**

예전 게임에는 대미지 공식이 대부분 기본 뺄셈 공식에 기반했지만, 점차 게임이 발전하면서 이 공식의 단점이 드러났다. 공식에서 방어 수치가 공격 수치보다 크면 대미지 수치는 0이 돼 게임에서 자주 말하는 '무적' 상태가 되고, 이때 게임의 밸런스가 깨진다. 현재 가장 자주 볼 수 있는 뺄셈 공식은 위 공식의 업그레이드 버전으로, 속성 변환 공식을 사용해 방어 수치를 실제 방어 수치로 변환한다. 구체적으로는 다음과 같다.

> **대미지 수치 = 공격 수치 - 실제 방어 수치**
>
> **실제 방어 수치 = (공격 수치 × 방어 수치) ÷ (상수 + 방어 수치) [상수 = 700]**

속성 변환 공식을 사용해 방어 수치와 공격 수치 간 관계를 형성하면 공격 수치가 방어 수치보다 작은 상황과, 공격이 대미지를 입히지 못하는 문제가 생기지 않는다. 뺄셈 공식은 여전히 현재 가장 자주 쓰이는 대미지 계산 공식이다. 다양한 방어력 변환 공식을 설계해 다양한 뺄셈 공식 업그레이드 버전을 구할 수 있다. 이는 모든 게임의 대미지 계산 공식이 다른 이유이기도 하다. 뺄셈 공식 외에 비교적 자주 보이는 대미지 계산 공식은 곱셈 공식으로, 다음과 같다.

> **대미지 수치 = 공격 수치 × (1 - 대미지 감소율)**
>
> **대미지 감소율 = 보호막 수치 ÷ (보호막 수치 + 상수 1 × 캐릭터 레벨 + 상수 2)**

곱셈 공식은 뺄셈 공식 업그레이드 버전과 비슷하다. 둘 다 속성 변환 공식을 통해 방어 수치를 공식의 데이터로 변환한다. 뺄셈 공식의 실제 방어 수치는 자연수이지만, 곱셈 공식의 대미지 감소율은 소수다. 곱셈 공식은 MMORPG에서 자주 쓰이는데, <월드 오브 워크래프트>도 곱셈 공식을 사용했다. 블리자드의 또 다른 명작 <디아블로>는 비교적 자주 쓰이지 않는 나눗셈 공식을 사용했다. 나눗셈 공식은 다음과 같다.

> 대미지 수치 = 공격 수치^2 ÷ (공격 수치 + 방어 수치)

나눗셈 공식은 공격 수치를 대응하는 방어 수치로 나누는 것이다. 일반적인 게임에서 공격 수치에 영향을 주는 속성은 방어 수치에 영향을 주는 속성보다 크다. 공식을 통해 공격 속성이 대미지 계산 과정에서 배율로 증가하는 것을 볼 수 있다. 따라서 게임에서 유저의 공격 수치가 늘어날수록 대미지 효과도 배율로 증가한다. 선형으로 성장하는 공격 수치와 배율로 증가하는 대미지 수치의 상호작용은 유저가 공격력을 높이는 데 자극제가 돼 성장 사이클의 선순환을 만든다. 이것이 곱셈 공식의 장점이다. 곱셈 공식은 보통 핵 앤 슬래시hack and slash 싱글 게임에서 자주 쓰인다. 공식의 특성상 나눗셈 공식은 유저 간의 전투 경험에는 비우호적이다. 유효 생명주기가 매우 불안정해지고 이로 인해 유저 전투에 밸런스 문제가 야기된다.

사용할 대미지 공식을 선택하기 전에 먼저 3가지 공식의 장단점을 알아야 한다. 다음에서 **대미지 수익**과 **방어 수익**으로 비교해 설명하겠다.

(1) 대미지 수익

대미지 수익은 게임에서 유저가 대상을 공격한 후 생기는 최종 대미지 수치를 말한다. 같은 공격력과 방어력 속성이라도 다른 대미지 계산 공식에 대입하면 얻는 대미지 수익이 다르다. 게임 기획자로서는 다양한 속성의 가중치와 범위를 고려해야 하며, 유저로서는 어떤 속성이 더 실용적인지에 초점을 맞춰야 한다.

몇 가지 간단한 모의 데이터로 여러 대미지 계산 공식이 실제 게임에서 어떻게 작동하는지 이해할 수 있다. 게임 캐릭터의 공격 수치가 100 pt, 방어 수치가 80 pt로 시작하고, 레벨에 따라 시작 수치만큼 증가한다고 가정하자(표 3.2).

표 3.2 캐릭터 레벨과 1단계 속성

캐릭터 레벨	공격 수치	방어 수치
1	100	80
2	200	160
......	......	......
30	3,000	240

위 속성을 뺄셈 공식, 뺄셈 공식 업그레이드 버전, 곱셈 공식, 나눗셈 공식에 대입하면 다양한 대미지 수치를 얻을 수 있다(표 3.3).[2]

- 뺄셈 공식 대미지 수치 = 공격 수치 - 방어 수치

- 뺄셈 공식 업그레이드 버전 대미지 수치 = 공격 수치 - (공격 수치 × 방어 수치) ÷ (상수 + 방어 수치)
  [상수 = 1200]

- 곱셈 공식 대미지 수치 = 공격 수치 × (1 - 보호막 수치 ÷ (보호막 수치 + 상수 1 × 캐릭터 레벨 + 상수 2))
  [보호막 수치 = 방어 수치, 상수 1 = 50, 상수 2 = 200]

- 나눗셈 공식 대미지 수치 = 공격 수치^2 ÷ (공격 수치 + 방어 수치)

표 3.3 캐릭터 레벨 및 1단계 속성과 여러 공식에 따른 대미지 수치

캐릭터 레벨	공격 수치	방어 수치	뺄셈 공식 대미지 수치	뺄셈 공식(업그레이드 버전) 대미지 수치	곱셈 공식 대미지 수치	나눗셈 공식 대미지 수치
1	100	80	20	93.75	75.76	55.56
2	200	160	40	176.47	130.43	111.11
......	......	......	......	......	......	......
30	3,000	2400	600	1,000	1,243.90	1,666.67

여러 공식의 계산을 통해 구한 대미지 수치로 여러 대미지 수익 곡선을 알 수 있고, 이것으로 공격 수치와 방어 수치가 공식에서 일으키는 작용을 파악할 수 있다. 유저가 여러 단계에서 각 속성을 추구하는 정도도 파악 가능하다(그림 3.9).

---

2 [옮긴이] 이 부분의 표와 그래프는 독자 편의를 위해 구글 시트로 만들어뒀다. https://bit.ly/3ypVaG7

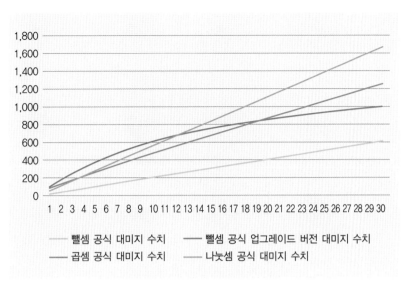

그림 3.9 **여러 공식의 대미지 수익 곡선**

게임에서 대미지 수익은 주로 PVP 환경에서 두 유저의 대미지 수익을 비교해서 판단한다. 유저의 접속 시간과 소비력의 차이가 있기 때문에, 유저의 캐릭터의 속성 수치는 게임 시간이 길어질수록 계속 커진다. 두 가지 극단적인 유형의 유저 데이터(라이트 유저와 헤비 유저의 공격 수치, 방어 수치, 체력 수치)를 시뮬레이션해서 여러 대미지 계산 공식에 대입함으로써 여러 공식의 대미지 수익 정보를 얻을 수 있다.

- **뺄셈 공식**은 대미지 수익이 초기에는 명확하지 않지만 공격 속성과 방어 속성 수치가 높아지고 속성 격차가 커질수록 실제 대미지 수익도 비례해서 커진다. 이는 게임에서 한계효용체증으로 나타난다. 과금 유저의 능력이 강해질수록 유저들의 공격 수익 또한 빠른 속도로 증가한다. 게임 <Zhengtu征途>에서는 헤비과금 유저가 적의 성을 점령한 일이 있다.

- **뺄셈 공식(업그레이드 버전)**과 **곱셈 공식**은 비교적 안정적이다. 속성이 증가할수록 대미지 수익이 급속히 늘지는 않는다.

- **나눗셈 공식**은 공식에 따라서는 대미지 수익이 기하급수적으로 증가해 유저의 공격력이 1 pt 오를 때마다 1 pt 이상의 수익을 얻게 될 수도 있다. 이 경우 속성의 증가에 따라 대미지 수익은 통제할 수 없을 정도로 커진다. 예를 들어 <디아블로 III>에서는 대미지가 주 단위를 훌쩍 넘을 수 있다.

내 판단으로는 수치의 안정성 측면에서 보면 뺄셈 공식(업그레이드 버전) ≈ 곱셈 공식 > 뺄셈 공식 > 나눗셈 공식이다. 대미지 수익 측면에서는 나눗셈 공식 > 뺄셈 공식 > 뺄셈 공식(업그레이드 버전)

≈ 곱셈 공식이다. 유저의 전반적인 경험 측면에서는 뺄셈 공식(업그레이드 버전) ≈ 곱셈 공식 > 뺄셈 공식 > 나눗셈 공식이다. 수치 설계 난이도 측면에서는 나눗셈 공식 > 뺄셈 공식 > 뺄셈 공식(업그레이드 버전) ≈ 곱셈 공식이다. 결함 허용성 측면에서는 뺄셈 공식(업그레이드 버전) ≈ 곱셈 공식> 뺄셈 공식 > 나눗셈 공식이다.

대미지 수익은 캐릭터 생존 주기에 또 다른 영향을 미친다. 캐릭터 생존 주기는 게임의 전투 리듬과 연관되므로 캐릭터 생존 주기가 최대한 안정적으로 유지되도록 게임을 설계해야 한다. 우리가 예상하는 게임의 표준 전투가 대략 10턴이라고 가정해보자. 속성이 많아지면 대미지 수익도 공식마다 다른 속도로 증가한다. 이때 대미지 수익에 따라 캐릭터의 체력을 분배해야 한다. 대미지 수익이 기하급수로 증가하면 캐릭터 생존 주기를 안정적으로 유지하기 위해 많은 체력이 필요하다. 이는 유저 간 불균형을 초래해 게임을 실패하게 만든다.

(2) 방어 수익

방어 수익이란 공격이 일정할 때 기본 방어 속성의 대미지 감소율을 말한다. 캐릭터의 방어 속성이 오르는 동안 대미지 감소율은 대미지 공식의 수익에 따른다. 게임 초반에는 방어 수익이 높고, 게임 중후반에는 낮아진다. 수익의 변화는 유저가 각 단계에서 방어 속성을 추구하는 수준을 결정한다.

간단한 모의 데이터로 대미지 계산 공식마다 방어 수익 변화가 어떻게 다른지 알아보자. 캐릭터의 공격력이 1,000 pt, 방어력이 100 pt으로 시작하고 방어력은 레벨과 정비례해 오른다고 가정해보자. 뺄셈 공식(업그레이드 버전)의 상수는 400, 곱셈 공식의 상수 1은 30, 상수 2는 400이다. 공격력과 방어력을 뺄셈 공식, 뺄셈 공식(업그레이드 버전), 곱셈 공식과 나눗셈 공식에 대입하면 상응하는 대미지 감소율을 알 수 있다(표 3.4).[3]

표 3.4 **캐릭터 레벨, 1단계 속성과 공식에 따른 대미지 감소율**

캐릭터 레벨	공격력	방어력	뺄셈 공식 대미지 감소율	뺄셈 공식(업그레이드 버전) 대미지 감소율	곱셈 공식 대미지 감소율	나눗셈 공식 대미지 감소율
1	1,000	100	10.00%	20.00%	18.87%	9.09%
2	1,000	200	20.00%	33.33%	30.30%	16.67%
3	1,000	300	30.00%	42.86%	37.97%	23.08%

---

3 [옮긴이] 보충하자면, 대미지 감소율 = (공격력 - 대미지) ÷ 공격력이지만, 100%를 초과할 수는 없다. 이 표와 그래프 역시 앞 각주 주소에서 볼 수 있다.

......	......	......	......	......	......	......
15	1,000	1500	100.00%	78.95%	63.83%	60.00%

공식의 대미지 감소율 비교를 통해 방어 수익 곡선을 이해할 수 있으며, 방어력이 게임의 각 주기에서 미치는 작용을 판단할 수 있고, 유저가 각 단계에서 방어 속성을 추구하는 정도를 어느 정도 파악할 수 있다(그림 3.10).

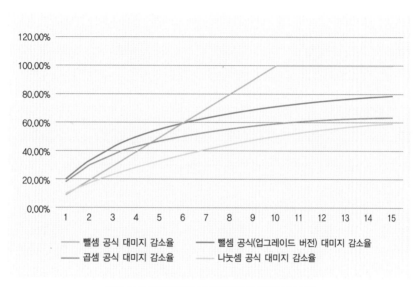

그림 3.10 **대미지 계산 공식에 따른 대미지 감소율**

- **뺄셈 공식**의 대미지 감소 효율(최종 대미지에 대한 방어력의 대미지 감소 효율)은 가장 직접적이다. 방어력 1 pt마다 모두 실제 가치가 있고, '방어력 = 공격력'일 때 캐릭터가 대미지를 입지 않기도 하므로 유저가 방어 속성을 올리고 싶어 하는 원동력이 가장 강하다.

- **뺄셈 공식(업그레이드 버전)**과 **곱셈 공식**의 방어력의 대미지 감소율은 주로 설정된 상수의 영향을 받는다. 곡선은 한계효용체감을 나타내고, 방어 속성 증가에 따라 대미지 감소 효율이 떨어진다. 나눗셈 공식에 비해 방어 속성은 유저의 캐릭터 육성 초반에 더 도움을 주고, 유저도 방어 속성을 더 추구하게 된다.

- **나눗셈 공식**은 곱셈 공식, 뺄셈 공식(업그레이드 버전)의 대미지 감소율처럼 한계효용을 나타낸다. 나눗셈 공식은 대상의 공격력이 높을수록 자신의 대미지 감소 효율이 높아진다는 특징이 있다. 이런 경우 실제 방어 수익이 감소하고, 유저의 속성에 대한 이해력이 떨어질 수 있다.

방어 수익 측면에서 보면 뺄셈 공식 > 뺄셈 공식(업그레이드 버전) ≈ 곱셈 공식 ≈ 나눗셈 공식, 유저가 방어력에 부여하는 중요도(유저의 방어력 추구) 측면에서 보면 뺄셈 공식 > 뺄셈 공식(업그레이드 버전) ≈ 곱셈 공식 > 나눗셈 공식, 유저의 방어 속성 이해도 측면에서 보면 뺄셈 공식 > 뺄셈 공식(업그레이드 버전) > 곱셈 공식 > 나눗셈 공식이다.

뺄셈 공식(업그레이드 버전)과 곱셈 공식에서 방어 수익은 한계효용체감을 보인다. 다시 말해 방어 속성이 늘어날수록 실제 방어 수익도 떨어진다. 따라서 게임을 설계할 때 방어 속성의 임곗값 범위, 어떤 구간에서 유저가 방어력에 부여하는 중요도가 높은지, 크게 낮아지는 구간은 어디인지 반드시 알아야 한다. 방어 속성 임곗값은 대미지 공식의 상수로 결정되며, 상수가 클수록 임곗값도 커진다. 상수 설정을 통해 게임의 방어 속성의 범위를 알 수 있다. 버전이 바뀌면서 속성을 계속 추가해야 한다면, 직접 공격력과 체력을 설정해 게임 전투 리듬을 안정시킨다.

대미지 계산 공식을 선택할 때 기초적인 측면에서 어떤 유형의 공식을 사용할지 판단할 수 있다. 도전 난이도가 있는 게임의 경우 방어 속성은 더 중요하므로 뺄셈 공식을 사용할 수 있다. 핵 앤 슬래시 게임은 공격 속성이 더 중요해 나눗셈 공식을 고려할 수 있다. RPG는 유저의 상호작용이 더 중요하므로 뺄셈 공식(업그레이드 버전) 또는 곱셈 공식을 사용할 수 있다. 결정을 내리기 어렵다면 뺄셈 공식(업그레이드 버전)을 추천한다.

한 게임에서 여러 종류의 대미지 계산 공식을 혼합해서 사용해 경험을 더 풍부하게 할 수도 있다. 예를 들어 공격 유형을 근접 물리 공격과 원거리 마법 공격 두 가지로 나누는 게임도 있다. 이 때 근접 물리 공격은 뺄셈 공식을, 원거리 마법 공격은 곱셈 공식이나 나눗셈 공식을 사용한다. 고전 게임 <Asktao>에서는 물리 대미지에 뺄셈 공식, 마법 대미지에 곱셈 공식을 사용한다. 이렇게 하면 게임의 밸런스를 유지할 수 있으며, 여러 직업의 유저가 속성에 부여하는 중요도가 달라진다. 이로 인해 게임의 경험에 긍정적인 영향을 미치 게임의 전략성도 풍부해진다.

절대적으로 좋거나 좋지 않은 대미지 계산 공식은 없다. 세 가지 공식을 사용해 성공한 게임이 아주 많다. 가장 중요한 것은 공식 간의 차이점과 각 공식의 대미지 수익이다. 표준 캐릭터의 생존 주기를 기반으로 대미지 계산 공식을 사용하면 공격력, 방어력, 체력의 비율을 얻을 수 있다.

한 가지 대미지 계산 공식을 고른 후에는 반드시 대량의 데이터를 대입해서 대미지 수익과 방어 수익을 연구하고, 이들 곡선이 실제 게임에 주는 영향을 추론해야 한다. 많은 실험을 거쳐야 전투 플로가 데이터 폭증으로 무너지지 않을 것이다. 안정적인 전투 구조 역시 게임이 오래 지속되는 데 중요한 기반이다.

3.3 능력치 정량화

능력치 정량화는 게임의 주요 전투 유닛 속성을 능력치로 시각화하는 과정이다. 게임은 현실 속 사람과 마찬가지로 게임 속 캐릭터도 성장한다는 점에서 현실과 비슷하다. 사람은 능력을 높이는 과정을 통해 성장한다면, 게임 캐릭터는 속성을 높이는 과정을 거친다. 현실 세계와 달리 게임에서는 능력을 숫자로 시각화할 수 있는데, 숫자가 올라가면 능력도 올라가고 게임 속 캐릭터도 갈수록 강해진다. 이는 게임이 사람들을 끌어들이는 중요한 요소이기도 하다.

게임에서 능력치 정량화의 본질은 게임 캐릭터 육성 시스템을 구축하는 것이며, 성장 구축, 성장 분할, 성장 세분화 세 가지로 구성된다.

성장 구축은 게임의 성장 벤치마크를 설정하고, 이 벤치마크를 이용해 게임 속 모든 속성의 성장 리듬을 결정한다. 최종적으로는 게임 내 모든 속성의 구체적인 수치를 얻는다.

성장 분할은 게임 내 모든 **육성 루트**에 일정한 수치 비율을 부여한다. 수치 비율에 따라 유저가 여러 육성 루트에 부여하는 중요도가 달라진다. 유저의 육성 루트에 대한 인지도와 육성 횟수에 따라 유저 간 속성의 차이가 일어나며, 육성 루트의 참여도를 높이면 게임의 성장 리듬이 형성된다.

성장 세분화는 각 **육성 루트**를 세분화하는 것이다. 육성 루트마다 업그레이드할 수 있는 횟수가 다르며, 육성 루트마다 1회에 올릴 수 있는 속성값도 다르다. 이로 인해 육성 루트에서의 속성 성장이 달라진다. 이 단계에서는 모든 육성 루트를 세분화해 게임의 육성 시스템을 완성한다.

능력치 정량화를 진행하기 전에 전투 수치에 대해 밸런스 설계를 한 번 해야 한다. 여기에서 밸런스 설계는 능력치 정량화에 기본적인 전투력 밸런스를 보장할 뿐만 아니라 성장 구축에서 속성값을 높이는 근거를 제공한다.

3.3.1 밸런스 살펴보기

'밸런스 붕괴'는 유저가 이탈하는 주요 원인이다. 밸런스가 붕괴되는 원인에 대해서는 모두 자신만의 견해가 있으리라 생각한다. 필자는 게임의 밸런스 붕괴가 주로 전투 수치 중 전투력 밸런스 붕괴와 경제 수치 중 소비 수익 비율 밸런스 붕괴 때문에 일어난다고 보는 입장이다. 그중 전투력 밸런스 붕괴는 주로 전투 구조와 직업 차이 두 가지 요소의 영향을 받는다. 따라서 전투 수치 밸런스 설계도 전투력 밸런스와 직업 밸런스 두 가지 측면에서 전개해야 한다.

전투 수치를 설계하고 구축하는 과정에서 밸런스에 대한 계획을 여러 번 세워야 한다. 여기에서 처음으로 밸런스를 맞추는데, 3.2절에서 설계한 밸런스 계획의 다음 단계로 육성 시스템도 밸런스를 맞춰 구축해야 한다.

1 전투력 밸런스

전투력 밸런스는 전투 구조의 밸런스다. 3.2절에서 전투 구조에 **전투 플로**와 **공식 정의** 두 가지가 있다는 사실을 알았다. 공식 정의의 밸런스는 하위 밸런스이며, 전투 플로의 밸런스는 상위 밸런스다. 전투력 밸런스를 디자인하려면 먼저 하위 밸런스 문제를 해결하고 나서 상위 밸런스 문제도 마무리지어야 한다.

공식 정의는 속성으로 시작해 전개된다. 속성 계산 공식은 속성들을 연결하고 속성의 수치를 합하고, 스킬 대미지 공식은 기본 대미지를 통해 속성의 범위와 대미지 주기를 넓힌다. 대미지 계산 공식은 다른 속성을 이용해 대미지를 계산한다. 따라서 하위 밸런스는 사실상 서로 다른 속성 간에 밸런스를 맞추는 작업이다.

(1) 하위 밸런스

서로 다른 속성 간 밸런스를 맞출 때 **가치 밸런스**라는 개념을 도입한다. **이는 하나의 기준을 전제로 두고 모든 속성에 가치를 매기는 것이다. '공격력 1 pt는 체력 얼마큼과 같다'처럼 속성과 다른 속성 간 가치 비율을 매겨 기본 수치 비율을 구하면 하위 밸런스 설계가 마무리된다.** 하위 밸런스의 첫 단계는 대미지 계산 공식에서 공격력, 방어력, 체력 간의 수치 관계를 계산하는 것이다. 3.2절에서 썼듯이 대미지 계산 공식은 모든 전투 구조의 기초가 되며, 전체적인 전투 리듬, 전투 플로 설계에 직접적인 영향을 준다. 밸런스의 기초 역시 공격력, 방어력, 체력 간의 관계로 결정되기 때문에 속성 가치를 계산해 기초 밸런스 관계를 구하면 된다.

속성 가치를 계산하는 첫 단계는 게임의 생존 주기 상수를 정하는 것이다. 다시 말해 단일 전투의 '턴' 수다. 생존 주기 상수는 게임의 전투 리듬에 영향을 주고, '콘트라 모델'인지 '대전 30턴 모델'인지 결정한다. 게임에서 비교적 자주 보이는 생존 주기는 6~20턴이다. 따라서 이 범위에서 하나의 수치를 고를 수 있다. 턴수는 생존 주기의 후반에서도 조정할 수 있으니 크게 걱정하지 않아도 된다.

캐릭터 생존 주기가 10이라고 가정하자. 다시 말해 단일 전투가 10턴 지속된다. 이 상수를 통해 **캐릭터 생존 주기 = 체력 ÷ 대미지 = 10**이라고 쓸 수 있다. 이 공식에 최소수 추론_{least number principle}을 적용하면 **체력 = 10, 대미지 = 1**을 구할 수 있다. 다시 역추론해 대미지 수치를 대미지 계산 공식에 대입한다.

대미지 계산 공식 중 뺄셈 공식(**대미지 수치 = 공격 수치 - 방어 수치**)을 사용하면 최소수 추론으로 **공격력 = 2, 방어력 = 1**을 구할 수 있다. 앞에서 **체력 = 10**을 구했으므로 기초 공격력, 방어력, 체력의 가치 비율을 알 수 있다. 생존 주기 상수를 10으로 유지한다면 공격 속성, 방어 속성, 체력 속성의 가치 비율은 2 : 1 : 10이다.

다른 대미지 계산 공식을 사용할 수도 있다. 다른 대미지 공식에서 방어력은 속성 변환 공식을 통해 구한 것이기 때문에 먼저 방어력을 0으로 설정해야 한다는 점을 주의하자. 최소수 추론을 진행하면 **대미지 수치 = 공격 수치** 공식을 얻을 수 있다. 따라서 **공격력 = 1, 체력 = 10**이다.

> **뺄셈 공식(업그레이드 버전): 대미지 수치 = 공격 수치 - (공격 수치 × 0) ÷ (상수 + 0)**
>
> **곱셈 공식: 대미지 수치 = 공격 수치 × (1 - 0 ÷ (0 + 상수 1 × 캐릭터 레벨 + 상수 2)**

다음으로, 위에서 얻은 데이터를 뺄셈 공식(업그레이드 버전)과 곱셈 공식에 대입해 방어 속성의 가치를 평가한다.

> **뺄셈 공식(업그레이드 버전): 실제 방어력 = (공격력 × 방어력) ÷ (상수 + 방어력)**
>
> **곱셈 공식: 대미지 감소율 = (1 - 보호막 수치 ÷ (보호막 수치 + 상수 1 × 캐릭터 레벨 + 상수 2) [보호막 수치 = 방어력]**

뺄셈 공식(업그레이드 버전)과 곱셈 공식, 나눗셈 공식에서 방어 속성은 속성 변환 공식을 통해 실제 방어력과 대미지 감소율의 비율로 변환된다. 방어의 최종 효과는 기본 방어력과 다른 요인의 영향을 받으므로, 두 공식을 다룰 때 먼저 추산하고 두 공식에 해당하는 최종 대미지 감소율의 범위 구간을 설정해야 한다. 일반적으로 대미지 감소율의 범위 구간은 20%~85%다. 방어력이 오를수록 대미지 감소율의 범위도 점차 커진다. 한계효용에 따라 임곗점에 도달하면 대미지 감소 효과가 급격히 줄어든다. 뺄셈 공식(업그레이드 버전)과 곱셈 공식, 나눗셈 공식에서 공격과 방어외 속성 가치는 같다. 다시 말해 공격 1 pt = 방어 1 pt다.

체력의 비율을 알기 위해서는 대미지 감소율 곡선에서 한계효용의 임곗값을 사용해야 한다. 대미지와 공격력의 관계 공식에 대입해 대미지 = 공격력 × 80%를 구한다. 이와 같은 방법들로 최종적으로 공격력, 방어력, 체력의 가치 비율 1 : 1 : 8을 구했다.

1단계 속성의 속성 가치를 구하고 나면 이를 사용해 1단계 속성과 가장 밀접한 기본 속성의 가치를 계산할 수 있다. 예를 들어, **인내력 1 pt = 체력 10 pt = 힘 1 pt = 공격력 1 pt**다. 이는 추정치일 뿐인데, 기초 속성을 변환한 수치는 1단계 속성만이 아닐 수 있으므로 다음 밸런스 설계 단계에서 다시 계산할 것이다.

(2) 상위 밸런스

게임에서 유저는 종종 다른 전투 규모, 즉 '일대일' 또는 '단체전' 전투 규모에 직면하게 된다. 카드 게임에서 유저는 자신의 팀을 구성해 다른 유저의 팀과 전투를 진행한다. 이처럼 다른 전투 규모에서의 밸런스를 상위 밸런스라 한다.

유저가 개인으로서 다른 유닛과 전투할 때 테크닉 같은 요인을 제외하면 전투력이 비슷한 캐릭터는 전투력 밸런스를 이룬다. 물론 직업의 차이 때문에 경험은 다르겠지만, 이는 직업 밸런스의 문제이지 상위 밸런스에서 고려할 사항은 아니다. 상위 밸런스에서 고려해야 할 것은 단일 유저가 여러 대상을 상대할 때의 밸런스다. 대상이 AI라면 AI의 공격 강도를 조절해 밸런스를 이룰 수 있지만, 대상이 유저라면 '단체전'의 영향을 고려해야 한다. 동시에 여러 대상에게 공격을 받으면 어느 정도 대미지 감소가 있게끔 설정한 게임도 있지만, 대다수 게임에서는 이러한 설정이 없으며 사실 '단체전'에 과도하게 관여할 필요도 없다. **캐릭터 생존 주기**가 심각하게 영향을 받고 게임 플레이에서 이런 환경이 자주 나타나면 다중 캐릭터 대미지 감소 메커니즘을 고려해야 한다는 점은 꼭 염두에 둬야 한다.

상위 밸런스를 다룰 때는 **란체스터 법칙**Lanchester's laws을 활용할 수 있다. 란체스터 법칙은 교전 중 양측 병력의 변화 관계를 기술하는 미분방정식으로, 프레데릭 W. 란체스터Frederick W. Lanchester가 고안해 이런 이름이 붙었다. 1914년 영국의 엔지니어인 란체스터는 영국의 《엔지니어링Engineering》 잡지에 시리즈 논문을 발표했다. 냉병기를 사용한 고대 전투와 총을 사용하는 근대 전투의 차이점부터 시작해, 단순화된 가정을 바탕으로 교전 과정 중 양측의 전투 유닛 수(병력이라고도 한다) 변화의 정량적 관계를 심도 있게 밝혀내는 미분방정식을 세웠다.

란체스터 법칙에는 제곱 법칙과 선형 법칙, 두 가지 주요 법칙이 있다. 그중 제곱 법칙은 양측의 전투력이 자신의 전투 인원 감소에 따라 바뀐다는 것이고, 선형 법칙은 양측의 전투력이 자신의 전투 인원 감소에 따라 바뀌지 않는다는 특징이 있다., 즉 양측이 단위시간 내에서 일정한 수의 적을 죽거나 다치게 한다. 게임에서는 일대일 전투에서는 선형 법칙을, <에이지 오브 엠파이어>처럼 여러 병사가 싸우는 게임에서는 제곱 법칙을 사용할 수 있다.

상위 밸런스를 맞출 때는 전투 시뮬레이션을 통해 맞추는 방법이 가장 쉬워 이를 추천한다. 게임에서 상위 밸런스는 다양한 요인에 영향을 받을 수 있다. 이론적 밸런스는 실제 밸런스와 같지 않으며, 기초 밸런스를 설정하는 데 도움이 될 뿐이다. 따라서 시뮬레이션을 통해 게임의 실제 밸런스를 더 직접적이고 쉽게 이해할 수 있다.

2 직업 밸런스

직업 밸런스는 게임에서 여러 직업 간의 밸런스 관계를 말한다. 게임 장르와 테마에 따라 게임의 직업도 모두 다르다. 직업 밸런스를 맞추기 전에 먼저 게임 내 직업의 설계 방향을 정해야 한다. 현재 주류인 방법은 '직업 삼대장'의 방식이다. 직업 삼대장은 게임 플레이에 따라 제어 삼대장과 협력 삼대장으로 나뉜다.

제어 삼대장 방식의 모든 직업은 딜이 핵심으로, 세 직업 간에 서로 제어하는 삼각관계를 이뤄 직업 간 밸런스를 이룬다. 제어 삼대장이 등장하는 고전적인 작품으로 위메이드의 <미르의 전설>이 있다. 이 게임의 직업은 전사, 술사, 도사가 있는데, 그중 근접 공격을 하는 전사는 원거리 공격을 하는 술사를, 원거리 공격 술사는 소환수를 쓰는 도사를, 소환수를 쓰는 도사는 근접 공격 전사를 제어해 가장 기초적인 밸런스를 유지한다.

협력 삼대장 방식에서 직업은 딜러, 힐러, 탱커 3가지 유형으로 구성되며, 직업의 다른 역할을 통해 밸런스를 이룬다. 3가지 유형의 세부적인 직업은 가치를 통해 밸런스를 이룬다. 협력 삼대장이 등장하는 고전적인 작품으로는 블리자드의 <월드 오브 워크래프트>가 있다. 이 게임의 직업은 딜러, 힐러, 탱커로 나뉜다. 딜러는 마법사, 도적, 주술사, 사냥꾼 등이 있고, 힐러는 사제, 탱커는 전사가 있다. 또 하이브리드 직업인 드루이드, 성기사, 수도사 등은 딜러, 힐러, 탱커 모두 될 수 있다.

직업 밸런스를 초기 설정할 때 제어 삼대장 또는 협력 삼대장을 골라 게임 직업의 기조로 삼아야 한다. 어느 것을 선택하든 이후 직업 밸런스 설계에 영향을 미친다. 다음은 개인적으로 이해한 직입 실징의 몇 가지 사항이다.

- 싱글플레이어 모험에 중점을 두고 개인의 경험과 개인 영웅주의에 초점을 맞춘 게임은 제어 삼대장을 우선적으로 선택한다. 모든 직업은 하이브리드 딜러이며, 공격의 효율은 공격 환경이 핵심이고, 몇 가지 특수한 설정을 추가할 수 있다. 액션 게임과 웹 게임에서 자주 볼 수 있는데,

그 예로 <미르의 전설>, <던전앤파이터>, <블레이드 앤 소울> 등이 있다.

- 게임이 팀워크에 중점을 두고 사교 경험과 협력에 초점을 맞춘 게임은 협력 삼대장을 우선적으로 선택한다. 게임에는 탱커, 힐러, 딜러 등 명확한 직업 설정이 있다. MMORPG와 카드 게임에서 자주 볼 수 있는데, 그 예로 <월드 오브 워크래프트>, <Soul Hunters> 등이 있다.

직업을 명확히 설정하면 밸런스의 방향도 결정된다. 직업 밸런스에서 가장 중요한 두 가지 밸런스 방향은 직업 간의 가치 밸런스와 역할 밸런스다. 제어 삼대장에서는 직업 간의 가치 밸런스에 더 주의를 기울여야 하고, 협력 삼대장에서는 직업 간의 가치 밸런스와 역할 밸런스 모두에 주의를 기울여야 한다.

(1) 가치 밸런스

가치 밸런스는 직업 능력 가치의 밸런스로, 같은 직업의 캐릭터는 능력치가 거의 같다. 가령, 탱커 직업의 밸런스는 대상이 같을 때 여러 탱커 직업의 생존 주기가 거의 같은 것이다. 딜러 직업의 밸런스는 단위시간당 대미지양damage per second, DPS이 거의 같은 것이다. 힐러 직업의 밸런스는 단위시간당 치유 효과가 거의 같다. 물론 여기서는 수치 밸런스를 말하며, 반응이 느리거나, 손이 느리거나, 네트워크 지연이 발생하는 등의 외부적인 요인은 배제한 상황에서 가치 밸런스를 이룬다.

58쪽의 '(1) 하위 밸런스'에서 게임의 설계 원칙에 따라 다음과 같은 공식을 얻었다.

> 캐릭터 생존 주기 = 체력 ÷ 대미지
>
> 대미지 수치 = 공격 수치 − 방어 수치

탱커 직업은 자신의 생존 주기를 늘리는 데, 딜러 직업은 DPS를 높이는 데, 힐러 직업은 파티원의 생존 주기를 늘리는 데 초점을 맞춘다. 공식을 통해 우리는 다음의 내용을 알 수 있다. 탱커 직업은 체력 속성을 올리거나 받는 대미지를 감소시켜 자신의 생존 주기를 늘린다. 딜러 직업은 공격 속성을 올리거나 대상의 방어 속성을 감소시켜 자신의 딜링 능력을 높인다. 힐러 직업은 탱커 직업과 같다.[4]

다른 직업의 밸런스를 맞출 때는 이를 가치 밸런스의 기준으로 삼아야 한다. 다시 말해 모든 탱커 직업은 비슷한 생존 주기를, 모든 딜러 직업은 비슷한 대미지 능력치를, 모든 힐러 직업은 비슷한

---

4 [옮긴이] 힐러 직업은 파티원의 체력 속성을 올리거나 파티원이 받는 대미지를 감소시켜 파티원의 생존 주기를 늘리기 때문이다.

회복 능력을 유지해야 한다. 직업 간의 스킬 사이클이 다르므로 여기서는 일회성이 아닌 일정 주기에서 비슷한 점이 있다. 밸런스를 맞춰야 할 콘텐츠는 직업 시스템에 따라 다르다. 제어 삼대장에서는 딜러 직업의 대미지만 밸런스를 맞추면 되지만, 협력 삼대장에서는 딜러 직업 대미지 외 나머지 두 유형의 직업마다 밸런스를 맞춰야 한다.

상세한 '전투력 수치'가 존재하는 게임에서는 직업 유형마다 전투력 밸런스도 조정해야 한다. 여기서 전투력 밸런스 중 **하위 밸런스**의 속성 관계를 넣어야 한다. 게임의 표준 직업의 공격, 방어, 체력 간의 가치 비율이 1 : 1 : 8이라고 가정하자. 다시 말해 공격 1 pt = 방어 1 pt = 체력 8 pt다. 체력 1 pt가 전투력 1 pt와 같다면, 이를 환산해 공격 1 pt = 전투력 8 pt, 방어 1 pt = 전투력 8 pt를 얻을 수 있다.

다른 직업을 설계할 때 직업 간 차별화를 위해 직업마다 치중하는 속성을 정의할 때도 많다. 탱커 직업은 방어 속성과 체력 속성에 치중하며, 딜러 직업은 공격 속성에 치중한다. 따라서 표준 직업의 수치 비율은 모든 직업에 응용할 수 없다.

등가 전투력의 방식으로 직업 간의 수치 비율을 조정해보자.

힐러 직업의 공격, 방어, 체력 속성의 수치 비율이 1 : 1 : 8이고, 힐러 직업은 기본 직업에 속한다고 가정하자. 딜러 직업의 공격은 힐러에 비해 0.5 높아야 한다면, 등가 전투력의 방식에 따라 딜러 직업의 방어 속성과 체력 속성의 비율을 낮춰야 한다. 이를 환산하면 딜러 직업의 비율 관계는 1.5 : 0.75 : 6이 된다(표준 직업의 수치 비율로 계산해 각 속성의 전투력 수치를 구할 수 있다. 공격 1 pt = 전투력 8 pt, 방어 1 pt = 전투력 8 pt, 체력 1 pt = 전투력 1 pt다. 각 직업의 전투력 수치는 같아야 하므로, 표준 직업의 수치 비율을 계산하면 전투력은 1 × 8 + 1 × 8 + 8 × 1 = 24 pt다. 딜러 직업도 이 전투력 수치를 적용해야 하므로 전투력 계산 방법은 1.5 × 8 + 0.75 × 8 + 6 × 1 = 24 pt다).

마찬가지로 탱커의 공격, 방어, 생명 속성의 수치 비율을 구할 수 있다. 등가 전투력의 방식을 통해 전투력의 기본 밸런스를 맞추고 기본 가치 밸런스 설계를 마쳤다. 이 단계에서 가치 밸런스는 직업 간 수치 비율의 밸런스만 맞추면 된다. 이후 전투 수치가 점차 개선되고 나서 다시 직업 간의 밸런스를 심층적으로 설계한다.

(2) 역할 밸런스
역할 밸런스는 게임의 다양한 시나리오와 응용 환경에서 각 직업의 밸런스로, 구체적인 내용 없이 개념적인 밸런스다. 예를 들어, 협력 삼대장에서 유저가 몬스터와 싸울 때(PVE) 탱커 직업은 대미지를 받고, 적을 도발하는 역할을 한다. 딜러 직업은 대미지를 입히고, 서포터 직업은 파티원을 치유하며, 버프를 제공하는 일을 담당한다. 3가지 직업은 각각 명확한 포지션이 있어 어떤 의미에서는 각 직업의 포지션과 역할이 밸런스를 이뤘다고 할 수 있다. 다시 예로 살펴보면 제어 삼대장에서 유저가 몬스터와 싸울 때, 딜러 직업 전사는 적의 보호막을 깎는다. 파티원의 공격력을 높이는 딜러 직업 마법사는 적이 받는 대미지 효과를 높이고, 파티원의 '치명 공격 속성'을 높이는 역할을 한다. 딜러 직업 서포터는 적의 회복 속도를 늦추고, 파티원의 '방어 속성'을 높인다. 세 직업의 포지션과 역할도 밸런스를 이룬다.

역할 밸런스는 단일 시나리오에 국한되지 않으며, 게임 콘텐츠의 플레이라면 모두 직업 간의 역할 밸런스를 고려해야 한다. 모든 직업이 자신의 가치를 발휘할 수 있는 응용 장소가 있어야 한다. 블리자드는 <월드 오브 워크래프트> 직업 포럼에서 직업 밸런스 설계 원칙을 다음과 같이 발표했다.

1. 모든 직업은 5인 파티에서 적절한 포지션이 있어야 한다.
2. 모든 직업은 레이드(대규모 파티 이벤트, 게임에서는 보통 대규모 파티 던전을 가리킨다)에서 중요한 위치에 있어야 한다.
3. 모든 직업은 PVP에서 경쟁력이 있어야 하며, 다른 직업들과 매우 달라야 한다.
4. 5 대 5 전투에서 모든 직업은 고유한 필살기가 있어야 한다.
5. 모든 직업은 재미있어야 하며, 홀로 만렙까지 레벨업할 수 있어야 한다.

설계 원칙은 사실 역할 밸런스를 나타내는데, 물론 이것들을 위해서는 모든 기획자가 함께 참여해야 한다. 수치 기획자는 주로 스킬 측면에서 역할 밸런스를 개선하는데, 다른 의미로 스킬이 이론상 밸런스를 이루도록 해야 한다. 예를 들어 마법사 직업은 대상을 빙결시킬 수 있고, 전사 직업은 대상을 기절시킬 수 있으며 서포터 직업은 대상을 속박할 수 있다. 빙결과 기절은 강한 제어 스킬에, 속박은 약한 제어 스킬에 속한다. 강한 제어 스킬과 약한 제어 스킬 간의 밸런스를 맞출 때는 버프 지속 시간의 길이로 두 종류의 스킬의 역할 밸런스를 이룰 수 있다. 또 전사 직업은 대상에게 출혈 디버프를, 마법사 직업은 대상에게 점화 디버프를, 서포터 직업은 대상에게 중독 디버프를 걸 수 있다. 세 종류의 디버프는 모두 대상에게 지속 대미지를 입히며, 지속 시간은 모두 N초다. 여기서 직업마다 차이를 두려면 지속 대미지와 지속 시간으로 스킬 디버프에 차이를 두면 된다. 이는 최종 대미지로 직업 간의 역할 밸런스를 이루는 방법이다.

역할 밸런스는 직업마다 경험의 차별화를 만드는 매우 중요한 밸런스이므로, 직업의 수치를 설계할 때 직업을 다르게 만드는 방법과 직업 간의 역할 밸런스를 어떻게 이룰 것인지 반드시 최대한 고려해야 한다. 그래야 직업 간에 진정한 밸런스를 이뤄 직업마다 매력이 넘치며 게임도 더 '재미있어질' 것이다.

3.3.2 육성 시스템

게임의 전투력 밸런스와 직업 밸런스의 틀을 갖춘 후에는 게임의 육성 시스템을 구축하기 시작해야 한다. 게임의 육성 시스템은 바로 속성 성장 시스템이다. 게임에서의 모든 성장은 숫자로 변환돼 유저의 가상 캐릭터에 기록된다. 기록된 숫자들이 클수록 유저도 강해지고, 게임에서 보내는 시간은 이 숫자들의 성장으로 보상받는다. 숫자의 성장에 유저의 컨트롤 실력과 전략은 포함되지는 않는다.

육성 시스템을 설계할 때 수치 기획자는 '갓모드god mode'로 차원을 넘어 게임 속 가상 캐릭터의 **성장을 구축하고, 성장을 분할하며, 성장을 세분화**한다. 쉽게 말해 속성의 범위를 설정하고, 일정한 비율로 각각의 육성 루트로 나누며, 각각의 육성 루트의 육성 단계를 세분화해야 한다. 그럼 게임의 가상 캐릭터도 우리가 설정한 목표에 따라 단계적으로 게임 콘텐츠를 깰 수 있을 것이다.

1 성장 구축

어떤 분야의 전문가가 되려면 1만 시간의 수련이 필요한데, 이를 '1만 시간의 법칙'이라고 한다. 게임 세계에서도 이 법칙이 적용되는데, 게임에서는 우리가 시간을 단축하거나 시간을 일 단위로 바꿀 수 있다는 점은 다르다. 게임에서 유저가 계속해서 콘텐츠를 진행하면서 얻은 보상은 자신의 능력치를 올리는 데 쓰인다. 더 높은 난이도의 콘텐츠를 깰수록 더 많은 보상을 얻게 되고 능력치도 더 많이 올라간다. 이는 게임의 표준 사이클이다. 그중 어느 한 사슬이 끊어지면 게임도 끝나는 것이다.

게임 설계에서 우리는 시간이나 일 단위로 유저의 성장을 측정한다. 보통 싱글플레이어 게임에서는 시간 단위로, 온라인 게임에서는 일 단위로 측정할 때가 많다. 성장 구축은 **성장 벤치마크**를 설정하는 첫 단계를 거치는데 이는 게임에서 시간과 가장 밀접한 관련이 있는 성장 방식이다.

일반적으로 캐릭터의 레벨을 성장 벤치마크로 삼지만, 다른 형식을 성장 벤치마크로 삼는 게임들도 있다. 예를 들어 <Asura斗战神>[5] 게임에서는 수련 햇수를, <천년> 게임에서는 나이를 성장 벤치

---

5   [옮긴이] 2010년에 출시한 서유기 테마의 MMORPG

마크로 삼는다. 성장 벤치마크를 선택할 때는 가능하면 현실 시간과 연관될 수 있는 육성 루트를 선택해야 한다. 어떤 육성 루트를 성장 벤치마크로 삼든 '벤치마크'는 시간과 연관지어야 하고, 다른 육성 루트들 모두 이를 기준으로 속성을 설정해야 한다. 육성 시스템 이후의 성장 분할과 성장 세분화까지 이를 기준으로 한다. 여기서 우리는 캐릭터 레벨을 성장 벤치마크로 삼아 성장 구축의 첫 단계를 시작하겠다.

(1) 레벨 성장

일반적으로 유저가 레벨업을 하기 위해서는 충분한 경험치만 있으면 된다. 레벨이 올라가면 레벨업에 필요한 경험치가 늘어난다. 여기서 다항함수나 초등함수로 레벨업에 필요한 경험치를 계산할 수 있다. 어떤 함수를 사용하든 변숫값에는 반드시 시간과 연관지을 수 있는 변수를 대입할 것이다. 여기서 먼저 온라인 게임 <월드 오브 워크래프트>의 초기 버전의 경험치 계산 방법을 살펴보자.

경험치 = ((8 × 캐릭터 레벨) + 난이도 계수(캐릭터 레벨)) × 기본 경험치(캐릭터 레벨) × 경험치 계수(캐릭터 레벨) [1~59 레벨에 적용]

경험치 = 155 + 기본 경험치(캐릭터 레벨) × (1275 - ((69 - 캐릭터 레벨) × (3 + (69 - 캐릭터 레벨) × 4))) [60레벨에 적용]

경험치 = 155 + 기본 경험치(캐릭터 레벨) × (1344 - ((69 - 캐릭터 레벨) × (3 + (69 - 캐릭터 레벨) × 4))) [61~69 레벨에 적용]

기본 경험치(캐릭터 레벨) = 45 + (5 × 캐릭터 레벨) [몬스터 경험치, 아제로스의 몬스터에 적용]

기본 경험치(캐릭터 레벨) = 235 + (5 × 캐릭터 레벨) [몬스터 경험치, 아웃랜드의 몬스터에 적용]

기본 경험치(캐릭터 레벨) = 626 + (5 × 캐릭터 레벨) [몬스터 경험치, 노스렌드의 몬스터에 적용]

난이도 계수(캐릭터 레벨) = 0 [캐릭터 레벨 <= 28]

난이도 계수(캐릭터 레벨) = 1 [캐릭터 레벨 = 29]

난이도 계수(캐릭터 레벨) = 3 [캐릭터 레벨 = 30]

난이도 계수(캐릭터 레벨) = 6 [캐릭터 레벨 = 31]

난이도 계수(캐릭터 레벨) = 5 × (캐릭터 레벨 - 30) [캐릭터 레벨 >= 32, <= 59]

경험치 계수(캐릭터 레벨) = 1 [캐릭터 레벨 <= 10]

경험치 계수(캐릭터 레벨) = (1 - (캐릭터 레벨 - 10) / 100) [캐릭터 레벨 >= 11, <= 27]

경험치 계수(캐릭터 레벨) = 0.82 [캐릭터 레벨 >= 28, <= 59]

<월드 오브 워크래프트>는 다항함수를 사용해 경험치를 계산했으며, '몬스터 경험치'를 변수로 사용했다. <월드 오브 워크래프트>에서 유저의 레벨업은 주로 몬스터를 잡고 퀘스트를 수행하는 것에 의존하는데, 퀘스트를 하지 않고 오로지 '몬스터를 잡아' 얻는 경험치만으로도 캐릭터의 레벨을 올릴 수 있다. 레벨과 시간의 연관성은 '몬스터를 잡는' 효율로 계산한다. 전투력 밸런스에서 우리는 게임 캐릭터의 표준 생존 주기의 계산 방법을 배웠는데, 이는 몬스터에도 똑같이 적용된다. 다만 몬스터의 생존 주기는 표준 생존 주기보다 낮을 것이다. 5.3.1절 '플레이 검증'에서 자세히 설명하고 여기서는 서술하지 않겠다.

몬스터의 표준 생존 주기가 5라고 가정하자. 매 공격의 간격이 1초라면 몬스터 한 마리를 잡는 시간은 5초다. 이론적으로 1분에 몬스터 12마리를 잡을 수 있다. 여기에 물약을 사거나 휴식을 하는 등 다른 요인으로 인한 효율 감소를 더하면 1분에 몬스터 6마리를 잡을 수 있을 것이다. 이런 식으로 시간당 '잡을 수 있는 몬스터'가 360마리라는 사실을 알 수 있으며, 계산을 통해 레벨과 시간의 관계 수치를 구할 수 있다.

<월드 오브 워크래프트>의 경험치 공식은 여러 레벨과 시간 관계의 일종이다. 이는 순방향 추론 방식으로, 경험치 성장 함수를 설정해 게임 시간을 도출한다. 시간은 성장의 가장 효과적인 척도다. 성장은 게임 시간으로 연결할 수 있으며, 게임 시간으로 성장 리듬을 고정시키면 유저의 성장 리듬을 평가하고 관리하기도 더 편하다.

"30레벨에 도달하는 데 며칠이 걸리나요?"

"첫날에 몇 레벨, 일주일에 몇 레벨, 한 달에 몇 레벨까지 도달할 수 있나요?"

게임 개발 과정에서 이와 같은 질문을 자주 받게 되는데, 이는 수치 기획자의 정확한 계산이 필요하다. 순방향 추론을 통해 이 질문들에 답할 수 있지만, 시간이 예측과 달라 조정을 해야 한다면 바뀌는 내용이 많아질 것이다. 게다가 순방향 추론이기 때문에 결과도 어느 정도 데이터 편향이 있을 수 있다. 또한 역방향 추론 방식을 사용할 수 있는데, 이는 레벨업 시간으로 레벨업에 소모되는 경험치를 추론하는 것이다. <월드 오브 워크래프트>의 경험치 계산 공식을 다시 한번 살펴보자.

경험치(레벨당 소모) = 1레벨당 시간 × 캐릭터 레벨^2 × 보정값

경험치(레벨당 소모) = 1레벨당 시간 × (기본 경험치 + (레벨 증가 보정값 × 캐릭터 레벨)) + 보정값

경험치(레벨당 필요) = 기본 경험치 + (레벨 증가 보정값 × 캐릭터 레벨)

앞의 경험치 공식에서 1레벨당 시간은 중요한 변수다. 1레벨당 시간을 제외한 데이터는 각 레벨마다 필요한 단위 주기 내의 경험치다. 가령 유저가 첫날 30레벨까지 올릴 수 있고 온보딩 기간이 20레벨에 끝난다고 하자. 그렇다면 유저가 20레벨에서 30레벨까지 도달하는 데 필요한 총 시간은 단위 1이다. 늘어난 수치에 따라 단위 1을 각 레벨에 균등히 나누면 20~30레벨에서 1레벨당 소모해야 하는 시간을 구할 수 있다. 또 유저가 40레벨이 된 후 매일 2레벨씩 올릴 수 있다면, 40레벨에서 41레벨로 레벨업하는 시간은 0.48일, 41레벨에서 42레벨로 레벨업하는 시간은 0.52일로 정의할 수 있다.

단위 레벨업 시간을 설계하기 전에 게임 경험치 획득 방식이 **개방형**인지 **폐쇄형**인지 명확히 해야 한다. 개방형은 일한 만큼 보상을 받는 방식으로, 게임에서 한계효용체감이나 경험치 잠금 기능이 없어 유저가 매일 획득할 수 있는 경험치에 제한이 없다. 폐쇄형은 매일 고정된 경험치만 획득하는 방식으로, 유저가 모든 경험치를 획득하고 나면 그날은 경험치를 더 획득할 수 없다. 개방형과 폐쇄형에는 각각 장단점이 있다. 현재 폐쇄형이 주류로 채택되고 있으며 유저가 매일 획득할 수 있는 경험치를 제한해 유저 간의 레벨 차이를 줄인다. 과금 유저는 별도로 설계한다.

함수 공식에서 **개방형 경험치**의 단위 레벨업 시간은 각 레벨에서 필요한 레벨업 시간이다. 일반적으로 시간 단위를 사용해 0.01시간(0.6분)에서 1시간, 몇 시간, 몇십 시간 등이다. 함수 공식에서 **단위 레벨업 시간 외의 모든 데이터는 유저가 매시간 획득할 수 있는 경험치량이다.** 유저가 몬스터를 잡든, 퀘스트를 하든, 이벤트를 하든 획득한 경험치량은 모두 표준 경험치량이다.

함수 공식에서 **폐쇄형 경험치**의 단위 레벨업 시간도 각 레벨에서 필요한 레벨업 시간인데, 일반적으로 일 단위를 사용한다. 0.001일부터 0.01일, 1일, 10일 등이다. 함수 공식에서 **단위 레벨업 시간 외의 모든 데이터는 유저가 매일 획득할 수 있는 경험치량이다.** 보다 정밀하게 이 경험치를 고효율 게임 플레이나 저효율 게임 플레이에 할당해 여러 플레이의 결과물을 차별화하는 데 사용할 수 있다.

그림 3.11과 같은 성장 곡선을 참고할 수 있다. 단위 레벨업 시간을 설정할 때는 특정 시점의 레벨에 특히 주의를 기울여야 한다. 예를 들어 첫날 레벨, 첫 주 레벨, 첫 달 레벨이 있는데, 보통 특정한 설계 요구 사항이 있어 운영상 필요에 따라 설계할 수 있는 주요 시점이다. 때로는 중요한 게임 데이터에 따라 성장 주기를 설정하기도 한다. 예를 들어 게임의 첫 번째 버전에서 캐릭터 만렙이 50레벨이고 유저가 받을 수 있는 장비 10세트가 있다고 하자. 설계 계획에 따르면 이 버전에서 유저는 60일 동안 플레이해야 한다. 이는 60일 동안 모든 유저가 성장할 수 있는 여지와 게임을 플레이할 동기가 보장돼야 한다는 뜻이다. 이를 위해서는 일정한 성장 리듬이 필요하므로 50개의 레벨

과 장비 10세트를 60일에 알맞게 분배해야 한다. 또한 **레벨 성장 곡선**은 **게임의 생명주기**와 **게임의 성장 리듬**을 어느 정도 나타낸다는 점을 주목해야 한다. 레벨 성장에 걸리는 시간은 곧 게임의 수명이고, 레벨 성장 속도는 게임의 성장 리듬을 반영한다. 따라서 신중하게 레벨 성장 곡선을 설계하고 언제든 조정할 수 있도록 준비한다.

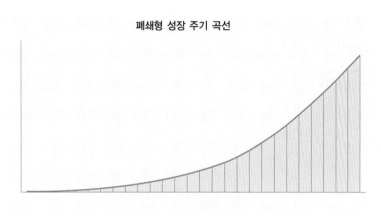

그림 3.11 **성장 곡선의 예**

게임 성장 주기를 정의함으로써 레벨 성장 주기와 경험치라는 게임에서 중요한 두 가지 데이터 소스를 얻었다. 이후 작업에서도 레벨 성장 주기를 게임 내 다른 데이터의 보조 데이터로 자주 사용할 것이다. 레벨 성장은 가장 기본적인 성장 벤치마크로서 게임의 성장 경험에 직접적인 영향을 미치고, 게임의 성장 리듬 또한 결정한다. 일반적으로 레벨 성장 리듬은 게임 개발진이 매우 관심을 갖는 데이터이므로, 여러 사람이 공동 협의를 통해 결정해야 한다.

(2) 속성 성장

레벨 성장의 수치를 설계한 다음은 레벨 성장 설계에 대응하는 속성 성장을 설계할 차례다. 레벨 성장에 대응하는 경험치는 대부분 한계효용체감을 보인다. 레벨이 오를수록 유저가 필요한 경험치는 많아진다. 속성 성장은 선형 추세를 보여야 하는데, 레벨이 오를수록 유저는 선형 추세를 보이는 속성을 얻는다. 속성을 설계할 때는 반드시 속성의 가치를 일정하게 유지해야 한다. 기획자의 관점에서 게임 콘텐츠가 소비됨에 따라 속성의 가치가 일정히 유지되는 것은 초기의 각 속성 1 pt가 후기의 각 속성 1 pt와 동일하게 유지된다는 의미다.

게임의 버전이 바뀔 때 속성의 가치가 떨어져야 할 때가 있다. 유저의 능력치가 성장하면서 초기의 공격력 100 pt와 후기의 공격력 100 pt에 대한 유저의 느낌은 다르기 때문이다. 버전이 바뀌는 과정에서 속성 가치가 떨어지면 모두 할인 방식을 사용할 것이다. 다시 말해 속성의 가치를 일정히 유지시키는 상황에서 해당 속성을 할인하거나 해당 속성의 가성비를 높이는 것이다. 이는 경제 측면의 수치 설계이므로 뒤에서 자세히 설명하겠다.

속성 성장이 선형 추세인 것은 속성의 가치를 일정하게 유지하기 위함이다. 속성의 가치를 낮추려는 수요가 생기면 더 정밀하게 조정할 수도 있다. 속성의 성장이 기하급수로 증가하면 자연스럽게 속성의 가치를 낮추려는 수요가 생기는데, 게임의 버전이 바뀌면서 속성의 실제 가치는 통제할 수 없게 되고, 이는 전투력 밸런스에 매우 치명적이다.

속성 성장 측면에서는 **속성 가치 유지**와 **속성 성장의 선형 추세**를 주목해야 한다.

밸런스 설계에서는 공격력, 방어력, 체력 간의 수치 비율을 계산했다. 속성 성장의 설계는 속성 비율을 스케일업하는 과정이다.

레벨이 100이고 공격력, 방어력, 체력의 수치 비율이 1 : 1 : 10이라고 가정하자. 먼저 1레벨 캐릭터의 속성 수치를 일정하게 설정하고 그 비율을 6배 스케일업하면 1레벨 캐릭터의 공격력은 6, 방어력은 6, 체력은 60이 된다. 이렇게 계속해서 스케일업하면 100레벨 캐릭터의 1단계 속성을 알 수 있다(표 3.5).

표 3.5 캐릭터의 1단계 속성 성장

레벨	공격력	방어력	체력	사이클(턴)
1	6	6	60	10.03
2	12	12	120	10.06
3	18	18	180	10.09
4	24	24	240	10.12
5	30	30	300	10.15
……	……	……	……	……
……	……	……	……	……
98	588	588	5,880	12.94
99	594	594	5,940	12.97
100	600	600	6,000	13

노트 속성 성장은 일반적으로 선형 추세를 보인다. 속성을 같은 비율로 스케일업하는 방식으로 게임의 속성을 스케일업할 수 있다. 전투 사이클을 계산하려면 대미지 수치를 먼저 구해야 한다.
대미지 수치 = 공격 수치 - (공격 수치 × 방어 수치) ÷ (상수 + 방어 수치) [상수 = 2,000]
한 사이클의 대미지 수치를 구했으면 체력 수치에서 대미지 수치를 나눠 레벨에 따른 전투 사이클을 구한다.

일반 속성 중 1단계 속성 성장 수치를 설계한 후 계속해서 2단계 속성과 3단계 속성의 성장 수치를 설정한다. 39쪽의 '3. 대미지 플로'에서 살펴본 대미지 계산 플로는 2단계 속성 수치에 어느 정도 영향을 준다. **확률론 알고리즘을 사용하면 2단계 속성값의 범위가 더 커질 수 있으며, 우선순위가 낮은 속성일수록 속성값의 범위가 더 클 수 있다. 원탁 이론 알고리즘을 사용한다면 2단계 속성의 수치 조정은 제한해야 한다.** 여기에서는 사용하는 알고리즘에 따라 2단계 속성 수치 범위를 평가해야 한다.

확률론 알고리즘을 사용한다고 가정하자. 모든 백분율 속성의 수치는 100%에 도달할 수 있다. 그렇다면 레벨 성장에 따른 2단계 속성의 성장 수치는 각 레벨당 1%다. 하지만 버전 업데이트를 고려해 어느 정도 여지를 남겨둬야 한다. 여기서는 100레벨에 50%의 속성 범위만 설정하고, 그림표 3.6의 데이터를 얻을 수 있다.

표 3.6 캐릭터의 1단계 속성과 2단계 속성 성장

레벨	공격력	방어력	체력	치명 공격	방어 관통	전투 사이클(턴)
1	6	6	60	0.50%	0.50%	9.95
2	12	12	120	1.00%	1.00%	9.91
3	18	18	180	1.50%	1.50%	9.86
4	24	24	240	2.00%	2.00%	9.82
5	30	30	300	2.50%	2.50%	9.78
……	……	……	……	……	……	……
……	……	……	……	……	……	……
98	588	588	5,880	49.00%	49.00%	6.97
99	594	594	5,940	49.50%	49.50%	6.95
100	600	600	6,000	50.00%	50.00%	6.93

노트 치명 공격과 방어 관통을 넣은 후 전투 사이클에 이 속성들을 넣어 다시 계산해야 한다. 치명 공격은 대미지를 100%, 방어 관통은 대미지를 50% 상승시킨다. 대미지 수치를 수정해 업데이트된 전투 사이클 데이터를 구할 수 있다.

3.1절에서 모든 속성의 포지셔닝과 세부 사항의 설계를 마쳤다. 여기서는 위와 같은 형식으로 모든 속성의 성장을 설정해야 한다. 전투에 직접적인 영향을 미치는 1단계 속성은 위에서 서술한 방법을 사용한다. 속성 변환 공식을 통해 1단계 속성으로 변환해야 하는 속성이라면 속성 변환 공식을 사용해 계산해야 한다.

1단계 속성의 자체 성장을 사용해 속성을 설계하는 것 외에도 **기본 속성의 자체 성장**을 사용해 속성을 설계할 수도 있다. 기본 속성의 자체 성장은 1단계 속성과 비슷하게, 3대 속성 또는 5대 속성의 자체 성장으로 속성의 성장을 구하고, 다시 속성 변환 공식을 통해 1단계 속성의 성장을 구한다. 예컨대 게임에서 3대 속성으로 힘, 지능, 인내를 기본 속성으로 사용하고 3대 속성의 초깃값이 10 pt, 각 레벨마다 10 pt씩 증가한다. 캐릭터가 100레벨이 되면 3대 속성의 성장은 힘 1,000 pt, 지능 1,000 pt, 인내 1,000 pt가 된다. 힘 1 pt가 공격력 2 pt, 지능 1 pt가 방어력 2 pt, 인내 1 pt가 체력 20 pt라고 가정하면, 속성 변환 공식을 통해 공격력 2,000 pt, 방어력 2,000 pt, 체력 20,000 pt 를 구할 수 있다.

모든 기본 속성의 설계를 마쳤다면 각 직업의 속성 성장을 설계할 차례. 3.3.1절 '밸런스 살펴보기'에서 직업 간의 가치 밸런스를 다루면서 제어 삼대장 또는 협력 삼대장 설계 시스템에서 직업의 방향에 따라 직업 간 속성의 차이를 결정한다고 이야기했다.

협력 삼대장, 즉 탱커, 딜러, 힐러 3가지로 나눠지는 직업 분류 방식을 사용한다고 가정하자. 3가지 직업 속성을 차별화할 때는 직업마다 각각 공격, 방어, 체력 수치를 따로 설정해야 직업마다 '가치 밸런스'를 실현할 수 있다. 가령 직업의 유형에 따라 직업 속성의 비율값 설정은 아래와 같다.

힐러 직업 공격 수치 : 방어 수치 : 체력 수치 = 1 : 1 : 10

탱커 직업 공격 수치 : 방어 수치 : 체력 수치 = 0.5 : 1.1 : 14

딜러 직업 공격 수치 : 방어 수치 : 체력 수치 = 1.5 : 0.85 : 6.5

레벨마다 직업 속성의 '가치 밸런스'를 유지해 각 직업의 속성 성장 수치를 구할 수 있다(표 3.7).

표 3.7 각 직업의 속성 성장 수치

레벨	힐러				탱커				딜러			
	공격력	방어력	체력	전투력 수치	공격력	방어력	체력	전투력 수치	공격력	방어력	체력	전투력 수치
1	6	6	60	18	3	6.6	84	18	9	5.1	39	18
2	12	12	120	36	6	13.2	168	36	18	10.2	78	36
3	18	18	180	54	9	19.8	252	54	27	15.3	117	54
4	24	24	240	72	12	26.4	336	72	36	20.4	156	72
5	30	30	300	90	15	33	420	90	45	25.5	195	90
……	……	……	……	……	……	……	……	……	……	……	……	……
……	……	……	……	……	……	……	……	……	……	……	……	……
98	588	588	5,880	1,764	294	646.8	8,232	1,764	882	499.8	3,822	1,764

| 99 | 594 | 594 | 5,940 | 1,782 | 297 | 653.4 | 8,316 | 1,782 | 891 | 504.9 | 3,861 | 1,782 |
| 100 | 600 | 600 | 6,000 | 1,800 | 300 | 660 | 8,400 | 1,800 | 900 | 510 | 3,900 | 1,800 |

[노트] 전투력 계산 시 직업 간 구분을 두지는 않았다. 모든 직업에 대해 공격력 1 pt = 전투력 1 pt, 방어력 1 pt = 전투력 1 pt, 체력 1 pt = 전투력 0.1 pt로 계산했다. 각 직업의 속성에 다른 전투력을 설정하고 싶다면 상응하는 성장 수치는 61쪽의 '2. 직업 밸런스' 중 가치 밸런스의 기본 원칙에 따라 설계해야 한다. 전투력 밸런스에 대해서는 뒤에서 자세히 다루겠다.

2 성장 분할

65쪽의 '1. 성장 구축'에서 게임 육성 시스템에 필요한 캐릭터 속성 성장 수치를 구축했다. 이번에는 모든 속성이라는 '케이크'를 분할해야 한다. 속성 분할을 통해 게임의 모든 육성 루트를 대응하는 속성 수치에 할당해야 하며, 나눠진 '케이크'가 더 많은 육성 루트일수록 게임에서 유저가 가장 집중하는 성장 방식이 될 것이다.

속성 분할은 각 육성 루트를 균등하게 나누는 것이 아니다. 육성 루트마다 유저의 인지도, 성장 횟수, 성장 리듬이 모두 다르기 때문에, 각 육성 루트의 포지셔닝과 가치를 더 분명하게 판단해야 한다. 유저의 선호에 따른 우선순위는 다음의 공식으로 구분할 수 있다.

> 명시적 육성 루트 > 인지도가 높은 육성 루트 > 쉬운 육성 루트 > 랜덤성 육성 루트

육성 루트에 대한 유저의 선호도에 따라 속성의 가중치도 달라질 것이다. 유저의 선호도가 높은 육성 채널에 더 많은 속성을 넣어 이 육성 루트들의 가치를 강화해야 한다.

속성 분할에서는 벤치마크 분할 방식과 글로벌 분할 방식 중 하나를 사용할 수 있다. **벤치마크 분할 방식**은 레벨 성장을 기준으로 삼아 다른 모든 육성 루트의 속성 비율을 비교해 분할하는 방식이다. 예를 들어 유저의 레벨 성장 속성이 전체 속성의 5%를 차지하고, 장비는 레벨 기준 4배, 즉 전체 속성의 20%를 차지한다. 이렇게 모든 육성 루트를 레벨을 기준으로 삼아 계산한다. 최종 수치 비율의 합은 100%가 되지 않아도 된다. **글로벌 분할 방식**은 글로벌로 속성을 두 번 분할하는 것이다. 먼저 큰 범주에서 속성을 분할하고, 다음으로 하위 범주로 속성을 분할한다. 두 번 분할해 모든 육성 루트의 속성 비율을 세분화한다. 육성 루트를 장비, 탈것, 파트너 세 가지로 나눠본다. 먼저 유저의 인지도와 선호도에 따라 큰 범주로 분할한다. 캐릭터 속성의 50%를 장비 시스템에, 15%를 탈것 시스템에, 남은 35%를 파트너 시스템에 분할한다. 이제 육성 루트들의 명시성과 난이도에 따라 속성을 2차 분할한다. 캐릭터 속성의 50%를 기본 장비 시스템에(실제 비율은 50% ×

50% = 25%), 20%를 장비 강화 시스템에(실제 비율은 20% × 50% = 25%), 30%를 장비 초월[6] 시스템에(실제 비율은 30% × 50% = 15%) 분할한다. 탈것과 파트너 시스템도 마찬가지로 분할한다. 글로벌 분할 방식을 통해 속성을 나누면 최종 수치 비율의 합은 반드시 100%가 돼야 한다.

앞에서 설명한 두 가지 분할 방식 모두 게임 초기에 속성을 분할할 때 사용할 수 있다. 게임 개발 후기 또는 버전 업데이트 시에는 주로 벤치마크 분할 방식을 사용한다. 어느 한 방식을 선택하기 전에 비슷한 시스템의 속성을 분할해놓으면 이후 새로운 육성 루트의 속성 수치를 설정하기 편리하다. 속성을 분할할 때 가능한 한 백분율 계산 형식을 사용하는 것이 좋다. 이는 수치 모델을 설정하기에도 좋고, 이후 수치를 업데이트하거나 각 육성 루트의 속성 가중치를 조절할 때 백분율만 조절하면 되기 때문이다.

(1) 벤치마크 분할 방식

게임의 육성 루트가 크게 **캐릭터**, **장비**, **탈것**으로 나뉜다고 가정하자. 그중 캐릭터는 세분화해 **캐릭터 레벨업**, **캐릭터 칭호**, **캐릭터 물약**으로, 장비는 세분화해 **기본 장비**, **장비 강화**, **장비 보석**, **장비 재련**으로, 탈것은 세분화해 **기본 탈것**, **탈것 장비**로 나눌 수 있다.

캐릭터 레벨업 속성 비율이 5%라고 가정하면, 캐릭터 레벨업 속성을 벤치마크로 삼을 수 있다. 벤치마크로 게임의 다른 성장 모듈의 속성 비율을 비교해 속성의 분할표를 만든다(표 3.8, 그림 3.12).

표 3.8 **벤치마크 분할 방식으로 속성 분할**

	분류	공격	방어	체력	방어 관통	치명 공격	총합
캐릭터 모듈	캐릭터 레벨업	5%	5%	5%	0%	0%	15%
	캐릭터 칭호	3%	0%	5%	10%	10%	28%
	캐릭터 물약	3%	3%	3%	0%	0%	9%
장비 모듈	기본 장비	10%	10%	10%	0%	10%	40%
	장비 강화	10%	10%	10%	10%	0	40%
	장비 보석	20%	20%	20%	20%	20%	100%
	장비 재련	7%	10%	5%	10%	10%	42%
탈것 모듈	기본 탈것	8%	8%	8%	10%	5%	39%
	탈것 장비	12%	12%	12%	5%	10%	51%
총합		78%	78%	78%	65%	65%	364%

---

6 [옮긴이] 예를 들어 4성 무기를 5성 무기로 승급하는 시스템을 이 책에서는 장비 초월이라 번역했다.

속성의 분할 비율은 각 모듈에 대한 유저의 인지도 또는 게임의 전체 계획에 따라 설정할 수 있다. 이 단계에서는 대략적으로만 속성을 분할한다. 이후 속성 성장을 세분화할 때 돌아와서 비합리적인 분할을 조정해 게임 성장 경험을 최적화한다.

속성을 분할할 때 반드시 1단계 속성 중 모든 속성의 총 백분율을 같게 유지해야 한다(예를 들어 공격력의 총 비율이 80%이면 방어력과 체력의 총 비율도 80%여야 한다). 그래야 각 직업의 하위 밸런스를 유지할 수 있다. 2단계 속성과 기타 속성은 실제 육성 요구 사항에 따라 분할할 수 있다. 초기에 판단하기 어렵다면 임시로 비율을 설정해도 된다. 이후 속성 최적화와 밸런스 최적화에서도 지금은 임시로 설정한 분할 비율의 최적화를 도와줄 더 많은 지표를 살펴볼 것이다.

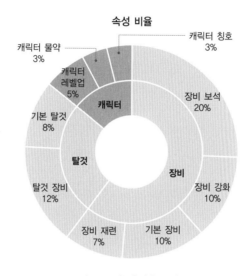

그림 3.12 **속성 비율 그래프**

(2) 글로벌 분할 방식

글로벌 분할 방식은 벤치마크 분할 방식처럼 백분율 비율을 설정해 속성을 분할한다. 글로벌 분할 방식은 속성을 더 작게 분할한다는 점에서 벤치마크 분할 방식과 다르다. 속성을 큰 범주로 나눈 후 하위 범주와 세분화된 육성 루트의 속성 분배를 세밀히 조정해 개별 육성 루트의 속성 수치를 보다 매끄럽게 설정할 수 있다. 또 큰 범주에서 세분화된 속성 종류를 집중적으로 육성할 수 있어, 유저가 개별 육성 루트에 대한 이해도를 높일 수 있도록 한다.

• 1차 분할

1차 분할은 육성 루트를 큰 카테고리로 분할하는 것으로, 보통 육성 매개체로 분할한다. 예를 들어 장비 카테고리는 장비 육성으로, 장비 강화, 장비 초월, 장비 돌파, 장비 개조 등이다. 또 펫 카테고리는 펫 육성으로, 펫 업그레이드, 펫 합성, 펫 부활, 펫 장비 등으로 구분할 수 있다. 여기서 장비 벤치마크 방식에 따라 육성 루트를 1차 분할한다(그림 3.9).

표 3.9 **육성 루트의 1차 속성 분할**

카테고리	공격력	방어력	체력	방어 관통력	치명 공격력	총합
캐릭터	20%	20%	20%	0%	0%	60%
장비	50%	50%	50%	50%	100%	300%
탈것	30%	30%	30%	50%	0%	140%
총합	100%	100%	100%	100%	100%	500%

육성 루트 카테고리를 비율을 분할해 게임의 핵심 육성 루트를 확정할 수 있다. 표 3.9의 분할 방식을 예로 들면, 유저는 게임에서 장비 루트에 대한 수요가 매우 높을 것이고, 장비 육성이 게임의 가장 핵심인 육성 목표가 될 것이다.

이어서 카테고리를 나눠 2차 속성을 분배하는 2차 분할을 진행한다.

- **2차 분할**

2차 분할은 세분화한 육성 루트에 따라 캐릭터 시스템, 장비 시스템, 탈것 시스템을 다시 분할하는 것이다(표 3.10~표 3.12).

표 3.10 **캐릭터 시스템 2차 분할**

카테고리		공격력	방어력	체력	방어 관통력	치명 공격력
캐릭터	캐릭터 레벨업	30%	50%	20%	0%	0%
	캐릭터 칭호	20%	0%	30%	0%	0%
	캐릭터 물약	50%	50%	50%	0%	0%
	총합	100%	100%	100%	0%	0%

표 3.11 **장비 시스템 2차 분할**

카테고리		공격력	방어력	체력	방어 관통력	치명 공격력
장비	기본 장비	20%	20%	15%	20%	20%
	장비 강화	20%	20%	15%	10%	10%
	장비 보석	50%	50%	50%	50%	50%
	장비 재련	10%	10%	20%	20%	20%
	총합	100%	100%	100%	100%	100%

표 3.12 탈것 시스템 2차 분할

카테고리		공격력	방어력	체력	방어 관통력	치명 공격력
탈것	기본 탈것	60%	60%	40%	0%	0%
	탈것 장비	40%	40%	60%	100%	0%
총합		100%	100%	100%	100%	0%

2차 분할은 1차 분할한 시스템 모듈에 대해 백분율로 속성을 재분배할 수 있으며, 1차 분할한 비율로 속성을 재분배할 수도 있다. 백분율 수치로 분할한다면 1차 분할과 2차 분할의 속성을 연관시켜 실제 속성 비율을 계산해서 이후 속성 수치 계산이 쉽도록 해야 한다.

(3) 육성 세부 분할

육성 세부 분할은 더 세부적으로 분류된 육성 루트에 속성을 분배하는 것이다. 이를테면 장비 시스템에서 장비는 부위에 따라 4~10가지로 나눌 수 있다. 각 부위마다 장비의 속성도 다르므로 이처럼 특수한 성장 모듈에는 다시 1차 세부 분할을 해야 한다.

장비가 착용할 수 있는 부위에 따라 무기, 갑옷, 투구, 벨트, 장갑, 신발, 목걸이, 반지로 나뉜다고 가정하자. 속성 방향에 따라 공격 장비와 방어 장비로 나눌 수 있는데, 그중 공격 장비는 무기, 장갑, 목걸이, 반지이며 방어 장비는 갑옷, 투구, 벨트, 신발(공격 장비와 방어 장비의 수가 같게 유지한다)이다. 그렇다면 이 장비의 중요도에 따라 속성을 분배할 수 있다(표 3.13).

표 3.13 장비 세부 분할 후 각 속성의 비율

카테고리	공격력	방어력	체력	방어 관통력	치명 공격력	총합
무기	40%	\	\	100%	\	140%
갑옷	\	50%	25%	\	\	75%
투구	\	20%	20%	\	\	40%
벨트	\	\	40%	\	\	40%
장갑	25%	\	\	\	\	25%
신발	\	30%	15%	\	\	45%
목걸이	20%	\	\	\	50%	70%
반지	15%	\	\	\	50%	65%
총합	100%	100%	100%	100%	100%	

육성 세부 분할은 가능한 한 게임에서 통용되는 방법, 즉 합의된 설정을 사용한다. 신발은 이동 속도를, 무기는 방어 관통력을 높여주는 것처럼 말이다. 갑옷이 이동 속도를 높여주거나 목걸이가 방

어 관통력을 높여주는 것처럼 이상한 느낌이 들지 않도록 설정해야 한다. 구체적인 수치 비율도 과학을 따른다. 무기가 높여주는 공격력은 장신구보다 높아야 하며, 갑옷이 높여주는 방어력은 다른 방어구보다 높아야 한다. 그래야 무기와 갑옷의 가치와 중요성을 돋보이게 할 수 있다.

성장 구축, 성장 분할을 통해 구한 속성 수치와 분배 비율은 전투 수치 구조에서 하위 설계에 속한다. 하위 설계의 내용은 전투 수치 모델에서 데이터 변수로 사용된다. 이후 전투 수치 모델을 완성한 후 최적화해야 하는 대부분의 데이터는 이런 하위 데이터 변수이며, 상위 구조의 모듈 수치는 하위 데이터를 대입한 계산 공식으로 구한다.

성장 분할을 마무리했으니 다음 단계인 성장 세분화로 넘어가자.

❸ 성장 세분화

각 육성 루트를 성장 횟수부터 성장으로 얻는 상세 속성 수치까지 세분화하는 것을 성장 세분화라고 한다. 이 수치들은 캐릭터 속성의 최종 형태이며, 게임의 여러 성장 모듈에 반영된다. 게임 과정에서 획득하는 모든 장비에는 속성 데이터가 있으며, 육성을 할 때마다 상응하는 속성 수치들이 올라간다. 이것이 바로 성장 세분화를 통해 얻는 속성 수치다.

속성을 세분화하기 전에 모든 육성 루트를 전면적으로 조사해야 하는데 이때 **육성 모듈 마스터 플랜(육성 플랜)**을 세워야 한다. 이후 게임 버전을 업데이트하는 과정에서도 육성 모듈 마스터 플랜을 계속 유지시켜야 한다. 여기서도 73쪽의 '2. 성장 분할'에서 살펴봤던 육성 모듈을 예로 들어보자 (표 3.14).

육성 루트가 크게 **캐릭터, 장비, 탈것** 세 가지로 나뉜다고 가정하자. 그중 캐릭터는 **캐릭터 레벨업, 캐릭터 칭호, 캐릭터 물약**으로 세분화된다. 장비는 **기본 장비, 장비 강화, 장비 보석, 장비 재련**으로 세분화된다. 탈것은 **기본 탈것, 탈것 장비**로 세분화된다.

표 3.14 **육성 모듈 마스터 플랜**

	카테고리	횟수	종류	육성 플랜	속성 성장 플랜	비고
캐릭터	캐릭터 레벨업	100	1	성장형	선형 성장	성장 간격 짧음, 소과금
	캐릭터 칭호	N/A	30	수집형	한계효용체증	일회성, 명예, 과금
	캐릭터 물약	40	5	하이브리드형	선형 성장	성장 간격 중간, 소과금

장비	기본 장비	N/A	8	수집형	한계효용체감	성장 간격 중간, 소과금
	장비 강화	50	1	성장형	선형 성장	성장 간격 짧음, 무과금
	장비 보석	10	5	하이브리드형	한계효용체감	성장 간격 긺, 과금
	장비 재련	∞	8	랜덤형	한계효용체감	성장 간격 짧음, 무과금
탈것	기본 탈것	N/A	10	수집형	한계효용체감	일회성, 명예, 과금
	탈것 장비	N/A	4	수집형	한계효용체증	성장 간격 중간, 무과금

> [노트] 여기서 성장 간격이란 매번 업그레이드하는 시간 간격을 말하며, 이를 성장의 입상도granularity라고도 한다. 입상도가 클수록 매회 성장 간격이 늘어나고, 성장에 따른 속성 증가율이 높아지며, 유저에게 더 큰 자극을 준다. 성장 모듈의 입상도는 육성 루트에서 유저가 경험하는 성장 리듬을 결정하며, 입상도가 다른 성장 모듈이 모여 게임의 성장 리듬을 형성한다.

육성 모듈 마스터 플랜으로 모든 육성 루트의 대략적인 계획을 육성 횟수, 종류, 육성 플랜, 속성 성장 플랜 등의 측면에서 세울 수 있다. 이것으로 게임의 성장 모듈을 보다 전면적으로 예측한다.

현재 주류 게임의 육성 플랜은 주로 성장형 육성, 수집형 육성, 하이브리드형 육성 등 총 세 가지 유형이 있다. **성장형 육성은 유저가 게임 내 특정 모듈을 육성하는 것으로, 육성 1회마다 고정 속성 수치를 올릴 수 있다.** 예를 들어 장비 강화는 개별 장비를 육성하는 것으로, 육성 1회마다 일정한 백분율 속성 수치 또는 고정 속성 수치를 올린다. **수집형 육성은 게임 내 콘텐츠를 수집해 속성 수치를 올린다. 계속해서 육성할 수 없는 콘텐츠라면 수집형 육성이고, 계속 육성할 수 있는 콘텐츠는 하이브리드형 육성이다.** 예컨대 도감 시스템이 있는 게임들이 있다. '카드' 한 장을 수집할 때마다 일정한 속성 수치를 올린다. 만약 이 '카드'로 한 번 더 육성할 수 없다면 이는 수집형 육성이고, 계속해서 육성할 수 있다면 이는 하이브리드형 육성이다. 육성 플랜에 따라 유저의 게임 경험이 달라지고, 성장을 세분화하는 방식도 달라진다.

다양한 성장 모듈을 세분화하는 과정은 65쪽의 '1. 성장 구축'에서 설정한 **속성 성장 데이터**와 73쪽의 '2. 성장 분할'에서 분배한 **육성 속성 세부 분할 비율**을 상호 연관시키고 계산하는 과정이다.

게임의 모든 성장 모듈의 속성 수치는 다음의 공식으로 계산한다.

> **육성 속성 수치 = 속성 성장 데이터 × 육성 속성 세부 분할 비율**

예를 들어 20레벨에서 속성 성장 데이터가 공격력 100 pt, 방어력 100 pt, 체력 1,000 pt다. 속성 세부 분할 비율에 따라 계산해 20레벨 장비의 속성 공격력 50 pt(100 pt × 50%), 방어력 50 pt(100 × 50%), 체력 500 pt(1,000 × 50%)를 구할 수 있다. 다시 분할 후의 육성 속성 세부 분할 비율을 대입해 계산하면 각 장비의 상세 속성 수치를 구할 수 있다.

물론 게임 수치의 실제 계산 방식은 이보다 훨씬 복잡하므로, **레벨 벤치마크 방식** 또는 **백분율 분배 방식**으로 모든 육성 루트를 세분화해 각 시스템의 속성 수치를 계산하고 구할 수 있다.

(1) 레벨 벤치마크 방식

레벨 벤치마크 방식은 육성 루트의 레벨과 속성 성장의 레벨을 상호 연관시키고, 해당 레벨의 총 속성 수치를 인덱싱하고 육성 루트에 분배된 비율을 곱해 구체적인 수치를 구하는 방식을 말한다. 성장 구축에서 속성의 성장은 레벨이 올라감에 따라 계속 변하기 때문에 성장 세분화에서도 해당 레벨의 속성 총량으로 단일 육성 루트의 속성 수치를 측정해야 한다. 레벨은 게임의 육성 벤치마크로, 자신의 속성과 AI의 속성을 설계할 때 중요한 기준값으로 활용된다. 여기서는 장비 강화를 예로 들어 레벨 벤치마크 방식의 사용법을 자세히 살펴보자.

69쪽의 '(2) 속성 성장'에서 힐러 직업의 총 속성 성장을 데이터 소스로 선택했다고 가정하자. 속성 성장 레벨을 벤치마크로 삼으면 대응하는 캐릭터 레벨의 캐릭터 총 속성 수치를 구할 수 있다 (표 3.15).

표 3.15 **총 속성 수치**

강화 레벨	대응하는 캐릭터 레벨	공격력	방어력	체력	방어 관통력	치명 공격력
1	2	12	12	96	1.00%	1.00%
2	4	24	24	192	2.00%	2.00%
3	6	36	36	288	3.00%	3.00%
4	8	48	48	384	4.00%	4.00%
5	10	60	60	480	5.00%	5.00%
……	……	……	……	……	……	……
46	92	552	552	4416	46.00%	46.00%
47	94	564	564	4512	47.00%	47.00%
48	96	576	576	4608	48.00%	48.00%
49	98	588	588	4704	49.00%	49.00%
50	100	600	600	4800	50.00%	50.00%

75쪽의 '(2) 글로벌 분할 방식'의 1차 분할과 2차 분할에서 장비 강화의 분할 비율 데이터로 장비 강화 속성 비율을 구할 수 있다(표 3.16).

표 3.16 장비 강화 속성 비율

카테고리	공격력	방어력	체력	방어 관통력	치명 공격력
장비 시스템	50.0%	50.0%	50.0%	50.0%	100.0%
장비 강화	20.0%	20.0%	15.0%	10.0%	10.0%
강화 실제 비율	10.0%	10.0%	7.5%	5.0%	10.0%

다음으로 **총 속성 수치**와 **강화 실제 비율**을 곱해 장비 강화 1회마다 오르는 구체적인 속성 수치를 구할 수 있다(표 3.17). 예를 들어 1레벨 강화했을 때 대응하는 캐릭터 레벨이 2레벨이고, 인덱싱해 구한 총 공격력 수치가 12, 강화 실제 비율은 10%다. 그렇다면 1레벨 강화했을 때 오르는 속성은 12 × 10% = 1.2 공격력 수치다.

표 3.17 강화 속성 수치

강화 레벨	대응하는 캐릭터 레벨	공격력	방어력	체력	방어 관통력	치명 공격력
1	2	1.2	1.2	7.2	0.05%	0.10%
2	4	2.4	2.4	14.4	0.10%	0.20%
3	6	3.6	3.6	21.6	0.15%	0.30%
4	8	4.8	4.8	28.8	0.20%	0.40%
5	10	6	6	36	0.25%	0.50%
……	……	……	……	……	……	……
46	92	55.2	55.2	331.2	2.30%	4.60%
47	94	56.4	56.4	338.4	2.35%	4.70%
48	96	57.6	57.6	345.6	2.40%	4.80%
49	98	58.8	58.8	352.8	2.45%	4.90%
50	100	60	60	360	2.50%	5.00%

마지막으로 이 육성 루트는 세부 분할을 해야 하기 때문에 구체적인 세부 설정에 따라 속성 수치를 다시 한 번 분할 계산해야 한다. 여기서 장비 분류 후 무기를 예로 들어 무기 강화의 구체적인 수치를 계산해보자. 77쪽의 '(3) 육성 세부 분할'에서 이미 무기 카테고리의 속성 비율로 분배했으니, 이 단계에서는 이 분배 비율을 쓰면 된다(표 3.18).

표 3.18 장비 세부 분할 후 각 속성 비율(무기)

카테고리	공격력	방어력	체력	방어 관통력	치명 공격력
무기	40%	0	0	100%	0

이번 절에서 여러 성장 모듈을 세분화하는 과정을 설명했다.

지금부터는 무기 강화를 예로 들어 무기 강화 속성의 계산 과정을 설명하겠다. 공식은 다음과 같다.

> 육성 속성 수치(장비 강화) = 속성 성장 데이터 × 육성 속성 세부 분할 비율(장비 강화)
>
> 육성 속성 수치(무기 강화) = 속성 성장 데이터 × 육성 속성 세부 분할 비율(장비 강화) × 장비 세부 분할 비율(무기)

참고 표 3.2에서 2레벨 때 미리 설정한 공격력 수치 12 pt(장비 강화 1레벨은 캐릭터 레벨 2레벨에 해당)는 속성 성장 데이터다. 표 3.5에서 장비 강화에 분할한 공격력 비율 10%는 육성 속성 세부 분할 비율(장비 강화)이다. 표 3.10에서 장비 장비 세부 분할 후 속성 비율 중 무기에 분배된 공격력 비율 40%는 장비 세부 분할 비율(무기)이다.

이 공식에 상응하는 데이터를 대입해 계산하면(무기 강화 1레벨의 속성은 12 × 10% × 40% = 0.48) 무기 강화 1회마다 얻을 수 있는 상세 속성 수치를 구할 수 있다(표 3.19).

표 3.19 **무기 강화 속성 수치**

강화 레벨	대응하는 캐릭터 레벨	공격력	방어력	체력	방어 관통력	치명 공격력
1	2	0.48	\	\	0.05%	\
2	4	0.96	\	\	0.10%	\
3	6	1.44	\	\	0.15%	\
4	8	1.92	\	\	0.20%	\
5	10	2.4	\	\	0.25%	\
......	......	......	......	......	......	......
46	92	22.08	\	\	2.30%	\
47	94	22.56	\	\	2.35%	\
48	96	23.04	\	\	2.40%	\
49	98	23.52	\	\	2.45%	\
50	100	24	\	\	2.50%	\

이 방식으로 모든 성장 모듈의 속성 수치를 계산해 게임의 모든 육성 수치를 구할 수 있다.

이때 모든 육성 루트의 상세 수치는 공식을 통해 계산하고, 전투 수치 모델에서 출력된다는 점을 주의해야 한다. 전투 수치 모델의 모든 상수와 독립변수는 가능한 한 엑셀에서 인덱스를 사용하는 함수로 참조할 수 있게 작성해 사람이 수동으로 데이터를 기입하는 일을 줄이고 이후 게임 수치 최적화를 효율적으로 할 수 있게 한다.

또한 속성 성장 수치를 구축할 때, 속성의 자체 성장이 선형 추세라면 레벨 벤치마크 방식을 사용해 레벨을 선택할 때 반드시 벤치마크인 캐릭터 레벨이 형성하는 곡선이 분배 후 속성 수치 성장의 곡선과 같은 추세여야 한다. 예를 들어 장비 강화 1, 2, 3레벨이 각각 캐릭터 레벨 2, 4, 6레벨에 대응된다면 강화 1회마다 얻는 속성 수치의 곡선이 레벨 벤치마크의 수치 곡선과 같을 것이다. 즉, 해당 육성 루트의 성장 경험은 선형 추세를 보인다. 육성 경험이 구간마다 다른 증가 추세를 보이길 원한다면 레벨 벤치마크를 선택할 때 그렇게 설계해야 한다(표 3.20, 그림 3.13).

표 3.20 **다른 레벨 벤치마크 인덱스로 계산해서 구한 속성 수치**

강화 레벨	대응하는 캐릭터 레벨	공격력	대응하는 캐릭터 레벨	공격력	대응하는 캐릭터 레벨	공격력
1	1	6	1	6	1	6
2	4	24	11	66	6	36
3	8	48	21	126	16	96
4	14	84	31	186	22	132
5	22	132	41	246	35	210
6	32	192	51	306	42	252
7	44	264	61	366	60	360
8	60	360	71	426	68	408
9	78	468	81	486	90	540
10	100	600	91	546	100	600

- 레벨 벤치마크가 **같은 비율로 증가**: 육성 성장 수치는 **같은 비율로 증가 추세**
- 레벨 벤치마크가 **구간마다 다르게 증가**: 육성 성장 수치는 **구간마다 다른 증가 추세**

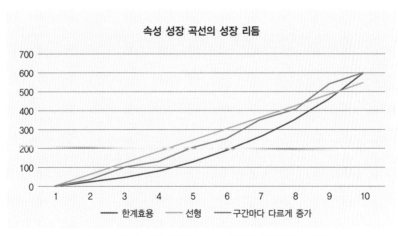

그림 3.13 **다른 레벨 벤치마크 속성 수치의 성장 곡선 그래프**

속성의 성장 추세가 다르면 게임의 성장 경험도 다르다. 게임에서는 육성 방식에 따라 속성 성장 수치 곡선을 달리 설계해야 한다. 일반적으로 **성장 입상도가 큰 육성 루트는 구간마다 다르게 증가하는 속성 수치 성장 곡선을 사용하는 것이 좋다.** 성장 노드에서는 속성이 크게 증가해 도약하는 느낌을 줄 수 있다. **성장 입상도가 작은 육성 루트는 선형으로 증가하는 속성 성장 곡선을 사용하는 것이 좋다.** 매회 성장마다 일정하게 속성 수치가 오른다. 여러 속성 성장 방식이 서로 겹쳐 있으면 유저에게 다양한 성장 느낌과 지속적인 성장 경험을 제공하며, 이는 게임 리듬감에 중요하다.

(2) 백분율 분배 방식

백분율 분배 방식은 백분율 수치로 전체 속성을 분할해 분배하는 방식이다. 73쪽의 '2. 성장 분할'에서 사용한 '글로벌 분할 방식'과 비슷하게, 단위 수량을 백분율의 수치 비율로 분배한다.

백분율 분배 방식을 사용해 성장을 세분화할 때는 각 육성 루트의 육성 플랜에 주의를 기울여야 한다. 육성 루트가 성장형 육성인 경우 백분율 분배 비율은 누진적으로 성장한다. 즉, 백분율 비율 수치는 성장 추세를 보인다. 육성 루트가 수집형 육성인 경우 백분율 분배 방식은 균등하게 성장한다. 즉, 육성 콘텐츠에 따라 모두 100% 균등하게 속성 수치가 분배된다.

여기서는 장비 강화를 예로 들어 백분율 분배 방식을 적용하는 법을 설명하겠다. 육성 조건은 앞에서 설정한 것과 같다.

첫 번째 단계, 다음의 공식으로 장비 강화 모듈에 필요한 상세 속성 데이터를 구한다(표 3.21).

$$\text{장비 강화 속성 수치} = \text{속성 성장 총량} \times \text{장비 시스템 비율} \times \text{장비 강화 비율}$$

표 3.21 장비 강화 속성

카테고리	공격력	방어력	체력	방어 관통력	치명 공격력
속성 성장 총량	600	600	4800	50.0%	50.0%
장비 시스템 비율	50.0%	50.0%	50.0%	50.0%	100.0%
장비 강화 비율	20.0%	20.0%	15.0%	10.0%	10.0%
장비 강화 수치	60	60	360	2.50%	5.00%

노트 속성 성장 총량은 69쪽의 '(2) 속성 성장'에서 캐릭터가 100레벨이 됐을 때 속성 총량이다. 장비 시스템 비율은 75쪽의 '(2) 글로벌 분할 방식'에서 장비 모듈의 속성 분할 수치다. 장비 강화 비율은 77쪽의 '(3) 육성 세부 분할'에서 장비 강화 모듈의 속성 분할 수치다.

두 번째 단계, 장비 강화 모듈을 백분율 수치로 분배한다(표 3.22).

두 단계로 장비 강화 모듈의 속성 총 수치를 구할 수 있다. 이후에는 장비의 분류에 따라 각 장비의 속성 수치를 계산해야 한다. 방법은 '(1) 레벨 벤치마크 분배 방식'과 같아서 여기서 다시 설명하지 않겠다.

표 3.22 **장비 강화 속성 총 수치**

강화 레벨	분배 비율	공격력	방어력	체력	방어 관통력	치명 공격력
1	2%	1.2	1.2	7.2	0.05%	0.10%
2	4%	2.4	2.4	14.4	0.10%	0.20%
3	6%	3.6	3.6	21.6	0.15%	0.30%
4	8%	4.8	4.8	28.8	0.20%	0.40%
5	10%	6	6	36	0.25%	0.50%
......	......	......	......	......	......	......
46	92%	55.2	55.2	331.2	2.30%	4.60%
47	94%	56.4	56.4	338.4	2.35%	4.70%
48	96%	57.6	57.6	345.6	2.40%	4.80%
49	98%	58.8	58.8	352.8	2.45%	4.90%
50	100%	60	60	360	2.50%	5.00%

게임 성장 모듈 중 수집형 육성이 성장 플랜인 육성 루트도 있다. 성장 플랜인 육성 루트를 세분화할 때는 레벨과 실제 수치 간의 관계를 알 수 없기 때문에 백분율 분배 방식을 사용해 분배할 수밖에 없다. '레벨 벤치마크 분배 방식'을 사용해 속성을 분배하면 속성 수치가 쉽게 넘치고 만다. 여기서는 게임에서 자주 볼 수 있는 수집형 육성인 '탈것'으로 예를 들어보겠다.

게임에 10가지 종류의 탈것이 있다고 하자. 품질에 따라 1~5레벨로 나뉘며 탈것의 품질이 높을수록 속성의 수치도 높아진다. 탈것에 따라 캐릭터에 더해지는 속성의 종류도 다르다. 이런 설정에 따라 탈것의 속성 분배 우선순위를 정할 수 있다(표 3.23).

표 3.23 **탈것 세분화 후 각 속성의 비율**

이름	품질	속성 성질	공격력	방어력	체력	방어 관통력	치명 공격력	총합
추풍	1레벨 탈것	방어형	0%	2%	2%	0%	0%	4%
적토	4레벨 탈것	방어형	0%	10%	10%	0%	0%	20%
적로	2레벨 탈것	방어형	0%	4%	4%	0%	0%	8%
절영	4레벨 탈것	멀티	8%	8%	8%	8%	8%	40%
조황비전	3레벨 탈것	방어형	0%	5%	5%	0%	0%	10%
경범	3레벨 탈것	공격형	5%	0%	0%	8%	15%	28%
천마	5레벨 탈것	멀티	20%	17%	15%	15%	15%	82%
상룡	4레벨 탈것	공격형	10%	0%	0%	15%	8%	33%
취룡	4레벨 탈것	멀티	10%	10%	12%	10%	10%	52%
추전	5레벨 탈것	멀티	17%	14%	14%	14%	14%	73%
총합			70%	70%	70%	70%	70%	

[노트] 오른쪽의 '총합' 열의 데이터로 탈것의 수치 총량의 크기를 알 수 있다. 이것으로 탈것의 우열을 판단할 수 있고, 탈것의 가격을 정할 때 참고가 된다. 아래쪽의 '총합'으로는 전체 탈것 모듈의 속성 비율을 알 수 있다. 각 속성의 총합 수치가 모두 같아야 한다는 점을 기억하자. 각 탈것에 속성을 분배할 때 100% 수치 비율을 분배할 필요는 없다. 수치를 어느 정도 남겨두어 이후 버전 업그레이드 시 새 탈것을 위한 속성 공간을 확보해야 한다.

각 탈것에 속성을 분배하고 나면 탈것 시스템의 수치 모델을 만들어야 한다. 탈것의 속성을 세분화하는 방식은 80쪽의 '⑴ 레벨 벤치마크 방식'과 같다. 첫 번째 단계로 아래와 같은 탈것 속성 계산 공식을 설정한다(계산 결과는 표 3.24).

육성 속성 수치(탈것) = 속성 성장 데이터 × 육성 속성 세분화 비율(탈것)

표 3.24 **탈것 속성 총량**

카테고리	공격력	방어력	체력	방어 관통력	치명 공격력
속성 성장 총량	600	600	4800	50.0%	50.0%
탈것 기초 비율	8.0%	8.0%	8.0%	10.0%	5.0%
탈것 기초 수치	48	48	384	5.00%	2.50%

[노트] 속성 성장 총량은 69쪽의 '⑵ 속성 성장'에서 캐릭터가 100레벨이 됐을 때 속성 총량이다. 탈것 기초 비율은 75쪽의 '⑵ 글로벌 분할 방식'에서 탈것 모듈의 속성 분할 수치다.

두 번째 단계로 다음과 같은 탈것 속성 계산 공식에 따라 탈것의 상세 속성 수치를 구할 수 있다 (표 3.25).

육성 속성 수치(탈것) = 속성 성장 데이터 × 육성 속성 세분화 비율(탈것) × 탈것 세분화 비율(구체적인 탈것)

표 3.25 **탈것 속성 수치**

이름	품질	공격력	방어력	체력	방어 관통력	치명 공격력
추풍	1 레벨	0	0.96	7.68	0.00%	0.00%
적토	4 레벨	0	4.8	38.4	0.00%	0.00%
적로	2 레벨	0	1.92	15.36	0.00%	0.00%
절영	4 레벨	3.84	3.84	30.72	0.40%	0.20%
조황비전	3 레벨	0	2.4	19.2	0.00%	0.00%
경범	3 레벨	2.4	0	0	0.40%	0.38%
천마	5 레벨	9.6	8.16	57.6	0.75%	0.38%
상룡	4 레벨	4.8	0	0	0.75%	0.20%
취룡	4 레벨	4.8	4.8	46.08	0.50%	0.25%
추전	5 레벨	8.16	6.72	53.76	0.70%	0.35%

노트 소수점은 반올림해 계산하며, 최종 실제 수치는 대부분 정수 형태로 나타낸다.

레벨 벤치마크 방식과 백분율 분할 방식은 기준 대상이 다르다. 레벨 벤치마크 방식은 레벨별로 인덱싱된 속성 데이터를 구하는 반면, 백분율 분할 방식은 총량에서 바로 백분율 수치를 분배한다. 두 방식의 아이디어와 설계 방식은 같다. 레벨 벤치마크 방식 또는 백분율 분할 방식을 사용해 대부분의 육성 루트의 상세 수치를 계산할 수 있다.

게임 내 다양한 육성 루트의 육성 플랜에는 성장형 육성과 수집형 육성 외에 **랜덤형 육성**도 있다. 랜덤형 육성은 육성 속성을 랜덤으로 얻는다. 유저는 자신의 필요나 선호에 따라 속성을 선택한다. 가령 장비 재련에서는 유저가 성장 속성 보상으로 하나 또는 여러 속성을 선택할 수 있다.

랜덤형 육성의 육성 루트를 세분화할 때도 레벨 벤치마크 방식이나 백분율 분할 방식을 사용해야 한다. 이때는 먼저 랜덤형 유형의 육성 속성이 목표지향적인지 예측해야 한다. 다시 말해 유저가 어떤 유형의 속성 수치를 추구할 것으로 예상하는지 또는 어떤 속성 수치의 수익이 가장 높은지 알아야 한다. 대미지 계산 공식이 다르면 속성의 실제 수익도 다르며, 유저는 실제 수익이 높은 속성을 추구하려는 경향이 있다. 랜덤형 육성 루트를 정리할 때는 유저가 더 추구하는 속성을 기준으로 삼는다. 즉 랜덤형 육성은 이런 속성을 넣고, 부족한 속성은 암묵적으로 넣지 않은 것으로 나타낸다. 이후 수치를 종합적으로 검증할 때 여러 단계에 있는 유저의 성장 데이터를 계산해야 한다. 랜덤형 육성 루트의 경우 유저가 더 추구하거나 전반적인 수익이 더 높은 속성을 기준으로 삼고, 이는 여러 유형의 유저의 성장 데이터를 시뮬레이션하는 데 쓰인다.

성장 구축부터 성장 분할, 마지막으로 성장의 세분화로 마무리하는 3단계를 통해 전체 육성 시스템의 초기 설계를 마쳤다. 육성 시스템은 전투 수치 모델의 데이터 소스로, 전체 전투 수치에 기반을 제공한다. 육성 시스템을 계획할 때는 반드시 데이터 모델을 잘 만들어두어야 한다. 3.4절에서는 게임의 모든 AI를 설계할 것이다. 캐릭터의 능력은 매우 중요한 참고 지표가 될 것이며, 육성 시스템을 조정하면 AI 데이터도 조정될 것이다. 이러한 데이터를 모두 연결하면 이후 데이터를 조정하기 편리하다. 전투 수치에 편리한 데이터 모델은 필수적이며, 현재 버전의 최적화와 이후 버전 업데이트에 대체 불가능한 역할을 한다.

3.4 인공지능

가상 세계는 현실 세계의 연장선이다. 현실 세계와 비슷한 법률을 준수하며, 가상 세계를 여행하는 과정에서 평화로운 NPC_non-player character 혹은 적대적인 NPC를 만나기도 한다. 게임 스토리 설정에 따라 게임 속 주인공은 공주를 구하기 위해 사악한 용을 무찌르거나 아제로스를 도와 불타는 군단과 맞서 싸워야 한다. 그 과정 중 좋은 사람 또는 나쁜 사람을 만나고, 이들은 AI로 표현된다. 유저의 속성을 정량화할 수 있다면 AI도 정량화할 수 있는 속성이 있을 것이다. 이 AI와 맞서 싸워 '그들'의 보물을 취하거나 '그들'의 보상을 취하는 것은 게임의 중요한 콘텐츠다.

이번 절에서는 수치 기획자가 어떻게 NPC의 속성 능력을 정량화하는지를 자세히 알아본다. 게임에서 유저는 계속해서 성장하는 과정에서 다양한 난이도의 적을 만난다. 비교적 약한 적도 있고, 어떤 적은 매우 강하다. 승리와 패배 두 가지 피드백이 게임의 전투 경험을 형성하는데, 전투 경험도 유저 성장에서 일종의 피드백이다. 유저가 강해지면 더 효율적으로 몬스터를 잡을 수 있고, 이는 게임의 재미를 크게 향상시켜 유저에게 긍정적인 플레이 경험을 선사한다.

모든 NPC의 속성을 정량화하는 것은 게임 AI 설정의 기본 범주, 즉 **기본 응용**에 속한다. 기본 응용은 게임 설계의 요구 사항을 충족시킬 수는 없다. 일부 게임에서는 종종 유저의 컨트롤이 게임의 경험에 영향을 미친다. 컨트롤에 능한 유저는 설계한 관문을 쉽게 넘을 수 있으며, 심지어 레벨이라는 수치의 문턱을 넘어버릴 수도 있다. 그럼 게임의 속성은 무의미해지고 유저는 컨트롤 연습만 하면 된다. 이런 광경은 액션 게임에서 흔히 볼 수 있다. 기본 응용만으로는 콘텐츠의 난이도를 높이기 위해 몬스터의 속성을 올리는 수밖에 없다. 그러나 몬스터의 속성을 높이면 컨트롤이 떨어지는 유저의 게임 경험은 더 악화된다. 특정 조건을 달성해야 플레이에 참여할 수 있다면 게임의 리듬이 끊어지게 된다.

속성이 작용을 하고 컨트롤이 게임의 격차를 너무 크게 벌리지 않길 바란다면, 또 콘텐츠 경험의 문턱을 낮추고 싶다면, 유저가 예측된 속성 수치를 도달하기만 하면 주어진 문턱을 넘을 수 있게 해야 한다. 이를 위해 특별한 게임 메커니즘을 추가해야 하는데, 이것이 바로 AI의 **고급 응용**이다.

기본 응용과 고급 응용, 두 가지 측면에서 게임 내 AI를 세부 설정하는 방법을 설명하겠다.

3.4.1 기본 응용

게임 내 AI의 **기본 응용**은 모든 NPC의 속성을 정량화하는 것이다. 3.3절에서 유저의 속성 성장 템플릿을 구축했다. NPC의 속성은 속성 성장 템플릿을 기준으로 하며, 여러 매개변수를 추가해 다양한 환경과 조건에서의 NPC의 강점과 약점을 설정한다.

NPC의 속성을 설정할 때 **해당 레벨에서 유저의 속성**을 측정하는 방법과, 유저가 해당 레벨에 도달해 NPC에게 도전할 때 어떤 속성이 몬스터의 난이도에 직접적인 영향을 주는지가 가장 중요하다. 유저가 해당 레벨의 속성의 100%를 도달하기는 거의 불가능하다. 게다가 해당 레벨의 속성 총량이 100%가 되지 않을 수도 있다. 수치 기획자는 해당 레벨에서 유저의 속성을 측정하는 문제를 고려해야 한다.

게임의 초기 설계에서 전투 수치 모델을 빠르게 구축하기 위해 일반적으로 일정 비율에 따라 해당 레벨의 속성을 측정한다. 먼저 각 레벨의 속성 총 비율을 계산한 다음, 총 비율을 할인해 **해당 레벨에서 유저 속성의 수치 비율**을 일차적으로 구할 수 있다. 예를 들어 게임에 10개의 육성 루트가 있고, 육성 루트들은 어떤 레벨에 도달하거나 다른 조건을 달성했을 때 개방된다. 개방되지 않았을 때는 육성 루트의 속성 수치 비율을 제거해 최종적으로 해당 레벨의 실제 속성 비율을 구할 수 있다. 그다음 실제 속성 비율의 60%(합격점)을 참고 비율로 삼아 해당 레벨에서 유저의 속성 수치를 구할 수 있다(표 3.26).

표 3.26 유저 속성 수치 템플릿

캐릭터 레벨	속성 비율	목표 비율	공격력	방어력	체력
1	5%	100%	0.3	0.3	3
2	12%	100%	1.44	1.44	14.4
3	20%	60%	2.16	2.16	21.6
4	30%	60%	4.32	4.32	43.2
5	40%	60%	7.2	7.2	72
......	......	......	......	......	......
95	100%	60%	342	342	3420
96	100%	60%	345.6	345.6	3456
97	100%	60%	349.2	349.2	3492
98	100%	60%	352.8	352.8	3528
99	100%	60%	356.4	356.4	3564

노트 표 3.26의 데이터는 임시로 사용하기 위한 템플릿이며, 이후 유저의 성장 수치를 검증해야 한다. 수치 검증을 마치면 유저의 실제 성장 데이터를 얻을 수 있고 이를 지금의 템플릿 데이터와 교체한다.

각 레벨에서 수치 템플릿을 구한 후 게임 콘텐츠에 따라 다른 전투 경험 리듬을 설계하는 단계로 넘어간다.

대부분의 게임에서 육성 루트는 캐릭터 성장 속성을 제공한다. 캐릭터 성장 속성은 유저가 플레이 중 더 많은 게임 리소스를 얻을 수 있게 하고, 게임 리소스는 다시 여러 육성 루트로 소비된다. '성장 – 수확 – 소비' 사이클은 게임의 긍정적인 생태를 만든다. 육성 루트의 수가 증가함에 따라 더 많은 플레이 루트를 제공해야 하는데, '플레이 루트'마다 설계 목적이 있다. 어떤 플레이는 게임의 체험 또는 튜토리얼 콘텐츠로, 몬스터가 비교적 쉽다. 예를 들어 오픈월드에서 유저가 상대하는 적대적 NPC가 있다. 도전적인 플레이도 있어서, 도전 난이도에 따라 유저의 종합적인 능력, 딜 능력 혹은 생존 능력을 테스트하는 등 종류가 달라질 수 있다. 게임 속 탑, 개인 엘리트 던전 등을 예로 들 수 있다. 5인 던전, 레이드 던전 등과 같이 파티 또는 단체로 도전해야 하는 플레이도 있다.

수치 기획자는 다양한 요구 사항에 따라 각 플레이의 난이도와 전투 리듬을 설계해야 한다. **플레이의 난이도는 캐릭터의 생존 주기에 의해 결정된다.** 캐릭터의 생존 주기가 짧을수록 생존이 어려워지고 플레이 난이도도 올라간다. **전투 리듬은 적대적 NPC의 생존 주기에 의해 결정된다.** 적대적 NPC의 생존 주기가 짧을수록 전투 리듬은 빨라진다.

> 캐릭터 생존 주기 = 체력 수치 ÷ 대미지 수치

[참고] 캐릭터 생존 주기의 공식은 58쪽의 '(1) 하위 밸런스'에서 다뤘으므로 여기서는 넘어간다.

캐릭터 생존 주기는 체력 속성과 대미지 수치의 영향을 받는다. 다시 말해 유저의 생존 주기는 유저의 체력 속성, 방어 속성, 적대적 NPC의 공격 속성의 영향을 받는다. 적대적 NPC의 생존 주기는 적대적 NPC의 체력 속성, 방어 속성, 유저의 공격 속성의 영향을 받는다. 3.3.2절 '육성 시스템'에서 **각 레벨 캐릭터의 표준 속성 성장 데이터셋을 구축했다**. 따라서 각 플레이의 난이도와 전투 리듬을 설계할 때는 몇 가지 **디폴트 매개변수**만 설정하면 된다. 디폴트 매개변수와 표준 속성 성장 데이터로 적합 계산하면 각 플레이에서의 몬스터 속성 수치를 구할 수 있다. 여기서는 게임의 메인 퀘스트를 예로 들어 디폴트 매개변수와 표준 속성 성장 데이터로 메인 퀘스트 플레이에서 몬스터의 속성 수치를 구축하는 방법을 설명한다.

메인 퀘스트에서 유저가 만나는 NPC들이 단순하다고 가정하자. NPC들은 난이도에 따라 일반, 희귀, 정예, 보스 4가지 등급으로 분류되고, 전투리듬은 3~20턴이다. 이런 규칙에 따라 표 3.27의 디폴트 매개변수를 설정할 수 있다.

표 3.27 **몬스터 난이도 디폴트 매개변수**

표준 생존 주기		10			
몬스터 유형	NPC 생존 주기	플레이어 생존 주기	공격 계수	방어 계수	체력 계수
일반	3	20	50%	100%	30%
희귀	6	15	67%	100%	60%
정예	10	12	83%	100%	100%
보스	20	10	100%	100%	200%

[노트] 유저와 대상의 생존 주기는 각기 다른 난이도를 가진 NPC의 전투 리듬에 따라 결정된다. 여러 유형의 대상의 속성은 계산을 통해 구해야 한다. 공격 계수 = 표준 생존 주기 ÷ 유저 생존 주기, 체력 계수 = NPC 생존 주기 ÷ 표준 생존 주기

또한 각 플레이의 요구 사항에 따라 새로운 디폴트 매개변수를 넣을 수도 있다. 이를테면 '2단계 속성'을 설정하거나 몬스터의 난이도를 더 차별화하는 등이다. 같은 유형의 몬스터라도 공격력이 높고 체력이 낮은 몬스터, 공격력이 낮고 체력이 높은 몬스터 등 여러 종류의 몬스터가 있다. 이런 경우에도 디폴트 매개변수에 몬스터 분류를 추가하기만 하면 된다. 공식을 통해 계산해 구하는 속성 수치는 모두 이론적인 데이터이며, 이후 조정 과정에서 실제 게임 경험에 따라 해당 플레이에서

몬스터의 수치와 일치하도록 수동으로 디폴트 매개변수를 최적화할 수 있다.

디폴트 매개변수를 설정해 해당 플레이의 큰 틀을 기획했다. 이로써 몬스터의 속성을 한 단계 더 정량화할 수 있다(표 3.28).

표 3.28 **몬스터 속성 템플릿**

몬스터 ID	몬스터 이름	비고	몬스터 유형	몬스터 레벨	딜 보정	생존력 보정	공격력	방어력	체력
1001	몬스터 1	던전 1	일반	5	100%	100%	3.6	7.2	21.6
1002	몬스터 2	던전 1	희귀	5	100%	100%	4.8	7.2	43.2
1003	몬스터 3	던전 2	정예	5	100%	100%	6	7.2	72
1004	몬스터 4	던전 2	보스	5	100%	100%	7.2	7.2	144
1005	몬스터 5	던전 3	일반	10	100%	100%	18	36	108
1006	몬스터 6	던전 3	희귀	10	100%	100%	24	36	216
1007	몬스터 7	던전 3	정예	10	100%	100%	30	36	360
1008	몬스터 8	던전 3	보스	10	100%	100%	36	36	720
1009	몬스터 9	던전 4	일반	20	100%	100%	36	72	216
1010	몬스터 10	던전 4	희귀	20	100%	100%	48	72	432
1011	몬스터 11	던전 4	정예	20	100%	100%	60	72	720
1012	몬스터 12	던전 4	보스	20	100%	100%	72	72	1440

노트 | 몬스터 레벨에 따른 난이도 레벨은 유저의 레벨과 같은 개념으로, 게임의 규칙에 따라 속성 인덱스값의 유형과 일치하도록 몬스터의 난이도 레벨을 선택할 수 있다. <월드 오브 워크래프트>의 몬스터 난이도 레벨의 경우 유저의 아이템 레벨과 일치하며, 몬스터 난이도 레벨이 캐릭터 레벨과 일치하는 게임도 있다. 딜 보정과 생존력 보정은 특정 몬스터의 속성을 보정하는 데 주로 쓰이며, 특정 ID의 몬스터의 속성을 보정할 수 있다. 공격력, 방어력, 체력의 속성 수치는 다음의 공식으로 계산한다.

공격 수치(몬스터) = 유저 공격 수치(몬스터 레벨) × 디폴트 공격 매개변수(몬스터 유형) × 딜 보정

방어 수치(몬스터) = 유저 방어 수치(몬스터 레벨) × 디폴트 방어 매개변수(몬스터 유형) × 생존력 보정

체력 수치(몬스터) = 유저 체력 수치(몬스터 레벨) × 기본 체력 매개변수(몬스터 유형) × 생존력 보정

몬스터 난이도 레벨로 '능력치 정량화'에서 우리가 설정한 유저의 속성 수치를 인덱싱한다. 플레이에 따라 해당 몬스터 난이도의 디폴트 매개변수를 설정하고, 공식을 통해 해당 몬스터의 속성 수치를 구할 수 있다. 속성 수치는 게임 전투의 기초이자 유저의 성장을 테스트하는 주요 방식이다.

플레이에서 NPC의 속성 수치를 정량화할 때 표준 속성 템플릿 몇 가지를 미리 설정할 수도 있다.

난이도가 비슷한 플레이에서는 다시 설정할 필요 없이 속성 템플릿을 재사용할 수 있다. 다만 속성 템플릿이 어떤 시나리오에서 적용되는지는 반드시 명확히 해야 한다. 이후 디폴트 매개변수를 최적화할 때 재참조되는 데이터는 동기적으로 수정되므로, 이 데이터가 적용 가능한지 확인해야 한다. 적용되지 않는다면 반드시 새로운 디폴트 매개변수를 설정해야 한다.

NPC의 속성 수치를 정량화할 때는 데이터양이 늘어나는 것을 두려워해서는 안 된다. 시간만 있다면 가능한 한 모든 NPC에 디폴트 매개변수를 정의한다. 이 NPC는 모두 수치 기획자가 설계하는 가상 캐릭터다. 게임 세계에서는 NPC 종류가 많을수록 게임 콘텐츠가 풍부해지고 유저의 경험도 매우 달라진다.

3.4.2 고급 응용

기본 응용에서 다룬 내용은 대부분의 경우 게임의 기초적인 문제만 해결할 수 있다. 게임 NPC의 속성 수치를 설정하는 것은 게임의 수치 요소다. 유저가 게임을 경험할 때 사용하는 전략, 기술, 일부 버그들은 게임의 외부 요소다. 게임의 외부 요인은 종종 게임 경험에 예상을 뛰어넘는 영향을 미쳐 '수치'라는 문턱을 넘어버린다. 유저가 레벨 격차가 큰 몬스터를 잡거나, 직업 메커니즘이 실패하는 등 게임의 밸런스가 무너지기도 한다. 게임을 설계할 때는 이런 상황을 예상하고 게임 메커니즘에 그에 맞는 **고급 응용**을 추가해야 한다.

1 고착 지점

고착 지점은 고급 응용에서 가장 자주 쓰이는 설계다. 각 직업의 특성을 강조하고 직업 메커니즘의 실패를 방지하기 위해 보호막 수치의 영향을 받는 대미지 감소율을 설계했다고 하자. 직업마다 대미지 감소율이 다른데, 탱커 직업만 보호막 수치가 더 높아 대미지 감소율 속성도 더 높다. 이렇게 직업의 특성이 강조될 수 있다. 대미지 감소율의 계산 공식은 다음과 같다.

> 대미지 감소율 = 보호막 수치 / (보호막 수치 + 계수 1 + 계수 2 × 공격 레벨)

또 다른 예로, 유저가 레벨 격차가 큰 몬스터를 잡는 경우를 방지하기 위해 일반적으로 대미지 증가 속성을 설정한다. 유저가 더 높은 난이도의 NPC와 싸울 때 받는 대미지는 다음 공식을 통해 커진다.

> 최종 대미지 수치(보정) = 최종 대미지 수치 + 최종 대미지 수치 × (몬스터 레벨 - 유저 레벨) × 계수

고착 지점을 설계할 때는 반드시 어떠한 잠재적 위험을 해결하고자 하는지 명확히 해야 한다. 고착 지점을 추가했을 때 어떤 새로운 위험이 생길지도 말이다. '작은 문제'를 해결하기 위해 '큰 문제'를 만들지 않도록 매우 주의해야 한다.

플레이를 설계할 때 종종 플레이마다 다른 능력치를 요구하게 한다. 어떤 플레이는 유저의 딜링 능력을, 어떤 플레이는 유저의 생존 능력을, 어떤 플레이는 유저의 전투력을 테스트한다. 유저의 어떤 능력치를 테스트하든 궁극적으로는 유저와 대상 간의 차이에 따라 결과가 나온다. 결과의 구체적인 내용은 실제 상황에 따라 달라진다.

유저와 대상 간 차이의 비율을 계산할 때는 일반적으로 자주 쓰이는 계산 방식을 사용할 수 있다. 차이 값과 원래 값을 계산해 백분율이 같은 비율로 증가한다면 (**대상 수치 - 유저 수치**) **÷ 대상 수치**로 계산한다. 결과는 0-100% 사이이며, 이 범위에 따라 결과 수치를 설계한다.

예를 들어, 게임에서 유저의 전투력 수치를 테스트하기 위해 **대미지 수익**의 공식을 설정한다. 유저의 전투력이 대상의 전투력보다 크거나 같다면 몬스터가 유저에게 입히는 대미지는 일반적인 대미지 계산 과정을 사용한다. 유저의 전투력이 몬스터보다 작다면 몬스터가 유저를 공격할 때 추가 대미지를 입힌다. 유저와 대상의 전투력 차이가 클수록 추가 대미지 수치도 커진다.

다음 공식을 통해 대상 전투력 수치와 유저 전투력 수치의 차이 비율을 구한 다음, 상수 1과 상수 2의 두 매개변수에 따라 수익 비율을 보정하면 대미지 수익률을 구할 수 있다. 상수 1과 상수 2 매개변수는 최종 대미지 수익률에 직접적인 영향을 준다.

최종 대미지(보정) = 최종 대미지 수치 + 최종 대미지 수치 × 대미지 수익률

대미지 수익률 = ((대상 전투력 - 유저 전투력) ÷ 대상 전투력) × 상수 1 + 상수 2

상수 1 = 0.2, 상수 2 = 0.5 [대상 전투력 > 유저 전투력]

상수 1 = 0, 상수 2 = 0 [대상 전투력 < 유저 전투력]

게임의 고착 지점은 대부분 암묵적인 형태로 나타나며, 고착 지점은 대부분 게임 수치 설정 중 해결하기 어려운 게임 경험 수요를 보완하기 위해 존재한다. 게임 수치는 경험 서비스를 위한 것이며, 우수한 게임 경험은 훌륭한 게임 수치의 산물이다.

❷ 세계 번영과 유저 매칭

세계 번영과 유저 매칭은 고급 응용 중 자주 쓰이는 AI 응용이다. 유저 유형에 따라 유저가 경험하고 싶어 하는 게임 콘텐츠도 다르며, 다양한 유형의 유저들은 같은 게임 환경에서 부조화를 일으킨다. 예컨대, 달성가형 유저는 싸우는 것을 싫어하고, 킬러형 유저는 싸우는 것을 좋아한다. 킬러형 유저는 달성가형 유저를 학살 대상으로 삼기도 하는데, 이는 다른 유저들의 생존 난이도를 높여 게임 생태계를 변화시킨다.

세계 번영과 유저 매칭은 다양한 유형의 유저의 수요를 충족하기 위해 가상의 유저 캐릭터를 추가하는 프로세스다. 현재 게임에서는 유저 대신 가상 캐릭터로 다양한 유형의 유저를 매칭해 게임을 경험하는 방법이 가장 많이 쓰인다. 가상 캐릭터의 기능은 적용 시나리오에 따라 다르다. 분류 방식은 유저 유형의 분류 방식과 같이 달성가형, 킬러형, 사교가형, 모험가형으로 나눈다. 그중 달성가형, 사교가형, 모험가형은 유저의 팀원 역할을, 킬러형은 유저의 적 역할을 한다.

'가상 캐릭터'는 유저의 행동을 따라 시뮬레이션하고, 직간접적으로 유저를 도와 게임에 참여하도록 유도한다. 예를 들어, 파티를 이뤄 함께 던전을 탐험하는 플레이에서는 팀원 캐릭터를 넣어 함께 모험하고, 사교 장소에서는 '가상 캐릭터'가 유저 역할로 게임 세계에서 가짜 번영을 일으킨다. 가짜 번영이 좋은지 나쁜지는 여기서는 잠시 논하지 않겠다. 가짜 번영은 유저의 경험을 크게 향상시킬 수 있다. 모바일 게임 <펜타스톰>에서는 초기 티어 결정전에서 가상 캐릭터를 도입해 유저가 '성취감'을 느끼게 하는 사례도 있다. 이는 게임의 진입 문턱을 크게 낮춰 다른 경쟁 게임을 이기고 중국의 '국민 모바일 게임'이 된 중요 요인이다.

이러한 '가상 캐릭터'의 속성 수치를 정량화할 때는 기본 응용 중 몬스터 난이도의 설계 방식을 따르므로 여기서 다시 서술하지는 않겠다.

다시 말하지만 현재 게임 설계에서 가장 자주 쓰이는 고급 응용은 **고착 지점** 그리고 **세계 번영과 유저 매칭**이다. 고착 지점은 게임의 잠재적 위험을 해결하는 데 쓰이며, 세계 번영과 유저 매칭은 게임의 경험을 향상시키는 데 사용된다. 게임 산업이 계속 발전함에 따라 종류도 다양하고 더욱 정교한 고급 응용이 게임의 콘텐츠 속에 녹아들 것이다. 영화 <레디 플레이어 원>에서 말하듯, 게임은 인공지능으로 구성된 하나의 우주이며, 유저는 우주의 비밀을 탐험하고 우주의 콘텐츠를 경험하는 여행자다. 이것이 진정한 '제10의 예술'이 가져다주는 경험이다.

게임의 속성 정의에서 게임의 전투 구조를 만들고, 캐릭터의 능력치를 정량화하고, 인공지능의 속성을 설정하면 게임의 전투 수치는 거의 완성이다. 공식 데이터를 게임에 대입하기 전에 전투 수치에 대해 새로운 밸런스 검증을 해야 한다. 처음 밸런스 검증을 할 때는 전투력 밸런스와 직업 밸런스의 기준을 결정하고 게임의 기본 밸런스 원칙을 설정한다. 이 단계는 세분화한 **직업 속성 능력치**와 **NPC 속성 능력치**의 밸런스를 검증하는데, 여러 직업을 속성 세분화한 후 전투 수치가 밸런스가 맞는지, 전투 리듬은 예측에 부합하는지 검증한다.

여러 직업의 전투력 수치와 전투 리듬 데이터로 시뮬레이션해서 속성 세분화한 직업 속성 능력치와 NPC 속성 능력치의 밸런스를 검증할 수 있다. 이는 사실 게임의 **전투력 밸런스**와 **리듬 밸런스**다.

예를 들어 어떤 유저들은 이렇게 말한다.

"마검사가 엄청 세. 전사보다 전투력이 훨씬 높아."

"왜 나(전사)는 몬스터 잡으려면 5대 때려야 되고, 법사는 2대만 때리면 돼?"

앞의 대화는 사실 **전투력 수치**와 전투 리듬 데이터에 대한 유저의 느낌이다. 직업의 전투력 밸런스와 전투 리듬 밸런스는 유저의 게임 경험에 직접적인 영향을 미치며, 이는 게임의 밸런스를 판단하는 중요한 원칙이기도 하다.

1 전투력 밸런스

전투력 밸런스는 각 직업의 전투력 수치의 밸런스다. **전투력 수치** 밸런스를 맞추기 전에 캐릭터 전투력 수치를 측정하는 **전투력 계산 공식**을 설정해야 한다. 캐릭터 전투 능력을 측정하는 방식은 다양하다. 온라인 게임 <월드 오브 워크래프트>에서는 장비 레벨로, <디아블로 III>에서는 대미지로, 모바일 게임 <천애명월도>에서는 공력으로 유저의 게임 캐릭터의 전투력 수치를 측정한다. 현재 대부분 게임의 전투력 계산 공식은 모두 온라인 게임 <월드 오브 워크래프트> 장비 레벨 공식을 개선한 것이다. 공식은 다르지만 원리는 같다.

<월드 오브 워크래프트>의 장비 레벨 계산 공식은 다음과 같다.

$$\text{장비 레벨} = \left[\sum (\text{속성 수치} \times \text{속성 계수})\frac{\log 2}{\log 1.5}\right]\frac{\log 2}{\log 1.5}$$

이 공식에서 속성 수치는 장비가 갖고 있는 속성 수치이며, 속성 계수는 속성에 따라 달라지는데, 주로 게임의 속성 변환 공식 계산을 통해 구할 수 있다(표 3.29).

표 3.29 **속성 계수**

속성	속성 계수
힘	1
민첩	1
체력	0.667
지능	1
정신력	1
방어력	1
공격력	0.5
주문력	0.857
5초 마법	2.5

<월드 오브 워크래프트>의 전투 구조에서 모든 장비의 속성은 기초 속성이고, 기초 속성들은 **속성 변환 공식**을 통해 대미지 계산 공식에서 쓰이는 여러 속성 수치로 변환될 수 있다. <월드 오브 워크래프트>의 장비 레벨 계산 공식은 장비의 단일 속성이 높을수록 장비의 최종 레벨이 높아지고, 보조 속성은 기준에 따라 또 장비 레벨을 올린다는 특징이 있다. 예를 들어, 같은 부위 장비인 '암흑 반지'와 '힘의 반지'가 있는데, 전자는 추가 속성이 힘 50 pt, 민첩 30 pt이고 후자는 추가 속성이 힘 60 pt, 민첩 20 pt다. 두 반지의 속성 총합은 같고, 캐릭터의 기초 속성은 모두 80 pt가 추가된다. 하지만 두 장비의 장비 레벨은 계산하면 다음과 같다.

$$61.32 \left(\left[(50 \times 1) \frac{\log 2}{\log 1.5} + (30 \times 1) \frac{\log 2}{\log 1.5} \right] \frac{\log 1.5}{\log 2} \right)$$

$$65.21 \left(\left[(60 \times 1) \frac{\log 2}{\log 1.5} + (20 \times 1) \frac{\log 2}{\log 1.5} \right] \frac{\log 1.5}{\log 2} \right)$$

자신의 게임의 특징에 따라 이러한 공식을 개선해 설정해야 한다. 이 책에서는 다음과 같은 전투력 계산 공식을 사용하겠다.

전투력 수치 = Σ 속성 수치 × 속성 계수

전투력 계산 방식에서 속성 계수는 주로 하위 밸런스 중 속성의 가중치에 따라 설정한다. 즉, 속성 수치의 비율에 따라 속성 계수를 정의하는 것이다.

게임의 1단계 속성인 공격력, 방어력, 체력의 하위 밸런스가 1 : 1 : 10이라고 가정하자. 게임의 각 단계에서 이 3가지 속성의 수치는 모두 이 밸런스 비율로 설정된다면, 게임의 전투 리듬은 일정할 것이며 게임의 전투력 수치도 밸런스를 이룰 것이다. 속성의 비율에 따라 공격력 1 pt는 전투력 1 pt, 방어력 1 pt는 전투력 1 pt, 체력 10 pt는 전투력 1 pt라고 정의할 수 있다. 따라서 3가지 속성의 계수는 공격력 = 1, 방어력 = 1, 체력 = 0.1이 된다.

게임에서 자주 보이는 2단계 속성(백분율 속성 수치)의 전투력 계수는 3.3.2절 '육성 시스템'에서 설정한 게임 속성 총 수치에 따라 설정한다. 게임 캐릭터가 100레벨일 때 속성의 총량이 표 3.30과 같다고 가정하자.

표 3.30 **속성 총 수치**

레벨	표준 속성				
	공격력	방어력	체력	방어 관통율	치명타 확률
100	600	600	4,800	50%	50%

노트 공격 시 방어 관통이 발생하면 대상의 방어력이 30% 감소한다. 즉, 최종 대미지는 '공격력 - ƒ(방어력 × 70%)' 올라간다. 공격 시 치명타가 발생하면 최종 대미지는 100% 올라간다.

> 뺄셈 공식(업그레이드 버전) 대미지 수치 = 공격력 수치 - (공격력 수치 × 방어력 수치) ÷ (상수 + 방어력 수치) [상수 = 1,000]

속성 총 수치와 대미지 계산 공식에 따라 다음과 같은 결론을 얻을 수 있다.

- 50% 치명타 = 600 공격력 × 100% × 50% = 300 공격력 수익
- 50% 방어 관통 = 600 공격력 × 12.67% × 50% = 38 공격력 수익

공격력 1 pt의 전투력이 1 pt라고 가정하면 앞의 설명에 따라 계산하면 치명타 속성 1%의 전투력은 6(300 ÷ 50) pt이고, 방어 관통력 속성 1%의 전투력은 0.76(38 ÷ 50)이다. 이처럼 게임에서 모든 2단계 속성과 3단계 속성은 전투력 계산 공식에서 해당 속성의 실제 수익으로 전투력 계수를 구할 수 있다.

캐릭터의 공격력에 따라 치명타 속성의 실제 수익을 구하는 계산 방법도 있다. 다시 말해 치명타 속성의 수익은 공격력 증가에 따라 증가한다. 이 방식은 추천하지 않는데, 치명타 속성의 수익이 공격

력 수치에 따라 증가한다면 유저의 전투력 수치는 같은 비율로 증가할 것이다. 게임 초반에는 치명타 속성의 수익도, 전투력도 낮다. 게임의 중후반에서는 치명타 속성의 수익이 높으며 전투력 수치도 같은 비율로 늘어날 것이다. 이때 치명타 대미지 속성도 늘어난다면 최종 전투력 수치 변동이 매우 커질 것이다. 게임에서 유저의 성장은 무작위적이며 전략적이다. 이를 대응하기 위해 속성 계수를 설정할 때 가능한 한 변동 폭이 작은 전투력 계산 방식을 선택해야 한다. 전투력 제어 실패로 일어나는 인공지능 고급 응용의 고착 지점 같은 문제를 피하고 싶다면 말이다. 게임 버전을 업데이트하면 전투력 계수의 변동이 큰 전투력 계산 방식은 후기 버전의 속성에 직접적인 영향을 주기도 한다. 속성 수치의 팽창은 전투력 수치의 빠른 팽창을 야기하고, 최종적으로는 '캐릭터 전투력'이라는, 유저의 능력치를 측정하는 속성을 위험 데이터로 만들어 수치 측면에서 제어할 수 없게 된다.

게임 속 대부분 속성의 '전투력 계수'는 주로 실제 수익을 기반으로 설정된다. 전투력 계수를 설정할 때는 대입하기 전에 설정한 여러 공식으로 수익을 비교할 수 있다. 또 주관적인 판단으로 이 수치를 수정할 수도 있다. 계산해 구한 수익이 실제 '수익'이 아닐 수도 있으며, 어떤 수익은 테크닉이나 전략으로 늘어날 수 있고, 우리는 이것들을 고려해야 한다.

또한 다른 직업 간의 전투력 설계를 주의해야 한다. 예를 들어 협력 삼대장 시스템의 탱커, 힐러, 딜러 직업 간의 전투력 계수는 다를 수 있다. 이들의 속성 비율 관계를 잘 조절하면 세 직업 간의 전투력 밸런스를 맞출 수 있다.

전투력 수치 밸런스에서는 직업 간의 전투력 수치가 같은지 아닌지를 비교하는 것이 핵심이다. 게임에 전투력 계산 시스템을 설정하는 것은 직업 간의 전투력 수치를 계산한 다음 비교하기 위해서다.

여기서 1단계 속성을 예로 들어 3가지 직업 간의 전투력 수치를 비교해보자. 공격력 1 pt = 전투력 1 pt, 방어력 1 pt = 전투력 1 pt, 체력 10 pt = 전투력 1 pt라고 가정하자.

3가지 유형의 직업의 속성 비율과 전투력 가중치는 표 3.31과 같다.

표 3.31 **각 직업의 속성 비율과 전투력 가중치**

직업	공격력	방어력	체력	전투력 가중치
힐러	1	1	10	3
탱커	0.5	1.1	14	3
딜러	1.5	0.85	6.5	3

노트 위 설정에서 힐러의 공격력의 전투력 계수는 1, 방어력의 전투력 계수는 1, 체력의 전투력 계수는 0.1이다. 각 직업의 속성 비율과 각 속성의 전투력 계수를 곱하고 더하면 각 직업의 전투력 가중치를 구할 수 있다. 이때 전투력 가중치는 직업마다 같다.

3가지 유형의 직업의 속성 성장 수치의 예시는 표 3.32와 같다.

표 3.32 **각 직업의 속성 성장 수치**

레벨	힐러			탱커			딜러		
	공격력	방어력	체력	공격력	방어력	체력	공격력	방어력	체력
1	6	6	60	3	6.6	84	9	5.1	39
2	12	12	120	6	13.2	168	18	10.2	78
3	18	18	180	9	19.8	252	27	15.3	117
4	24	24	240	12	26.4	336	36	20.4	156
5	30	30	300	15	33	420	45	25.5	195
......	......	......	......	......	......	......	......	......	......
......	......	......	......	......	......	......	......	......	......
98	588	588	5,880	294	646.8	8,232	882	499.8	3,822
99	594	594	5,940	297	653.4	8,316	891	504.9	3,861
100	600	600	6,000	300	660	8,400	900	510	3,900

전투력 계산 공식에 대입하면 직업의 전투력 수치를 구할 수 있다(표 3.33).

표 3.33 **전투력 계수를 대입한 후 각 직업의 전투력 수치**

레벨	힐러				탱커				딜러			
	공격력	방어력	체력	전투력 수치	공격력	방어력	체력	전투력 수치	공격력	방어력	체력	전투력 수치
1	6	6	60	18	3	6.6	84	18	9	5.1	39	18
2	12	12	120	36	6	13.2	168	36	18	10.2	78	36
3	18	18	180	54	9	19.8	252	54	27	15.3	117	54
4	24	24	240	72	12	26.4	336	72	36	20.4	156	72
5	30	30	300	90	15	33	420	90	45	25.5	195	90
......	......	......	......	......	......	......	......	......	......	......	......	......
......	......	......	......	......	......	......	......	......	......	......	......	......
98	588	588	5,880	1,764	294	646.8	8,232	1,764	882	499.8	3,822	1,764
99	594	594	5,940	1,782	297	653.4	8,316	1,782	891	504.9	3,861	1,782
100	600	600	6,000	1,800	300	660	8,400	1,800	900	510	3,900	1,800

동일한 레벨에서 3가지 직업의 전투력 수치는 같으므로, 3가지 직업의 전투력은 밸런스를 이룬다. 실제 수치를 계산할 때는 더 많은 데이터와 다량의 직업의 속성 수치를 대입해 계산해야 한다. 또 초기 설정을 일부 조정해야 할 수도 있지만, 최종적으로 각 직업의 전투력 수치가 비슷하기만 하면

된다.

정량화가 가능한 일부 속성의 전투력 수치 외에도 정량화할 수 없거나 정량화하기 어려운 전투력 수치가 있다. 어떤 게임은 스킬, 패시브 스킬로 전투력을 평가하는데, 이 스킬 혹은 버프의 전투력 수치는 일반적으로 전투 과정의 실제 수익으로 전투력을 정량화한다. 감속, 기절 등 제어 스킬의 효과는 주로 전투력 구간과 수치 범위에 따라 전투력을 설정한다. 가령 감속에 해당하는 전투력은 200 pt, 기절에 해당하는 전투력은 500 pt처럼 말이다. 이러한 '효과' 유형 속성의 전투력 수치를 설정할 때는 가능하면 실제 전투 수익으로 정량화해야 한다. 정량화하기 어렵다면 상황에 따라 전투력을 평가한다.

2 리듬 밸런스

리듬 밸런스는 게임 내 전투 리듬의 밸런스로, 흔히 전투 경험 밸런스라고 한다. 표준 직업 구조에서 유사한 기능이 있는 직업 간의 전투 능력(다른 탱커 직업의 생존 능력, 다른 딜러 직업의 딜링 능력, 다른 힐러 직업의 치유 능력)이 같은지 여부와 이런 데이터가 안정적이고 밸런스 있고 합리적인지 여부는 모두 '전투 결과'를 통해 판단할 수 있다. 리듬 밸런스의 판단 원칙은 직업마다 전투 과정은 달라도 '전투 수익'이 같다는 것이다.

게임의 전투 리듬이 밸런스를 이루고 있는지 확인하기 위해 전투 중 같은 직업의 다른 '수익 효율'을 조사한다. 온라인 게임 <월드 오브 워크래프트>에서 딜러 직업에는 근거리 물리 공격 딜러 도적, 원거리 마법 공격 딜러 법사가 있고, 탱커 직업에는 방어력이 높은 전사, 체력이 높은 드루이드가 있다. 힐러 직업에는 치유 효과가 높지만 시전 속도가 느린 사제, 치유 효과는 낮지만 시전 속도가 빠른 성기사가 있다. 리듬 밸런스는 이처럼 딜러 직업의 종합적인 딜링 효율, 탱커 직업의 종합적인 생존 효율, 힐러 직업의 종합적인 회복 효율을 측정해야 한다. 여기서는 '딜링 효율'을 예로 들어 직업 간의 전투 리듬 밸런스를 맞추는 방법을 살펴본다..

수치 기획자가 딜러 직업을 설정할 때 직업의 특성에 따라 딜링 경향을 설명할 때가 많다. 딜링 경향에 따라 속성 경향도 달라진다. 예를 들어, 도적을 딜러 직업의 벤치마크라고 하자. 도적은 근거리 물리 공격을 하고, 공격 시 방어력 관통 속성과 치명 공격 속성 모두 필요하므로 속성 경향이 정해져 있다. 법사 직업은 폭발적인 딜링이 중요하고, 원거리 마법 공격을 한다. 공격 시에는 방어력 관통 효과는 필요가 없으며, 치명 공격 효과에 중점을 둔다. 사냥꾼 직업은 방어력 관통 딜이 중요하고, 원거리 물리 공격을 하며 공격 시 방어력 관통 효과가 중요하다.

위의 직업 포지션에 따라 각 직업의 속성 매개변수는 표 3.34와 같다.

표 3.34 **표준 직업의 속성 매개변수**

직업 포지션	공격력	방어력	체력	방어 관통력	치명 공격력	방어력 관통과 치명 공격 수익
도적	1.5	0.85	6.5	39.50%	15.00%	1.688
폭딜 법사	1.5	0.7	8	0.00%	25.00%	1.688
방관 사냥꾼	1.5	0.8	7	80.00%	4.80%	1.688

노트 '방어력 관통과 치명 공격 수익'은 방어력 관통 속성과 치명 공격 속성의 최종 대미지 수익 계산을 통해 구할 수 있다. 각 직업의 전투 수익을 계산해 각 직업의 속성이 어떤 수치 범위 안에서 밸런스를 이루는지 알 수 있으며, 이 데이터들은 전투력 데이터 밸런스의 기초 속성으로써 이후 밸런스를 설정하는 데 참고한다.

각 직업 속성의 매개변수를 설정해 전투 수익의 표준 데이터를 확정했다. 도적의 방어력 관통 속성은 39.5%, 치명 공격 속성은 15%이고, 법사의 치명 공격 속성은 25%, 사냥꾼의 방어력 관통 속성은 80%, 치명 공격 속성은 4.8%일 때, 임의의 수치의 공격력, 방어력, 체력 속성, 캐릭터의 방어력 관통과 치명 공격 수익은 모두 같다.

리듬 밸런스를 유지하기 위해 위에서 사전 설정한 전투력 밸런스 수치를 무시하고 이 속성들의 전투력 계수를 대입하면 표 3.35의 전투력 수치를 구할 수 있다.

표 3.35 **리듬 밸런스 설계 후 전투력 수치**

직업 포지션	공격력	방어력	체력	방어 관통력	치명 공격	전투력 수치
도적	1.5	0.85	6.5	39.50%	15.00%	123.02
폭딜 법사	1.5	0.7	8	0.00%	25.00%	153
방관 사냥꾼	1.5	0.8	7	80.00%	4.80%	92.6

노트 공격력의 전투력 계수는 1, 방어력의 전투력 계수는 1, 체력의 전투력 계수는 0.1, 방어력 관통의 전투력 계수는 0.76, 치명 공격의 전투력 계수는 6이다.

밸런스 기획을 하다 보면 이런 상황을 자주 접하게 되는데, 이는 정상이다. **전투력 밸런스와 리듬 밸런스가 불일치할 때는 전투력 밸런스를 우선시해야 한다.** 물론 리듬 밸런스를 보완하기 위한 다른 수단도 필요하다. 스킬 효과를 강화해 리듬 밸런스에서 손실된 속성 수익을 보완할 수 있겠다. 쉽게 말해 스킬 효과를 강화해 직업의 대미지 수익을 올리는 것이다. 속성 비율을 보정해 표 3.36의 속성 가중치를 구할 수 있고, 이것으로 게임의 '전투력 밸런스'를 유지할 수 있다.

표 3.36 **전투력 밸런스를 우선하는 속성 가중치**

직업 포지션	공격력	방어력	체력	방어력 관통	치명 공격	전투력 수치
도적	1.5	0.85	6.5	31.58%	8.00%	75.00
폭딜 법사	1.6	0.8	6	0.00%	12.00%	75.00
방관 사냥꾼	1.4	0.9	7	71.05%	3.00%	75.00

앞에서 계산한 표준 직업의 속성 매개변수에서 전투력을 우선하는 속성 가중치를 빼면 스킬 효과에서 보정해야 하는 속성을 알 수 있다(표 3.37).

표 3.37 **스킬 보정 속성**

직업 포지션	방어력 관통	치명 공격
도적	7.92%	7.00%
폭딜 법사	0.00%	13.00%
방관 사냥꾼	8.95%	1.80%

[노트] 위 설정은 저자의 경험에 따른 것이며 정확하지 않을 수 있다. 전투력 밸런스를 설계할 때 어떻게 밸런스를 맞추는지 여러 번 생각해야 한다. 게임 수치에 절대적인 밸런스는 없으며, 이론적 밸런스와 경험적 밸런스만 있다. 아이디어와 방향이 정확하고 계산 결과를 통해 설계 대상을 검증할 수만 있다면 수치는 밸런스를 이룬다.

각 직업의 전투력 수치 및 수익의 데이터를 계산해 게임의 전투력 수치와 전투 리듬의 밸런스를 맞췄다면 게임 밸런스의 기초 설정 작업을 마친 것이며, 게임의 전투력 밸런스를 어느 정도 이뤘다고 말할 수 있다. 하지만 이는 '이론적 밸런스'일 뿐이다. 진정한 의미의 전투력 밸런스를 위해서는 실전적 검증이 필요하다. 게임 수치 모델을 구축했으니 이제 수치 모델의 설정에 따라 전투 수치를 검증할 것이다. 전투 수치 검증을 통해 얻은 데이터로 전투 시뮬레이션을 진행하고, '실전 밸런스'를 이뤄야 진정한 의미의 게임 밸런스를 이뤘다고 할 수 있다. 이를 통해 게임의 전투 과정이 더 재미있어지고, 각 직업의 특성이 돋보이고, 게임이 더 '공평'해질 것이다.

4

게임의 경제 수치

현실의 경제구조는 생산이 기초이고 소비가 종점이다. 경제는 가치 창출과 가치 변화를 중심으로 하며 궁극적으로는 인류의 삶을 위해 존재한다. 게임에서의 경제도 현실과 같다. 생산은 게임 행위로 자원을 생산하는 것이고, 소비는 이 게임 자원을 소비하는 것이며, 궁극적으로는 게임 경험을 위해 존재한다.

현실 세계의 거대하고 복잡한 경제 흐름에 비해 게임 세계의 경제 흐름은 생산과 소비가 단순하다. 게다가 각각의 경제모델에서 주의를 기울여야 하는 거시경제와 미시경제의 규모도 다르다. 게임이 폐쇄형 경제모델을 사용한다면 거시경제를 고려할 필요 없이 미시경제만 잘 처리하면 된다. 이는 사실 경제 수치를 설계할 때 먼저 고려해야 할 문제다. 게임에 어떤 **경제모델**을 사용할 것인지 말이다.

경제 흐름을 계획하기 전에 경제를 원활히 하기 위해 '매개체'를 추가해야 한다. 게임에서 유통되는 매개체는 측정할 수 있는 자원이며, 이를 **화폐와 자원**이라고 부르겠다.

경제 수치를 설정할 때는 생산 단계와 소비 단계 간의 관계가 가장 중요하다. 생산 단계는 자원을 생산하고, 소비 단계는 자원을 소비한다. 생산과 소비는 경제의 긍정적인 순환 구조를 형성한다. 게임에서는 플레이 단계에서 자원을 생산하고 성장 단계에서 자원을 소비한다. 플레이와 성장 간의 관계만 잘 형성하면 되는 순환 구조인 셈이다. 게임의 경제 수치는 성장의 깊이를 충분히 보장하고 플레이에서 자원을 지속적으로 생산하기만 한다면 게임의 긍정적인 순환 구조는 견고할 것이다.

비즈니스 모델이 아이템 결제인 게임에서는 '생산단'에 실제 화폐라는 생산 단계가 추가된다. 실제 화폐를 통해 자원이 통제 없이 풀리게 되면 소비단도 필연적으로 영향을 받게 된다.

또한 게임의 경제모델이 시장경제라면 유저가 생산한 자원이 유통될 수 있으므로, '생산단'에 유저 거래 루트라는 생산 단계가 추가된다. 최종적으로 게임 경제의 생산 단계는 실제 화폐, 유저 거래, 게임 내 생산이 포함되며, 게임의 소비 단계는 육성 단계다. '생산'과 '소비'의 관계 밸런스를 어떻게 맞추느냐가 경제 수치에서 가장 중요하면서도 복잡한 제작 단계다. 이 단계의 구축 과정을 게임의 **경제구조** 구축이라고 한다.

보통 게임의 생산과 소비에는 여러 루트가 있다. 유저가 A 플레이를 할 때는 A 자원 유형을, B 플레이를 할 때는 B 자원 유형을 생산한다. 유저가 A 자원이 필요할 때는 A 플레이를 통해, B 자원이 필요할 때는 B 플레이를 통해 얻는다고 보면 된다. 사실 A 자원과 B 자원 모두 캐릭터의 속성 수치를 올리기 위한 육성 자원에 해당하며, 유저는 게임을 할 때 자연스럽게 가성비가 가장 높은 플레이를 선택할 것이다. 유저가 이런 비교를 한다면 각 플레이의 생산에 우열이 나뉘어지고 수익이 낮은 플레이는 '계륵'이 돼 최초의 설계 목적을 달성할 수 없게 된다.

"이 플레이는 너무 별로야. 다른 플레이보다 한참 떨어져."

"아이템이 요만큼밖에 안 나오다니, 재미없어."

앞의 두 마디는 유저가 '수익이 낮은' 플레이를 경험할 때 느끼는 실제 감정이며, 이 문제의 근본적인 원인은 각 플레이의 **가성비** 차이다. 게임에서 플레이 간의 가성비 차이, 육성 간의 가성비 차이는 유저가 수익이 높은 플레이나 육성을 선택하도록 유도한다. 이때 수치 기획자는 게임의 여러 육성 모듈과 플레이 모듈의 밸런스를 가능한 한 통일된 표준에 따라 유지시켜야 한다. 통일된 표준은 사실 경제 수치의 **가치 체계**로, 게임의 육성 모듈과 플레이 모듈을 측정하는 중요한 참조 기준이 된다.

게임의 경제 수치를 설정하는 것은 게임의 **경제모델**을 구축하고, **화폐와 자원**을 열거하고, **경제구조**를 구축하며, **가치 체계**를 확립하는 일이다. 게임이 안정적이고 오래 지속되려면 합리적인 경제 수치 시스템이 필수적이다. 전투 수치의 논리적 치밀함과 비교했을 때 경제 수치는 더 큰 그림을 봐야 한다. "전투 수치는 무너질 수 있으나, 경제 수치는 반드시 안정적이어야 한다."

4.1 경제모델

경제 주체 기능의 일반적인 특성을 요약한 모형이 경제모델이다. 게임 세계 경제는 현실 세계 경제의 일반적인 특성과 유사하면서도 다르다. 현실 세계의 경제모델은 생산력과 생산 관계에 따라 구분될 때가 많지만, 게임 세계의 경제모델은 매개체(화폐와 자원)의 유통 상황에 따른 구분이 많다.

화폐와 자원의 유통 상황에 따라 게임 세계의 경제모델은 폐쇄경제, 시장경제, 계획경제 등 3가지 유형이 있다.

게임에서 (유저 간) 화폐와 자원을 직접적으로 유통하지 않을 때, 즉 유저 간 직접 거래를 통해 자원을 교환할 수 없는 경우 게임의 유통 행위는 유저와 시스템(유저가 상점에서 자원을 구매하는) 사이로 국한된다. 이런 경제모델을 **폐쇄경제**라고 한다. 폐쇄경제 문제를 다룰 때는 미시경제만 고려하면 된다. 유저가 게임에서 획득할 수 있는 모든 자원은 플레이 생산과 화폐 결제를 통해서만 얻을 수 있고, 유저 사이의 경제 행위는 없다.

게임에서 자원이 자유롭게 유통되도록 개방돼 있다면, 즉 유저가 어떤 형태로든 자원과 화폐를 교환할 수 있고 시스템이 간섭하지 않는다면 이처럼 자유 거래가 가능한 경제모델을 **시장경제**라고 한다. 이는 전통적인 의미의 자유 시장경제와 같다. 경제모델을 다룰 때는 거시적인 측면에서 자유 유통이 경제 시스템에 미치는 영향과 미시적인 측면에서 자유 유통이 유저 개인에게 미치는 영향을 모두 고려해야 한다.

> 참고　거시적인 측면은 주로 자원이 자유롭게 유통됨에 따라 일어나는 인플레이션과 디플레이션과 같은 경제 현상을, 미시적인 측면은 주로 자원의 자유롭게 유통됨에 따라 일어나는 플레이어 간의 성장과 플레이 경험의 불균형을 의미한다.

게임에서 자원 유통 루트, 유통되는 자원의 종류, 유통되는 자원의 가격을 제한하고 심지어 '허용되지 않는' 유통 행위를 척결한다면, 게임의 유통 행위는 완전히 시스템에 의해 제어된다. 이처럼 자유 거래를 제한하는 경제모델을 **계획경제**라고 한다. 계획경제도 시장경제와 마찬가지로 거시경제와 미시경제에 미치는 영향을 모두 고려해야 한다. 시장경제에 비해 계획 경제는 통제해야 하는 자원의 종류가 매우 적고, 해당 경제 가지가 오류가 날 위험도 크게 줄이든다.

경제모델에 따라 게임 경험도 각각 다르다. 현재 가장 널리 사용되는 경제모델은 폐쇄경제와 계획경제다. 폐쇄경제는 고려해야 할 외부 요인이 가장 적고, 경제구조가 가장 단순하다. 계획경제는 시장경제의 특성이 있고, 목적성을 갖고 외부 요인을 다루므로 오류의 여지가 더 많다.

각각의 경제모델은 장단점이 있다. '가장 좋은 것은 없다. 가장 적합한 것이 있을 뿐'이라는 말처럼 가장 적합한 경제모델을 선택하는 것이 게임의 안정성과 수명을 위한 기본이다.

4.1.1 폐쇄경제

폐쇄경제의 중요 지표는 게임에서 유저 간의 거래 행위가 있는지 여부다. 아무런 거래 루트가 없다면 게임의 경제모델은 폐쇄경제모델이고, 게임의 생산 단계에서 유저 거래가 게임에 끼치는 영향을 고려할 필요가 없다.

폐쇄경제는 상호작용이 적다는 단점이 있다. 유저 간 왕래를 할 이유가 없어 게임의 커뮤니티가 쇠퇴한다. 폐쇄경제는 개인의 경험에 초점을 맞추고, 상호작용에 대한 수요가 적은 싱글플레이어 게임, 웹 게임, 카드 게임에서 흔히 볼 수 있다. 반면 경제모델이 간단하다는 것이 폐쇄경제의 장점이어서, 미시경제만 잘 다루면 오류가 날 확률이 매우 적다.

폐쇄경제에서 화폐는 일종의 소모성 자원이 될 수 있고, 일부 육성 루트의 자원을 교환할 때 소비하는 일반 화폐가 될 수도 있다. 주로 육성 경험을 조정하는 데 쓰이며, 육성 난이도를 낮추고 육성 전략을 제공하기도 한다.

이 경제모델을 사용하는 게임은 수익 모델을 설계할 때 시간 판매를 기준으로 한다. 예를 들어, 어떤 육성 루트를 정상적으로 플레이하면 만렙에 도달하는 데 1,000일이 걸리는데, '시간을 구매'하면 유저가 100일 만에 만렙에 도달할 수 있게 한다. 보통 비례적으로 생산량을 늘리거나 직접 결제하는 형태로 판매한다. 매일 정상적으로는 자원을 1,000개 생산하고, 소액 결제를 통해 효율을 300%로 높일 수 있다고 가정하자. 이는 게임에서 추가 도전 횟수 구매, 2배 보상 구매, 2배 드롭 등의 형태로 나타난다. 또 이런 유형의 게임 자원은 각종 할인 패키지로 판매할 수도 있다.

밸런스는 보통 플레이에서 유저 계층 분류, 직접적인 충돌 방지, 더 많은 협력형 플레이 등 게임 메커니즘을 통해 조절할 수 있다.

폐쇄경제를 경제모델로 사용하는 게임에서는 각 플레이가 하나의 육성 루트에 해당한다. 장비 강화 모듈을 예로 들어보자. 장비를 강화하려면 장비 강화석이 필요하다. 장비 강화석은 일반 던전이라는 플레이를 통해서만 구할 수 있다. 따라서 장비 강화가 대응하는 생산 루트는 일반 던전이다. 장비 강화와 일반 던전의 사이클을 설계할 때는 장비 강화 레벨의 주기를 우선 정의한다. 그리고 주기를 통해 각 강화 레벨에서 소비되는 자원량을 도출하고, 그다음 주기와 소비되는 자원량을 맞쳐 계산하면 일반 던전의 생산량을 구할 수 있다.

이런 방식은 3.3.2절 '육성 시스템'에서 레벨 성장을 설정하는 방식과 매우 비슷하다. 육성에 필요한 자원량으로 매일 생산해야 하는 자원량을 도출할 수도 있고, 매일 생산하는 자원량으로 육성에 필요한 자원량을 도출할 수도 있다.

이는 게임 경제구조 중 구체적인 모듈을 구축하는 방법이며, 4.3절에서 경제 흐름을 자세히 설명할 것이다.

`4.1.2` 시장경제

시장경제에서 유저 간의 자유 거래가 가능한지, 그리고 거래에 가격 제한이 없는지 여부가 중요지표로 작용한다. 자유 거래의 범위에는 P2P 거래, 가판대 거래, 경매장 등의 형식이 있다. 물물교환도 가능하고, 게임의 결제 화폐를 통해 거래도 할 수 있다.

시장경제는 게임에서 양날의 검과 같다. 적절히 사용하면 매우 유용하지만, 치명적인 경제적 결함이 생기거나 게임을 전체적으로 고려하지 않고 설계한다면 게임에 상당한 대미지를 줄 수 있다. 모바일 결제의 빠른 발전과 게임 모델의 발전으로 인해 현재 시장경제모델을 사용하는 게임은 RMT real money trading(현금 거래) 게임으로 진화하고 있다. RMT는 게임 자체에는 해롭지 않지만, 유저의 수익을 보장할 수 없으며 지하경제 산업을 일으켜 게임에 간접적으로 부정적인 영향이 있어 장기적으로 리스크가 크다.

<월드 오브 워크래프트 클래식>의 주요 화폐 가치의 추이를 보면 시장경제모델에서 게임 경제가 어떻게 돌아가는지, RMT 현상이 게임과 유저의 게임 경험에 어떤 영향을 미치는지 관찰할 수 있다. 2019년 8월 27일 출시된 <월드 오브 워크래프트 클래식>은 일주일 만에 100만 명에 가까운 유저가 유입되는 등 선풍적인 인기를 끌었다. 2020년 4월까지 4번의 버전 업데이트가 있었으며, 게임의 경제 변동도 정확히 4단계로 나뉜다. 경제 변동 4단계를 통해 게임에서 유통되는 화폐 가치와 상품 가치를 관찰하고 일부 포럼과 유저들의 반응을 통해 게임의 경제 운영 방식과 유저 경험의 변화를 판단했다.

1단계는 **가치 회귀 단계**로, 게임이 출시되고 1~2개월(2019년 9월~10월)이 지났을 때, 유저들은 레벨을 올리고 던전을 여는 단계에 있었다. 그중 대부분의 유저는 레벨을 올리는 단계였으므로 골드 수요와 소비가 많지 않았다. 유저 중 소수가 레벨업 단계를 지나 던전 개방 단계에 진입하면서 능

력치를 올려주는 장비 구매, 말 구매 등 골드 수요가 크게 늘어났다. 게임 속 주요 화폐는 생산량이 적어 **유저의 수요량이 유저의 생산량보다 많았다.** 게임 경제가 **디플레이션 단계**에 들어선 것이다. 이때 고레벨 아이템의 가격은 비쌌으며, 화폐 가치 또한 합리적이지 않았다. RMT 화폐 가치는 서비스 초기에 1800원이었던 1골드가 180원까지 떨어졌으며, 100원 정도로 안정화됐다. 게임 분위기가 가장 활발하며 유저의 플레이 의욕도 매우 높은 단계. 많은 유저가 최고 레벨에 도달하고 던전 개방 단계에 진입하면 게임 화폐 가치는 점차 안정기에 접어든다. 일반 게임 유저는 시간당 40~100골드를 벌 수 있었으며, 이에 작업장이 대거 등장하기 시작했다.

2단계는 **화폐 가치 하락 단계**로, 게임이 3~4개월(2019년 11월~2020년 1월) 서비스했을 때 새 메인 콘텐츠가 나오기 전날 밤까지 고급 수준 유저의 골드 수요가 감소하고 중급 수준의 유저층에 골드 수요가 집중되었다. **유저의 수요량이 유저의 생산량과 같았다.** 게임 경제는 **인플레이션 초기 단계**에 진입했다. 물가는 아이템 생산량에 따라 변동됐지만, 작업장이 던전 단계에 진입하면서 화폐 가치가 점차 하락했다. 100원이었던 1골드는 33원으로 떨어졌다. 이상적인 상태에서는 화폐 가치가 천천히 떨어진다. 하지만 RMT와 작업장의 간섭으로 인해 유저의 육성 주기가 크게 단축되어 게임 콘텐츠가 빠르게 소비되었고, 이에 따라 화폐 가치도 빠르게 하락했다. 게임은 유저가 빠져나가기 시작했다. 다만 이때는 RMT 행위가 여전히 수익성이 있었고, 새로운 콘텐츠에 대한 기대가 높아 유저 손실이 심각하지는 않았다.

참고   2단계가 너무 오래 지속되거나 유저가 경험할 수 있는 새로운 콘텐츠가 없다면, 골드 가격이 계속 하락해 게임 자체에 영향을 미치고 유저 손실이 더욱 커진다.

3단계는 **화폐 안정 단계**로, 게임이 서비스된 지 5~6개월(2020년 2월~3월)이 되고 새로운 메인 콘텐츠가 정식 업데이트되자 유저의 골드 수요가 다시 늘어났다. 화폐 비축량이 있고 새로운 콘텐츠에서 화폐를 소비할 수 있는 루트가 없었기 때문에 **유저의 수요량과 유저의 생산량은 여전히 같았다.** 게임 경제도 점차 **인플레이션 단계**에 진입했다. 현재 버전에서 소비 수요가 있는 아이템 외에는 아이템 가격이 떨어지기 시작했다. 화폐 가치는 버전 초기의 수요량 때문에 조금 회복됐지만, 고급 수준 유저가 포화 상태가 되면서 화폐 가치는 다시 하락했다. RMT 화폐 가치는 1골드 33원에서 1골드 38원으로 상승했다가 점차 하락해 1골드에 22원이 되었다. 이때 작업장과 지하경제 산업이 점차 발전하면서 유저 활동이 감소했고, 게임 생태계가 변하기 시작했다.

4단계는 **화폐 가치 하락 단계**로, 게임 서비스 7~8개월 후(2020년 4월~5월) 새로운 메인 콘텐츠가 업데이트됐었다. 업데이트된 버전은 완전히 새로운 버전이 아닌 중간 버전이라 유저의 수요를 활성화하지는 못했다. 새로운 콘텐츠에서도 화폐를 소비할 수 있는 새로운 루트는 없었다. **유저의 수요량은 유저의 생산량보다 작아졌다.** 경제는 공식적으로 인플레이션 단계에 진입했다. 이때 모든 자원의 가격이 상승하고 화폐 가치는 떨어졌다. 4단계에서 게임사 측은 작업장을 퇴출하기 위한 일련의 조치를 시작하고 중국 서버에서는 토큰 시스템을 도입했다. 이후 흐름은 더 보지 않겠지만 큰 추세가 변하지 않는다면 경제구조도 변하지 않는다는 점은 확실했다. 게임 개발사는 현재 상태를 유지만 할 뿐 게임의 생태계를 뒤엎을 수는 없다.

<월드 오브 워크래프트>를 예로 든 것은 '시장경제'를 경제모델로 사용하는 대규모 상업 게임에서 경제 관계의 변화가 유저에게 미치는 영향을 관찰하기 위한 것이지, 시장경제가 좋은지 나쁜지를 판단하기 위한 목적이 아니다. <월드 오브 워크래프트>는 오래된 게임이어서 콘텐츠 소비 속도가 빠르다. 콘텐츠가 빠르게 소비된다는 것은 게임의 생명주기가 짧아지고 게임 수익의 롱테일 효과가 줄어든다는 것을 의미한다.

<월드 오브 워크래프트>의 경제 사례를 살펴보면 유저의 수요와 생산의 변화가 어떻게 게임의 경제 흐름에 영향을 미치는지, 공급과 수요의 관계가 어떻게 인플레이션과 디플레이션을 일으키는지, 경제 인플레이션과 디플레이션이 게임의 생태계에 어떤 역효과를 일으켜 게임의 종말을 초래하는지 알 수 있다. 실제로 게임 경제가 **약한 디플레이션** 상태에서 **유저의 수요량이 유저의 생산량보다 클 때,** 유저의 활동과 게임 생태계는 모든 게임 단계 중 가장 좋은 성과를 보인다. 이는 **엥겔 계수**를 게임에 적용한 것으로, 5.1절에서 설명하겠다.

시장경제를 경제모델로 사용하는 게임에서는 게임의 육성 루트와 소비 방식을 세부적으로 분류해야 한다. 또 주요 육성 루트의 소비에 대해서는 많은 '상관관계'를 설계해 게임의 중요한 시스템을 연결하고 유저 간의 거래 행위를 활성화하며 경제를 번영시킨다. 가령 게임에서 가장 잘 알려진 세 가지 육성 루트는 '레벨', '스킬', '장비'인데, 레벨을 올리려면 장비가, 스킬을 올리려면 경험치가 필요하다. 소비가 늘어나면 유저 거래가 활성화되고, 이것이 바로 시장경제의 핵심 설계 아이디어인 '게임의 성장이 일으키는 게임 경제'다(그림 4.1).

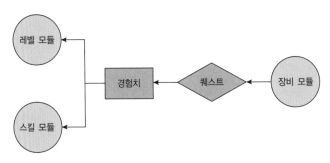

그림 4.1 **핵심 시스템 간의 상관관계 설계**

폐쇄경제의 설계 아이디어는 시장경제의 설계 아이디어와 정반대다. 폐쇄경제에서는 유저가 자급자족하며, 싱글플레이어 경험을 재미있게 하는 것이 기획자의 목표다. 시장경제에서는 유저가 거래 행위를 통해 수요를 충족하며, 기획자의 주요 목표는 게임 아이템의 유통이다. 이것 또한 시장경제 모델 게임이 재미있는 점 중 하나다. 앞에서 말했듯 시장경제모델은 게임에서 양날의 검이다. 시장경제를 합리적으로 사용하면 게임의 수명주기가 폐쇄경제모델의 수명주기를 넘어서는 반면, 제대로 활용하지 않거나 치명적인 경제적 결함이 생기는 경우 게임의 수명주기가 폐쇄경제모델에 한참 못 미친다.

'최선과 차선 중에는 최선을 선택하고, 최악과 차악 중에는 차악을 선택하라'는 말이 있지만, 우리에게는 세 번째 옵션 **계획경제**가 있다.

4.1.3 계획경제

계획경제는 시장경제를 업그레이드한 것으로, 계획경제는 게임에서 **유저 간 거래가 가능하고, 그러한 거래가 적절히 유도되고 규제되는 것**을 중요 지표로 삼는다. 유도하고 규제하는 것에는 거래의 종류, 거래되는 가격, 거래하는 화폐 유형 등이 있으며, 리스크가 있는 모든 거래의 세부 사항을 규제해 설계해야 한다.

계획경제는 폐쇄경제의 특성이 있지만, 시장경제의 장점도 있어 현재 모든 경제모델 중 가장 우수하다. 모바일 게임 <몽환서유梦幻西游>[1]가 이를 잘 활용했다. 여기서는 <몽환서유>를 예로 들어 계획경제가 게임 생태계를 형성하고 변화시키는 과정을 알아보겠다. <몽환서유>는 가판대와 상회라는 두 가지 거래 모델이 있다. 가판대는 유저와 유저 간의 거래P2P로, 시장경제 범주에 속한다. 상

---

1 [옮긴이] 넷이즈가 2003년에 출시한 MMORPG로, 서유기 스토리를 기반으로 한다. 2012년 가입 이용자 수 3억 1천만 명, 동시 온라인 접속자 수 271만 명으로 이용자가 가장 많은 온라인 게임이었다.

회는 유저와 시스템 간의 거래P2S로, 폐쇄경제 범주에 속한다. 가판대 거래는 유저 간의 교류 수요를 늘리고, 게임 전체의 경제 생태계를 활성화한다. 또 상회는 '자유 거래'로 유통된 화폐를 대량 회수해 게임 경제를 안정적으로 유지한다.

참고 모바일 게임 <몽환서유>에서는 가판대, 교역행, 두 가지 방식으로 거래를 하는데, 가판대는 수단이고 교역행은 가판대 데이터의 합계다. 두 방식의 데이터는 소스가 같으므로 여기서는 가판대로 통칭한다.

❶ 자유 거래 규제

계획경제에서 주로 **유저와 유저 간의 거래**가 자유 거래를 규제한다. 자유 거래는 크게 **실명 거래**와 **익명 거래**로 나뉘는데, <몽환서유>에서는 모두 가판대 기능에 통합돼 있다. 게임에서 희귀 펫과 장비는 실명 거래를 해야 하며, 유저는 채팅을 통해 판매자를 찾을 수 있다. 고급 재료나 직업 아이템 같은 자원은 익명 거래가 가능하며, 유저가 판매자를 찾을 수 없다. 희귀 펫과 장비는 생산량이 적어 유저의 노력과 운에 따라 얻을 수 있는 반면, 고급 재료나 직업 아이템은 생산량이 많아 일상적인 게임 활동으로 얻을 수 있다. 이런 설계로 고급 자원과 일반 자원 거래 루트를 규제하면 '낮은 레벨이 더 많은 자원을 얻는' 문제를 어느 정도 해결 가능하며, 작업장이 자유 거래에 미치는 영향도 어느 정도 줄일 수 있다.

유저 간의 거래를 다룰 때는 반드시 **유통 화폐의 자연 생산량과 자연 소비량**에 주의를 기울여야 한다. <몽환서유>에서 쓰이는 유통 화폐는 골드인데, 게임에서 골드의 자연 생산량은 엄격히 통제된다. 활성 유저만이 매일 고정된 수량의 골드를 얻을 수 있으며 유저는 결제를 통해 골드를 얻기도 한다. 소비할 때는 골드를 실버로 교환하는 방식으로, 남은 골드는 폐쇄경제모델로 소비한다. 생산부터 소비까지의 단계는 모두 일방향으로, 즉 하향식으로만 교환할 수 있다. 현금은 유통 화폐로 교환할 수 있고, 유통 화폐는 귀속 화폐로 교환할 수 있다. 엄격히 통제된 생산단과 폐쇄경제로 흐르는 소비단이 완벽한 경제 순환 사이클을 형성한다. 게임에서는 지속적으로 골드가 생산되고, 생산된 골드는 지속적으로 폐쇄경제모델로 흘러 들어간다(그림 4.2).

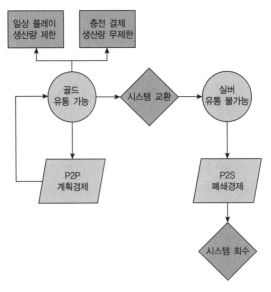

그림 4.2 **모바일 게임 <몽환서유>의 경제 사이클**

완벽한 경제 유통 사이클 외에 <몽환서유>는 유통되는 자원의 종류도 엄격히 통제한다. 게임의 여러 자원은 통제하지 않으면 가격이 급변하기 쉽다. 자원 가격이 급변하는 데는 게임의 설계 문제일 수도 있고, 유저의 투기 행위가 원인일 수도 있다. 가격의 안정은 게임의 좋은 생태계를 유지하는 데 중요한 요소다. <몽환서유>에서 거래 가능한 자원은 **가격 민감형 자원**과 **가격 협의형 자원**으로 나뉜다. 예를 들어, 생활 재료, 장비 도면, 일반 장비 등 게임에서 소비량이 많은 가격 민감형 자원은 생산량도 많다. 가격 민감형 자원은 게임에서 익명 거래 모델을 사용해 유저 간 경쟁 관계를 만드는데, 이렇게 하면 이런 자원의 가치가 상대적으로 안정될 수 있다. 유저가 획득하기 어렵고 거래량도 적은 희귀 자원은 가격 협의형 자원으로, 실명 거래 모델을 사용해 유저 간에 협의할 수 있는 여지를 준다. 이러한 아이템의 가격은 게임 시장에 따라 결정되므로 리스크를 제어할 수 있다. 따라서 계획경제는 다양한 자원을 제한함으로써 게임 내 주요 유통 자원의 가격을 통제할 수 있게 한다.

가격 변동 문제 외에 게임 생태계를 변화시키는 원인으로 **부캐 문제**가 있다. 유저들이 부캐로 자원을 파밍해 본캐로 옮기면 유저 간의 거래량이 줄어든다. 부캐 문제로 유저 간 거래량 감소는 어느 게임에서나 피할 수 없는 난관이다. <몽환서유>의 기획자는 유저의 소량 자원 전달을 차단하고 대량 자원 전달은 엄격하게 모니터링하는 등 거래 한도에 제한을 뒀다. 비정상적인 거래 행위가 발생하면 게임사 측은 계정 정지, 거래 제한 등의 방법을 취할 것이다.

또 **작업장과 지하경제 산업이 게임 경제에 관여**하는 문제가 있다. 작업장은 캐릭터를 대거 생성해 프로그램을 통해 유통 화폐를 파밍한 다음 오프라인 거래를 통해 수익을 얻는다. 지하경제 산업은 주로 계정 도용 문제나 개인 거래로 인한 위험 문제가 있는데, 이 문제는 여러 외부 시스템으로 해결해야 하므로 여기서는 자세히 설명하지 않겠다.

❷ 건전한 폐쇄 거래

계획 경제에서 건전한 폐쇄 거래는 **유저와 시스템 간 거래** 또는 '유저와 유저 간의 거래' 형태의 **유저와 시스템 간 거래**를 말한다. 시스템이 중간 다리 역할을 하는데, 유저가 자원을 시스템에 팔고 시스템은 그 자원을 다시 유저에게 판다. 시스템이 중간 저장소 역할을 하기에 경제를 모니터링하기 쉽다. <몽환서유>는 이 역할을 상회가 하는데, 상회는 생산량을 조절하고 가격 변동을 줄인다.

유저와 시스템 간의 거래는 다루기 쉽다. 폐쇄 거래 모델에서 유저와 시스템 사이에 유통되는 화폐는 모두 귀속 화폐다. 즉, 유저가 시스템에 팔 때는 귀속 화폐만 받을 수 있고, 유저가 시스템으로부터 구매할 때는 어떤 화폐를 쓸지 선택할 수 있다. 유저와 시스템 거래에서 모든 자원은 다시 자유 거래 체계에 들어가 2차 거래를 할 수 없다. 이런 설계에서 게임 자원량이 충분히 소비만 되면 유저 수중에 있는 귀속 화폐는 시스템에 의해 회수되고, 개인의 귀속 화폐 비축량이 다른 유저에게 영향을 주지 않으며, 게임 생태계에 아무런 영향을 주지 않는다. 경제의 내결함성fault tolerance 이 매우 높지만, 자유롭지는 않아 보인다.

그래서 <몽환서유>의 기획자는 유저와 시스템 간의 거래를 유사 유저 간의 거래로 포장했다.

유사 유저 간의 거래는 시장경제의 자유 거래와 표현 형식과 경험 측면에서 매우 비슷하다. 유저는 자원을 시스템에 팔고, 또 시스템으로부터 자원을 구매한다. 자원이 많을 때는 팔고, 부족할 때는 산다. 시스템은 구매와 판매의 빈도에 따라 가격 변동을 제어한다. 유저 입장에서는 자신의 판매 행위로 인해 물가가 하락한 것 같고, 자신의 구매 행위로 인해 물가가 상승한 것 같은 느낌이 든다. '시스템이 자원을 생산하지 않고, 시스템은 자원의 경유지에 불과하다'는 착각을 불러일으킨다.

게임의 육성 구조에서 주기에 따라 자원의 소비량이 달라지는 육성 루트가 있다. 예를 들어, 유저의 레벨이 올라감에 따라 보석의 소비가 증가하고, 유저의 레벨업은 주기에 따라 느려진다. 하지만 보석의 생산은 느려지거나 빨라지지 않으므로, 소비 속도와 생산 속도는 비례하지 않는다. 만약 보석 가격을 통제하지 않으면 게임 초반부에서 보석 소비량이 생산량보다 적을 때 보석의 가치는 떨어진다. 후반부에서 소비량이 많아져도 보석 가격이 정상 범위로 돌아오리라는 보장은 없다.

다른 서버의 생태계가 보석의 가격에 큰 영향을 미치기도 한다. 유저가 각각 1,000명, 2,000명이 있는 서버가 있다고 하자. 매일 1명의 유저가 보석을 1개 생산할 수 있다면, 두 서버가 생산하는 보석량은 1,000개와 2,000개다. 게임 생태계의 요인으로 인해 유저의 경쟁이 치열하고 수요량이 높은 서버고 있는 반면, 어떤 서버는 유저의 수요량이 적어 서버 간 유저의 보석 소비량이 같지 않다. 자유경제라면 수요량이 증가함에 따라 보석 가격이 올라가 두 서버의 보석 가격이 달라진다. 게다가 게임 주기가 진행되면서 게임 내 잉여 보석량도 수요량에 따라 달라져 가격 변동이 심해진다. 사실 유저와 기획자는 이처럼 급격한 변동을 좋아하지 않는다. 앞에서 말한 내부적인 요인이 없고 보석 가격이 안정적이라고 해도, 게임에는 항상 사재기를 좋아하는 '상인' 유형의 유저가 있다. 이들은 가격이 낮을 때 대량으로 구입해놨다가, 가격이 오르면 대량으로 판매한다. 내부적인 요인이든 외부적인 요인이든 보석 가격의 잦은 변동은 게임 생태계를 악화시키며, 이는 서버가 망하고 있다는 신호이기도 하다(그림 4.3).

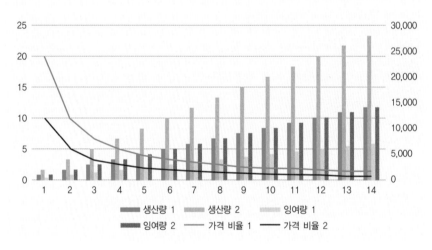

그림 4.3 **각 서버의 보석 가격 생태계 시뮬레이션**

노트 막대그래프는 14일간 각 서버의 생산량과 잉여량을 나타낸다. 매일 생산량의 50%를 소비한다면(실제 게임은 더 복잡할 수 있다), 게임 주기가 진행됨에 따라 재고량은 점차 증가한다. 게임에서 화폐 생산량이 10,000으로 고정된다고 할 때, 가격의 추이는 그림 4.3의 꺾은선과 같다. 사람이 많은 서버일수록 가격 변동이 크고, 특히 이는 게임 초반일수록 그렇다. RMT 요인도 영향을 미친다. 유저는 현금으로 게임 화폐의 생산량에 영향을 미칠 수 있다. 불확실성이 너무 크면 가치 곡선도 급격하게 변동하고, 이는 게임 세계의 경제 붕괴로 이어질 수 있다.

이 시점에서 물을 비축하는 저수지와 같은 저장 거래 시스템이 필요하다. 저장 거래 시스템은 게임의 주기에 따라 자동으로 가격을 조정하고 가격 변동을 안정시킬 것이다. 경제학에서 말하는 보이지 않는 손처럼 경제 상황에 따라 개입한다. 시스템이 개입하는 방식은 주로 재고와 가격이다. 시스템은 무한한 재고로 치솟는 물가를 진정시킬 수 있으며, 또 판매량을 제한해 가격 인상폭을 정할 수 있다. 이는 유저가 자원을 비축해야 한다는 생각을 줄이게 해 물가를 안정시키고 생산과 소비의 밸런스를 이룰 수 있다.

<몽환서유>가 어떤 방식으로 설계되었는지 이해했을 것이다. **다음은 이 게임에 대한 개인적 생각이니 참고만 바란다.**

재고에 대해서 먼저 말하겠다. 시스템의 재고는 언제나 풍족하다. 유저는 소비하고 남은 자원을 현재 가격으로 판매하고, 유저가 자원에 대해 수요가 있으면 시스템 재고를 구매한다. 과금 유저와 차이가 너무 벌어지는 경우를 방지하기 위해 어떤 아이템은 일일 구매량을 정해놓는다. 다음은 가격에 대한 의견이다. 구매량과 가격 간 가격 공식을 설정해, 한 서버에서 아이템의 구매량이 어떤 구간에 도달하면 가격이 실시간으로 변하게 한다. 가격이 오르기만 하지 않도록 하락치를 설정한다. N시간 또는 1일마다 일정한 비율로 하락하되, 이 비율의 최솟값은 처음 가격보다 작지 않도록 한다. 유저가 규칙의 허점을 찾아 수익을 얻지 못하도록 시스템은 세금을 걷고 거래 화폐를 제한한다. 거래 화폐의 유형을 제한하는 것은 화폐 유통이 전체 경제에 끼치는 피해를 줄인다. 게임의 베타 버전에서는 상회의 일부 상품이 유통 가능한 화폐로 거래됐지만, 정식 출시 이후에는 상회 상품은 모두 귀속 화폐로만 거래할 수 있게 됐다. 또 다른 패치로 가격 경고 시스템과 실시간 제어 시스템을 추가해 발생할 수 있는 모든 문제를 완벽히 해결했으며, 게임 시스템의 내결함성을 크게 향상시켰다.

경제모델에 따라 적합한 게임 유형은 다르다. 폐쇄경제는 개인의 경험에 중점을 둔 모바일 게임 시장에, 시장경제와 계획경제는 상호작용이 많은 PC 게임과 모바일 게임에 적합하다. 안전성 측면에서는 폐쇄경제 > 계획경제 > 시장경제 순이며, 게임성 측면에서는 계획경제 > 시장경제 > 폐쇄경제 순이다.

경제모델에 따라 게임의 경제구조와 자원의 유통 규모도 설계해야 한다. 어떤 경제모델을 사용하든 경제를 설계할 때는 게임의 생산과 소비 단계부터 시작해야 한다. 폐쇄경제의 생산은 주로 **자연 생산**과 **과금**에서, 시장경제와 계획경제에서 생산은 **유저 거래**, **자연 생산**, **과금**에서 일어난다. 경제모델에 따라 생산 채널의 비율이 다르다. 우리는 생산 채널의 비율을 미리 설계해야 하며, 이 비율이 게임 생태계에 미칠 영향을 추측해야 한다. 소비 단계에서 폐쇄경제모델과 다른 두 모델은 본질적인 차이가 있다. 폐쇄경제는 소비되는 자원의 종류를 간소화하는 것과 자원 축적량에 중점을 둔다면, 시장경제와 계획경제는 소비되는 자원의 종류를 다양하게 하는 것과 유저 거래에 중점을 둔다는 점이다. 두 가지 설계 방식은 경제구조 설계에도 큰 영향을 미칠 수 있다.

물론 소비 단계에서 소비되는 자원의 종류를 절대적으로 간소화할 필요는 없다. 현재 유행하는 '일본식 육성'은 육성 자원의 종류가 복잡하다. 이처럼 육성 자원을 복잡하게 설계하면 게임 콘텐츠가 풍부해진다. 간단하고 시원시원한 경험을 좋아하는 유저가 있는가 하면, 어떤 유저는 풍부하고 참신한 경험을 좋아하는 등 각각 장단점이 있다.

자신의 게임에 적합한 경제모델을 선택하는 것이 경제 수치를 기획하는 첫 단계다. 다음은 경제모델에 따라 게임의 주요 화폐와 자원을 열거하고, 이후 경제 수치 기획 작업을 준비하는 단계로 들어간다.

4.2 경제 흐름의 매개체

4.1절에서 경제의 핵심은 생산과 소비의 관계를 다루는 것이라 배웠다. 생산과 소비는 게임의 행위다. 생산과 소비 행위가 게임의 경제를 만들지만, 경제는 단순히 두 가지 행위에만 의존하지는 않는다. 경제의 흐름에는 생산과 소비를 연결하는 매개체가 필요한데, 바로 게임의 화폐와 자원이다.

- 게임의 화폐와 현실 세계의 화폐는 둘 다 가격을 측정하는 도구라는 점에서 유사하지만, 게임 화폐는 단순한 의미의 화폐가 아니다. 화폐는 물자를 구매하는 매개체일 뿐만 아니라 하나의 특수한 게임 자원이다. 화폐를 소비해 유저의 속성을 올릴 수도 있는 육성 루트도 있다.
- 게임의 자원은 주로 육성과 플레이에 소비된다. 대부분 육성과 플레이에서 소비되는 자원은 일방향이다. 다시 말해 각각의 육성 루트에서 소비하는 자원은 각각의 플레이에서 소비되는 자원과 다르다. 예컨대 게임의 장비 강화석은 장비 강화에만, 티켓은 특정 던전에 진입하는 데에만 쓰인다.

화폐와 자원은 생산과 소비의 매개체로 게임 경제의 흐름에 직접적인 영향을 미친다. 게임 경제 흐름은 화폐 및 자원의 생산과 소비로 구성된다. 경제구조를 설계하기 전에 먼저 게임의 화폐와 자원을 전면적으로 점검해야만 경제구조를 이해할 수 있다.

화폐

화폐는 게임에서 꼭 필요한 거래 수단이다. 하나의 게임에는 여러 종류의 화폐가 있을 수 있다. 예를 들어 모바일 게임 <펜타스톰>에서 화폐는 골드, 다이아, 레드보석, 마일리지, 배틀 포인트, 원정 포인트, 팀 마일리지 등이 있다.

화폐의 전반적인 특성에 따라 화폐는 주 화폐와 부 화폐로 나눌 수 있다. 일반적으로 주 화폐와 부 화폐는 생산의 광범위성과 소비의 다양성으로 구분된다. 가령 <펜타스톰>에서 골드, 다이아, 레드보석은 주 화폐에 속하며, 게임에서 다양한 루트로 얻을 수 있고 이 화폐들은 소비 루트도 다양하다. 마일리지, 배틀 포인트, 원정 포인트, 팀 마일리지는 부 화폐에 속하며, 게임에서 생산 범위와 소비 루트가 제한된다.

1 주 화폐

주 화폐는 일반적으로 다원화 구조로 분류한다. 게임에서 자주 볼 수 있는 화폐 구조는 일원화, 이원화, 삼원화 화폐 구조다. <펜타스톰>의 주 화폐는 골드, 다이아, 레드보석이므로 <펜타스톰>은 삼원화 화폐 구조다. <월드 오브 워크래프트>의 주 화폐는 골드이므로, <월드 오브 워크래프트>는 일원화 화폐 구조다.

게임에서 다원화 화폐 구조를 사용하는 것은 화폐에 자체 포지셔닝을 설정해 포지셔닝에 따라 화폐의 생산과 소비의 사이클을 설정하기 위함이다.

경제의 핵심은 생산과 소비의 관계다. 이 둘을 연결하기 위해 우리는 화폐라는 매개체를 사용한다. 화폐가 단순히 매개체로만 존재한다면 경제 순환은 완벽할 것이다. 유저가 게임을 경험해 화폐를 생산하고, 화폐를 소비해 능력치를 올릴 것이다. 시장경제와 계획경제모델에서 화폐는 기본적인 매개체일 뿐 아니라 유저 간 유통의 매개체이기도 하다. 화폐의 위상이 커졌을 때, 유저는 화폐를 소비하거나 저축하는 것 중 선택할 수 있다. 유저의 성장이 정체되거나, 육성 가성비가 떨어지거나, 게임 난이도와 성장이 밸런스를 이루지 못하면 유저는 소비 정체 상태에 들어갈 수 있다. 다만 이때 화폐 생산은 멈추지 않기 때문에 시간이 지나면 화폐 재고는 필연적으로 상승하고, 게임에 인플레이션이 일어난다 또한 거래 가능한 모든 화폐는 RMT 행위가 있기도 하다. 유저가 화폐를 팔아 현금을 얻는 현실 거래 행위는 게임의 정상적인 생명주기를 위태롭게 할 수 있다.

다원화 화폐 구조를 사용하는 것은 **거래 화폐**와 **환전 화폐**를 분리하기 위해서다. 이는 거래 화폐를 거시적으로 통제하기 쉽게 하고, 정상적인 게임 소비에 영향을 주지 않는다.

<몽환서유>의 구조에서 주 화폐는 은화, 금화, 선옥이다. 그중 은화와 선옥은 환전 화폐인데, 은화의 주요 역할은 육성 소비와 기능 소비이고, 선옥의 주요 역할은 부가가치 서비스와 거래 화폐 보충이다. 금화는 거래 화폐로, 게임에서 모든 유저 간의 거래는 금화로 거래된다. 세 가지 화폐는 일방향으로 환전된다. 1위안[2]은 10선옥으로, 1선옥은 100금화로, 1금화는 100은화로 환전된다(표 4.1).

표 4.1 모바일 게임 <몽환서유>의 화폐 포지셔닝

화폐 유형	유저 그룹	가치 비율	획득 루트	소비 루트
은화	모든 유저	10,000	게임 내 플레이	육성, 일상 소비
금화	활성 유저	100	활약도	유통, 은화 보충
선옥	과금 유저	1	과금	상점, 금화 보충

노트 화폐를 정의할 때 가능한 한 모든 화폐의 요소를 열거해야 한다. 요소가 많을수록 설정한 화폐의 포지셔닝을 명확하게 설명할 수 있어 화폐 계획을 세우기 쉽다.

다원화 화폐 구조에서 각 화폐는 일방향 혹은 쌍방향으로 교환될 수도 있다. 이는 게임의 실제 요구 사항에 따라 정한다. 경제 안정 측면에서 대부분 폐쇄경제모델 게임에서는 이원화 화폐 구조가, 계획경제나 시장경제모델 게임에서는 삼원화 화폐 구조가 좋다. 여기서 말하는 안정은 사용 범위가 비교적 고정적이고 화폐 간의 결합도가 높지 않다는 것을 의미한다. 일반적으로 게임에서 화폐의 종류가 많을수록 게임 경제의 내결함성은 높아지지만 유저의 경험은 나빠진다.

화폐를 정의할 때 화폐의 계층 관계에 따라 화폐의 안정성을 측정해야 한다. 여기서 전제는 게임의 모든 화폐 가치가 하락하는 것인데, 이 하락하는 방식과 하락폭이 바로 우리가 측정해야 하는 '변수'다. 표 4.2에서 <몽환서유>의 세 가지 화폐 간의 계층 관계를 보여준다. 세 가지 화폐는 각각 세 가지 가치 하락 방식과 대응된다.

표 4.2 <몽환서유> 화폐의 계층 관계

화폐 유형	가치 하락 방식	가치 비율	결함 구간
선옥	운영적 가치 하락	1	1~0.5
금화	주기적 가치 하락	100	1~0.1
은화	수동적 가치 하락	10,000	1~0.01

하향식 가치 하락은 위에서 아래로 내려가는 방식으로, 상위 화폐 또는 중위 화폐에서 점차 하위 화폐로 내려간다. 화폐가 어떤 식으로든 연관되어 있다면 가치 하락도 연동되어 한 화폐에서 다른

화폐로 전파된다. 화폐 간 연관이 없이 서로 독립된 경우 가치 하락의 규모와 속도는 다를 것이다.

게임 버전이 업데이트되면 유저의 과금 욕구도 바뀐다. 이때 유저의 과금 욕구를 올리기 위해 자주 쓰이는 방법은 세일이다. 다이아를 구매하면 추가 다이아를 주는 식이다. 이때 다이아의 가치가 하락하면 다이아를 다른 화폐로 환전하거나 가치가 불변하는 자원을 구매함으로써 간접적으로 다른 화폐나 자원의 가치 하락으로 이어지며 연쇄 반응을 일으킨다. 주기성 가치 하락은 중위 화폐에서 시작하며, 화폐 구매력이 감소함에 따라 중위 화폐의 가치가 하락하기 시작한다. 이는 점차 하위 화폐로 전파된다. 수동적 가치 하락은 다른 화폐의 가치 하락으로 일어나는 가치 하락이다.

화폐 가치가 일단 떨어지면 회복하기가 매우 어렵다. 가치 하락은 거의 불가역적이라는 특징이 있다. 가치가 하락하는 속도를 늦추는 것이 개발자가 할 수 있는 유일한 일이다. 새로운 소비 루트를 추가하고, 생산 루트를 줄이는 방식으로 화폐 가치 하락의 속도를 늦춘다.

게임에서 화폐 가치 하락은 정상적인 현상이다. 우리는 화폐 가치 하락을 정확하게 판단하고 미리 그 방식을 예측해야 한다. 가치 하락의 폭이 우리가 수용할 수 있는 범위에 있고, 올바른 방법으로 가치 하락에 대응해야 화폐 가치 하락이 게임에 심각한 영향을 미치지 않을 것이다.

2 부 화폐

부 화폐는 주 화폐를 보충하는 화폐다. 게임에서 마일리지나 토큰이 주요 보상인 플레이도 있는데, 마일리지나 토큰은 특정 상황에서 소비하거나 환전할 수 있는 보상이다. 이와 같은 유형의 화폐를 모두 **부 화폐**로 분류한다.

부 화폐는 가격을 측정할 수는 있지만, 유저 간 유통 매개체가 될 수는 없다.

부 화폐는 **유일성**이라는 특징이 있다. 특정 플레이에서는 특정 부 화폐만 생산하고, 특정 방식으로만 소비할 수 있다. 부 화폐의 또 다른 특징은 **독립성**이다. 보통 부 화폐에는 모두 경제 순환 논리가 내장돼 있다. 예컨대 게임의 배틀 포인트는 배틀을 통해서만 획득할 수 있으며, 배틀 상점에서만 소비 가능하다. 배틀 상점의 아이템은 칭호, 탈것, 소모품 등이 있다. 설정에서 배틀 포인트라는 부 화폐는 자체적으로 경제 순환을 형성하며, 경제구조는 독립적으로 존재한다. 경제 흐름의 구조를 설정할 때 배틀 포인트라는 부 화폐에 대해서도 독립적인 경제 흐름 방식을 설계할 것이다.

게임을 설계할 때는 '부 화폐'와 다른 화폐의 환전에 대한 설계도 해야 한다. 예를 들어 배틀 상점에서는 주 화폐 중 귀속 화폐를 구매할 수 있는데, 부 화폐의 소비 방식을 설계할 때는 반드시 환전 방식에 주의를 기울여야 한다. 환전을 해야 할 때는 일 구매 횟수를 제한하는 등 제한 조건을 추가해야 한다. 데이터를 종합할 때는 반드시 '환전되는 화폐'의 생산 루트와 수량을 기록해서 부화폐가 주 화폐가 돼 경제 흐름에 미치는 영향을 전반적으로 체크해야 한다. 부 화폐가 유통되는 다른 자원으로 교환될 때도 이런 교환이 자원에 미치는 영향을 확인하도록 한다.

보통 부 화폐가 자원으로 교환될 때 구매 제한 수량이 없다면 해당 자원의 주요 생산 방식은 부화폐를 통한 교환이라고 여긴다. 반대로 구매 제한 수량이 있다면 구매 형식은 해당 자원 생산을 보조한다고 여긴다. 유저가 부 화폐를 사용해 자원으로 교환할 유저가 여러 선택지가 있을 때마다 필요에 따라 선택하는 경우가 많고, 그 결과가 우리가 원하는 결과와 크게 일치하지 않을 수 있으며 리스크는 통제가 불가능하기 때문에 보통 구매 수량을 제한한다.

게임 개발 초기 단계에서는 보통 부 화폐가 필요하지 않다. 부 화폐의 유일성과 독립성, 두 가지 특징을 바탕으로 게임 개발의 어느 단계에서든 개발 요구 사항을 충분히 고려한 다음 그에 따라 보완할 수 있다.

4.2.2 자원

게임에서 자원과 화폐는 서로를 보완하는 관계이며, 함께 경제 흐름의 매개체 역할을 한다. 화폐의 광범위한 특성과 다르게 자원은 생산과 소비 루트가 비교적 고정돼 있다는 점에서 한정된 특성이 있다. 이러한 특성은 부 화폐와 비슷하기 때문에 부 화폐도 일종의 자원이라고 할 수 있다. 자원의 경제구조도 **유일성**과 **독립성**의 원칙을 따라 설계할 것이다.

게임의 자원은 주로 게임 플레이와 육성 두 가지 측면에서 생산되고 소비된다. 대부분 게임 플레이에서 자원을 생산하고, 육성에서 자원을 소비한다. 게임의 경제 흐름은 플레이와 육성에 기반해 형성되는 자원 순환 사이클이다. 또한 다른 플레이에서 생산한 자원을 소비하는 플레이도 있는데, 플레이 내부적으로 형성되는 순환 사이클의 경제 흐름이며, 전체 경제에는 영향을 미치지 않는다.

게임의 자원을 열거할 때 게임에 나올 수 있는 자원을 **생산 루트에 따라 정방향으로 열거**하거나 **소비 루트에 따라 역방향으로 열거**할 수도 있다. 정방향 열거는 각 생산 루트에 포함돼야 하는 자원의 종류를 쉽고 명확하게 파악할 수 있으며, 역방향 열거는 자원들의 소비량을 쉽게 판단해 이후 자원을 배치하기 좋다. 경제 수치 구축 초기 단계에서는 경제모델의 구조를 최대한 빨리 전개하기 위해 정방향 열거로 자원을 분류하고, 이후 경제모델을 최적화할 때는 역방향 열거로 자원의 소비량을 계산해 게임의 경험을 평가할 수 있다.

◯ 정방향 열거

정방향 열거는 게임의 자원을 생산 루트에 따라 분류하는 열거 방식으로, 게임의 생산 루트에 따라 자원을 육성 자원, 플레이 자원, 보조 자원의 세 가지로 분류할 수 있다.

육성 자원은 게임의 육성 루트에서 생산하는 아이템으로, 장비, 스킬북, 보석 등이 있다. **플레이 자원**은 게임 플레이에서 생산하는 아이템으로, 티켓, 열쇠, 보물지도, 생활 재료 등이 있다. **보조 자원**은 게임의 부가 콘텐츠에서 생산하는 아이템으로, 선물 상자, 물약, 잡화, 광석 등이 있다. 보통 육성 자원의 종류가 적을수록 육성이 더 명확해지고 게임이 쉬워진다. 플레이 자원과 보조 자원은 종류가 많을수록 게임 콘텐츠가 풍부해지고, 게임 경험도 충실해진다. 물론 여기에는 한 가지 전제가 있는데, 가능한 한 모든 자원이 어느 정도 가치가 있어야 하며, 게임을 풍부하게 하기 위해 무의미한 자원 종류를 억지로 넣지 않는 것이다.

> 참고 여기서 무의미한 콘텐츠란 사용 가치가 없는 콘텐츠를 뜻하지 않는다. 사용 가치가 없더라도 게임 콘텐츠를 풍부하게 하는 데 도움이 되는 자원도 있기 때문이다. '책'이라는 아이템이 있는 게임이 있다고 하자. 책 자체는 게임에서 아무런 사용 가치가 없지만, 책은 게임의 세계관을 풍부하게 한다. 그리고 '현실 세계의 밈'이 되는 도구를 추가하면, '밈' 요소는 게임을 더 전파시키고 게임의 오락 요소 증가에 도움이 된다.

게임의 자원을 열거할 때 육성 자원을 우선적으로 정리한다. 육성 자원으로 기본적인 경제구조를 구축한 다음 플레이 자원과 보조 자원을 정리한다.

육성 자원을 정리할 때는 **시스템 열거법**으로 게임의 육성 모듈을 나눌 수 있다. 시스템 열거법은 먼저 시스템 모듈의 분류에 따라 크게 분류하고, 다시 세분화해 분류해 게임에서 나올 수 있는 모든 자원을 열거하는 것이다(표 4.3).

표 4.3 **육성 자원을 분류한 시스템 열거법(생산 단계)**

분류	중위 분류	하위 분류	확장 자원	속성 보유	예상 종류	ID 구간
캐릭터	레벨업	레벨업	경험치 물약	X	5	1001~2000
	스킬	스킬	스킬북	X	10	2001~3000
		특성	특성석	X	5	3001~4000
	아바타	아바타	아바타 A/B/C/D	O	20	100001~200000
	직업 스킬	액티브 스킬	직업 스킬북 A/B/C/D	X	10	4001~5000
		패시브 스킬	패시브 스킬북 A/B/C/D	X	10	5001~6000

분류	중위 분류	하위 분류	확장 자원	속성 보유	예상 종류	ID 구간
장비 시스템	기초 장비	기초 장비	무기/머리/옷/하의/신발/ 장갑/반지/목걸이/밴드	O	100	1000000~2000000
	장비 강화	장비 강화	장비 강화석	X	3	6001~7000
		장비 초월	장비 초월석	X	2	7001~8000
	보석 제련	보석 제련	보석	O	30	200001~300000
	장비 제작	장비 제작	장비 제작석	X	10	8001~9000
탈것 시스템	기초 탈것	기초 탈것	여러 탈것	O	10	300001~400001
	탈것 강화	탈것 레벨업	탈것 경험치석	X	2	9001~10000
		탈것 진화	탈것 진화석	X	10	10001~11000
	탈것 장비	탈것 장비	탈것 관련 장비	O	36	400001~500001
펫 시스템	기초 펫	기초 펫	여러 펫	O	20	500001~600001
	펫 스킬	액티브 스킬	스킬북	X	15	11001~11500
		패시브 스킬	패시브 스킬북	X	15	11501~12000
	펫 합성	펫 합성	합성석	X	10	12001~13000
	펫 재련	펫 재련	재련석	X	5	13001~14000

게임의 경제구조를 구축할 때 시스템 열거법으로 자원을 분류할 수 있지만, 실제 제작 단계에서는 자원의 다른 특성에 따라 분류해야 한다.

게임의 자원은 특성에 따라 '장비 자원'과 '도구 자원'으로 분류 가능하다. 장비 자원은 장비, 아바타, 보석 등 캐릭터의 속성을 올려주는 자원을 말한다. 도구 자원은 장비 자원을 제외한 모든 자원으로, 스킬북, 장비 강화석 등이 있다. 장비 자원이든 도구 자원이든 모든 자원은 다음의 매개변수를 설정해야 한다. 매개변수에는 이름, 설명, 아이콘, 아이템 유형, 장비 부위, 품질, 판매 가격, 스택, 파괴 가능 여부, 사용 레벨, 장비 속성, 세트, 분해 등이 있다.

자원을 정리할 때 이러한 매개변수를 사용해 아이템을 열거할 수 있다(표 4.4).

표 4.4 게임 자원 열거(개발 단계)

비고	아이템 ID	이름	설명	아이템 유형	품질	판매 가격	스택	파괴	사용 레벨
레벨업 아이템	1001	일반 경험치 물약	1만 경험치 물약	직접 사용	흰색	1	99	파괴 불가	10
레벨업 아이템	1002	고급 경험치 물약	5만 경험치 물약	직접 사용	초록색	1	99	파괴 불가	20

비고	아이템 ID	이름	설명	아이템 유형	품질	판매 가격	스택	파괴	사용 레벨
레벨업 아이템	1003	희귀 경험치 물약	10만 경험치 물약	직접 사용	파란색	1	99	파괴 불가	30
레벨업 아이템	1004	영웅 경험치 물약	50만 경험치 물약	직접 사용	보라색	1	99	파괴 불가	40
레벨업 아이템	1005	전설 경험치 물약	100만 경험치 물약	직접 사용	주황색	1	99	파괴 불가	50
스킬북	2001	열화참	스킬 학습에 사용	이동 사용	파란색	2,000	1	파괴 가능	25
스킬북	2002	얼음의 힘	스킬 학습에 사용	이동 사용	파란색	5,000	1	파괴 가능	35
스킬북	2003	영혼 징벌	스킬 학습에 사용	이동 사용	보라색	10,000	1	파괴 가능	45
스킬북	2004	신성한 속박	스킬 학습에 사용	이동 사용	보라색	20,000	1	파괴 불가	55
스킬북	2005	신의 힘	스킬 학습에 사용	이동 사용	주황색	50,000	1	파괴 불가	65
특성석	3001	1급 특성석	특성 강화에 사용	이동 사용	초록색	100	999	파괴 불가	30
특성석	3002	2급 특성석	특성 강화에 사용	이동 사용	파란색	200	999	파괴 불가	30
특성석	3003	3급 특성석	특성 강화에 사용	이동 사용	보라색	500	999	파괴 불가	30

노트 자원의 종류는 매우 다양하므로, 표 4.4에서는 일부 자원만 설명한다.

정방향 열거법으로 게임에서 사용하는 자원을 빠르게 분류할 수 있으나, 게임의 개발 시기마다 육성 루트와 플레이의 계획은 달라진다. 수치 기획자는 제한적인 조건에서 경제 흐름에서 필요한 자원의 종류를 먼저 계획한 다음, 이후 업데이트 시 실제 요구 사항에 따라 자원을 추가하고 조정할 수 있다.

정방향 열거법 외에 게임의 자원을 열거하는 방법으로 역방향 열거법이 있다.

❷ 역방향 열거법

역방향 열거법은 자원을 소비 루트에 따라 분류하는 열거법으로, 소비 루트에 따라 자원을 수집형 자원, 소모형 자원, 혼합형 자원, 기능형 자원의 4가지로 분류할 수 있다.

수집형 자원은 수집이 목적인 자원 유형으로, 수집 자체가 소비하는 과정이기도 하다. 예를 들어 도감, 장비, 보석, 아바타 등이 있다. 유저는 자원을 획득해 자신에게 사용하기에 사용하는 과정에서 손실이 없는데, 경제 흐름에서 시장 재고량이 매우 많아질 리스크가 있는 자원 유형이다. **소모형 자원**은 사용이 목적인 자원 유형으로, 육성의 매개체가 돼 소모 후 유저의 능력치를 올려준다. 소모형 자원은 경제 흐름 과정에서 손실이 발생하고, 게임 내 소비가 충분한 경우 재고량이 많아질 리스크가 없다. **혼합형 자원**은 수집형 자원과 소모형 자원의 특징을 모두 갖고 있다. 유저가 처음 자원을 획득한 이후 이 자원을 다시 얻게 되면 소모형 자원으로 쓰인다. 폐쇄경제에서 유저 간에 자원이 유통되지 않을 때 혼합형 자원은 실용적으로 게임의 경험을 크게 향상시킬 수 있다. **기능형 자원**은 특정 기능이 있는 유형으로, 보물상자의 열쇠, 보물 지도, 물약 등이 있다. 주로 소모형 자원 위주로 게임 플레이를 보완한다.

역방향 열거법과 정방향 열거법의 분류 방법은 비슷하니 여기서 더 상세히 예를 들지는 않겠다. 게임의 자원을 열거하는 목적은 경제 흐름의 매개체가 어떤 것이 있는지 정리하기 위함이다. 자원을 정리해야 게임의 육성과 플레이에 경제 흐름을 연관시킬 수 있다. 엄밀히 말하면 게임에 육성 루트, 플레이 루트, 화폐와 자원 세 가지 시스템이 있어야 진정한 의미의 '경제 수치' 구축이 시작된다.

4.2.3 보물상자

게임에서 매우 중요한 자원으로 **보물상자**가 있다. 보물상자는 게임 콘텐츠를 보충할 뿐 아니라 자체로도 게임성이 있다. 게임성이란 바로 랜덤성을 말한다.

보물상자는 고정 보물상자와 랜덤 보물상자 두 가지가 있다. 고정 보물상자는 열 때마다 고정된 아이템이 나오는 반면, 랜덤 보물상자는 종류와 등급에 따라 무작위로 아이템이 나온다.

일반적으로 보물상자는 경제모델의 기초를 완성한 후에 설계를 시작하니 실제 요구 사항에 따라 보물상자를 설계해야 한다. 아직 아이템 가격을 정하지 않았기 때문에 이 단계에서는 보물상자의 가치를 계산할 수 없다. 이후 자원의 가격을 정하고 나서 보물상자가 어느 정도 가격이 되는지 계산해 보물상자의 콘텐츠와 가격을 매칭해야 한다.

보물상자를 설계할 때 가중치로 해당 확률을 계산한다. 즉, 각 보물상자 안의 아이템에 가중치를 설정해 이것으로 아이템의 확률을 계산하는 것이다.

예를 들어, 표 4.4에서 열거한 자원으로 초보자 보물상자를 만들어보자(표 4.5).

표 4.5 **초보자 보물상자**

아이템 ID	아이템 이름	아이템 수량	화폐 단가	아이템 가격	가중치	실제 확률	기대 가치
1001	일반 경험치 물약	2	1	2	100	20.20%	0.4
1002	고급 경험치 물약	1	5	5	50	10.10%	0.51
1003	희귀 경험치 물약	1	10	10	20	4.04%	0.4
1004	영웅 경험치 물약	1	50	50	10	2.02%	1.01
1005	전설 경험치 물약	2	100	200	5	1.01%	2.02
2001	열화참	1	2	2	100	20.20%	0.4
2002	얼음의 힘	1	5	5	50	10.10%	0.51
2003	영혼 징벌	1	10	10	20	4.04%	0.4
2004	신성한 속박	1	20	20	10	2.02%	0.4
2005	신의 힘	1	50	50	5	1.01%	0.51
3001	1급 특성석	2	1	2	100	20.20%	0.4
3002	2급 특성석	1	2	2	20	4.04%	0.08
3003	3급 특성석	1	5	5	5	1.01%	0.05
보물상자 가치							7.1

노트] 보물상자 수치 구조에서 아이템 ID, 아이템 수량, 화폐 가격, 아이템 가격은 모두 알고 있는 조건이지만, **등급**은 다른 아이템의 실제 획득 확률(실제 획득 확률 = 아이템의 가중치 ÷ 전체 아이템의 가중치)을 조절하는 데 쓰인다. 기대 가치는 현재 보물상자에서 아이템의 가치(아이템 기대 가치 = 실제 획득 확률 × 아이템 가격)다. 보물상자의 실제 가치는 전체 자원의 기대 가치 합계(보물상자 가치 = 아이템 A의 기대 가치 + 아이템 B의 기대 가치 + ... + 아이템 Z의 기대 가치)다. 보물상자의 실제 확률과 기대 가치를 조정할 때 해당 아이템의 가중치만 조정하면 된다. 가령 일반 경험치 물약의 가중치가 100, 실제 확률이 20.20%다. 일반 경험치 물약의 실제 확률을 낮추려면 이 아이템의 가중치를 100에서 80으로 낮추고, 그러면 실제 확률은 20.20%에서 16.84%로 낮아진다. 이때 일반 경험치 물약의 기대 가치도 0.4에서 0.33으로 낮아지고, 해당 보물상자의 총 가치는 7.1에서 7.3으로 올라간다. 독자들이 직접 실전에서 사용해보면 그 원리를 이해할 수 있을 것이다.

이는 비교적 간단한 보물상자 설계이며, 실제 게임에서 인기 있는 보물상자는 매우 복잡할 때가 많다. 보물상자에서 여러 아이템을 얻을 수 있게 하려면 보물상자를 한 번 열 때 얻을 수 있는 **아이템 수량**도 설정해야 한다. 아이템 수량에는 의미가 여러 가지인데, 아이템 수량이 **1회 보상의 무작위 횟수**인지, **보물상자를 중복해서 여는 횟수**인지 명확히 해야 한다. 두 방식에는 본질적인 차이가 있다. 보물상자 설계에는, 보물상자를 열고 아무것도 얻지 못하는 **꽝**이라는 가능성도 있다. 이를 포함하려면 '꽝'에도 가중치를 설계해야 한다.

때로는 보물상자에는 '마트료시카' 형식이 있는데, 다시 말해 '보물상자 안의 보물상자'다. 유저는 보물상자를 열고 나서 다시 새로운 보물상자를 연다. 이러한 보물상자 형식은 프로그램 내에서 구현되며 게임에서 구체적으로 표현되지는 않는다. 보통 직업을 구분하거나 '거짓 랜덤' 보물상자를 설계하는 데 쓰인다.

예를 들어, 게임 <원신>에서 '10회 연속 뽑기'를 하면 4성 무기 또는 4성 캐릭터를 하나 이상 획득할 수 있다. 이때 보물상자에 '마트료시카'식 방법을 사용하는데, 유저가 10회 연속 뽑기를 할 때 9번은 표준 랜덤 그룹에서 뽑고, 1번은 고정된 4성 무기, 4성 캐릭터, 5성 무기, 5성 캐릭터 그룹에서 뽑는다. 이를 통해 유저가 '10회 연속 뽑기'를 할 때마다 최소 한 번은 4성 무기 또는 4성 캐릭터를 얻을 수 있게 한다. 유저가 운이 '터지면' 5성 캐릭터나 5성 무기도 뽑을 수 있다.

어떤 유형의 보물상자든 수치 기획자에게는 랜덤 드롭 1회를 계산하는 과정이 필요하다. 우리는 모든 아이템의 실제 확률을 계산하고 나서 아이템의 가치에 따라 보물상자의 기대 가치를 계산해야 한다. 보물상자와 랜덤 드롭 메커니즘은 비슷하기 때문에, 보물상자를 설계하고 기획할 때 게임의 **랜덤 생산** 구조에 통합할 수 있다. 게임의 랜덤 생산은 4.3절에서 자세히 설명하겠다.

게임의 화폐와 자원을 열거해 게임 경제 흐름에 참여하는 각 자원 '매개체'를 구했다. 어떤 게임이든 유통 매개체는 경제 수치에서 필수적인 부분이다. 캐릭터의 속성을 올리는 데 쓰는 '유통 매개체', 게임 플레이에서 얻는 '유통 매개체'는 자체 포지션에 따라 게임의 육성 모듈과 플레이 모듈을 연결해 완벽한 경제 흐름 사이클을 형성하고, 게임을 정적 시스템 모듈에서 동적 시스템 생태계로 바꾼다. 이것이 유통 매개체의 중요성이다. 4.3절에서는 게임의 경제구조를 공식적으로 구축하고, 경제 흐름에서 중요한 양극단, '생산단'과 '소비단'을 정리해 '생산 모델'과 '소비 모델'을 구축한다. 이번 절에서 설명한 '유통 매개체'로 게임의 육성과 플레이를 연결하고 생태계 사이클을 형성했으니, 마지막으로 게임의 기초 구조를 완성할 차례다.

4.3 경제구조

경제구조 구축에서 게임의 경제 흐름 구조를 정리하는 것이 핵심이다. 경제 흐름은 게임의 모든 화폐와 자원의 생산부터 저장, 소비까지의 완전한 과정이다. 게임의 생산 부분은 경제 흐름의 입구입구이므로 영어 In에서 'I'라고, 소비 부분은 경제 흐름의 출구이므로 영어 Out, 'O'라고 약칭하겠다. 게임의 경제 흐름 구조는 게임의 **I/O 구조**다. I/O 구조 설계가 바로 경제 흐름의 주요 내용이기도 하다.

경제모델에 따라 I/O 구조도 달라진다. 폐쇄경제모델을 사용한다면 화폐와 자원의 '저장 단계'에 유저의 거래가 없기 때문에 게임의 생산과 소비만 고려하면 된다. 이것이 기존의 일반적인 I/O 구조다. 시장경제 또는 계획경제모델을 사용한다면 화폐와 자원의 '저장 단계'에서 일정한 수량이 이동할 가능성이 있다. 즉, 자원과 화폐가 한 캐릭터에서 다른 캐릭터로 이동하는 것이다. 이동 과정은 경제 흐름으로 들어가 계산되고, 이런 유형의 경제 흐름이 I/O(B) 구조(B는 Business의 앞글자)다.

게임의 I/O 구조를 기획하고 나면 경제 흐름의 구조도 명확해진다. 이 시점에서 우리는 소비단에서 시작해 **게임 소비 모델**을 설계해야 한다. 게임의 모든 소비 루트를 조사하고 이 루트에 대응하는 소비 공식을 설정하는 것이다. 게임의 주요 소비 루트는 육성을 위한 소비다. 다양한 게임 자원을 소비해 여러 육성 레벨을 올리고 이로써 캐릭터의 능력치를 올린다. 게임의 소비를 설정할 때 성장 경험에 따라 다른 소비 공식을 설계할 수 있다. 그리고 캐릭터의 속성 성장 곡선을 사용해 게임 성장 모듈의 소비 공식을 설계할 수 있다. 4.4절에서 소비량과 성장 수익으로 여러 육성 루트의 가성비를 계산해, 게임의 소비가 유저의 성장과 매칭되는지 확인해볼 것이다.

게임의 모든 소비 루트를 조사하면 여러 자원의 전체 소비 규모를 알 수 있다. 전체 소비 규모는 유저의 자원 소비 수준을 나타낸다. 다음은 **게임 생산 모델**을 설계하는 단계다. 게임의 모든 생산 루트를 조사해 해당 생산 루트에 대응하는 생산 수치를 설정한다. 3.3.2절 '육성 시스템'에서 유저의 성장 시스템을 구축하면서 성장 벤치마크를 정해 캐릭터의 성장 주기를 기획했다. 게임 캐릭터의 성장 주기는 어떤 의미에서는 게임의 수명주기로 해석될 수 있다. 게임의 생산을 설계하는 것은 사실 게임의 생명주기 안에서 모든 소비 자원을 균등하게 또는 계단식으로 생산 루트에 대응시키는 것이다.

게임의 소비 모델과 게임의 생산 모델은 함께 경제모델을 구성한다. 게임의 경제모델은 전투 모델보다 훨씬 복잡하다. 이후 게임 가격 책정과 경제 검증에서 게임 경제모델의 안정성을 테스트하기 위해 몇 가지 다른 수치 모델을 사용할 것이다. 수치 모델을 통해 게임의 생태와 여러 요소의 연결 특성을 쉽게 시뮬레이션할 수 있다. 또한 게임을 구성하는 대부분의 데이터는 수치 모델로 계산된다. 명확한 경제 수치 모델을 구축하는 것은 게임 콘텐츠의 최적화와 업데이트에 매우 중요한 역할을 한다.

4.3.1 I/O 구조

게임의 I/O 구조는 화폐, 자원의 유통 과정을 설명하는 범례다. 게임의 경제는 플레이에서 화폐와 자원까지, 화폐와 자원에서 캐릭터 성장까지, 캐릭터 성장에서 전투 경험까지 순환하는 과정이고, 전투 경험의 매개체는 각종 플레이다. 이런 '큰 사이클'이 게임의 경제를 구성하고, I/O 구조는 경제를 구성하는 각 부분을 매칭하고 배열해 각 독립적인 모듈에 구조상의 연결 관계를 구축한다(그림 4.4).

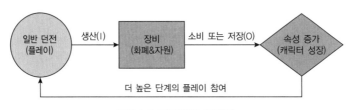

그림 4.4 **게임의 '큰 사이클'**

I/O 구조는 전기 회로의 순환 구조로 이해할 수 있다. 전기 회로의 순환 구조는 전류가 회로에 흘러가 다른 형태의 에너지로 변환되는 과정이고, I/O 구조는 유저의 게임 경험이 경제 순환을 통해 다른 형태의 수익으로 변하는 과정이다. 전기 회로 구조에서 회로가 끊어지면 변환 프로세스가 중단되고, 회로가 단락되면 회로의 구조는 심각하게 손상될 것이다. 마찬가지로 경제 흐름이 끊기면 순환 경험이 중단되고, 단락되면 경제구조 또한 심각하게 손상된다. 게임에서 자주 볼 수 있는 경제 흐름의 단락은 화폐 과잉, 대량의 화폐가 경제구조로 유입되는 것이다.

'끊김'과 '단락'이 경제구조에 미치는 영향을 피하려면 I/O 구조를 설계할 때 **직렬 구조**를 최소화하고, **병렬 구조**를 더 많이 사용해야 한다. 다시 말해 어떤 모듈이 어쩔 수 없는 이유로 끊기거나 단락됐을 때 이 모듈로 인한 손상이 다른 연결 모듈에 영향을 주지 않게 한다. 그래야 게임의 전체 경제구조가 안정적으로 제어될 수 있다.

게임의 I/O 구조에서 플레이 라인은 생산 단계에, 육성 라인은 소비 단계에 있고, 화폐와 자원은 생산과 소비를 연결하는 매개체다. 프로세스 구조 표와 블랙닷 구조 표로 게임의 I/O 구조를 설계할 수 있다. 프로세스 구조 표는 생산 단계, 매개체, 소비 단계의 프로세스 구조를 정리하는 데 도움이 되고, 블랙닷 구조 표는 생산과 소비 루트를 통계내 숨겨진 리스크를 확인할 수 있게 한다. 게임의 I/O 구조를 설계할 때 먼저 경제 흐름의 프로세스 구조 표를 작성하고, 다음으로 경제 흐름의 블랙닷black dot 구조 표를 작성해 경제의 기본 구조 설계를 마친다.

1 프로세스 구조 표

프로세스 구조 표는 I/O 구조의 프로세스화를 표현하는 방식이다. 이를 활용하면 게임 내 경제 흐름의 과정을 명확하게 설명할 수 있으며, 각 사이클에 포함된 게임 모듈을 쉽게 찾아볼 수 있어 다른 개발자와 소통하는 데 편리할 뿐 아니라 이후 보정과 최적화를 하기에도 좋다.

화폐의 생산과 소비는 다양성이, 자원의 생산과 소비는 유일성이 있다. 따라서 프로세스 구조 표를 설계할 때 가능한 한 화폐와 자원을 분리해야 한다. **화폐 유통 프로세스 표**와 **자원 유통 프로세스 표**로 나누는 것이다.

프로세스 구조 표를 설계하기 전에 중요한 준비 작업이 있다. 게임의 모든 플레이 모듈, 자원, 화폐, 성장 모듈을 열거하고 한데 모으는 것이다. 3.3.2절 '육성 시스템'에서 게임의 모든 성장 모듈을, 4.2절에서 게임의 모든 화폐와 자원을 열거했다. 따라서 현 단계에서는 게임의 모든 플레이 모듈만 열거하면 된다. 플레이 모듈은 일반적으로 레벨 디자이너가 설계하고, 수치 기획자는 모든 플레이의 포지셔닝에 따라 모듈을 분류한다(물론 필요에 따라 플레이의 제작 방식을 설계하기도 한다).

플레이 모듈을 분류하는 방법에는 여러 가지가 있는데, 여러 플레이의 생산 가치를 측정하는 것이 목적이다. 예를 들어, 쉬운 메인 퀘스트, 자동 전투 등 '비용'(주로 시간 비용, 재료 비용, 사교 비용 등을 말한다)이 적게 드는 플레이는 생산 가치가 낮고, 도전 난이도가 높은 던전, 팀 플레이는 생산 가치가 높다. 표 4.6은 개인적으로 자주 쓰는 분류법이다. 물론 실제 수요나 플레이에 대한 개인의 이해에 따라 분류해도 된다.

표 4.6 **플레이 분류**

1단계 분류	2단계 분류	3단계 분류	플레이 사례
게임성	싱글플레이어	경험(혜택)	메인 퀘스트
	PVE		일상
			일반 던전
	PVE	도전(압박)	시련
			엘리트 던전
	멀티플레이어	약한 교류	친구
		(작은 범위)	친한 친구
	GVE	강한 교류(큰 범위)	팀원
			사제
			그룹
			클랜
			진영
경쟁성	약한 경쟁성	오프라인 경쟁	경기장
		실시간 경쟁	무투장
			월드 보스
	강한 경쟁성	서버 간 경쟁	무술 대회
		서버 간 진영	전쟁
		클랜과 클랜	클랜전

이제 화폐 유통 프로세스 표와 자원 유통 프로세스 표를 설계해보자. 먼저 자원 유통 프로세스 표를 설계하면 더 쉽다.

게임의 화폐와 자원의 종류가 적다면 화폐와 자원의 유통 프로세스 표를 하나로 병합한다(그림 4.5).

프로세스 구조 표를 설계하는 데 **정방향 전개**를 사용할 수 있다. 플레이 모듈부터 시작해 중간 자원을 연결하고, 마지막으로 자원을 육성 모듈에 소모해 유통 사이클을 완성한다. **양방향 전개**를 사용할 수도 있다. 중간 자원에서 시작해 플레이 모듈과 육성 모듈을 연결하는 방식으로 유통 사이클을 완성한다. 또는 **역방향 전개**를 사용할 수도 있는데, 육성 모듈에서 시작해 중간 자원을 연결해 마지막으로 플레이 모듈을 역방향으로 전개하는 유통 사이클이다. 일반적으로는 **역방향 전개가 더 쉽다.** 수치 기획자에게 성장 모듈과 자원 모듈은 확정돼 있지만, 플레이 모듈은 확정되지 않은 상태이기 때문이다(플레이는 특정한 레벨 디자이너가 설계한다).

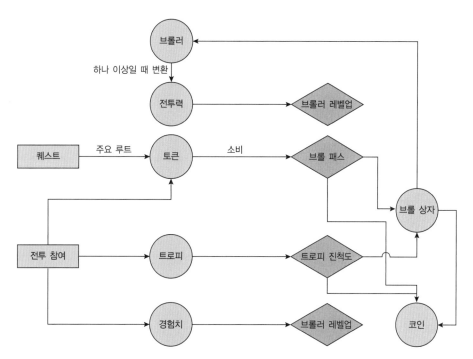

그림 4.5 **모바일 게임 <브롤스타즈>의 화폐와 자원 유통 프로세스 표**

다음으로 화폐 유통 프로세스 표를 작성한다. 화폐의 중요성은 경제모델에 따라 다르다. 폐쇄경제 모델에서 화폐는 일종의 자원에 가깝다. 시장경제와 계획경제에서 화폐는 유통 매개체의 역할을 한다. 따라서 화폐 유통 프로세스 표를 작성할 때 목적에 맞게 유통의 모든 요소를 분류해야 한다.

화폐 유통 프로세스는 보통 양방향 전개로 사이클 구조를 완성한다. 즉, 화폐를 플레이 모듈, 성장 모듈과 상점, 가판대 등의 시스템 기능을 연결하는 것이다.

다음 단계로는 프로세스 구조 표 전체를 활용해 블랙닷 구조 표를 작성하고, I/O 구조의 모든 생산량과 소비량의 통계를 내서 게임의 경제 흐름 구조와 I/O 구조를 최적화하는 데 사용한다.

2 블랙닷 구조 표
블랙닷 구조 표는 구조 표 채우기라고도 한다. 보통 게임의 성장 모듈 또는 플레이 모듈을 인덱스 열로, 자원과 화폐를 인덱스 행으로 가져와 데이터 표를 만든다. 경제구조 프로세스 표의 유통 구조에 따라 블랙닷(까만 점)을 찍는 방식으로 모듈 간 연결을 체크한다. 블랙닷 구조 표는 형상적인 이름으로, '사람이 직접 표를 기입하는 것'이 블랙닷 구조 표의 제작 방법이다.

경제 블랙닷 구조 표는 **생산 블랙닷 구조 표**와 **소비 블랙닷 구조 표**로 나뉜다. 그중 생산 블랙닷 구조 표는 플레이 모듈을 인덱스 열로, 소비 블랙닷 구조 표는 성장 모듈을 인덱스 열로 가져오며, 두 구조 표 모두 화폐와 자원을 인덱스 행으로 가져온다.

생산 블랙닷 구조 표를 통해 게임의 여러 플레이에서 생산하는 자원의 종류를 더 직관적으로 알 수 있다. 각 행은 해당 플레이 모듈에서 생산하는 자원의 종류를, 각 열은 해당 자원 생산에 매칭되는 게임 플레이를 나타낸다(표 4.7).

표 4.7 생산 블랙닷 구조 표

플레이 분류				총합	화폐				자원		
					주 화폐			부 화폐	육성 자원		플레이 자원
1단계 분류	2단계 분류	3단계 분류	플레이 사례		다이아	코인	귀속 다이아	경쟁 포인트	경험치	A 자원	B 자원
총합					3	10	11	4	5	1	6
게임성	싱글 플레이어 PVE	경험 (혜택)	메인 퀘스트	2		●			●		
			일상	3		●	●		●		
			일반 던전	2		●			●		
		도전 (압박)	시련	4		●	●		●		●
			엘리트 던전	4		●	●		●		●
	멀티 플레이어 GVE	약한 교류 (작은 범위)	친구	1			●				
			친한 친구	1						●	
		강한 교류 (큰 범위)	팀원	1		●					
			사제	1		●					
			그룹	3		●	●				●
			클랜	3		●	●				●
			진영	4	●	●	●				
경쟁성	약한 경쟁	오프라인 경쟁	경기장	1				●			
		실시간 경쟁	무투장	1				●			
			월드 보스	2			●				●
	강한 경쟁	서버 간 경쟁	무술 대회	2			●	●			
		서버 간 진영	전쟁	3	●		●	●			
		클랜과 클랜	클랜전	2	●		●				

플레이의 생산을 설계할 때 가능한 한 플레이 생산의 유일성을 유지해야 한다. 다시 말해 특정 플레이에서 하나의 자원만 생산하거나 생산의 중심이 하나의 자원이 되게 하는 것이다. 이는 생산의 분산성으로 인해 유저의 이해 비용이 올라가는 것을 방지하기 위함이며, 유저가 어느 한 가지에 더 집중하도록 동기를 부여한다. 예를 들어 온라인 게임 <미르의 전설>에서 고급 스킬북을 얻는 유일한 루트는 어느 한 던전뿐이다. 유저가 고급 스킬북을 얻고 싶다면 이 던전에 가서 탐험을 하게 되는데, 던전의 입장 조건이 높더라도 유저는 즐겁게 탐험을 하러 간다. 만약 생산 루트를 늘려 모든 필드 보스에서 고급 스킬북이 나올 수 있게 한다면 선택권이 생긴 유저는 비교를 하게 될 것이다. 일단 선택권이 생기면 고급 스킬북의 생산이 이 던전과 필드 보스로 나뉘어져서 결국 던전 플레이만의 특색을 잃게 되고, 유저 또한 목표를 잃게 될 것이다.

소비 블랙닷 구조 표로 각 성장 모듈에서 소모하는 자원의 종류를 직관적으로 이해할 수 있다. 각 행은 성장 모듈에서 소모하는 자원의 종류를 나타내고, 각 열은 해당 자원을 소모하는 성장 모듈을 나타낸다(표 4.8).

표 4.8 **소비 블랙닷 구조 표**

1단계 분류	2단계 분류	육성	총합	다이아	코인	귀속 다이아	경험치	스킬북	기초 장비	장비 강화석	장비 초월석
플레이 분류			총합	화폐 (주 화폐)			자원 (육성 자원)				
총합				2	2	1	2	1	1	1	1
캐릭터	레벨업	레벨업	1				●				
캐릭터	스킬	스킬	2				●	●			
장비 시스템	기초 장비	기초 장비	1						●		
장비 시스템	장비 강화	장비 강화	1		●					●	
장비 시스템	장비 강화	장비 초월	1		●						●
기타 시스템	싱짐	다이아 상점	1	●							
기타 시스템	싱짐	귀속 다이아 상점	1			●					
기타 시스템	거래	가판대	1	●							

게임의 소비 설계는 생산 설계와 같이 유일성이라는 특징을 최대한 살려야 한다. 보통 소비 블랙닷 구조 표는 생산 블랙닷 구조 표보다 훨씬 간단하며, 일단 확정되면 이후 조정이 거의 불가능하다.

게임의 I/O 구조는 개인의 생각과 게임에 대한 이해도에 따라 설계하는 방식이 다를 수 있다. 어떻게 설계하든 I/O 구조의 핵심 목적은 게임의 성장 모듈, 플레이 모듈을 화폐와 자원이라는 매개체로 연결해 수치 최적화 단계에서 빠르게 조정할 수 있게 한다. 버전을 업데이트할 때는 새로운 모듈을 보다 편리하게 도입할 수 있게 하고, 게임 경제의 소비 모델과 생산 모델에 가장 기본적인 설계 아이디어를 제공함을 목표로 삼는다.

4.3.2 소비 모델

소비 모델은 변수, 방정식, 규칙들을 사용해 게임 내 소비 구조의 특징과 연결 구조를 설명하는 수치 모델로, 경제모델에서 기초적인 수치 모델에 속한다. 생산 모델과 비교하면 소비 모델은 훨씬 간단하고, 구축 후에는 쉽게 조정할 수 없어서 경제모델을 설계할 때 소비 모델을 먼저 설계한다.

4.3.1절 'I/O 구조'에서 프로세스 구조 표와 블랙닷 구조 표를 통해 게임의 경제구조를 구축한 바 있다. 소비 모델 설계의 핵심 아이디어는 다음과 같다. I/O 구조를 중심에 놓고 먼저 구조의 모든 소비 루트를 전개하고 세분화한다. 변수, 함수, 규칙들로 각 소비 루트의 소비 곡선을 구성한다. 그 다음 필요한 모든 지표 수치를 계산한다. 마지막으로 지표 수치를 평가해 소비의 합리성을 검증한다.

소비 모델의 설계 방법은 3.3.2절 '육성 시스템'에서 레벨 성장을 설정한 방법과 매우 비슷하다. 각 모듈의 소비 수치는 해당 플레이의 생산에 영향을 준다. 장비 강화 모듈을 예로 들어보자. 장비를 강화할 때마다 장비 강화석을 소비하는데, 소비 모델에서는 장비를 강화할 때마다 소비해야 하는 장비 강화석의 개수를 설계해야 한다. 이를 몇 가지 함수 공식을 설계해 계산할 수 있지만, 이것만으로 소비 모델을 완성할 수는 없다. 실제 게임에서 소비되는 수량은 해당 자원의 생산량, 가격, 수익 등 여러 측면에서 영향을 받는다. 소비량, 생산량, 가격, 수익 등의 데이터를 적합시키는 것이 소비 모델에서 해결해야 할 가장 중요한 부분이다.

소비 모델을 구축하는 과정은 소비 세분화와 데이터 집계로 나뉜다. 소비 세분화는 각 모듈의 소비 모델을 구축하는 데, 데이터 집계는 각 모듈의 지표 수치를 집계할 때 쓰인다.

구축 과정 단계에서 설계된 소비 모델은 완전하지 않다. 소비 모델을 통해 구한 모든 소비 수치는 다음 단계인 생산 모델 설계에 필요한 데이터일 뿐이다. 이후 게임의 가치 체계를 구축한 후 소비 모델을 이차적으로 업그레이드하며, 일련의 표준 가치 체계로 게임의 깊이와 각 성장 모듈의 가성비를 계산한다.

① 소비 세분화

소비 세분화는 게임의 각 소비 루트를 특성에 따라 세분화하는 것이다. 133쪽의 '2.블랙닷 구조 표'에서 게임의 소비 구조를 정리했다. 소비 모델에 따라 게임의 모든 소비 루트를 성장 모듈 소비, 플레이 모듈 소비, 기타 모듈 소비로 나눈다(표 4.9). 그중 플레이 모듈 소비는 거의 플레이 모듈 안에서 순환 사이클을 형성하므로 기획에서 필요할 때만 정리하면 된다. 기타 모듈의 소비는 주로 게임의 주변 시스템, 예를 들어 상점, 친구 등 시스템의 소비를 말하며, 이는 게임의 수익화에서 통합해 설계한다. 이 단계에서 세분화하는 소비는 성장 모듈의 소비다.

표 4.9 **소비 세분화**

유형	1단계 분류	2단계 분류	육성	소비
성장 모듈 소비	캐릭터	레벨업	레벨업	경험치
		스킬	스킬 학습	스킬북
			스킬 레벨업	스킬북 페이지
	장비 시스템	기초 장비	기초 장비	N/A
		장비 강화	장비 강화	장비 강화석
			장비 초월	장비 초월석
플레이 모듈 소비	게임성	일일 스토리	스토리	N/A
		도전	타워	도전 티켓
	경쟁성	실시간 경쟁	경기장	경기장 티켓
기타 모듈 소비	기타 시스템	상점	다이아 상점	다이아
			귀속 상점	귀속 다이아
		거래	가판대	다이아

성장 모듈 소비는 성장 모듈마다 다른 소비 함수를 설계해야 한다. 소비 함수 구조에 따라 소비 모듈은 **선형 소비**와 **비선형 소비**로 나뉜다. 다시 말해 함수 중 **다항함수**가 선형 추세 또는 비선형 추세를 보이는 것이다. 일반적으로는 성장 모듈의 중요도와 소비 규모에 따라 어떤 소비 모듈을 쓸지 결정한다. 중요도가 높고 소비량이 적은 성장 모듈은 선형 소비를 써야 성장 모듈의 가성비를 조정하기 쉽고 생산 계획을 짜기도 쉽다. 중요도가 낮고 소비량이 많은 성장 모듈은 비선형 소비를 쓴다. 게임의 육성 주기를 크게 늘려 해당 모듈의 육성 경험을 깊이 있게 만들기 위해서다.

물론 이는 절대적이지 않다. 어떤 소비 모델을 쓸 것인지는 실제 수요와 육성 경험에 따라 판단해야 한다. 장비 강화를 예로 들면, 장비 강화를 20레벨까지 할 수 있고, 200레벨까지 할 수 있는 게임도 있다. 만약 두 게임의 강화의 육성 주기가 똑같이 100일이라면, 20레벨의 장비 강화는 비선형 소비를, 200레벨의 장비 강화는 선형 소비를 쓰는 것이 좋다.

어떤 모델을 사용하든 소비 설계는 생산 설계를 위해 모델을 사용하는 데 취지가 있다. 매일 1개를 생산하는 것이 좋은지, 10개를 생산하는 것이 좋은지는 소비 설계에 따라 바뀔 수 있다. 이것이 바로 소비 모델의 존재 의의다.

(1) 선형 소비

선형 소비는 각 육성 단계에서 소비되는 자원 수량이 선형 추세를 보이는 소비 모델로, 일반적으로 일차함수 $y = ax + b$를 기본 공식으로 사용한다.

다음 공식은 간단한 선형 소비 함수로, '레벨당 증분값'을 매개변수 1로, '소비 초깃값'을 매개변수 2로 사용해 레벨과 연결한다. 선형 소비 함수를 장비 강화 성장 모듈에 사용해보겠다.

> **자원 소비량 = 레벨당 증분값 × (캐릭터 레벨 − 1) + 소비 초깃값**

게임에서 장비가 부위에 따라 6종류로 분류된다고 가정해보자. 각 장비의 최대 강화 레벨은 모두 100이고, 첫 강화에는 장비 강화석 2개가 필요하다. 이후 필요한 장비 강화석이 레벨마다 4개씩 증가한다.

이 규칙에 따라 첫 번째 단계로 먼저 장비 강화에 매개변수를 설정한다(표 4.10).

표 4.10 **장비 강화 매개변수**

매개변수 이름	매개변수 수치
초깃값	2
레벨당 증분값	4
장비 종류	6

두 번째 단계는 위의 소비 공식에 표의 장비 강화 매개변수를 대입하고, 이를 계산해 각 레벨에서 장비 강화에 소비해야 하는 장비 강화석의 개수를 계산한다(표 4.11).

표 4.11 장비 강화 소비

레벨	공격력	방어력	체력	강화석 소비량	총 소비량(장비 6종류)	누적 소비량
1	3	3	30	2	12	12
2	6	6	60	6	36	48
…	…	…	…	…	…	…
…	…	…	…	…	…	…
49	192	192	1,920	194	1,164	28,812
50	198	198	1,980	198	1,188	30,000
…	…	…	…	…	…	…
99	585	585	5,850	394	2,364	117,612
100	594	594	5,940	398	2,388	120,000

노트 위 속성은 세분화 후 장비 강화 시 추가되는 누적 속성이다. 총 소비량은 장비 6종류를 모두 1회씩 강화할 때 드는 소비량이고, 누적 소비량은 각 레벨까지 강화하는 데 드는 강화석의 누적 수량이다. 소비를 설계할 때 추가되는 속성도 표에 작성해야 소비와 속성의 가치 비율을 계산하기 편리하고, 속성 수익을 벤치마크로 삼아 보다 합리적으로 소비량을 설정할 수 있다.

위 두 단계를 통해 장비 강화 모듈에서 소비해야 하는 장비 강화석의 수량을 구했다. 게임에서는 여러 자원을 사용해 육성할 때가 많다. 여기서도 마찬가지로 각 자원에 먼저 매개변수를 설정한 다음, 소비 공식에 대입해 각 자원의 소비량을 계산한다.

선형 소비 함수로 계산해 구한 각 레벨의 소비량은 선형 소비 추세를 보이고, 누적 소비량은 한계 효용체증을 보인다(그림 4.6).[3]

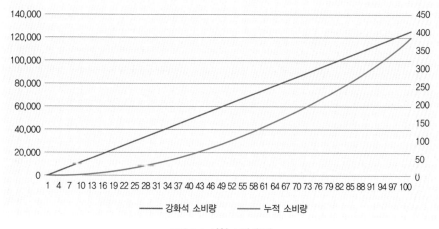

그림 4.6 선형 소비 추세

---

3   옮긴이 이 표와 그래프 역시 동일한 구글 시트에 재현해뒀다. https://bit.ly/3ypVaG7

성장 모듈의 소비 수치를 설정한 후에는 성장 모듈의 전투력 수익과 소비에 대해 수학적 연산을 해서 성장 모듈의 투입산출 비율을 계산해야 한다. 이후 가치 체계의 가성비에서 가치를 통해 성장 모듈의 가성비를 측정할 것이다. 여기서는 소비 수치와 전투력 수익의 관계의 틀만 잡아 소비 곡선 추세가 합리적인지만 판단한다.

참고   3.4.3절 '밸런스 다시 살펴보기'에서 전투력 밸런스 문제, 즉 각 속성이 1 pt 증가했을 때 캐릭터의 전투력이 늘어나는 수치 문제를 다뤘다. 여기서 투입산출 비율은 각 레벨에서 증가하는 자원 소비량에서 증가하는 전투력 수치를 나누는 것이다(투입산출 비율(각 레벨) = 소비량(각 레벨) ÷ 전투력 수치(각 레벨)). 여러 종류의 화폐나 자원을 소비한다면 이를 하나의 화폐로 변환해 계산해야 한다. 구체적인 변환 관계는 일단 과감하게 설정한다. 예를 들어 장비 강화에서 장비 강화석과 코인을 소비한다. 강화석 1개당 가치가 1, 코인 1,000개당 가치도 똑같이 1이라고 했을 때, 소비량은 강화석의 가치와 코인의 가치의 합이다. 이 데이터를 투입산출 비율 공식에 대입하면 장비 강화 모듈의 투입 산출 비율 데이터를 구할 수 있다(표 4.12).

표 4.12 **장비 강화(각 레벨)의 투입산출 비율**

레벨	전투력 가치	강화석 가치	코인 가치	투입산출 비율
1	90	12	1	0.14
2	90	36	2	0.42
......	......	......	......	......
......	......	......	......	......
49	180	1,164	64	6.82
50	180	1,188	66	6.97
......	......	......	......	......
99	270	2,364	195	9.48
100	270	2,388	198	9.58

일반적으로 게임 성장 모듈의 투입산출 비율은 모듈 성장 초기에 낮다. 즉, 소량의 자원을 투입해 높은 수익을 얻는다. 후반으로 갈수록 투입산출 비율은 점차 높아져 더 많은 자원을 투입해야 같은 수준의 수익을 얻을 수 있게 된다. 곡선은 전체적으로 우상향이지만, 단계마다 변동하는 추세를 보인다(그림 4.7).

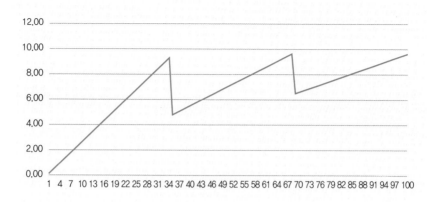

그림 4.7 **투입산출 비율 데이터 그래프(변동 추세)**

[노트] 가로축은 성장 레벨을 세로축은 투입산출 비율 데이터를 나타낸다. 대부분 변동하는 투입산출 비율 그래프는 양호한 게임 경험을 뜻한다. 즉, 유저가 성장 모듈에서 소비하는 자원의 수량이 증가할수록 수익은 점차 하락한다. 특정 단계에 도달하면 수익이 급격히 늘어나게 해 육성 모듈의 단계별 감각과 성장 리듬을 강화한다.

소비 공식을 설정할 때 일차함수를 사용해 일부 성장 모듈의 성장 경험의 요구 사항을 만족할 수 있다. 또 성장 경험의 요구 사항에 따라 일차함수를 업그레이드해 성장 경험을 차별화도 가능하다.

예컨대, 어떤 성장 모듈에서 5레벨이 오를 때마다 전투력 수익이 크게 늘어야 한다. 이런 요구 사항이 있다면 일차함수를 다음과 같은 형식으로 조정한다.

자원 소비량 = 레벨당 증분값 × ROUNDUP((레벨 - 1) / 5,0) + 소비 초깃값

[참고]   ROUNDUP 함수는 엑셀에서 자주 쓰는 반올림 함수다.

실제 경험의 요구 사항에 따라 각 레벨의 증분값과 소비 초깃값을 조정해 우리가 필요한 소비 함수를 얻을 수 있다.

게임의 소비 함수를 설정할 때 레벨 성장과 유사한 방식이 또 하나 있다. 단일 레벨에 소비해야 하는 시간을 주요 매개변수로 하는 소비 함수. 66쪽의 '⑴ 레벨 성장'에서 캐릭터의 성장을 살펴보며 경험치 함수를 다음과 같이 정의했다.

경험치(레벨당 소모) = 1레벨당 시간 × (기본 경험치 + (레벨 증가 보정값 × 캐릭터 레벨)) + 보정값

'경험치(레벨당 소모)'는 레벨을 올릴 때마다 소모되는 자원의 양이다. '1레벨당 시간', 매일 투입량, 레벨 증분값, '보정값'을 설정해서 자원 소비량을 구할 수 있다. 앞 함수를 약간 보정하면 성장에 소비되는 자원의 소비 공식을 구할 수 있다.

> 자원 소비량(레벨당) = 1레벨당 시간 × 자원 생산량(일일) + 보정값
>
> 자원 생산량(일일) = 기본 자원량 + 레벨 증가 보정값 × 캐릭터 레벨

레벨 시간과 연결된 소비 공식을 사용해 각 레벨의 소비 수치를 계산하는 방식은 일차함수로 소비 수치를 계산하는 방식과 같다. 먼저 함수에서 필요한 매개변수는 '1레벨당 시간', '자원 생산량(일일)', '레벨 증가 보정값', '보정값'이다. '1레벨당 시간' 매개변수는 표 4.14에서 레벨별 형태로 설정하고, 나머지는 표 4.13에 나타냈다.

표 4.13 **강화 매개변수**

매개변수 이름	매개변수 수치
자원 생산량(일일)	50
레벨 증가 보정값	0.5
보정값	0

모든 매개변수를 소비 함수에 대입하면 원하는 소비 표를 얻을 수 있다(표 4.14).

표 4.14 **장비 강화 소비(자원 생산량(일일))**

레벨	1레벨당 시간	공격력	방어력	체력	강화석 소비량	총 소비량	누적 소비량
1	0.06	3	3	30	5	30	30
2	0.08	6	6	60	5	30	60
......	......	......	......	......	......	......	......
49	1.01	192	192	1,920	99	594	10,368
50	1.02	198	198	1,980	103	618	10,986
......	......	......	......	......	......	......	......
99	1.51	585	585	5,850	502	5,850	91,638
100	1.52	594	594	5,940	515	5,940	94,728

이후 투입산출 비율의 계산 방식은 일차함수 계산과 같아서 설명하지 않고 넘어간다. 마지막으로 그림 4.8과 같은 투입산출 비율 그래프를 구할 수 있다.

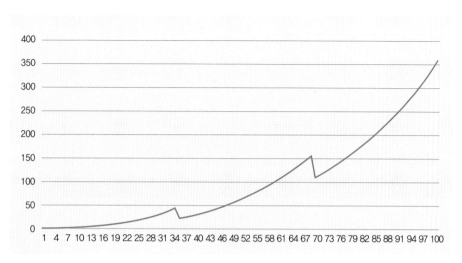

그림 4.8 **투입산출 비율 그래프**

강화 레벨이 올라갈수록 소비되는 자원량이 급격히 증가한다. 물론 투입산출 비율 그래프의 추세가 게임 설계에 문제가 되지는 않는다. 투입산출 비율의 추세는 주로 소비 자원 가치 변동의 영향을 받는다. 경제모델을 설계할 때 어떤 게임 자원은 일정한 가치를 갖도록 계획되는 반면, 게임 주기에 따라 가치가 하락해야 하는 게임 자원도 있다. 그러한 자원은 게임 후반에 플레이나 운영 수단을 추가해 수량을 적절히 늘릴 수 있다. 그렇게 되면 가치가 일정해서 속성 성장이 부족한 유저라면 다른 유저와의 속성 격차를 어느 정도 줄일 수 있다.

선형 소비 함수 외의 선택지로 비선형 소비 함수가 있다.

(2) 비선형 소비

비선형 소비 함수는 각 육성 단계에서 소비하는 자원량이 기하급수로 증가하거나 단계별로 변화하는 소비 모델이다. 가장 자주 볼 수 있는 비선형 소비 함수는 이차함수다.

다음 이차함수는 '레벨당 증분값'을 매개변수 1로, '보정값'을 매개변수 2로, '소비 초깃값'을 매개변수 3으로 하는 간단한 비선형 소비 함수다. 이차함수의 보정값은 음수로도 나타낼 수 있다. 보정값을 음수로 나타내면 수치가 너무 빠르게 증가함으로써 일어나는 문제를 줄일 수 있다.

> 자원 소비량(레벨당) = 레벨당 증분값 × (레벨 - 1) 2 + 레벨 × 보정값 + 소비 초깃값

78쪽의 '3. 성장 세분화'에서 성장을 세분화할 때 레벨 벤치마크 방식과 백분율 분할 방식을 사용

했다. 두 가지 방법 모두 성장 모듈의 각 레벨에서 속성은 기하급수적으로 증가할 수 있다. 예를 들어 게임에서 무기 돌파를 할 때, 1단계 돌파 시 공격력 3 pt, 2단계 돌파 시 공격력 12 pt(누적 공격력 15 pt), 3단계 돌파 시 공격력 27 pt(누적 공격력 42 pt)가 증가한다면 돌파할 때마다 얻는 속성 보너스는 점점 더 많아진다.

이처럼 속성 성장이 가속화되는 성장 모듈에서 소비 곡선을 설계할 때는 비선형 소비 함수를 사용해야 한다. 육성 레벨이 올라갈수록 유저가 얻는 속성의 증가 속도가 빨라지고, 소모해야 하는 자원량도 점차 늘어난다. 비선형 소비의 설계 단계는 선형 소비의 설계 단계와 같이 먼저 함수 공식에 필요한 매개변수를 설정하는 것부터 시작한다. 여기서는 무기 돌파 성장 모듈을 예로 들어 비선형 소비 함수의 설계 방식을 알아본다(표 4.15).

표 4.15 **무기 돌파의 소비 매개변수**

매개변수 이름	매개변수 수치
레벨당 증분값	3
보정값	-1
소비 초깃값	3

다음으로 설정된 매개변수를 함수 공식에 대입해 성장 모듈의 표를 작성한다(표 4.16).

표 4.16 **무기 돌파 소비**

강화 레벨	레벨 시간	공격력	방어력	체력	강화석 소비량	누적 소비량
1	0.06	3	3	30	2	12
2	0.08	12	12	120	4	36
3	0.10	27	27	270	12	108
4	0.12	48	48	480	26	264
5	0.14	75	75	750	46	540
6	0.16	108	108	1,080	72	972
7	0.18	147	147	1,470	104	1,596
8	0.20	192	192	1,920	142	2,448
9	0.22	243	243	2,430	186	3,564
10	0.24	300	300	3,000	236	4,980

이후 단계도 선형 함수와 같다. 각 레벨의 전투력 가치와 소비량을 계산하고, 투입산출 비율을 계산해 소비가 합리적인지 평가한다.

이와 같은 방법으로 게임의 모든 육성 루트에 소비 함수를 구축할 수 있다. 그다음 소비 함수를 사용해 계산하면 각 육성 루트의 성장에 소비해야 하는 자원량을 구할 수 있다.

대부분의 게임에는 다양한 육성 루트가 있으며, 각 육성 루트의 소비는 모두 육성 루트의 설계 목적, 포지셔닝, 성장 경험에 따라 적합한 소비 함수를 골라 사용할 수 있다. 사용 난이도로 말하자면 선형 함수가 조금 더 쉽고, 수치 기획자가 경제 수치를 더 정확하게 제어할 수 있을 것이다. 그러나 유저의 성장 과정에 환희가 부족해질 수 있다. 유저의 경험 측면에서 보자면 비선형 소비가 투입산출 비율의 변동이 커서 수익이 비교적 높기 때문에 유저에게 더 매력적이지만, 수치 구조에서 리스크도 커질 수 있기 때문이다. 두 소비 함수 모두 각각의 장단점이 있다. 확실하지 않다면 리스크가 작은 방식을 선택해 게임 경제구조를 견고하게 유지하는 것이 좋다.

❷ 데이터 집계

데이터 집계는 세분화 후 각 소비 모듈의 주요 데이터를 집계하는 것이다. 소비 데이터를 집계해 게임 경제구조의 소비 데이터를 더 전반적으로 이해할 수 있고, 이는 이후 게임의 생산 모델에 생산량 지표를 제공한다.

여기서는 '소비 블랙닷 구조 표'에서 소비 루트를 인덱스 열로 해 게임 내 모든 육성 루트의 소비 데이터를 집계하고, 소비 수치에 따라 지표 데이터를 계산한다(표 4.17).

표 4.17 **소비 데이터 집계**

분류	육성	소비 도구	소비량	전투력 데이터	투입산출 비율	육성 횟수	일일 생산량	육성 주기
레벨업	레벨어	경험치	N/A	N/A	N/A	N/A	N/A	N/A
스킬	스킬 학습	스킬북	10	N/A	N/A	N/A	N/A	N/A
	스킬 레벨업	스킬북 페이지	45,504	4,000	11.38	50	75.84	600
기초 장비	기초 장비	N/A	N/A	10,000	N/A	N/A	N/A	N/A
장비 강화	장비 강화	장비 강화석	94,728	17,820	5.32	200	50	181.60
	장비 초월	장비 초월석	4,980	9,000	0.55	20	24.9	200

[노트] 소비량 = Σ 레벨낭 소비탕, 진두력 데이디 = Σ 레벨당 전투력 수치, 투입산출 비율 = 총 소비량 ÷ 전투력 데이터, 육성 횟수 = 최대 육성 횟수, 일일 생산량 = 소비량 ÷ 육성 주기(또는 일일 생산량 = 레벨 구간 일일 생산량), 육성 주기 = Σ 각 레벨 육성 주기. 소비 함수 공식을 설정할 때 육성 주기를 소비 공식에 대입할 수 있으며, 매개변수를 사용해 소비 공식을 설정할 수도 있다. 육성 주기를 매개변수로 사용한다면 데이터 집계에서 육성 주기는 레벨당 육성 주기다. 보정값을 매개변수로 사용한다면 육성 주기는 게임 생명주기에 따른 하나의 육성 주기로 가정한다. 일일 생산량의 계산 방식은 마찬가지로 함수의 매개변수를 사용해 계산하거나 소비량 ÷ 육성 주기로 계산한다. 여기서 일일 생산량은 이후 생산 모델에서 설계할 일일 생산량 수치에 직접적인 영향을 준다는 점을 주의해야 한다.

게임의 소비 데이터를 집계하면 여러 육성 루트의 소비 데이터 정보를 전방위적으로 확인하고 비교할 수 있다. 소비 데이터에서 가장 중요한 데이터 정보는 여러 육성 루트의 투입산출 비율 데이터다. 투입산출 비율 데이터는 해당 성장 모듈 자원량의 규모에 간접적인 영향을 준다. 일반적으로 **투입산출 비율 수치가 낮을수록 해당 성장 모듈에서 소비하는 자원 1개당 수익이 높아지고,** 이 성장 모듈은 더 중요해진다. 5장에서 게임의 가치 체계를 구축한 후 소비 자원의 가치와 전투력 수익 가치에 따라 각 성장 모듈의 가성비 데이터를 계산해야 한다. **가성비 데이터와 투입산출 비율 데이터**를 통해 게임의 각 성장 모듈의 중요도와 성장 경험을 더 명확하게 판단할 수 있다.

4.3.3 생산 모델

생산 모델은 생산 블랙닷 구조 표에 따라 각 자원과 화폐를 플레이에 분배하고, 그다음 사전 설정한 매개변수를 통해 모든 플레이의 생산 수치를 계산하는 또 하나의 경제모델이다. 생산 모델에서 사전 설정해야 하는 매개변수는 대부분 소비 모델과 관련이 있다. 예를 들어 어떤 자원의 총 소비량이라는 매개변수는 소비 모델을 통해 계산해 구할 수 있다. 일일 생산량이라는 매개변수도 소비 모델을 통해 계산해 구할 수 있다. 이런 매개변수들 외에 다양한 설계 요구 사항에 따라 추가 설정해야 하는 매개변수도 있다. 어떤 자원의 고정 생산 비율은 주로 자원을 조정하는 데 쓰이는 매개변수도 예로 들 수 있는데, 이는 결국 각종 플레이의 자원 생산량에 영향을 주어 경제구조 중 생산 단계의 공급량을 조절한다.

생산 모델의 기본 구조 단계에서는 플레이 모듈에 생산 비율을 할당하고, 생산 모델 매개변수와 자원 생산의 자연증가계수를 미리 설정한다. 이는 게임 생산 모델에서 가장 중요한 설계이기도 하다. 생산 모델의 기본 구조를 통해 게임의 모든 모듈의 생산 수치를 계산해 구할 수 있고, 이후 모듈의 생산은 모두 기본 구조를 세분화해 게임의 자원 생산에 할당한다. 전체 아이디어는 전투 수치에서 육성 시스템을 설계한 것과 같이 총량을 구한 다음 세부적으로 나누는 것이다. 생산 모델에서는 생산량을 빠르게 최적화하고 조정하기 위한 스위치가 필요하다는 점에서 육성 시스템과 다르다.

게임 생산 모델의 기본 구조를 설계할 때는 다양한 경제모델의 자원 생산 루트도 고려해야 한다. 폐쇄경제모델의 게임에서 생산은 모두 **시스템 생산**으로, 시장경제와 계획경제모델의 게임에서 생산은 **시스템 생산**과 **유저 거래**에서 이뤄진다. 유저 거래에서 일어나는 생산은 전체에서 상당 부분을 차지한다. 시장경제모델과 계획경제모델의 생산 모델에서는 각 자원의 시스템 생산 비율과 유저 거래 비율을 미리 설정해야 두 가지 생산 비율이 게임 생산에 미치는 영향을 판단할 수 있다.

시스템 생산 방식에는 **고정 생산**과 **랜덤 생산** 두 가지 종류가 있다. 고정 생산은 게임에서 각 유저가 플레이 중 획득하는 게임 자원이 고정돼 있으며, 생산량이 레벨 또는 플레이 난이도의 증가에 따라 늘어난다. 랜덤 생산은 일정한 확률로 게임 자원을 획득하는 것이다. 획득할 수 있는 자원의 종류와 자원량이 모두 시스템에 의해 임의로 분배되고, 이는 종종 '운'에 따라 결정된다. 게임 자원의 랜덤 생산은 게임의 신선도를 유지하는 중요한 요소다.

수치 기획자는 고정 생산과 랜덤 생산의 비율 밸런스를 맞추는 방법을 신중히 고려해야 한다. 고정 생산 비율을 너무 많이 설정하면 게임의 신선도를 낮추고, 게임의 경험을 '웹 게임화'한다(과하게 쉽게 만들고 많이 고정하는 것은 게임을 웹 게임화하는 주요 방식이다). 그리고 랜덤 생산 비율을 너무 많이 설정하면 게임의 공급과 수요 밸런스를 잃어 '뽑기 운'이 없다면 아무런 재미도 없게 만든다.

1 생산 모델의 기본 구조

생산 모델의 기본 구조는 수치 모델의 **생산 분배**, **생산 매개변수**, **증가계수** 이렇게 3단계로 구축한다. 생산 분배는 게임의 자원과 화폐의 생산 비율을 각 플레이 모듈에 분배하는 것이다. 이는 생산 모델의 소스 데이터에 해당한다. 생산 매개변수는 '조건형' 매개변수를 미리 설정하는 것으로, 자원과 화폐의 생산량을 조절하는 데 쓰인다. 이는 생산 모델에서 스위치에 해당한다. 증가계수는 화폐와 자원 생산의 증가량 규모로, 하나의 플레이의 단계별 생산량을 조정하는 데 사용되며, 생산 모델에서 증가계수에 해당한다.

대부분 플레이의 생산 수치는 다음의 공식을 따른다. 게임의 절대다수 플레이 모듈의 자원 생산은 생산 분배, 생산 매개변수, 증가계수 등 세 가지 설정값으로 계산할 수 있다. 게임의 생산 수치를 최적화하는 것은 어떤 의미에서 생산 분배, 생산 매개변수, 증가계수를 최적화하는 것과 같다.

> 플레이 생산량 = 생산 분배 × 생산 매개변수 × (1 + 증가계수)

(1) 생산 분배

4.3.1절 'I/O 구조'에서 프로세스 구조 표에 따라 블랙닷 구조 표를 설정했다. 생산 분배는 생산 블랙닷 구조 표에서 각 블랙닷을 생산 비율에 맞게 조정해 표기하는 것이다. 생산 비율을 분배할 때는 일회성 플레이 보상과 일일 플레이 보상을 구분해야 한다. 일회성 플레이 보상은 수량을 별도로 집계해야 하며, 이는 이후 수치를 검증할 때 경제 수치를 검증하는 데 쓰인다. 일일 플레이 보상의 비율은 생산 분배의 핵심 데이터다. 생산 모델에서는 이 데이터들로 플레이 모듈의 생산 수치를 계산할 것이다.

여기서는 4.3.1절 'I/O 구조'에서 미리 설정한 블랙닷 구조 표를 예로 들어 게임의 자원 생산 분배를 해보겠다(표 4.18).

표 4.18 생산 분배

플레이 분류			플레이 비곳값	화폐				자원		
				주 화폐			부 화폐	육성 자원		플레이 자원
1단계 분류	2단계 분류	플레이 사례		다이아	코인	귀속 다이아	경쟁코인	경험치	A 자원	B 자원
자원 총합				100%	100%	100%	100%	100%	100%	100%
1회성 보상	메인	메인 퀘스트	83%		50%			10%		
	장기 보상	업적 시스템	100%			50%				
중복성 보상	경험 (혜택)	일일 퀘스트	44%		30%	20%		40%		
		일반 던전	89%		5%			40%		
	도전 (압박)	시련	50%		30%	40%				10%
		엘리트 던전	56%		10%	10%			20%	50%
	약한 교류 (작은 범위)	친구	100%			5%				
		친한 친구	100%						100%	
	강한 교류 (큰 범위)	팀원	100%		2%					
		사제	100%		3%					
		그룹	67%		5%					10%
		클랜	67%		5%					10%
		진영	67%	20%	10%					
	오프라인 경쟁	경기장	100%				50%			
	실시간 경쟁	무투장	100%				20%			
		월드 보스	80%			5%				20%
	서버 간 경쟁	무술 대회	67%			20%	10%			
	서버 간 진영	전쟁	71%	50%			20%			
	클랜과 클랜	클랜전	100%	30%						

노트 표의 데이터를 블랙닷의 형식으로 생산 블랙닷 구조 표에 매핑할 수 있다. 그럼 이후 생산 구성을 바꿀 때 생산 분배만 조정하면 생산 블랙닷 구조 표도 동기화돼 조정된다.

처음 블랙닷을 표기해 비율을 설정할 때, 화폐와 자원의 특성에 따라 주관적인 판단으로 각 플레이의 생산 비율을 결정하거나, 생산 분배 중 플레이 비곳값과 자원 집계치로 게임 생산 분배가 합리적인지 판단할 수도 있다. 공식은 다음과 같다.

> 플레이 비곳값 = MAX(모든 자원의 생산 비율) ÷ Σ 모든 자원의 생산 비율
>
> 자원 집계치 = Σ 모든 플레이 모듈의 생산 비율

참고 MAX(데이터)는 데이터의 최댓값을 계산하는 데 사용된다.

플레이 비곳값은 해당 플레이의 최대 생산 비율을 계산하는 데이터다. 비곳값이 클수록 해당 플레이에서 생산하는 종류는 유일해지고, 플레이의 생산이 더 명확해진다. 플레이 비곳값 비율이 50%보다 작다는 것은 해당 플레이 생산이 너무 분산돼 있고 중심이 없다는 의미여서, 유저는 이런 플레이를 덜 중요하게 여길 것이다.

자원 집계치는 해당 유형의 자원의 비율을 집계하는 것이다. 자원 집계치가 100%라면 해당 자원이 플레이에 모두 분배됐음을 뜻한다.

(2) 생산 매개변수

게임의 자원에 생산 비율을 분배하고 나면 기본 구조 중 생산 매개변수를 설정한다. 생산 매개변수는 생산 모델에서 주로 게임의 모든 화폐와 자원의 생산량을 계산하고 조정하는 데 쓰인다. 생산 구조의 요구 사항에 따라 다양한 매개변수를 추가할 수 있으며, 이를 통해 게임 전체의 생산을 제어 가능하다. 표 4.19에 참고용으로 자주 사용하는 매개변수를 넣어놨다.

고정 생산, **랜덤 생산**, **투입 비율**은 생산 모델에서 사람이 직접 사전 설정돼야 하는 매개변수다. 이런 매개변수를 사전 설정하며 귀속 자원의 비율과 유통 자원의 비율을 따로 설정해야 한다. 구체적인 비율은 자원의 특징과 목적에 따라 설정한다. 비율을 설정한 후 **고정 비율**과 **유통 비율**을 집계해 해당 유형의 자원 분배가 기대에 부합하는지 평가한다.

> 고정 비율 = 귀속 자원 고정 생산 비율 + 유통 자원 고정 생산 비율
>
> 유통 비율 = 유통 자원 고정 생산 비율 + 유통 자원 랜덤 생산 비율

표 4.19 생산 매개변수

분류		총 소비량	투입 주기 (일일)	일 생산량	집계	고정 비율	유통 비율	고정 생산		랜덤 생산		투입 비율		
								귀속 비율	유통 비율	귀속 비율	유통 비율	활성 유저	소과금 유저	극한 투입
화폐	다이아	N/A	N/A	0	0%	0%	0%	0%	0%	0%	0%	N/A	N/A	N/A
	코인	N/A	N/A	500,000	100%	70%	40%	60%	10%	0%	30%	70%	100%	200%
	귀속 다이아	N/A	N/A	300	100%	70%	0%	70%	0%	30%	0%	70%	100%	200%
	경쟁코인	500,000	1,000	500	100%	50%	0%	50%	0%	50%	0%	80%	100%	200%
육성 자원	A 자원	94,728	181.60	521	100%	40%	70%	30%	10%	0%	60%	75%	100%	200%
	B 자원	45,504	600	75	100%	20%	0%	20%	0%	80%	0%	80%	100%	200%
	C 자원	4,980	200	24	100%	30%	30%	20%	10%	50%	20%	50%	100%	200%
플레이 자원	D 자원	N/A	N/A	10	100%	100%	0%	100%	0%	0%	0%	100%	100%	100%
	E 자원	N/A	N/A	20	100%	50%	50%	50%	0%	0%	50%	100%	100%	100%

[노트] 투입 비율 중 활성 유저는 매일 게임에 참여하는 유저를, 소과금 유저는 일정 금액을 과금하는 유저를 뜻한다(구체적인 금액은 6장에서 설명하겠다). 극한 투입은 게임에서 유저가 최대로 획득할 수 있는 자원의 비율이다. 기본 매개변수 중 총 소비량, 투입 주기(일일)은 성장 모듈에 따라 설정해야 하고, 일 생산량은 총 소비량에서 투입 주기를 나눠 계산한다. 가령 장비 강화를 만렙까지 하려면 장비 강화석이 10,000개 필요하다면, 활성 유저가 100일을 소모해야 장비 강화 만렙에 도달할 수 있다. 여기서 매일 투입해야 하는 장비 강화석은 100개다.

일 생산량은 4.3.2절 '소비 모델'에서 설정한 자원 소비 공식으로 구할 수 있다. 이 데이터를 자원 소비 공식에서 가져온다면 기본 매개변수 중 투입 주기는 총 소비량에서 일 생산량을 나눠 구할 수 있으며, 이때 투입 주기가 설계 수요를 만족하게 설정하기만 하면 된다. 총 소비량에서 투입 주기를 나눠 일 생산량을 구한다면, 실제로 투입할 때는 다음에 살펴볼 '(3) 증가계수'의 자원 생산 증가량 데이터를 고려해야 하며, 해당 투입 주기 역시 이후 다시 계산을 통해 구해야 한다.

고정 비율이 높을수록 자원 투입의 안정성이 높으며, 하한선을 유지해야 하는 육성 시스템(기초적인 육성 시스템, 주로 성장에 반드시 필요한 육성 루트를 말함)에서는 해당 육성 시스템에서 소모되는 자원의 생산 고정 비율이 비교적 높다. 유통 비율이 높아지면 자원의 유동성이 높아진다. 이후 경제 수치를 검증할 때 자원의 큰 유동성이 게임 경제구조에 미치는 영향을 주의해서 살펴봐야 한다.

게임의 생산 매개변수를 설정할 때 현재 단계에서 계산하거나 설정할 수 없는 매개변수가 있을 수 있는데, 이는 잠시 건너뛰어도 괜찮다. 이후 수치 구조를 완성했을 때 다시 매개변수를 설정하자. 그리고 게임의 버전을 업데이트할 때 실제 경험에 따라 매개변수를 자주 추가하고 조정해 게임의 생산 경험을 최적화하고 경제모델의 안정성을 확보할 것이다.

(3) 증가계수

생산 분배와 생산 매개변수 설정을 마쳤다면 증가계수를 설정할 차례다. 증가계수는 동일한 플레이의 여러 단계에서 생산량의 증가 비율이다. 증가계수는 게임 세계의 생산자 물가지수producer price index, PPI로 볼 수 있으며, 게임 내 여러 자원의 가격 지수를 측정할 수 있다. 증가계수가 게임의 생산 단계에 포함돼 있어 게임 자원의 가치 하락 속도에 영향을 준다는 점이 현실 세계와는 다르다.

일반적으로 증가계수를 설정할 때 레벨을 열로 가져와 각 자원의 생산 증가 비율을 설정하고, 자원 증가 비율은 하나의 누적값으로 하면 해당 레벨에서 자원의 증가 속도를 쉽게 확인할 수 있다 (표 4.20).

표 4.20 **자원 생산의 증가계수**

레벨	다이아	코인	귀속 다이아	경쟁코인	경험치	A 자원	B 자원
1	0.0%	0.5%	0.0%	0.0%	1.0%	0.2%	2.0%
2	0.0%	1.0%	0.0%	0.0%	2.0%	0.3%	4.0%
3	0.0%	1.5%	0.0%	0.0%	3.0%	0.5%	6.0%
4	0.0%	2.0%	0.0%	0.0%	4.0%	0.6%	8.0%
5	0.0%	2.5%	0.0%	0.0%	5.0%	0.8%	10.0%
……	……	……	……	……	……	……	……
30	0.0%	15.0%	0.0%	0.0%	30.0%	4.5%	60.0%
31	0.0%	15.5%	0.0%	0.0%	31.0%	4.7%	62.0%
32	0.0%	16.0%	0.0%	0.0%	32.0%	4.8%	64.0%
……	……	……	……	……	……	……	……
60	0.0%	30.0%	0.0%	0.0%	60.0%	9.0%	120.0%

노트 자원 생산의 증가계수는 여러 자원의 생산 증가계수를 측정하기 위해 게임의 '성장 벤치마크'를 게임 시간으로 삼을 때가 많다. 여러 자원의 증가계수를 설정할 때 각 자원의 증가계수를 동일하게 설정할 수도 있고, 게임의 단계에 따라 증가 비율을 다르게 설정하기도 한다.

생산 분배, 생산 매개변수, 증가계수를 설정해 게임 생산 모델의 기본 구조도 거의 완성됐다. 게임의 각 플레이 모듈의 구체적인 생산량을 기본 구조를 통해 계산할 수 있다. 게임 생산 모델의 기본 구조를 처음 설계할 때 여러 매개변수가 정확하지 않기도 해서, 이때는 게임에 대한 이해와 느낌으로 임시적으로 매개변수를 정의해야 한다. 이후 게임의 콘텐츠가 추가되고 수치 모델이 점차 완성되면 수치를 전면적으로 검증해 게임 수치를 시뮬레이션하고 검증할 것이다. 이때 실제 경험 요구 사항에 따라 기본 구조를 최적화하고, 최종적으로는 게임 생산 모델이 안정적이고 기대에 부합하는 구조가 되도록 할 것이다.

2 시스템 생산

시스템 생산은 게임 경제 순환의 유일한 근원지다. 게임의 모든 자원과 화폐는 저절로 생기지 않는다. 게임의 운영사가 자원과 화폐를 추가하는 것도 생산 루트 중 하나이며 시스템 생산의 일부분이다. 이 단계에서는 게임의 모든 자원과 화폐의 생산 루트를 정리하고 계산해 게임에 생산을 분배하고, 모든 생산량이 합리적인지 평가하고, 게임 생태계의 변화 과정을 예측해야 한다.

게임의 시스템 생산은 주로 **자연 생산**과 **판매 생산**의 두 가지 경로로 구성된다. 자연 생산은 게임에 포함된 모든 플레이 모듈과 시스템 모듈의 생산 방식의 집합이고, 판매 생산은 수익화 구조에서 시스템이 자원을 판매하는 방식의 집합이다.

참고   게임의 시스템 생산을 설정할 때 판매 생산 부분은 넘어가도 좋다. 이후 수익 모델에서 구체적인 수익화 설정에 따라 판매 생산을 세부적으로 계획할 것이다.

경제모델마다 시스템 생산량과 유저가 획득할 수 있는 수량에는 다소 차이가 있다. 폐쇄경제를 중심으로 하는 경제모델에서는 유저가 획득할 수 있는 자원량이 시스템 생산량과 같다. 즉, 유저가 획득하는 자원이 모두 시스템에서 생산된다. 시장경제와 계획경제가 핵심인 경제모델에서는 유저가 획득할 수 있는 자원량이 시스템 생산량과 다르다. 다시 말해 유저가 획득할 수 있는 자원은 시스템에서 생산되기도 하고, 유저 간의 거래에서 생산되기도 한다. 획득 루트의 차이에 대해서는 기본 구조에서 이미 상응하는 매개변수를 설정해뒀다. 생산 모델을 구축할 때는 두 가지 다른 획득 방식의 구체적인 수치를 구분해 계산해야 한다.

게임 생산의 특성에 따라 시스템 생산은 **고정 생산**과 **랜덤 생산** 부분으로 나눌 수 있다. 고정 생산 부분은 계산하기 쉽다. 147쪽의 '1. 생산 모델의 기본 구조'에서 생산 분배, 생산 매개변수, 증가계수에 따라 계산하면 생산 수치를 구할 수 있다. 랜덤 생산 부분은 비교적 복잡한데, 어떤 플레이의 매개변수와 자원 생산의 가중치를 새롭게 작성해야 한다. 먼저 기본 구조를 사용해 계획 생산량을 계산하고, 그다음 끼워맞추는 방식으로 랜덤 생산의 기대 생산 데이터를 조정해 랜덤 생산량을 계획 생산량과 일치시키고 자원 생산 데이터의 정확성을 높인다.

(1) 고정 생산

고정 생산은 유저가 획득할 수 있는 화폐와 자원의 최저 생산량이라고 보면 된다. 이는 유저의 기본적인 생존을 보장하기 위한 생산 방식이다. 일반적으로 고정 생산 중 귀속 자원의 비율이 많으며, 적은 부분은 거래할 수 있는 유통 자원으로 남겨둔다. 이는 거래 시스템에서 기본적인 경제 흐름을 보장하는 자원량이다.

각 플레이 모듈의 생산 수치를 세분화할 때 기본 구조를 통해 우선적으로 고정 생산량을 계산할 수 있다. 기본 구조에서 각 플레이 모듈에 생산을 분배하고 생산 매개변수와 증가계수를 설정했다. 고정 생산량을 계산하려면 기본 구조에서 이러한 데이터 변수들로 플레이 모듈의 생산 수치를 계산해야 한다.

대부분의 고정 생산은 다음의 공식을 통해 구할 수 있다.

> 플레이 모듈 고정 생산(일일)
> = 플레이 모듈 생산 분배 × 자원 생산 매개변수 × (1 + 자원 증가계수) ÷ 플레이 횟수(일일)

플레이 모듈의 생산 데이터를 편히 관리하기 위해 각 플레이 모듈을 계산할 때 각 플레이 모듈마다 엑셀 탭(시트)을 생성해 플레이 생산에 필요한 생산 분배, 생산 매개변수, 증가계수를 해당 탭에 매핑할 수 있다. 이후 플레이 생산을 최적화할 때 빠르게 찾고 데이터를 수정할 수 있다.

여기서는 게임에서 자주 볼 수 있는 엘리트 던전을 예로 들어 고정 생산 부분의 계산 방식을 자세히 설명해보겠다. 엘리트 던전 개방 레벨이 20레벨이라고 가정하자. 유저가 5레벨이 오를 때마다 새로운 엘리트 던전이 개방되고, 던전에서는 주로 코인, 경험치, B 자원이 생산된다.

첫 번째 단계에서는 생산 분배와 생산 매개변수 중 주요 매개변수를 새로운 표에 매핑한다(표 4.21, 표 4.22).

표 4.21 엘리트 던전 생산 분배

플레이 사례	개방 레벨	일일 횟수	다이아	코인	귀속 다이아	경쟁코인	경험치	A 자원	B 자원
엘리트 던전	20	5	0%	10%	10%	0%	20%	0%	50%

노트 여기에 인용된 데이터는 147쪽의 '(1) 생산 분배' 중 엘리트 던전의 생산 분배 데이터에서 가져왔다.

표 4.22 생산 매개변수

분류	총 소비량	투입 주기 (일일)	일 생산량	집계	고정 비율	유통 비율	고정 생산		랜덤 생산		투입 비율		
							귀속 비율	유통 비율	귀속 비율	유통 비율	활성 유저	소과금 유저	극한 투입
코인	N/A	N/A	500,000	1	70%	40%	60%	10%	0%	30%	70%	100%	200%
귀속 다이아	N/A	N/A	300	1	70%	0%	70%	0%	30%	0%	70%	100%	200%
B 자원	45,504	600	75	1	20%	0%	20%	0%	80%	0%	80%	100%	200%

노트 여기에 인용된 데이터는 149쪽의 '(2) 생산 매개변수' 중 해당 자원의 생산 매개변수에서 가져왔다.

두 번째 단계에서는 엘리트 던전의 생산 분배와 각 자원의 생산 매개변수를 구했으니 공식을 통해 각 플레이 모듈에 투입되는 자원 생산 수치(귀속 자원과 유통 자원)를 구한다. 공식은 다음과 같다 (표 4.23, 표 4.24).

자원 생산 수치(귀속) = 생산 분배 비율 × 일 생산량 × 고정 생산 비율(귀속) × (1 + 자원 증가계수) × 투입 비율(활성 유저) ÷ 플레이 횟수(일일)

표 4.23 엘리트 던전의 귀속 자원 고정 생산 데이터(활성 유저)

플레이 사례	대응 레벨	다이아	코인	귀속 다이아	경쟁코인	경험치	A 자원	B 자원
엘리트 던전 1	20		4,620	2				1
엘리트 던전 2	25		4,725	2				1
엘리트 던전 3	30		4,830	2				1
엘리트 던전 4	35		4,935	2				2
엘리트 던전 5	40		5,040	2				2
엘리트 던전 6	45		5,145	2				2
엘리트 던전 7	50		5,250	2				2
엘리트 던전 8	55		5,355	2				2
엘리트 던전 9	60		5,460	2				2
엘리트 던전 10	65		5,565	2				2
엘리트 던전 11	70		5,670	2				2
엘리트 던전 12	75		5,775	2				3

노트 고정 생산 데이터를 계산할 때 해당 자원의 증가계수도 사용해야 한다. 엑셀의 인덱스 함수를 사용해 해당 데이터를 매핑할 수 있다. 다음의 계산된 데이터는 해당 레벨의 증가계수를 엑셀의 VLOOKUP 함수를 사용해 계산한 것이다.

자원 생산량(유통) = 생산량 분배율 × 일 생산량 × 고정 생산 비율(유통) × (1 + 자원 증가계수) × 투입비율(활성 유저) ÷ 플레이 횟수(일일)

표 4.24 엘리트 던전의 유통 자원 고정 생산 데이터(활성 유저)

플레이 사례	대응 레벨	다이아	코인	귀속 다이아	경쟁코인	경험치	A 자원	B 자원
엘리트 던전 1	20		2,310	0				0
엘리트 던전 2	25		2,362	0				0
엘리트 던전 3	30		2,415	0				0
엘리트 던전 4	35		2,467	0				0

플레이 사례	대응 레벨	다이아	코인	귀속 다이아	경쟁코인	경험치	A 자원	B 자원
엘리트 던전 5	40		2,520	0				0
엘리트 던전 6	45		2,572	0				0
엘리트 던전 7	50		2,625	0				0
엘리트 던전 8	55		2,677	0				0
엘리트 던전 9	60		2,730	0				0
엘리트 던전 10	65		2,782	0				0
엘리트 던전 11	70		2,835	0				0
엘리트 던전 12	75		2,887	0				0

노트 귀속 자원 생산과 유통 자원 생산을 설정할 때 하나의 자원이 둘 다 포함하는 경우가 있다. 실제 설계할 때 반드시 자원의 귀속과 유통 관계를 구분해야 한다. 예를 들어 엘리트 던전에서 유통되는 코인은 직접 드롭되고, 귀속되는 코인은 보물상자에서 나온다. 게임 생산에서는 반드시 귀속 자원과 유통 자원이 같은 생산 모델에서 나올 수 없게 해야 한다.

계산을 통해 각 플레이 모듈의 자원 생산 데이터를 구했다.

세 번째 단계에서는 계산으로 구한 생산 데이터를 사전 평가해야 한다. 자신이 유저로서 플레이한다면 이 자원을 얻었을 때 어떤 느낌이 들까? 예를 들어 위에서 서술한 엘리트 던전의 생산 데이터에서 귀속 다이아의 생산량은 던전 난이도가 높을수록 늘어나지 않고, B 자원의 양이 너무 적지 않은가? 유저로서 이렇게 느꼈을 것이다. 이처럼 '환희'가 없는 생산량은 실제 게임 경험을 부족하게 한다. 경험의 부족함에 한 발 먼저 문제를 제기하고 자원 생산의 분배를 최적화해야 한다. 생산량이 지나치게 적은 자원은 다른 플레이 모듈의 생산에 넣거나, 생산 매개변수를 조정해 늘어나지 않는 자원은 랜덤 생산에 넣을 수도 있다. 다양한 설계 방식을 통해 기본 구조를 조정하고 게임의 고정 생산을 게임 경험이 낮고 수치 범위가 합리적인 방향으로 설계한다.

(2) 랜덤 생산
대부분의 플레이에서 랜덤 생산은 '환희'를 유발하는 생산 방식으로 볼 수 있다. **한정 횟수** 플레이에서 랜덤 생산은 유저의 '운'을 확인하는 방식이다. 랜덤 생산 방식을 적절히 설계하지 않으면 유저 간 밸런스 불균형을 야기할 수 있다. 랜덤 생산을 설계할 때는 반드시 신중해야 한다. 횟수가 제한되지 않거나 노력을 통해 도전 횟수를 또 얻을 수 있다면 랜덤 생산 방식은 유저가 활동을 얼마나 하는지 판단하는 측정 기준이 되기도 한다. 유저의 '운'이 부족하더라도 노력을 통해 이를 만회할 수 있으므로 게임의 경험을 향상할 수 있다. 하지만 플레이 횟수가 한정된 경우, 유저는 매일 고정된 수량에 따라 '뽑기'를 할 수밖에 없고, 그럼 '운'에 따라 유저들이 매일 획득하는 자원량이 점차 차이가 벌어지고, 결국 유저 간 밸런스가 붕괴돼 성장에 좌절을 겪은 유저가 게임을 이탈하게 만든다.

우리는 다음 세 가지 단계를 통해 플레이 모듈의 랜덤 생산 데이터를 계산할 것이다.

1단계, 147쪽의 '1. 생산 모델의 기본 구조'의 계산 방식을 사용해 랜덤 생산의 **계획 생산** 데이터를 계산한다.

2단계, 플레이의 '랜덤 드롭 패키지'를 설계해 해당 자원의 **기대 생산** 데이터를 계산한다.

3단계, 계획 생산 데이터와 기대 생산 **데이터를 피팅**해 해당 플레이의 랜덤 생산 설계를 마친다.

- **계획 생산**

계획 생산의 계산 방식은 고정 생산 계산 방식과 같다. 기본 구조에서 사전 설정한 데이터에 따라 계산하는 것이다. 여기에서도 엘리트 던전을 참고 사례로 들겠다.

다음 계산 공식에 데이터를 대입하면 엘리트 던전의 귀속 자원 계획 생산 데이터를 구할 수 있다 (표 4.25).

$$자원\ 랜덤\ 생산\ 수치(귀속) = 생산\ 분배\ 비율 \times 일\ 생산량 \times 랜덤\ 생산\ 비율(귀속) \times (1 + 자원\ 증가$$
$$계수) \times 투입\ 비율(활성\ 유저) \div 플레이\ 횟수(일일)$$

표 4.25 **엘리트 던전의 귀속 자원 계획 생산 데이터(활성 유저)**

플레이 사례	대응 레벨	다이아	코인	귀속 다이아	경쟁코인	경험치	A 자원	B 자원
엘리트 던전 1	20		0	1				6
엘리트 던전 2	25		0	1				7
엘리트 던전 3	30		0	1				7
엘리트 던전 4	35		0	1				8
엘리트 던전 5	40		0	1				8
엘리트 던전 6	45		0	1				9
엘리트 던전 7	50		0	1				9
엘리트 던전 8	55		0	1				10
엘리트 던전 9	60		0	1				10
엘리트 던전 10	65		0	1				11

마찬가지로 다음 공식에 데이터를 대입하면 엘리트 던전의 유통 자원 계획 생산 데이터를 구할 수 있다(표 4.26).

$$\text{자원 랜덤 생산 수치(유통)} = \text{생산 분배 비율} \times \text{일 생산량} \times \text{랜덤 생산 비율(유통)} \times (1 + \text{자원 증가} \text{계수}) \times \text{투입 비율(활성 유지)} \div \text{플레이 횟수(일일)}$$

표 4.26 엘리트 던전의 유통 자원 계획 생산 데이터(활성 유저)

플레이 사례	대응 레벨	다이아	코인	귀속 다이아	경쟁코인	경험치	A 자원	B 자원
엘리트 던전 1	20		6,930	0				0
엘리트 던전 2	25		7,087	0				0
엘리트 던전 3	30		7,245	0				0
엘리트 던전 4	35		7,402	0				0
엘리트 던전 5	40		7,560	0				0
엘리트 던전 6	45		7,717	0				0
엘리트 던전 7	50		7,875	0				0
엘리트 던전 8	55		8,032	0				0
엘리트 던전 9	60		8,190	0				0
엘리트 던전 10	65		8,347	0				0

'랜덤 생산 – 계획 생산' 부분을 완료하면 다음은 '랜덤 생산 – 기대 생산' 데이터를 계산하는 단계다.

- **기대 생산**

기대 생산은 '수학적 기댓값'으로 생산을 계산하는 방식으로, 기댓값이 바로 기대 생산의 최종 데이터다. 확률 이론과 통계학에서 기댓값은 이산확률변수가 가능한 확률에 결괏값의 총합을 곱한 것이다. 최종 랜덤 드롭 데이터에서 자원의 생산 데이터를 평가할 때 기댓값을 사용한다. 예를 들어 어떤 자원의 드롭 패키지에서 장비 강화석이 드롭될 확률이 50%고, 드롭 수량은 4~8개다. 그렇다면 장비 강화석의 드롭 기댓값(1회)은 3개(50% × (4 + 8) ÷ 2)가 된다. 즉, 드롭 여부와 상관없이 랜덤 드롭 수량은 3개다. 이후 게임 수치를 검증할 때 3개가 수치 검증의 데이터 소스가 된다.

확률값과 **가중치**로 여러 화폐와 자원의 드롭률을 파악하기도 한다. 그중 확률값은 해당 아이템의 드롭률을 직접적으로 보여줘 비교적 간단하다. 가중치는 해당 아이템이 전체 아이템에서 차지하는 가중치 비율을 나타내므로 해당 아이템의 드롭률을 구하기 위해서는 두 번 계산해야 한다. 두 가지 설계 방식 모두 아이템의 드롭률을 정의하는 데 쓰인다. 확률값은 '정적'이고, 다른 아이템의 드롭율이 변해도 변하지 않는다. 가중치는 '동적'이고, 미세한 조정으로도 전체 아이템의 드롭율이 바뀐다. 실제 설계 요구 사항에 따라 적절한 계산 방식을 사용한다(표 4.27).

표 4.27 **가중치와 확률값**

아이템	확률값	가중치	가중 확률
아이템 1	54.56%	5,000	54.56%
아이템 2	21.82%	2,000	21.82%
아이템 3	10.91%	1,000	10.91%
아이템 4	5.46%	500	5.46%
아이템 5	3.27%	300	3.27%
아이템 6	2.18%	200	2.18%
아이템 7	1.09%	100	1.09%
아이템 8	0.55%	50	0.55%
아이템 9	0.11%	10	0.11%
아이템 10	0.05%	5	0.05%

노트 가중치와 확률값 중 어느 것을 사용해도 자원의 랜덤 생산을 구현할 수 있다. 표 4.7에서 각 아이템의 가중치와 확률이 최종적으로 구현하는 생산 확률은 같다. 가중치는 임의의 값을 입력해도 되지만, 일반적으로 아이템 드롭률의 총합은 1이 돼야 한다.

게임에서 랜덤 생산의 방식은 여러 가지일 수 있다. 예컨대 몬스터를 처치하거나 보물상자를 열 때, 혹은 뽑기를 하면 랜덤 보상을 얻는다. 모두 다른 형태의 패키지 형식이지만 수치로 말하자면 같은 랜덤 모델에 속해 있다. 한 가지 다른 점은 랜덤 생산에 가짜 랜덤 메커니즘이 있는지 여부 즉, 천장이 있는지 여부다. 보통 게임에서 가짜 랜덤은 랜덤 횟수로 나타난다. 일정 횟수 이상 랜덤 이벤트를 진행하면 다음 랜덤 이벤트는 새로운 랜덤 풀에서 진행된다. 4.2.3절 '보물상자'에서 언급한 '마트료시카 인형'과 비슷하다.

게임에서 랜덤 드롭은 종종 '랜덤 드롭 패키지'와 '랜덤 드롭 세트'의 형식으로 나타난다. 랜덤 드롭 패키지는 일회성 랜덤 드롭이고, 랜덤 드롭 세트는 랜덤 드롭 패키지의 집합이다.

하나의 표준 '랜덤 드롭 패키지'에는 ID, 드롭 유형, 확률/가중, 드롭 아이템 ID, 최소 수량, 최대 수량이 포함된다(표 4.28).

표 4.28 **표준 드롭 패키지 세팅**

드롭 ID	드롭 유형	확률/가중	드롭 아이템 ID	최소 수량	최대 수량
1000	1	5,000	10001	1	1
1000	1	2,000	10002	1	1
1000	1	1,000	10003	1	1

드롭 ID	드롭 유형	확률/가중	드롭 아이템 ID	최소 수량	최대 수량
1000	1	500	10004	1	1
1000	1	300	10005	1	1
1000	1	200	10006	1	1
1000	1	100	10007	1	1
1000	1	50	10008	1	1
1000	1	10	10009	1	1
1000	1	5	10010	1	1

노트 드롭 ID에서 동일한 드롭 패키지는 동일한 드롭 ID를 사용한다. 드롭 유형에서 0은 확률이고 1은 가중치다. 드롭 유형이 0일 때 확률/가중 열에 가중치를 적고, 모든 아이템에 대해 확률 계산이 한 번 진행된다. 드롭 아이템 ID는 해당 드롭 아이템의 ID이고, 최소 수량과 최대 수량은 해당 아이템이 드롭되는 최소 수량과 최대 수량으로, 같은 확률을 갖는다.

또한 드롭 패키지를 통합해 한 행의 데이터로 병합할 수도 있다(표 4.29).

표 4.29 다른 드롭 패키지 세팅

드롭 ID	드롭 유형	드롭 수량	드롭 패키지
100	0	1	100;11010100;1;1|100;11030100;1;1|100;11040100;1;1| 100;11060100;1;1|100;11070100;1;1|100;11050100;1;1| 100;11100100;1;1|100;11080100;1;1|100;11090100;1;1| 100;11020100;1;1

노트 드롭 ID는 드롭 패키지의 ID다. 드롭 유형 0은 확률이고 1은 가중치다. 드롭 유형이 0이면 드롭 패키지 중 ';' 앞의 숫자가 확률이고, '|'로 나뉜 세트를 확률 순서로 계산하며, 드롭 수량의 수치가 드롭 수량을 결정한다. 드롭 유형이 1이면 드롭 패키지의 ';' 앞의 숫자는 가중치고, '|'로 나뉜 세트를 가중치를 병합해 계산하며, 드롭 수량은 몇 개의 아이템을 획득할 수 있는지 결정한다. '100;11010100;1;1'은 하나의 드롭 구성으로, 확률/가중치, 아이템 ID, 최소 수량, 최대 수량을 나타낸다. 확률을 드롭 유형으로 사용할 때 확률 계산의 순서 때문에 뒤로 갈수록 아이템의 실제 드롭 확률이 낮아지므로 랜덤 드롭을 설계할 때 반드시 주의해야 한다.

앞에서 설명한 두 가지 세팅 방법에는 각각 특징이 있다. 첫 번째는 구조와 내용이 명확하고, 두 번째는 비교적 간결하다. 첫 번째 방식은 보통 보물상자, 뽑기에서 사용할 수 있고, 두 번째 방식은 몬스터 드롭, 던전 드롭 등 데이터양이 비교적 큰 드롭 세팅에서 쓸 수 있다.

드롭 패키지 외에 '드롭 세트' 개념을 넣을 수도 있다. 각 드롭 패키지를 하나의 드롭 세트에 병합하면 드롭 패키지를 임의의 '드롭 세트'에서 호출할 수 있으며, 필요할 때 미리 설정한 '드롭 패키지'를 다시 호출할 수 있다. 이 방식으로 수치 기획자가 설계해야 하는 드롭 패키지의 개수를 줄여 랜덤 생산 세팅의 효율을 크게 향상시킬 수 있다.

기대 생산의 수치 설계로 돌아가보자. 앞에서 설명한 '계획 생산'에서 기본 구조를 사용해 엘리트 던전의 계획 생산 데이터를 구했다. 기대 생산의 구축은 데이터 설계에 해당하는 '드롭 패키지'와 '드롭 세트'의 형식으로 랜덤 생산 세팅을 출력하는 것이다.

여기서는 '표준 드롭 패키지'의 형식으로 드롭 패키지를 설계한다(표 4.30).

표 4.30 **일반 드롭 패키지**

드롭 ID	드롭 유형	확률/가중	드롭 아이템 ID	최소 수량	최대 수량	기대 드롭 수량
1000	1	1,000	코인	5,544	8,316	6,930
1001	1	1,000	코인	5,670	8,504	7,087
1002	1	1,000	코인	5,796	8,694	7,245
...	...	...	...	...	...	...
...	...	...	...	...	...	...
1008	1	1,000	코인	6,552	9,828	8,190
1009	1	1,000	코인	6,678	10,016	8,347
1100	1	1,000	B 자원	5	7	6
1101	1	1,000	B 자원	6	8	7
1102	1	1,000	B 자원	6	8	7
...	...	...	...	...	...	...
...	...	...	...	...	...	...
1109	1	1,000	B 자원	8	12	10
1109	1	1,000	B 자원	9	13	11

노트 일반 드롭 패키지의 각 행마다 하나의 랜덤 드롭 패키지를 나타낸다. 이와 같은 소형 랜덤 드롭 패키지는 아이템 종류가 하나인 랜덤 드롭 패키지에 적합하다. 게임에서는 하나의 드롭 패키지에 여러 아이템이 랜덤 드롭되는 상황이 많은데, 드롭 패키지에서 여러 장비가 드롭될 때는 여러 아이템을 하나의 드롭 ID에 함께 넣는다.

플레이의 '드롭 패키지' 설계를 마치고 다시 해당 드롭의 요구 사항에 따라 '드롭 패키지'를 '드롭 세트'의 형식으로 해당 플레이에 내보내면 플레이의 기대 생산 설계가 끝난다. 약간 규모가 있는 게임은 종종 대량의 드롭 패키지 데이터가 있어 거의 모든 플레이에 '드롭 패키지' 데이터가 필요하다. 고정 생산도 '드롭 패키지' 형식으로 설계하는 게임도 있는데, 이 또한 수치 기획자가 가장 시간을 들여야 하는 작업이다. 드롭 패키지를 설계할 때 반드시 **드롭 데이터 모델**을 잘 구축해야 한다. 훌륭한 드롭 데이터 모델은 오류 발생률을 줄일 수 있을 뿐만 아니라 효율을 크게 높이기도 해 게임 수치 모델에서 꼭 필요하다.

• 데이터 피팅

기대 생산 데이터를 계획 생산 데이터에 피팅하는 것을 데이터 피팅이라고 한다. 일반적으로 기대 생산을 설계할 때 해당 데이터의 피팅 작업을 동시에 진행한다. 표 4.30 일반 드롭 패키지에서는 '최소 수량'과 '최대 수량'으로 '기대 드롭 수량'을 구한 방식으로 해당 자원 드롭의 데이터 피팅을 마쳤다.

그러나 단순한 형태의 데이터 피팅으로는 게임 설계의 수요를 완전히 충족할 수 없다. 실제 설계에서는 플레이의 매력을 높이기 위해 '드롭 패키지'의 랜덤성을 강화한다. 드롭에 '환희'를 더 추가하기 위해 여러 '드롭 패키지'가 한 종류의 자원을 함께 드롭하도록 하는 것이다. 가령 게임에서 어떤 몬스터를 죽일 때마다 높은 확률로 A 아이템 3~6개가 드롭되고, 중간 확률로 A 아이템 5~8개가 드롭되고, 낮은 확률로 A 아이템 8~12개가 드롭되고, 매우 낮은 확률로 A 아이템 12~20개가 드롭된다면, 기본 구조에 따라 계산을 통해 A 아이템의 계획 드롭 수량은 8개가 된다.

이때 데이터 피팅을 통해 여러 드롭 수량의 드롭 확률을 조정해 랜덤 생산의 수치가 계획 생산 설계와 일치하도록 해야 한다(표 4.31).

표 4.31 일반 랜덤 드롭 패키지(드롭 기댓값)

드롭 ID	가중치	드롭 확률	드롭 아이템 ID	최소 수량	최대 수량	드롭 기댓값
1000	200	31.75%	A 아이템	3	6	1.43
1000	200	31.75%	A 아이템	5	8	2.06
1000	140	22.22%	A 아이템	8	12	2.22
1000	90	14.29%	A 아이템	12	20	2.29
드롭 기댓값 총합						8.00

> 노트 기대 생산 수량 = Σ(아이템 드롭 수량 × 출현 확률), 드롭의 가중치를 조정해 드롭 확률을 바꾸며, 기대 드롭 수량을 계획 드롭 설계와 일치하게 할 수 있다.

데이터 피팅은 게임의 '뽑기' 설계에도 자주 사용된다. 예를 들어 게임 <원신>을 설계할 때 뽑기의 형식으로 좋은 캐릭터와 좋은 장비를 판매할 것으로 예상했다. 5성 캐릭터 하나의 가치가 280,000원, 4성 캐릭터의 가치는 38,000원, 5성 무기의 가치는 280,000원, 4성 무기의 가치는 9,000원, 3성 무기의 가치는 900원, 뽑기 1회에 3,000원이라고 가정하자.

데이터 피팅은 이렇게 알려진 조건에 따라 해당 뽑기의 확률을 계산하고, 우리가 기대하는 가격으로 좋은 캐릭터와 좋은 장비를 판매할 수 있게끔 해 게임의 영업 수입 계획을 실현한다(표 4.32).

표 4.32 **게임의 뽑기 패키지 세팅**

드롭 ID	드롭 유형	가중치	아이템 이름	비고	실제 확률	가치	가중 가치
1000	1	3,500	암철검	3성 무기	15.20%	900	0.76
1000	1	3,500	차가운 칼날	3성 무기	15.20%	900	0.76
1000	1	3,500	비천어검	3성 무기	15.20%	900	0.76
1000	1	3,500	홀호 생선회칼	3성 무기	15.20%	900	0.76
1000	1	3,500	여명신검	3성 무기	15.20%	900	0.76
1000	1	3,500	여행자의 검	3성 무기	15.20%	900	0.76
1000	1	294	강철 벌침	4성 무기	1.28%	9,000	0.64
1000	1	294	피리검	4성 무기	1.28%	9,000	0.64
1000	1	294	제례검	4성 무기	1.28%	9,000	0.64
1000	1	294	용의 포효	4성 무기	1.28%	9,000	0.64
1000	1	294	강림의 검	4성 무기	1.28%	9,000	0.64
1000	1	10	천공의 검	5성 무기	0.04%	280,000	0.65
1000	1	100	응광	4성 캐릭터	0.43%	38,000	0.87
1000	1	100	북두	4성 캐릭터	0.43%	38,000	0.87
1000	1	100	행추	4성 캐릭터	0.43%	38,000	0.87
1000	1	100	중운	4성 캐릭터	0.43%	38,000	0.87
1000	1	100	향릉	4성 캐릭터	0.43%	38,000	0.87
1000	1	10	치치	5성 캐릭터	0.04%	280,000	0.65
1000	1	10	각청	5성 캐릭터	0.04%	280,000	0.65
1000	1	10	종려	5성 캐릭터	0.04%	280,000	0.65
1000	1	10	클레	5성 캐릭터	0.04%	280,000	0.65
1000	1	10	다이루크	5성 캐릭터	0.04%	280,000	0.65
기대 가치							16.00

노트 위 데이터는 모두 예제 데이터이며 실제 게임의 설계가 아니다. 그리고 여기서는 천장 데이터를 계산하지 않았으므로 최종 실제 뽑기 확률에는 천장의 가중 가치를 추가해 평가해야 한다.

여기서 게임의 생산 모델이 공식적으로 끝났다. **기본 구조** 구축과 **시스템 생산** 계산 두 단계로 게임 경제 수치의 생산 모델 설계를 마쳤다.

게임의 생산 모델은 경제모델에서 가장 중요한 수치 모델이다. 기본 구조를 통해 게임의 기본 매개 변수를 구축하고, 기본 매개변수를 통해 게임의 전체 시스템 생산량을 구하며, 마지막으로 게임의 플레이를 생산 데이터와 일치시킨다. 게임의 생산 모델을 만들 때 반드시 모든 게임 자원을 계산해

뒤야 한다. 그래야 이후에 빠르게 모든 데이터를 조정하고 집계하기 쉬워진다.

4.4절에서는 가치 체계를 설정한다. 게임의 가치 체계를 정의한 후 생산 모델에 따라 각 플레이 모듈의 생산 가치를 계산하고, 각 플레이 모듈의 생산 매개변수를 비교하고 최적화해 각 플레이의 수익이 해당 플레이의 설정 표준과 일치시키고, 경제 수치의 '밸런스'를 맞춘다.

4.4 가치 체계

게임의 경제구조를 구축한 후에는 경제구조에 표준 가치 체계를 만들어야 한다. 쉽게 말해 게임 자원과 화폐와 전투력에 가격을 책정해 정량화할 수 있는 모든 것에 가치를 매기는 것이다. 가치 체계를 통해 게임의 각 모듈의 가치, 가성비, 수익 등의 경제 수치를 측정할 수 있으며, 이로써 각 모듈의 설계가 예측에 부합하는지 확인 가능하다. 게임의 가치 체계는 전투 구조와 경제구조에 가격 벤치마크를 만드는 것이라 볼 수 있다. 성장 경험이 원활한지, 플레이의 생산은 합리적인지를 벤치마크를 통해 판단할 수 있으며, 가치 체계는 게임 수치 최적화에 지침 데이터가 된다.

가치 체계 구축의 첫 번째 단계는 게임에서 측정 가능한 유저의 속성, 화폐, 자원의 **가치 정의**다. '기준점'이 되는 화폐, 자원 또는 속성의 가격을 감성으로 책정해 초기 가치를 정의할 수 있으며, 변환 공식을 통해 게임에서 정량화될 수 있는 다른 화폐, 자원 또는 속성의 가치를 계산한다. 전투력 1 pt의 가격을 1원으로 책정했다고 가정하자. 속성 변환 공식을 통해 공격력 1 pt의 가치, 체력의 가치 등 모든 전투 속성의 가치를 구할 수 있으며, 해당 자원 가치 또한 성장 모듈에 들어가는 속성에 따라 가격을 책정할 수 있다.

게임 성장의 소비 데이터와 자원의 가치를 곱하면 해당 육성 루트의 '육성의 깊이'를 구할 수 있다. 예컨대 장비 강화 모듈에서 총 10만 개의 장비 강화석, 1천만 코인을 소비하고, 장비 강화석 1개의 가치는 1, 1코인의 가치는 0.0001이라고 하면, 장비 강화의 육성의 깊이는 101,000(100,000 × 1 + 10,000,000 × 0.0001)이다. 각 성장 모듈의 '육성의 깊이'를 집계하면 게임의 '과금의 깊이'를 알 수 있고, 과금의 깊이는 어떤 의미에서 **게임의 깊이**라는 게임 차원 데이터를 결정한다. '게임의 깊이'는 우리가 과금의 깊이가 수익화 수요를 만족하는지, 각 성장 모듈의 과금이 설계 예측에 부합하는지 판단하는 데 도움이 된다.

4.3.2절 '소비 모델'에서는 소비량과 수익 계산을 기반으로 각 성장 모듈의 투입산출 비율을 구했다. 게임의 가치 체계를 수립한 후 각 소비 자원의 가치를 소비 모델에 대입하고, 소비 자원의 가치

와 전투력 가치 데이터로 해당 육성 루트의 **육성 가성비**를 구할 수 있다. 각 성장 모듈의 **육성 가성비**를 집계하고 관찰함으로써 유저의 육성 경험을 예측할 수 있으며, 이는 성장 모듈을 최적화하는 데 중요한 기반 데이터가 된다.

4.3.3절 '생산 모델'에서는 각 플레이 모듈에 자원 생산 수치를 매칭시켰다. 자원 생산 수치의 가치를 생산 모델에 대입하고, 생산 자원의 가치와 소비 비용 데이터를 사용하면 해당 플레이의 **플레이 가성비**를 구할 수 있다. 각 플레이의 가성비를 집계하고 관찰함으로써 유저가 각 플레이에서 얻는 수익을 예측하고, 유저의 일일 수익을 집계할 수 있다. 플레이 모듈을 최적화할 때 집계 및 관찰한 데이터가 중요한 기반이 된다.

게임의 수익화 부분에서도 게임의 상품, 보물상자 등 판매해야 하는 모든 자원의 가치를 가치 벤치마크를 사용해 계산해야 한다. 다시 말해 가치 체계는 게임 경제에서 없어서는 안 될 가치 벤치마크로써 게임의 가치 표준이 된다. 가치 체계 또한 이후 최적화를 위한 근간이 되는 데이터다.

4.4.1 가치 정의

가치 정의란 게임에서 정량화할 수 있는 화폐, 자원, 전투력에 가격을 책정하는 것을 말한다. 게임의 가격 책정 전략은 마케팅의 가격 책정 전략과 비슷하다. 최종 목적이 마케팅 효과와 수익의 극대화라는 점은 공통이나 게임의 상품은 한계 비용이 없다는 점에서 차이가 있다. 즉, 게임의 수익은 상품 판매량의 영향만 받는다('고객획득비용'은 제쳐두고, 게임의 ARPPUaverage revenue per paying user가 높을수록 이윤도 높아진다. ARPPU는 과금 유저당 평균 매출을 말한다). 대부분 게임의 ARPPU 데이터는 테마와 장르에 따라 다르며, 범위 또한 다르다(10원부터 몇십만 원까지 가능하다). 다양한 과금 유저가 지불하는 금액의 균형을 맞춰야 게임의 실제 수익을 보장할 수 있으며, 이는 게임 운영 측면의 지식이 필요하므로 6장에서 자세히 설명하겠다.

가격을 책정할 때는 **화폐와 전투력을 우선 책정**하고, 그다음 소비 모델을 참고해 게임의 **자원의 가격을 책정**한다. 첫 가격 책정은 반드시 정확하지 않아도 된다. 게임의 공식 출시 전에 언제든 요구 사항에 따라 가격을 조정할 수 있다. 이 단계에서 가격을 책정하는 주요 목적은 게임의 가격 벤치마크를 설정해 이후 모든 수치 설계 작업을 용이하게 하기 위해서다.

1 화폐와 전투력

대부분의 경우 화폐의 가치는 비교적 쉽게 결정할 수 있다. 게임에 다이아, 귀속 다이아, 코인, 경쟁 코인, 전장 명예 점수 등 5가지의 화폐가 있고, 그중 다이아, 귀속 다이아, 코인이 주 화폐이고, 경쟁코인과 전장 명예 점수는 부 화폐라고 가정하자. 우리는 유사한 게임이나 주류 게임의 화폐 가격에 따라 게임의 유료 화폐인 다이아와 귀속 다이아의 가치를 정할 수 있다. **예를 들어 자주 볼 수 있는 유료 화폐 가격 책정 비율은 실제 화폐**(RMB) **: 다이아 : 귀속 다이아 = 1 : 10 : 10이다.** 해외에서 운영되는 일부 게임의 경우 실제 환율에 따라 특정 유료 화폐의 가치를 정의한 다음 그에 따라 변환할 수 있다.

유료 화폐 간의 가치 관계를 정의한 후 다른 화폐에 가격을 책정한다. 다른 화폐의 가치는 '사회적으로 합의된' 가치 관계에 따라 정의할 수 있으며, 게임에 대한 자신의 주관적인 이해를 섞어 정의도 가능하다. 예를 들어 게임의 '경쟁코인'이 매우 희귀하고 가치가 높기를 바란다면, 경쟁코인 1개 = 다이아 10개라고 설정할 수 있다. 그럼 1경쟁코인 = 1 RMB가 되어 경쟁코인의 가치가 높아질 것이고, 경쟁코인을 생산하는 모든 플레이에 유저가 관심을 갖게 된다.

1다이아 = 1,000코인 = 0.1경쟁코인 = 전장 명예 점수 10점이라고 가정하고, 이를 기준으로 삼아 주 화폐의 구매력과 가치, 두 가지 가치 매개변수를 설정했다(표 4.33, 표 4.34).

표 4.33 **주 화폐 구매력(1 RMB)**

RMB(위안)	다이아(개)	귀속 다이아(개)	코인(개)	경쟁코인(개)	전장 명예 점수(점)
1	10	10	10,000	1	100

표 4.34 **주 화폐 가치(단위당 가격)**

RMB(위안)	다이아(개)	귀속 다이아(개)	코인(개)	경쟁코인(개)	전장 명예 점수(점)
1	0.1	0.1	0.0001	1	0.01

노트 가치 매개변수는 기준 가치의 척도로, 이후 게임 내 정량화할 수 있는 모든 데이터의 가치를 측정하는 데 쓰일 것이다. 또 가치 매개변수는 게임의 각 성장 모듈과 플레이 모듈의 게임 경험과 수익화의 세부 사항에 직접적인 영향을 미친다.

가능한 한 차별화되도록 화계 가치를 설계해야 생산을 차별화해 유저를 무의식적으로 이끌 수 있다. 이로 인해 중요 화폐의 역할을 돋보이게 하고 유저가 그것을 더 얻고자 하도록 할 수 있다. 화폐 가치의 정의가 끝나면 게임의 전투력에 가격을 책정할 차례다. 전투력의 가격 책정은 사실상 게임의 모든 속성에 가격을 책정하는 것이다.

58쪽의 '1. 전투력 밸런스'에서 게임 전투력 데이터의 밸런스를 미리 설정했다. 게임의 모든 속성은 공평한 하나의 전투력 데이터로 변환될 것이다. 전투력 1 pt에 가격을 확정하면 전투력 변환 공식을 통해 게임의 모든 속성에 가격을 책정할 수 있다. 전투력 : RMB = 1 : 1, 즉 전투력 1 pt가 1 RMB

라고 가정하자. 체력 1 pt를 올리면 전투력 1 pt를, 공격력 1 pt를 올리면 전투력 10 pt를 얻는다. 따라서 체력 1 pt의 가치는 1 RMB이고, 공격력 1 pt의 가치는 10 RMB다. 전투력의 가격 책정 방법은 화폐 가격 책정 때처럼 유사한 장르 게임의 가치 표준을 참고하거나 자신의 이해에 따라 전투력의 가치를 정의할 수 있다. 통상적으로 전투력 1 pt의 가치는 1 RMB인데 전투력 수치의 총량이 작다면 전투력 1 pt를 10 RMB로 설정 가능하다.

주의할 점은 전투력의 가치는 과금의 깊이를 어느 정도 반영한다는 것이다. 예를 들어 게임의 전투력이 총 100 pt이고, 전투력 1 pt가 1 RMB라면, 이 게임의 과금의 깊이는 100 RMB가량이라고 추론할 수 있다. 물론 이 수치는 과금의 깊이를 대강 예측한 것이며, 바로 사용하지 못한다. 4.4.3절 '게임의 깊이'에서 가치 체계에 따라 게임의 모든 모듈의 실제 과금의 깊이를 계산할 것이다.

게임의 전투력에 가격을 매기고 58쪽의 '1. 전투력 밸런스'의 전투력 변환 공식을 사용하면 게임의 주요 속성들의 가치 데이터를 구할 수 있다(표 4.35).

표 4.35 **주요 속성 가치(1/1%, 단위 RMB)**

전투력	공격력	방어력	체력	방어 관통력	치명 공격력
1	1	1	0.1	0.76	6

[노트] 위 데이터는 속성의 가격을 책정한 것으로, 게임 육성 방식의 가치와 가성비를 측정한다. 속성 가치를 조정하면 기본 전투력 가격 책정부터 시작해 변환 공식까지 다시 조정해야 한다.

가치 체계에서 화폐와 전투력의 가격을 모두 책정했다면 자원의 가격 책정 단계로 넘어간다.

2 자원

4.2절에서는 모든 게임 자원의 종류를 정리하고, 자원의 사용 특성에 따라 자원을 육성 자원, 플레이 자원, 보조 자원 세 가지로 분류했다. 세 가지 자원에 각각 가격을 책정해 자원 가격 책정이 이뤄진다. 자원의 종류에 따라 가격을 책정하는 방식도 다르다.

육성 자원의 가격을 책정하려면 육성 루트의 **전투력 가치**와 **소비 데이터**에 따라 해당 자원의 가치를 측정해야 한다. 그중 전투력 가치는 육성 루트가 유저에게 가져다주는 전투력 가치이고, 소비 데이터는 해당 육성 루트를 레벨업하기 위해 소비해야 하는 자원의 총량이다.

여기서는 4.3.2절 '소비 모델'에서 장비 강화 모듈의 소비 데이터를 예로 들어 육성 자원의 가격 책정 방식을 자세히 설명해보겠다. 장비 강화의 소비 모델에 따라 표 4.36과 같은 데이터를 구할 수 있다.

표 4.36 **각 장비 강화 레벨의 속성 보너스와 소비 데이터**

레벨	공격력	방어력	체력	전투력	총 소비
1	3	3	30	9	12
2	3	3	30	9	36
......	......	......	......	......	......
......	......	......	......	......	......
49	6	6	60	18	1,164
50	6	6	60	18	1,188
......	......	......	......	......	......
99	9	9	90	27	2,364
100	9	9	90	27	2,388
합계	594	594	5,940	1,782	120,000

[노트] 공격력, 방어력, 체력 속성은 장비 6개의 속성 보너스의 합계다. 총 소비 데이터는 장비 1개의 소비량에 6을 곱해 계산한다.

게임에서 전투력 가치가 1 RMB이고, 장비 강화 모듈이 유저에게 전투력 1,782 pt를 가져다준다고 가정하자. 그렇다면 장비 강화 모듈의 **전투력 가치**는 1,782 RMB가 된다. 장비 강화를 만렙까지 하는 데는 120,000개의 '장비 강화석'이 필요하고, 이는 장비 강화 모듈의 총 **소비 데이터**가 120,000이라는 것을 의미한다. '가정법'으로 장비 강화석 1개의 가격이 0.01 RMB라고 가정하면, 총 소비 데이터의 가치는 1,200 RMB(120,000 × 0.01)이므로 소비 가치가 전투력 가치보다 작다. 해당 성장 모듈의 종합 가성비는 1.48(1,782 ÷ 1,200)이다. 물론 장비 강화석 1개의 가격을 0.02 RMB라고 가정하면 해당 성장 모듈의 종합 가성비는 0.74가 된다.

[참고] 성장 모듈의 가성비 문제는 4.4.2절 '가성비'에서 자세히 설명한다. 여기서 종합 가성비는 자원 가격 책정의 참조 데이터로 사용되며, 자원 가격이 합리적인지 여부를 측정하는 데 쓰인다.

플레이 자원의 가격 책정에서는 플레이의 **실제 수익**과 **비용**에 따라 해당 자원의 가치를 측정해야 한다. 그중 실제 수익은 각 플레이에서 생산하는 자원 가치이며, 비용은 주로 시간 비용, 사회적 비용 등을 말한다. 대부분 정량화하기 어려운 '비용'은 무시되며, 플레이 자원의 가치는 실제 수익 가치와 같다. 예를 들어 플레이 자원 '보물지도'의 가격은 보물지도에서 생산하는 자원의 가격과 같다.

보조 자원의 가격 책정은 감성으로 가격 책정을 할 때가 많다. 보조 자원의 특성과 목적에 따라 가격을 책정할 수 있으며, 보조 자원의 잠재적 가치로 가격을 매기기도 한다. 보조 자원의 가격 책정은 정해진 전략이 없어, 개인의 상상력을 최대한 발휘해야 한다. <월드 오브 워크래프트>에는 '진정한 보물 추적의 부적'이라는 보조 도구가 있는데, 상점에서 수백 골드에 판매한다. 이런 보조 자원은 유저의 상호작용 수요를 충족하기 위해 감성으로 가격을 책정한다.

게임 자원은 대부분 **수익**과 **비용**의 차원에서 시작해 각 자원의 실제 목적에 따라 가격을 책정한다. **수익** 차원은 실제 게임 수익뿐만 아니라 무형의 수익도 포함이다. 예컨대 유저에게 완전히 새로운 게임 경험을 제공하는 과시용 자원이 있으며, 또 설계에서 '희소성'이라는 특징을 추가한 자원은 프리미엄이 붙을 여지가 있어 가격을 책정할 때도 이를 고려해 책정해야 한다. 마찬가지로 **비용** 차원 역시 유저가 게임에서 지불해야 하는 자원 비용, 시간, 돈, 사회적 비용뿐만이 아니라 게임 난이도도 비용에 포함된다. 비용은 우리가 가격을 책정할 때 가장 놓치기 쉽지만, 수익만큼이나 중요한 요소다. 수익은 측정하기 쉽지만 비용은 측정하기 어렵다. 수익이 낮아지거나 비용이 올라가는 것 모두 게임 경제 수치의 '밸런스'에 직접적인 영향을 미친다. 가격을 책정할 때 반드시 비용 차원에 더 많은 주의를 기울여야 자원의 실제 가치를 더 합리적이고 정확하게 판단할 수 있다.

게임에서 수익을 비용으로 나눈 것이 '가성비'다. 가성비가 바로 가치 체계 구축의 두 번째 단계.

4.4.2 가성비

가성비는 상품의 성능과 가격의 비율로, 아이템의 구매 가능성을 정량화하는 방식을 반영한다. 게임에서 가성비는 주로 '수익'과 '비용' 간의 비율을 말한다. 그중 수익은 유저가 게임 경험에 참여해 얻으며, 정량화될 수 있는 캐릭터 속성, 가상 화폐, 가상 자원 등 가상 수치를 말한다. 비용은 유저가 게임 경험에 참여하기 위해 지출해야 하는 현실 돈, 시간, 가상 화폐, 가상 자원 등 소모품의 가치를 말한다. 수익과 비용에서 나타나는 모든 요소는 보통 '가격'이라는 척도로 측정할 수 있으며, 때로는 '시간'이라는 척도로 측정할 수도 있다. 게임의 각 콘텐츠의 가성비 데이터를 정확하게 계산하고 비교할 수 있으므로 가성비 측정 척도는 반드시 통일돼야 한다.

게임 모듈은 역할에 따라 **성장 모듈**과 **플레이 모듈**로 나뉜다. 게임의 가성비 계산도 모듈의 구분에 따라 성장 모듈의 **성장 가성비** 계산과 플레이 모듈의 **플레이 가성비** 계산으로 나뉜다.

각 성장 모듈의 가성비 데이터는 게임 성장 모듈의 성장 경험을 반영할 수 있으며, 이는 수치 기획자가 육성 시스템의 수치 구조를 최적화하는 데 도움을 주고, 게임의 수익화 구조와 수익화 운영에 데이터 근거를 제공한다. 각 플레이 모듈의 가성비 데이터는 유저가 플레이 모듈마다 경험하는 느낌을 반영하기 때문에, 레벨 기획자와 수치 기획자가 설계 목표에 맞게 설계했는지 쉽게 판단할 수 있다.

여기서는 성장 가성비와 플레이 가성비 두 가지 차원을 예로 들어 게임 가성비의 계산 방식과 집계 및 비교 방식을 설명하겠다.

🕐 성장 가성비

성장 가성비는 **성장 모듈이 유저에게 가져다주는 속성 가치와 해당 모듈을 레벨업하는 데 소모되는 자원 가치를 계산해서 구한다.** 그중 유저 속성 성장의 가치는 **수익**이며, 해당 모듈을 레벨업하는 데 소모되는 자원 가치가 **비용**이다. 수익에서 비용을 나누면 해당 성장 모듈의 가성비 데이터를 구할 수 있다.

일반적으로 성장 가성비 계산은 **광의**와 **협의** 두 가지 측면에서 진행된다. **광의 성장 가성비**는 게임에서 단일 육성 모듈의 전체 수익과 전체 비용의 관계 데이터다. **협의 성장 가성비**는 육성 모듈을 세분화한 후 육성 1회의 수익과 비용 데이터다.

광의 성장 가성비는 거시적인 관점에서 게임 내 모든 육성 모듈의 가성비 데이터를 관측하며, 각 육성 모듈의 가성비 데이터를 비교하는 데 도움이 된다. 협의 성장 가성비는 미시적인 관점에서 캐릭터 1회 성장의 가성비 데이터를 관측하며, 가성비 수익 곡선의 추세로 단일 육성 모듈의 성장 경험 리듬을 이해할 수 있다.

(1) 광의 성장 가성비

단일 성장 모듈의 수익과 비용은 광의 성장 가성비를 측정하는 두 가지 중요한 매개변수다. 3.3.2절 '육성 시스템'에서 성장 구축과 성장 분할 두 단계를 통해 게임의 모든 성장 모듈에 속성 수치를 분배했다. 3.4.3절 '밸런스 다시 살펴보기'에서는 '전투력 밸런스' 원칙을 통해 게임의 속성에 전투력 수치를 정의했다. 4.4.1절 '가치 정의'에서는 전투력 수치에 가격을 책정했다. 성장 모듈의 수익 가치는 속성 수치에 전투력 수치를 곱하고 이에 전투력 가격을 곱해 구한다. 공식은 다음과 같다.

> 성장 모듈 수익 = Σ 속성 수치 × 전투력 수치 × 전투력 가격

성장 모듈의 비용은 자원 소비량에 소비 자원 가치를 곱해 계산하며, 그중 자원 소비량은 4.3.2절 '소비 모델'의 데이터 집계로 계산한 것이고, 지원 기치는 4.4.1절 '가치 징의'에서 자원의 가격 책정으로 결정된 것이다.

각 육성 모듈의 '수익 데이터'와 '비용 데이터'를 집계해 다음 공식으로 게임의 광의 성장 가성비 데이터를 구할 수 있다(표 4.37).

성장 모듈 비용 = ∑ 자원 소비량 × 소비 자원 가격

표 4.37 각 성장 모듈의 광의 성장 가성비 데이터

게임 성장 모듈	육성 유형	전투력 가치	소비 가치	종합 가성비
레벨	활동	7,993	7,993	1.00
장비	과금	39,961	39,961	1.00
장비 강화	활동	20,906	68,082	0.31
장비 초월	과금	115,341	139,410	0.83
날개	활동	22,139	53,301	0.42
탈것	과금	28,996	28,964	1.00
파트너	과금	46,178	41,600	1.11

노트 전투력 가치는 대부분 소비 가치와 같지 않다. 전투력 가치를 소비 공식의 매개변수로 사용할 때만 같아진다. 소비 모델은 대부분 전투력 가치를 참조해 소비 데이터에 피팅해 소비 가치가 전투력 가치와 비슷해지도록 한다.

또한 그림 4.9와 같이 막대그래프를 사용해 각 육성 모듈의 종합 가성비 데이터를 확인할 수 있다.

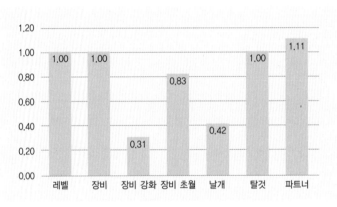

그림 4.9 종합 가성비 데이터

노트 막대그래프를 사용하면 각 성장 모듈의 종합 가성비 데이터의 차이를 더 명확하게 확인할 수 있다.

일반적으로 성장 모듈의 종합 가성비가 높을수록 해당 육성 모듈의 실제 수익이 높아지고, 성장 경험도 좋아지며, 유저의 원동력도 강해져서 유저가 '과금'을 할 의향이 높아진다. 가성비가 비교적 낮은 성장 모듈이 반드시 불합리하지는 않다. 쉬운 경험으로 일정 수량의 속성 보너스를 얻을 수 있거나, 수익화 운영을 목적으로 대량의 자원을 증정하는 성장 모듈은 성장 경험 리듬 밸런스를 유지하기 위해 성장 가성비가 낮을 수 있기 때문이다.

게임이 정식 출시되는 운영 단계에서는 더 많은 유저를 모으기 위해 대량의 '게임 선물 패키지'를 배포할 수 있는데, 선물 패키지에는 보통 코인, 물약, 강화석 등 소비량이 큰 게임 자원이 들어간다. 배포되는 자원은 추가 생산에 속한다. 유저가 미리 자원을 획득하는 것은 우리가 미리 설정한 성장 경험에 영향을 미칠 수 있으므로, 게임을 제작할 때 이러한 선물 패키지의 영향을 고려해야 한다. 기획자는 경험이 좋지 않은 성장 모듈을 '쓰레기' 성장 라인으로 미리 정의하기도 하는데, 쓰레기 성장 라인에서 소비되는 게임 자원을 주로 '유저 선물 패키지'의 형태로 생산한다.

성장 모듈의 종합 가성비를 정의하기 위해 다른 요소를 고려할 때도 있다. 예를 들어 '아바타' 성장 모듈의 경우 유저의 전투력 수치 보너스 외에 새로운 캐릭터 외형도 제공한다. 각 아바타의 종합 가성비를 설정할 때는 캐릭터 외형의 '프리미엄 효과'도 고려해야 한다.

광의 성장 가성비 계산을 마치면 협의 성장 가성비를 계산한다.

(2) 협의 성장 가성비

협의 성장 가성비는 육성 모듈에서 각 육성의 수익과 비용 데이터를 측정한 것이다. 속성 수익 가치와 소비 자원 가치의 계산 방식은 광의 성장 가성비의 계산 방식과 같아서 설명은 줄인다.

성장 모듈의 전투력 가치와 소비 가치를 사용하면 게임의 협의 성장 가성비 데이터를 구할 수 있다(표 4.38).

표 4.38 각 성장 모듈의 협의 가성비 데이터

A 성장 모듈				B 성장 모듈				C 성장 모듈			
육성 레벨	전투력 가치	소비 가치	가성비	육성 레벨	전투력 가치	소비 가치	가성비	육성 레벨	전투력 가치	소비 가치	가성비
1	6	1	6.00	1	7.2	1	7.20	1	237	100	2.37
2	12	5	2.40	2	14.4	6	2.40	2	474	216	2.19
......	......	......	......	......	......	......	......	......	......	......	......
10	60	48	1.24	10	72	100	0.72	5	1,185	795	1.49
......		......	......	......	......	......	......	......	......	......	......
20	120	117	1.03	20	144	250	0.58	10	2,370	2,305	1.03
......		......	......	......	......	......	......	......	......	......	......
30	180	279	0.65	25	216	1,500	0.14	15	3,555	4,081	0.87
......		......	......	......	......	......	......	......	......	......	......
50	300	678	0.44	30	360	3,000	0.12	20	4,740	12,726	0.37

노트 위 데이터는 모두 예시 데이터이며, 협의 가성비 데이터의 예시로만 사용된다.

마찬가지로 그래프를 사용해 각 성장 모듈의 협의 가성비를 확인할 수 있다(그림 4.10).

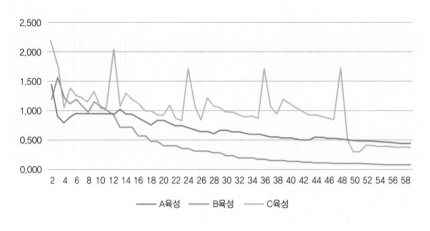

그림 4.10 **각 성장 모듈의 가성비 곡선 그래프**

노트 협의 성장 가성비는 데이터양이 크기 때문에 꺾은선그래프가 적합하다. 성장 가성비 그래프의 곡선은 게임의 수명주기 동안 각 성장 모듈의 성장 가성비의 변화 추이를 나타낸다.

게임의 모든 성장 모듈의 가성비 데이터를 계산하고 집계해 각 육성 모듈 가성비 그래프의 곡선 추이를 관찰하면 게임 생명주기의 각 시점에서 성장 모듈의 성장 수치를 명확하게 이해할 수 있다. 이는 경험 측면에서 각 모듈의 성장을 평가하고 게임 경험을 최적화하는 데 데이터 근거를 제공한다.

2 플레이 가성비

플레이 가성비는 **각 플레이에서 생산하는 자원 가치**와 **각 플레이에서 소비되는 시간 가치**를 계산한 것이다. 그중 플레이에서 생산하는 자원 가치는 **수익**이고, 유저가 플레이에서 소비하는 시간 가치는 **비용**이다. 수익에서 비용을 나누면 해당 플레이의 단위시간당 가성비 데이터를 구할 수 있다.

여기서는 4.3.3절 '생산 모델'의 기본 구조에서 정의한 각 플레이의 생산 분배, 생산 매개변수와 4.4.1절 '가치 정의'의 각 자원 가치를 소스 데이터로 사용해 각 플레이 모듈의 가성비 데이터를 계산한다(표 4.39).

표 4.39 **각 플레이의 가성비 데이터**

플레이 사례	수익	비용	가성비	다이아	코인	귀속 다이아	경쟁코인	A 자원	B 자원	C 자원
자원 가격				0.1	0.001	0.1	1	0.5	0.1	2
일일 퀘스트	260	15	17.33		150,000	60		208		
일반 던전	129	8	16.13		25,000			208		
시련	166	10	16.60		150,000	120				2
엘리트 던전	129	15	8.60		50,000	30		104		12
친구	1.5	0.5	3.00			15				
친한 친구	7.5	1	7.50						75	
팀원	10	2	5.00		10,000					
사제	15	5	3.00		15,000					
그룹	29	5	5.80		25,000					2
클랜	29	15	1.93		25,000					2
진영	52	15	3.47	20	50,000					
경기장	250	20	12.50				250			
무투장	100	30	3.33				100			
월드 보스	11.5	3	3.83			15				5
무술 대회	56	15	3.73			60	50			
전쟁	105	60	1.75	50			100			
클랜전	3	10	0.30	30						
합계	1,354	230	5.89	100	500,000	300	500	520	75	23

노트 위 데이터는 모두 예시이며, 실제 게임에 참조 데이터로 사용할 수 없다.

각 플레이의 가성비를 확인할 때 그래프를 사용해 데이터를 직관적으로 비교할 수 있다(그림 4.11).

참고 가성비 데이터를 사용할 때 게임 모듈마다 가치와 비용을 계산할 때 사용하는 매개변수와 데이터 소스가 달라 가성비 데이터가 왜곡될 수 있다는 점을 주의해야 한다. 따라서 이때는 가성비 데이터를 참조 데이터로만 사용하고 게임 설계의 합리성을 전반적으로 판단하는 데 쓰지 않는다. 게임의 경험을 현실적으로 반영하지 않을 수도 있다.

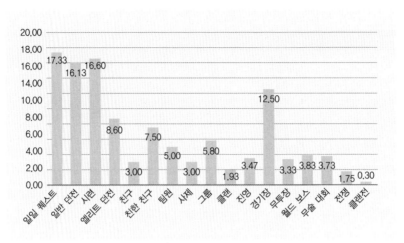

그림 4.11 **각 플레이 모듈 가성비 막대그래프**

플레이 가성비는 광의 가성비만 계산하면 된다. 대부분 협의 가성비 데이터는 4.3.3절 '생산 모델' 기본 구조에서 증가계수와 밀접한 관련이 있고, 그래프의 곡선 추세가 이와 비슷하므로, 여기서는 협의 가성비 계산 단계는 넘어가도 된다.

게임에서 플레이 가성비 데이터는 결과뿐만 아니라 과정도 중요하다. 따라서 모든 성장 모듈의 가성비 데이터뿐만이 아니라 가성비 계산 과정의 수익 데이터와 비용 데이터도 모니터링해야 한다. 그중 플레이 가성비의 결과 데이터는 플레이의 중요도와 유저가 추구하는 수준을 어느 정도 반영할 수 있다. 수익 데이터는 각 플레이 생산의 가치 데이터와 유저가 매일 획득할 수 있는 자원의 총 가치(일일 생산 데이터)를 계산하는 데 사용해도 된다. 비용 데이터는 각 플레이에서 소비하는 시간과 유저가 매일 소비해야 하는 총 시간을 측정하는 데 사용할 수 있다.

이 데이터들을 사용하면 각 플레이의 매개변수 정보를 여러 차원에서 확인할 수 있으며, 이는 게임 기획자가 이 매개변수 데이터를 여러 차원에서 최적화해 각 플레이 콘텐츠가 목적과 가치를 더 완벽하게 구현할 수 있게 한다. 각 플레이 경험이 경제 측면에서 '합리적'이고 '밸런스'를 이루도록 한다.

게임의 **성장 가성비**와 **플레이 가성비**를 계산함으로써 '경제 수치 – 가치 체계'의 가성비 부분도 끝난다. 게임의 가성비 데이터는 게임의 성장 모듈과 플레이 모듈을 판단하는 데 사용된다. 이는 게임 경험 과정을 판단하는 데 중요한 참조 데이터이며, 게임의 전투 수치와 경제 수치를 최적화하는 작업에 이론적인 근거 데이터를 제공한다.

4.4.3 게임의 깊이

우리가 일반적으로 말하는 게임의 깊이는 게임의 재미와 유지력만 의미하지 않는다. 게임의 깊이는 때때로 과금의 깊이 또는 과금의 여지로 이해할 수 있다. 이는 다시 말해 정량화할 수 있는 모든 속성과 콘텐츠의 가치의 양이다. 과금의 깊이는 게임이 창출할 수 있는 수익을 모두 나타내지는 않는다. 일반적으로 게임의 직접적인 수익은 게임의 수익화에 의해 결정된다.

게임의 과금의 깊이는 **성장 모듈 과금의 깊이**와 **플레이 모듈 과금의 깊이**로 구성된다. 성장 모듈 과금의 깊이는 정량화하기 비교적 쉬우며, 성장 가성비에서 각 성장 모듈의 소비 가치를 사용하면 기준 과금 데이터를 구할 수 있다. 플레이 모듈 과금의 깊이는 게임의 생명주기에 따라 예측해야 하므로 정량화하기가 비교적 어렵다. 플레이 모듈의 과금의 깊이가 작은 경우 게임의 깊이를 계산할 때 이 부분은 건너뛰고 성장 모듈 과금의 깊이만 계산해도 된다.

참고 │ 플레이 모듈의 과금은 대부분 성장 판매 위주이며, 이 역시 플레이 과금의 깊이 계산을 건너뛰어도 되는 요인 중 하나다.

일반적으로 성장 모듈 과금의 깊이를 계산할 때, 보정 매개변수를 추가해 각 모듈의 소비 가치를 보정한다. 이 매개변수들은 각 모듈의 '과금'할 수 있는 자원의 비율에 따라 설정한다. 즉, 해당 모듈에서 사전 설정한 판매 자원 비율에 따라 설정하는 것이다. 게임의 장비 강화 모듈을 예로 들면, 장비 강화에 장비 강화석 총 120,000개를 소비해야 하는데, 이 중 40%(48,000개)는 유료로 판매하고, 나머지 60%(72,000개)는 무료로 푼다고 하면, 성장 모듈의 매개변수는 40%가 되고 이는 실제 과금의 깊이를 계산하는 데 쓰인다.

여기서 4.4.2절 '가성비'에서 구한 성장 가성비 데이터를 사용하고, '보정 매개변수'를 다음의 공식에 대입하면 실제 성장 과금의 깊이, 즉 게임의 깊이를 구할 수 있다(표 4.40).

성장 모듈 과금의 깊이(보정 후) = Σ 각 성장 모듈의 과금의 깊이 × 보정 매개변수

표 4.40 **게임의 깊이**

게임 성상 노률	육성 유형	진두력 가치	소비 가치	과금 비율	실제 과금의 깊이
레벨	활동	7,993	7,993	40%	3,197
장비	과금	39,961	39,961	100%	39,961
장비 강화	활동	20,906	68,082	40%	27,233

게임 성장 모듈	육성 유형	전투력 가치	소비 가치	과금 비율	실제 과금의 깊이
장비 초월	과금	115,341	139,410	70%	97,587
날개	활동	22,139	53,301	40%	21,320
탈것	과금	28,996	28,964	80%	23,171
파트너	과금	46,178	41,600	70%	29,120
과금의 깊이 합계					241,589

노트 과금 비율 데이터는 성장 모듈 포지셔닝에 따라 설정할 수 있으며, 각 성장 모듈의 과금 비율은 게임의 수익화에 데이터 근거를 제공한다.

또한 각 성장 모듈의 과금의 깊이 데이터를 그래프로 확인할 수 있다(그림 4.12).

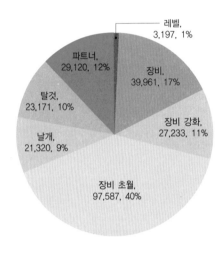

그림 4.12 **각 성장 모듈의 과금의 깊이**

노트 원그래프에서 텍스트 부분은 성장 모듈의 이름, 성장 모듈의 과금의 깊이, 과금 비율을 나타낸다. 각 모듈의 과금 비율 데이터를 보면 게임의 과금 구조가 합리적인지 판단할 수 있다.

과금의 깊이가 게임의 실제 과금 데이터를 직접적으로 나타내지는 않더라도, 게임의 과금 공간을 결정하기 때문에 게임의 수익 규모에 어느 정도 영향을 미친다. 물론 과금의 깊이가 클수록 게임의 수익성이 더 높다는 뜻은 아니다. 알파 테스트 단계부터 거대한 '과금 구멍'을 보여주는 게임은 유저들 사이에서 평판이 매우 좋지 않다. 우리는 게임 운영 주기에 따라 과금의 깊이를 설계해야 한다. 예를 들어 게임의 알파 테스트에서는 과금의 깊이를 3천만 원으로 설정해 유저의 과금 형태와 과금 콘텐츠의 수용 수준을 관찰한다. 이후 버전 업데이트마다 과금의 깊이에 3천만 원을 추가해 점진적으로 확대함으로써 게임의 수익을 보호할 수 있을 뿐 아니라 유저의 반감을 줄일 수 있다.

게임 개발 과정에서 다른 외부 요인으로 인해 초기 출시 단계에서 과금의 깊이를 확대해야 할 수도 있다. 예를 들어 출시 게임의 과금의 깊이를 2억 이상으로 제한하는 게임 플랫폼도 있다. 이런 경우 평판과 수익 중 어느 것이 더 중요한지 따져보고, 수익을 극대화하기 위해 둘 사이의 균형을 맞추는 방법을 찾아야 한다.

이상으로 게임 경제 수치 구축 프로세스가 끝났다.

게임의 전투력 수치와 경제 수치를 구축해 게임의 수치 구조를 완성했고, 게임 캐릭터의 성장과 각 플레이에 맞는 데이터를 계산했다. 견딜 수 있는 경험과 최적화하기 쉽고 강력한 확장성을 갖춘 수치 시스템을 만드는 것이 수치의 핵심 목표다. 이는 마치 공장에서 자동차를 만드는 것과 같다. 자동차 엔지니어는 다양한 수요에 맞춰 수십 가지 프로세스를 통해 훌륭한 자동차 한 대를 만들어내지만, 자동차의 성능과, 매개변수, 부품 배치의 합리성은 겉으로 봐서 알아차리기는 매우 어렵다. 이 자동차의 각 데이터를 자세하게 측정하려면 일련의 표준 검증 절차가 필요하다. 게임 수치도 마찬가지로, 표준 검증 절차를 만들어 수치 설계가 합리적인지, 유저의 게임 경험이 우리의 설계 기대치에 부합하는지 관측하고 검증해야 한다. 이어지는 검증 절차에서 게임 수치를 전반적으로 검증하는 방법을 살펴보겠다.

5

CHAPTER

게임 수치 검증

게임의 전투 수치와 경제 수치를 설계할 때 정방향 제작 프로세스를 거쳤다. 속성 정의, 전투 구조, 능력치 정량화, 인공지능의 4단계로 게임의 전투 수치 구조를 완성했다. 게임의 경제 수치 구조는 경제모델, 화폐와 자원, 경제구조, 가치 체계의 단계를 거쳤다.

게임 수치를 전반적으로 검증할 때는 역방향으로 진행한다. 먼저 게임의 경제 수치를 검증한 후 게임의 전투 수치를 살핀다. 먼저 게임의 생산 데이터에 따라 유저가 주기 안에 올릴 수 있는 육성 레벨과 만렙에 도달했을 때 자원의 잔여량을 측정한다. 그다음 육성 레벨을 통해 유저가 경험할 수 있는 플레이를 검증한다. 마지막으로 육성 데이터를 통해 유저와 컴퓨터 간의 전투 경험, 유저와 유저 간의 전투 경험을 시뮬레이션한다. 이 일련의 과정은 게임의 경제 수치 시뮬레이션, 육성 수치 시뮬레이션, 전투 수치 시뮬레이션과 일치한다. 세 가지 시뮬레이션 과정을 **경제 검증**, **성장 검증**, **전투 검증**이라고 한다.

수치 기획자가 게임의 검증을 끝내고 유저의 게임 과정과 경험 과정을 시뮬레이션한 후에는 검증 결과에 따라 유저에게 단계별 목표를 설정해줘야 한다. 거의 모든 게임이 유저가 게임을 진행하도록 유도하기 위해 목표를 설정한다. 게임 장르에 따라 유저의 목표도 다르다. 예를 들어 롤플레잉 게임은 캐릭터 육성 중심이다. 유저는 캐릭터를 육성하고 적을 물리치는 것을 복표로 삼는다. 퍼즐 게임은 스토리 중심이며, 퍼즐을 풀고 스토리를 진행하는 목표로 유저는 게임을 진행한다. 격투 게임은 전투 중심이고, 유저는 격투 기술을 연습하고 대상을 이기는 것이 목표다. 게임의 목표는 유저를 단계별로 이끌기 위해 게임을 설계할 때 큰 목표를 단계별 목표로 하나하나 쪼개야 한다. 단계별 목표를 설정하려면 게임을 검증해야 한다. 게임 과정을 검증해 단계별 관련 데이터를 확보한 다음, 데이터에 따라 유저를 위한 단계별 목표를 커스터마이징해 게임의 경험 리듬을 최적화하고 게임에 재미를 더한다.

참고 단계별 목표에 대한 자세한 내용은 7장에서 소개할 것이다.

5.1 경제 검증

경제가 흐르는 강이라면, 생산량은 상류로 유입되는 물의 양이고, 소비량은 하류로 배출되는 물의 양이다. 생산량이 소비량보다 많으면 강은 홍수가 나고, 생산량이 소비량보다 적으면 강은 가뭄으로 말라버린다. 경제 검증은 강 상류의 유입량과 하류의 배출량의 데이터를 집계하는 것이다. '유입량'과 '배출량' 데이터에 따라 강물의 잔여량 데이터를 얻고, 이 데이터로 이 강이 생태 환경에 주는 영향을 판단한다. 마찬가지로 게임의 경제 검증은 경제구조에서 생산 모델과 소비 모델을 검증한다. '생산단'과 '소비단'을 통해 경제 수치의 잔여량 데이터를 계산하고, 계산한 잔여량 데이터로 게임의 생태 상황을 판단한다.

게임의 전투 수치 구축 부분에서는 전투의 설계 목표에 따라 게임의 성장 구조를 구축하고 시간 또는 일 단위로 게임의 생명주기를 예측했다. 게임 생명주기의 시점에 따라 생산 모델에서 중요한 화폐와 자원의 생산량을 집계하는 것이 경제 검증이다. 소비 모델의 성장 모듈에서는 해당 성장 레벨로 업그레이드하는 데 드는 단위시간당 자원 소비량을 집계한다(예를 들어 게임 1일 차에 유저가 여러 플레이를 통해 10,000코인을 획득할 수 있고, 캐릭터 레벨은 30렙까지 올릴 수 있다. 장비 강화는 30 렙까지 가능하며 데이터 인덱스를 통해 30렙까지 장비 강화를 하는 데 8,000코인이 필요하다는 사실을 알았다. 그중 획득한 10,000코인은 자원의 생산량이고, 소비한 8,000코인은 자원의 소비량이다). 생산량에서 소비량을 빼면 각 시점의 자원 잔여량을 구할 수 있다. 그중 각 플레이에서 생산하는 화폐와 자원의 양을 집계하는 과정을 **생산 검증**, 각 성장 모듈에서 소비하는 화폐와 자원의 양을 집계하는 과정을 **소비 검증**, 게임 자원의 잔여량을 계산하는 과정을 **잔여 자원**이라고 한다. 각 시점에서 자원의 잔여량 데이터를 관찰함으로써 게임의 각 시기의 경제 운영 상황을 평가하고 게임의 생태 상황을 추론할 수 있다.

경제 검증은 게임 내 생산 모듈과 소비 모듈이 일치하는 정도와, 현재 경제구조에서 유저의 게임 경험을 측정하는 것이 핵심이다. 게임 경제 데이터를 검증하면 여러 시점에서 경제 수치의 잠재적인 설계 문제를 더 쉽게 감지할 수 있으며, 이 같은 불합리한 설정을 보정해 게임 경제의 밸런스와 안정성을 유지할 수 있다.

5.1.1 생산 검증

게임의 생산을 검증할 때는 "대다수 게임의 생산에는 생산 모델의 계획 생산 자원분만이 아니라 여러 추가 생산 자원도 있다"는 점을 꼭 기억해야 한다. 여기서 추가 생산된 자원은 상점, 이벤트, 퀘스트, 업적 등의 형식으로 유저에게 주는 자원 보상을 말한다. 4.3.3절 생산 모델에서 자원의 계획 생산량은 데이터 모델을 통해 계산해둬 빨리 계산하고 유연하게 조정할 수 있지만, 추가 생산은 '사람이 직접' 수시로 업데이트하고 조정해야 한다. 생산 검증의 통계 아이디어는 계획 생산과 추가 생산을 집계해 구한 게임의 실제 생산 데이터로 게임 자원의 생산을 검증하는 것이다.

4.3.3절 '생산 모델'에서 생산 모델 구조를 계산하고 모든 플레이의 생산 데이터를 확보했다. 미리 설정한 생산에 대해서는 인덱스로 모든 생산 데이터를 집계해 **계획 생산 데이터**를 구할 수 있다. 추가 생산에 대해서는 생산 데이터를 하나하나 정렬하고 인덱싱해서 **추가 생산 데이터**를 만든다.

각 주기의 계획 생산 데이터와 추가 생산 데이터를 일 단위로 집계하면 해당 화폐와 자원의 주기 생산 데이터를 구할 수 있다(표 5.1).

표 5.1 **자원 A의 주기 생산 데이터 집계**

게임 주기(일)	유저 레벨	총 생산량	일일 보상 (계획 생산 데이터)				일회성 보상 (추가 생산 데이터)	
			플레이 A	플레이 B	이벤트 C	상점 D	보물상자 E	업적 F
1	42	12,943	1,330	450	663	500	5,000	5,000
2	49	23,829	2,660	900	1,326	1,000	5,000	0
...	...	...	...	...	...	...	...	...
30	97	2,083,605	56,525	24,750	18,854	15,000	0	0
...	...	...	...	...	...	...	...	...
100	133	22,216,827	225,435	108,750	62,674	50,000	0	0

> 노트 │ 이 단계에서 아직 일회성 보상을 설정하지 않았다면 여기서는 우선 비워두고 이후 추가할 때 생산 데이터에 병합해 집계한다. 이때 생산 검증에서 모든 수치는 인덱스를 사용해야 한다는 점을 염두에 둬야 한다. 수등으로 입력하다간 이후 수치 모델을 조정할 때 업데이트 후 생산 데이터가 누락될 수 있으니 가능하면 수동으로 입력하지 않는다.

이 방법으로 게임의 모든 주요 화폐와 자원 생산 방식과 수량을 집계하면 각 생명주기 시점에서 화폐와 자원의 생산량을 알 수 있고, 이것으로 생산 검증이 끝난다. 이는 이후 '잔여 자원'과 '성장 검증'에서 중요한 데이터 근거가 된다.

생산 검증을 끝내고 다음 단계는 경제모델의 소비에 대해 전반적으로 검증할 차례다.

5.1.2 소비 검증

소비 검증의 기준점은 생산 검증과 동일하게 생명주기 시점이다. 단위시간당 게임 화폐와 자원의 소비량을 계산한다. 대다수 게임에서 주요 화폐의 소비 루트는 성장 모듈과 플레이 모듈로, 자원의 소비 루트는 성장 모듈로만 구성된다.

성장 모듈의 소비 데이터를 집계하는 것은 모두 **해당 주기에서 올릴 수 있는 성장 모듈의 레벨**을 인덱스값으로 해 해당 레벨까지 올리는 데 소비해야 하는 자원량을 계산하는 것이다. 플레이 모듈의 소비 데이터는 유저가 게임 생명주기 시점에서 플레이에 참여하는 데 소비해야 하는 화폐의 양을 자원 소비량으로 계산한다. 예를 들어 게임에서 자주 볼 수 있는 골드는 게임의 주 화폐로서 성장 모듈의 소비에 쓰이고, 또 약을 구매하고 장비를 수리하는 등 일상적 소비와 기능적 소비에도 쓰인다. 그에 반해 게임의 자원, 예를 들어 장비 강화석은 장비 강화라는 성장 모듈에서 주로 사용된다. 게임의 골드 소비를 집계할 때는 성장 모듈에서 골드 소비 데이터를 집계하고, 또 각 플레이에서 골드 소비 데이터를 집계해야 한다. 장비 강화석이라는 자원 소비를 집계할 때는 장비 강화라는 성장 모듈에서 소비 데이터를 집계하기만 하면 된다.

화폐와 자원의 소비 방식과 각 방식의 소비량을 집계해 게임 생명주기에서 각 화폐와 자원 소비 데이터를 구할 수 있다(표 5.2).

표 5.2 **자원 A의 소비 데이터 집계**

게임 생명주기(일)	유저 레벨(기댓값)	육성 레벨(올릴 수 있는 최대 레벨)	총 소비량
1	42	11	57,636
2	49	12	93,431
……	……	……	……
30	97	22	2,506,282
……	……	……	……
100	133	29	10,469,466
……	……	……	……
150	149	32	17,335,196

노트 주 화폐의 소비를 검증하기 위해서는 각 성장 모듈과 일상에서 소비되는 자원량을 집계해야 한다. 총 소비량은 누적 집계량, 즉 해당 레벨까지 올리는 데 소비해야 하는 자원의 총량이다.

이 방법으로 게임 내 모든 주요 화폐 및 자원의 소비 방식과 수량을 집계하면 해당 게임 수명주기 시점에서 화폐 및 자원의 총 소비량을 얻을 수 있고, 이로써 게임의 소비 검증이 끝난다.

게임의 소비 데이터는 주로 '잔여 자원' 계산에 쓰인다. 게임의 소비 데이터만 봐서는 게임 경제 흐름의 규모만 대강 이해할 수 있으며, 이는 게임 최적화에 실질적인 지침이 되지는 않는다.

5.1.3 잔여 자원

게임 생명주기 시점의 자연 자원은 생산 검증에서 얻은 생산 데이터에서 소비 검증에서 얻은 소비 데이터를 빼서 계산한다. 각 주기의 자원 소비 데이터와 잔여 데이터 간의 비율을 파악하기 위해 자원의 '잔여 비율'을 계산한다.

앞의 두 절에서 얻은 생산 데이터와 소비 데이터를 다음의 공식에 대입해 화폐와 자원의 잔여 데이터를 구할 수 있다(표 5.3).

자원 잔여량 = 생산량 – 소비량

자원 잔여 비율 = (생산량 – 소비량) ÷ 소비량

표 5.3 자원 A 잔여 데이터

게임 주기(일)	유저 레벨	잔여 수치	잔여 비율	총 생산량	총 소비량
1	42	-44,693	-78%	12,943	57,636
2	49	-69,602	-74%	23,829	93,431
......	......	......	......	......	......
30	97	-422,677	-17%	2,083,605	2,506,282
......	......	......	......	......	......
100	133	11,747,361	112%	222,168,267	10,469,466
......	......	......	......	......	......
150	149	34,429,618	199%	51,764,814	17,335,196
......	......	......	......	......	......
200	163	68,042,271	248%	95,440,301	27,398,030
......	......	......	......	......	......
300	190	171,057,388	316%	225,173,775	54,116,387

각 자원의 잔여 비율 곡선의 추세를 시각적으로 보기 위해 그래프를 사용할 수도 있다(그림 5.1).

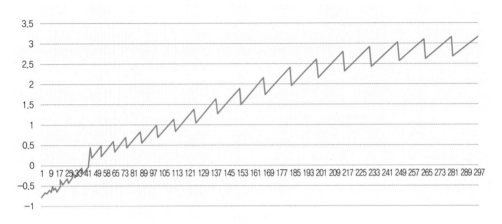

그림 5.1 **자원 A 잔여 비율 그래프**

> 노트 위 그래프를 보면 게임 생명주기의 초반 30일간 자원 A가 부족 상태라는 것을 알 수 있다. 30일 후 잔여 비율은 양수가 되고, 자원 A의 생산량이 소비량보다 훨씬 많아져 유저가 보유한 자원 A는 잉여 상태에 진입한다. 이때 유저의 자원 A에 대한 동력이 낮아지고, 자원 A는 인플레이션에 진입한다. 이런 경우 자원 A의 소비 루트를 추가하거나 A 자원의 생산량을 줄여야 게임 경제 흐름이 정상적으로 돌아올 수 있다.

게임에서 합리적인 잔여 비율 데이터는 항상 음수인 상태다. 다시 말해 게임의 소비 데이터가 항상 생산 데이터보다 커야 한다. 구체적인 자원의 잔여 비율 수치는 **엥겔 계수**를 사용해 추정할 수 있다.

엥겔 계수는 국제적으로 소득 수준을 측정하는 일반적인 방법으로, 총지출에서 식료품비 지출이 차지하는 비율(R1)과 소득에서 식료품비 지출이 차지하는 비율(R2)을 계산하며, 공식은 다음과 같다.

총 지출 대비 식료품비 지출 비율(R1) = 식료품비 지출 변동률 ÷ 총 지출 변동률 × 100%

소득 대비 식료품비 지출 비율(R2) = 식료품비 지출 변동률 ÷ 소득 변동률 × 100%

게임 환경에 R1과 R2 데이터를 응용하면 게임 설계에 데이터 지침이 될 수 있다. 그중 R1 데이터는 자원의 잔여 비율을 설계하는 데 도움이 되며, R2 데이터는 시장경제 또는 계획경제모델에서 유저의 자유 거래 데이터의 비율 분포 설계에 도움이 된다. 여기서는 R1 데이터로 잔여 비율 데이터의 합리성을 판단하는 방법을 설명하겠다.

엥겔 계수에서 R1이 작을수록 부유하다는 것을 알 수 있다. 게임 자원의 잔여 비율 데이터에 대입하면 수치가 작을수록 유저가 자원을 추구하는 정도가 낮다.

R1이 60%보다 크면 빈곤한 상태다. 게임에서 유저가 생존 압박에 직면하고, 생존 압박이 클수록 유저를 잃을 가능성이 커진다.

R1이 50%~60%이면 기본 생계유지가 가능한 상태다. 게임 유저는 개인 성장에 집중하고 열정적으로 게임에 참여해 게임 경험이 가장 낮다.

R1이 40%~50%이면 소강 상태이며, 게임에서 유저는 소셜 사교 플레이에 참여하고 개인 성장 동력이 하락한다. 게임 경험은 양호하다.

R1이 30%~40%이면 부유한 상태다. 게임에서 유저는 명예 지향 콘텐츠를 추구하기 시작하고, 게임이 병목 상태에 진입한다.

R1이 30% 미만이면 가장 부유한 상태이며, 게임에서 유저가 더 높은 단계의 자아실현을 추구하고, 유저를 잃을 가능성이 가장 높은 단계다.

참고 R1의 5단계는 유저가 처한 상태에 따라 욕구가 달라진다는 매슬로의 욕구단계설Maslow's hierarchy of needs 이론으로 해석할 수도 있다.

대다수 상황에서 게임의 잔여 비율은 −50% 정도로 유지해야 한다.

게임의 생산과 소비를 검증하면 각 주기의 자원 생산 데이터와 자원 소비 데이터를 얻을 수 있다. 생산 데이터와 소비 데이터를 계산해 각 주기의 자원 잔여 비율 데이터를 구한다. 이 단계를 마치면 게임의 성장을 종합적으로 검증한다.

5.2 육성 검증

육성 검증은 전투 구조에서 캐릭터의 레벨 성장과 속성 성장을 검증하는 것이다. 5.1.1절 '생산 검증'에서 자원의 생산 루트를 집계해 게임 생명주기 동안 각 화폐와 자원의 생산 데이터를 획득했다. 육성 검증은 생산 데이터에서 얻은 성장 모듈의 육성 레벨을 인덱싱해 해당 레벨의 속성 데이터와 전투력 데이터를 구하고, 이로써 전투 구조에서 캐릭터의 성장이 설계 기대치에 부합하는지 평가하는 것이다.

게임 생명주기 시점을 좌표계로 삼아 게임의 모든 성장 모듈을 검증해 게임 생명주기 중 각 시점에서 유저가 얻을 수 있는 속성 수치를 획득하고, 이를 전투력 계산 공식에 대입하면 전투력 데이터를 계산할 수 있다. 전투력 데이터의 성장 곡선을 관찰하면 게임 유저의 성장 리듬을 알 수 있다. 성장 리듬이란 어떤 시점에서 성장이 느려지고 유저를 잃기 쉬운지, 어떤 시점에서 성장이 너무 빨라 원활하지 않은지를 말한다. 전투력 수치를 집계하고 분석하면 게임의 성장 경험을 최적화하는 데 도움이 되며, 이후 전투 검증을 할 때 참조할 수 있는 정확한 속성 수치가 생긴다.

게임 성장을 종합적으로 검증하기 전에 게임의 가장 핵심적인 성장인 레벨 성장을 검증해야 한다. 레벨 성장은 대부분의 게임에서 유저 성장의 '벤치마크'다. 게임의 많은 성장 모듈은 '레벨'이라는 성장 벤치마크를 연동해 육성의 선결 조건으로 삼는다. 장비를 착용할 수 있는 캐릭터 레벨, 장비 강화 최고 레벨과 캐릭터 레벨 연동 등을 예로 들 수 있다. 물론 레벨을 벤치마크로 삼지 않는 일부 게임도 있다. 예를 들어 전략 게임은 메인 건축물 레벨을 벤치마크로 삼고, 다른 건축물 또는 영웅 레벨은 메인 건축물 레벨을 선결 조건으로 한다. 게임의 '성장 벤치마크'가 어떤 형태든 간에 핵심 성장 모듈 한 가지를 성장 벤치마크로 삼아야 '벤치마크'를 통해 게임의 다른 성장 모듈의 성장 데이터를 정확하게 측정할 수 있다.

5.2.1 레벨 검증

레벨 검증은 5.1.1절 '생산 검증'에서 집계한 경험치 생산 데이터로 캐릭터 레벨을 역추론하는 방식이다. 66쪽의 '(1) 레벨 성장'에서 게임 레벨의 성장 데이터 초안을 작성했다. 이 데이터도 게임 생명 주기의 '성장 벤치마크'로써 게임의 '시간 주기'와 관련된 모든 것을 계산하는 데 사용된다. 레벨 검증 단계에서 '성장 벤치마크' 검증은 육성 검증의 토대가 된다. 검증에서 확인한 성장 경험이 기대하는 성장 리듬과 다르다면, 게임에서 '성장 벤치마크'를 데이터 소스로 사용해 설계한 모든 성장 경험이 설계 수요에 맞지 않을 것이다.

여기서는 5.1.1절 '생산 검증'에서 정의한 **계획 생산 데이터**와 **추가 생산 데이터**를 예시로 들어 게임의 경험치라는 자원에 대해 데이터를 집계해본다(표 5.4).

표 5.4 캐릭터 레벨 검증 데이터 집계

게임 주기 (일)	사전 설정한 유저 레벨	실제 유저 레벨	총 경험치 생산량	일일 보상 합계치(계획 생산 데이터)				일회성 보상 (추가 생산 데이터)
				플레이 A	플레이 B	플레이 C	이벤트 D	메인 스토리 퀘스트
1	42	48	32,128	9,638	8,032	4,819	6,425	3,212
2	49	59	68,256	20,476	17,064	10,238	13,651	6,825
……	……	……	……	……	……	……	……	……
30	97	120	1,076,400	322,920	269,100	161,460	215,280	107,640
……	……	……	……	……	……	……	……	……
100	133	173	3,768,000	1,130,400	942,000	565,200	753,600	376,800
……	……	……	……	……	……	……	……	……
150	149	201	5,922,000	1,776,600	1,480,500	888,300	1,184,400	592,200
……	……	……	……	……	……	……	……	……
200	163	244	8,256,000	2,476,800	2,064,000	1,238,400	1,651,200	825,600
……	……	……	……	……	……	……	……	……
300	190	301	12,744,000	3,823,200	3,186,000	1,911,600	2,548,800	1,274,400

노트 표 5.4에서 플레이 A(플레이 B, 플레이 C, 플레이 D)는 해당 플레이의 일일 생산 경험치를 의미하며, 약칭해 플레이 A(플레이 B, 플레이 C, 플레이 D)로 표기했다. 일일 생산 경험치는 모두 누적값으로, 매일 획득할 수 있는 누적 경험치다. 사전 설정한 유저 레벨은 65쪽의 '1. 성장 구축'에서 경험 리듬에 따라 게임 주기별로 유저 레벨을 사전 설정한 값이며, 실제 유저 레벨은 총 경험치 생산량을 캐릭터 레벨업 데이터에 역방향으로 퍼지 매칭해 구한 실제 유저 레벨이다. 예를 들어 게임 플레이 2일 차에 유저는 68,256경험치를 얻을 수 있다. 엑셀에서 VLOOKUP 함수(68256, 레벨업 데이터 그룹, 위치, TRUE)로 퍼지 매칭하면 68,256경험치로 도달할 수 있는 실제 레벨 59를 구할 수 있다.

대부분 레벨 검증에서 얻은 실제 레벨 데이터는 기대 레벨 데이터와 다르다. 이는 주로 수치 기획자가 게임의 레벨 성장을 구축할 때 구축한 수치 구조가 아직 적어서 수치 구조에 모든 생산 루트를 포함하지 못했기 때문이다. 이 단계에서는 3.3.2절 '육성 시스템'의 경험치 공식을 수정해 실제 레벨 데이터와 기대 레벨 데이터 간의 불일치 문제를 해결할 수 있다.

참고 게임의 경험치 공식이 '경험치(레벨당 소비량) = 단일 레벨 시간 × 캐릭터 레벨^2 × 보정값'이라고 가정할 때, 공식에 매개변수를 추가해 레벨업에 필요한 경험치의 양을 조정할 수 있다. 공식은 '경험치(레벨당 소비량) = 단일 레벨 시간 × 캐릭터 레벨^2 × 보정값 + 매개변수'로 수정한다. 여기서 매개변수는 유저가 각 레벨에서 얻을 수 있는 1회성 보상 수치를 의미하며, 레벨에 따라 수치를 정할 수 없는 경우 게임 주기에 따라 일일 경험치 양으로 설정할 수 있다.

레벨 검증은 '활성 유저'의 레벨 성장만 검증하지 않는다. 게임의 수익화 단계에서 '경험치'를 얻는 데 사용되는 경험치 물약과 같이 '게임 벤치마크'를 올리는 육성 재료를 판매하게 될 가능성이 높다. 게임에서 경험치 판매는 게임의 수치 시스템에 직접적인 영향을 미치므로 육성 검증 시 이러한 행동을 예상해야 한다.

게임에서 판매하는 자원량의 규모는 대부분 비율의 형태로 나타난다. 다시 말해 기본 생산량의 배율로 판매하는 것이다. 게임에서 활성 유저가 하루에 획득할 수 있는 경험치가 100이라 하자. 우리는 판매하는 1회 경험치 양을 기본 수량의 10%, 즉 유저가 1회 구매로 10경험치(100 × 10%)를 얻을 수 있도록 설정했다. 소과금 유저가 3번 구매하고, 중과금 유저가 10번 구매하고, 헤비과금 유저가 최대 20번 구매할 수 있다고 가정하면, 계산을 통해 하루에 무과금 유저는 100경험치, 소과금 유저는 130경험치, 중과금 유저는 200경험치, 헤비과금 유저는 300경험치를 얻을 수 있음을 알 수 있다. 유저의 과금 수준별로 하루에 올릴 수 있는 레벨이 다르므로, 수치를 검증할 때 유저의 과금 수준별로 전반적으로 수치를 검증해야 한다(표 5.5).

표 5.5 **과금 수준별 유저의 캐릭터 레벨 검증**

게임 주기(일)	활성 유저 레벨	소과금 유저 레벨	중과금 유저 레벨	헤비과금 유저 레벨	활성 유저 경험치 생산량	소과금 유저 경험치 생산량	중과금 유저 경험치 생산량	헤비과금 유저 경험치 생산량
1	48	51	58	65	32,128	41,767	64,256	96,384
2	59	63	71	78	68,256	88,733	136,512	204,768
……	……	……	……	……	……	……	……	……
30	120	128	145	164	1,076,400	1,399,320	2,152,800	3,229,200
……	……	……	……	……	……	……	……	……
100	173	191	233	288	3,768,000	4,898,400	7,536,000	11,304,000
……	……	……	……	……	……	……	……	……
150	208	235	295	378	5,922,000	7,698,600	11,844,000	17,766,000
……	……	……	……	……	……	……	……	……
200	244	280	360	475	8,256,000	10,732,800	16,512,000	24,768,000
……	……	……	……	……	……	……	……	……
300	308	361	485	662	12,744,000	16,567,200	25,488,000	38,232,000

노트 과금 수준별로 유저를 구분해 검증하는 방법은 경제 검증에서도 똑같이 적용된다. 육성을 검증할 때 과금 수준별로 검증해야 각 유저층의 게임 경험 리듬을 더 종합적으로 파악할 수 있다. 5장에서는 지면의 한계로 인해 활성 유저의 수치 검증만 설명한다. 실제 게임을 검증할 때는 유저의 포지셔닝에 따라 과금 수준별 유저의 수치 경험을 검증해야 하며, 유저층을 더 많이 나눌수록 실제 게임 생태와 가까워진다.

레벨 검증을 마쳤으면 게임의 각 성장 모듈에 대해 종합적인 성장 데이터를 검증할 차례다.

5.2.2 성장 검증

게임 내 모든 성장 모듈의 성장 레벨과 성장 속성 데이터를 종합적으로 검증하는 단계가 성장 검증이다. 성장 검증은 집계하고 계산해 각 '참조 좌표계'에서 각 성장 모듈의 성장 데이터를 파악하고, 각 시점에서 유저의 성장 경험을 평가하며, 이후 전투 검증에서 참조할 데이터를 제공하는 데 목적을 둔다.

참조 좌표계에 따라 성장 검증은 게임 주기를 참조 좌표계로 하는 **주기 성장 검증**과 유저 레벨을 참조 좌표계로 하는 **레벨 성장 검증**으로 나눌 수 있다. 주기 성장 검증을 통해 얻은 각 시점에서 유저의 성장 데이터는 시기마다 유저의 성장 경험을 평가하는 데 사용된다. 레벨 성장 검증을 통해 얻은 '성장 벤치마크'에서 유저의 성장 데이터는 게임의 단계적 목표를 설정하는 데 사용되며, 이후 전투 검증에 참조 데이터가 된다.

❶ 주기 성장 검증

주기 성장 검증은 생산 데이터를 사용해 해당 성장 모듈의 레벨 데이터를 인덱싱한 후 레벨 데이터를 통해 유저의 속성 수치를 얻는 과정이다.

다음 4단계를 통해 게임 주기 성장의 데이터를 검증할 수 있다.

1단계, **생산 데이터를 인덱싱한다.** 5.1.1절 '생산 검증'에서 각 화폐와 자원의 생산 데이터를 집계했다. 여기서는 결과 데이터를 '성장 검증'의 데이터 구조로 인덱싱하기만 하면 된다(표 5.6).

표 5.6 각 자원의 생산 데이터(누적값)

게임 주기(일)	유저 레벨	자원 A 총 생산량	자원 B 총 생산량	자원 C 총 생산량
1	48	1,330	450	663
2	59	2,660	900	1,326
......	......	......	......	......
10	87	16,625	4,800	6,334

2단계, **소비 테이블을 만든다.** 4.3.2절 '소비 모델'에서 각 성장 모듈을 세분화해 육성마다 소비해야 하는 자원 데이터를 구했다. 여기서는 성장 레벨에 따른 소비 데이터가 필요하므로 소비 행렬을 만들어 소비와 레벨의 관련 데이터를 쿼리하는 데 사용한다(표 5.7).

표 5.7 소비 데이터 테이블(누적값)

성장 레벨	성장 모듈 1 총 소비량	성장 모듈 2 총 소비량	성장 모듈 3 총 소비량	올릴 수 있는 레벨
1	1	100	450	2
2	6	216	900	3
……	……	……	……	……
10	100	2,305	4,800	11

3단계, **성장 레벨을 매칭한다.** 1단계에서 구한 생산 데이터를 2단계 소비 테이블에 퍼지 매칭하면 성장 모듈에서 올릴 수 있는 레벨 데이터를 구할 수 있다(표 5.8).

표 5.8 주기 내에 각 성장 모듈에서 올릴 수 있는 레벨 데이터

게임 주기(일)	유저 레벨	성장 모듈 1 올릴 수 있는 레벨	성장 모듈 2 올릴 수 있는 레벨	성장 모듈 3 올릴 수 있는 레벨
1	48	8	2	5
2	59	12	4	8
……	……	……	……	……
10	87	22	16	30

4단계, **속성 데이터와 전투력 데이터를 인덱싱한다.** 성장 모듈에서 올릴 수 있는 레벨을 사용해 78쪽의 '3. 성장 세분화'에서 각 성장 모듈에 분배한 속성 데이터를 인덱싱한다. 그럼 각 주기에서 캐릭터의 성장 속성 데이터와 전투력 데이터를 구할 수 있다(표 5.9).

표 5.9 각 주기당 캐릭터의 성장 속성 데이터와 전투력 데이터

게임 주기 (일)	전투력 집계	A 육성 검증							B 육성 검증						
		A 성장 모듈 전투력	직업 1 속성 집계			A 육성 레벨	A 육성 자원 생산량 집계 1		B 성장 모듈 전투력	직업 1 속성 집계			B 육성 레벨	B 육성 자원 생산량 집계 1
			체력	공격력	방어력					체력	공격력	방어력		
1	11,374	3,991	1,996	798	198	4	1,087		7,383	3,213	615	301	29	672,197
2	16,945	6,443	3,223	1,287	320	5	1,843		10,502	4,561	873	430	35	1,213,131
……	……	……	……	……	……	……	……		……	……	……	……	……	……
30	77,776	18,754	9,380	3,750	935	8	25,877		59,022	25,350	4,899	2,436	72	14,576,975
……	……	……	……	……	……	……	……		……	……	……	……	……	……
100	191,733	31,851	15,930	6,370	1,590	10	84,945		159,882	68,465	13,268	6,611	102	47,402,747

노트 이상의 데이터는 모두 예시 데이터이며, 이후 데이터도 마찬가지이다.

설명한 4단계를 통해 게임 내 성장 모듈을 종합적으로 검증해 게임 속 모든 성장 모듈의 성장 데이터를 얻을 수 있다. 단, 일부 성장 모듈은 조건을 달성해야 해금되기 때문에 해금되지 않은 기간은 계산에서 제외해야 한다는 점은 기억해둬야 한다.

게임의 모든 성장 모듈을 검증한 후에는 각 생명주기 시점에서 유저의 성장 경험을 평가할 수 있다. 그다음 다양한 성장 경험 요구 사항에 따라 해당 수치 모델을 최적화하고 수치를 조정해 긍정적이고 적극적인 게임 경험을 만든다.

❷ 레벨 성장 검증

레벨 성장 검증과 주기 성장 검증의 개념은 거의 같지만, 구체적인 방법에는 차이가 있다. 대부분의 게임에서 레벨 성장과 다른 모듈 성장 사이에는 직접적인 상관관계가 없다. 즉, 레벨 성장 속도가 다른 모듈의 성장 속도에 영향을 미치지 않는다. 레벨을 좌표계로 사용해 성장을 검증할 때는 '주기'라는 공통된 매개체가 있어야 한다. 다시 말해 레벨 검증에서 얻은 **레벨과 주기 데이터**와 주기 성장 검증에서 얻은 **성장 모듈과 주기 데이터**를 매칭해 각 레벨에서 캐릭터의 성장 모듈 데이터를 구해야 한다(표 5.10).

표 5.10 **A 육성 모듈 레벨 성장 검증**

유저 레벨	게임 주기(일)	속성 비율	A 육성 검증			
			A 육성 모듈 전투력	직업 1 속성 집계		
				체력	공격력	방어력
1	0.02	2.38%	95	47	19	4
2	0.02	2.38%	190	94	38	8
……	……	……	……	……	……	……
30	0.08	2.38%	2,850	1,410	570	120
……	……	……	……	……	……	……
50	2.08	5.88%	5,142	2,550	1,022	224
……	……	……	……	……	……	……
100	33.41	5.88%	18,434	9,190	3,655	859
……	……	……	……	……	……	……
150	151.06	3.03%	32,556	16,237	6,457	1,553
……	……	……	……	……	……	……
180	260.23	3.03%	40,026	19,957	7,927	1,913

노트 레벨과 주기 데이터, 성장 모듈과 주기 데이터를 다룰 때는 '백분율' 분배 방식으로 레벨 데이터와 다른 성장 데이터를 매칭한다. 이는 78쪽의 '3. 성장 세분화'에서 사용한 백분율 분배 방식과 유사하다.

마찬가지로 이 방법을 사용해, 모든 성장 모듈을 유저 레벨을 좌표계로 해 각 레벨에서 유저의 속성 수치와 전투력 수치를 계산한다(표 5.11).

표 5.11 각 레벨에서 유저의 속성 수치와 전투력 수치

유저 레벨	게임 주기 (일)	전투력 집계	A 육성 검증					B 육성 검증			
			A 육성 모듈 전투력	직업 1 속성 집계				B 육성 모듈 전투력	직업 1 속성 집계		
				체력	공격력	방어력			체력	공격력	방어력
1	0.02	270	95	47	19	4		175	76	14	7
2	0.02	540	190	94	38	8		350	152	28	14
......	......	......	......	......	......	......		......	......	......	......
30	0.08	8,100	2,850	1,410	570	120		5,250	2,280	420	210
......	......	......	......	......	......	......		......	......	......	......
50	2.08	16,584	5,142	2,550	1,022	224		11,442	4,956	921	460
......	......	......	......	......	......	......		......	......	......	......
100	33.41	84,445	18,434	9,190	3,655	859		66,011	28,325	5,443	2,711

여기서 알아둘 것이 있다. '백분율 분배 방식'으로 얻은 초반 레벨 성장 데이터가 반드시 정확하지는 않지만, 이 데이터를 사용해도 괜찮다. 큰 범위의 시점 데이터만 정확하다면, 피팅을 통해 얻은 레벨 성장 데이터의 정확도가 꽤 높다.

이번 절에서는 '주기'와 '레벨' 두 가지를 기준으로 해 성장 모듈 수치를 전반적으로 검증했고, 각 주기와 각 레벨에서 유저의 성장 데이터를 확보했다. 이어서 확보한 유저의 성장 데이터를 그래프로 만들어 해석하고, 그래프의 곡선 추세를 분석해 이 데이터가 유저에게 제공하는 실제 게임 경험을 이해하고 파악해본다.

5.2.3 데이터 해석

레벨 검증과 성장 검증의 두 단계를 통해 게임 육성에 대한 종합적인 검증을 마쳤고, 대량의 육성 데이터를 확보했다. 육성 데이터는 각각의 특성에 따라 게임에서 유저의 실제 육성 경험을 종합적으로 반영한다. 이는 게임 기획자가 이론적 수준에서 유저의 느낌을 판단하는 데 중요한 참고가 된다.

대부분 게임에서 육성 루트는 레벨 육성과 기타 육성 두 가지 유형으로 나눌 수 있다. 레벨 육성은 '벤치마크 성장'을, 기타 육성은 캐릭터의 '속성 성장'을 맡는다. 게임의 육성 데이터를 해석하는

것은 사실 **벤치마크 성장**과 **속성 성장** 두 가지 관점에서 레벨업에 따른 '단계 감각' 경험과 속성업에 따른 '누적 감각' 경험을 판단하는 것과 같다.

단계 감각 경험은 과금 수준별 유저의 **레벨 성장 곡선**으로, 누적 감각 경험은 각 성장 모듈의 **주기 육성 곡선**과 과금 수준별 유저의 **전투력 성장 곡선**으로 추론할 수 있다. 각 단계에서 지속되는 시간과 각 모듈에서 누적되는 규모에 따라 유저가 게임 육성 수치로 느끼는 실제 느낌을 해석할 수 있다(그림 5.2).

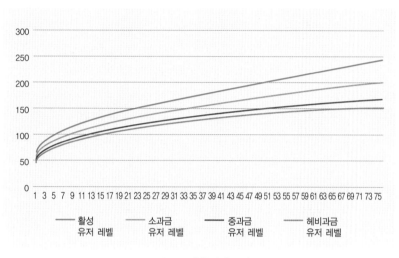

그림 5.2 **레벨 성장 곡선**

과금 수준별 유저의 레벨 성장 곡선은 주로 게임에서 '벤치마크 성장'의 육성 경험을 반영한다. 이는 '단계' 지속 시간과 주기 콘텐츠 소비량을 판단하는 기준이 된다. 여기서 '단계'는 꼭 각 레벨을 뜻하지는 않는다. 게임의 경험 콘텐츠에 따라서도 게임 단계를 설정할 수 있다. 예컨대 현재 자주 쓰이는 경험 분할 방식(게임을 튜토리얼 기간, 초보자 기간, 성장 기간, 정체 기간으로 나누는 방식)은 주기 단계에 따라 과금 수준별 유저가 각 단계에서 소비해야 하는 시간을 판단한다. 그다음 각 단계에서 유저의 성장 경험(작은 주기에서 유저의 레벨 성장 곡선을 확인한다)을 세분화해 유저의 레벨 성장이 합리적인지 판단한다.

레벨 성상 곡선은 과금 수준별 유서의 성장을 측정하는 네에도 사용할 수 있나. 첫 번쌔 확장백에서 유저가 경험할 수 있는 콘텐츠가 총 200개라고 가정하자. 그림 5.2를 보면 게임 50일 차에 헤비과금 유저는 콘텐츠를 모두 소비한다. 이때 헤비과금 유저의 수요를 만족하려면 새로운 콘텐츠를 추가해야 한다.

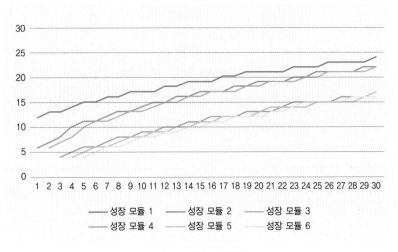

그림 5.3 **주기 육성 곡선**

각 성장 모듈의 주기 육성 곡선은 각 육성 경험의 주기 성장 경험을 반영한다. 쉽게 말해 유저가 각기 다른 시간으로 각 성장 모듈에서 올릴 수 있는 레벨을 보여준다. 주기 육성 곡선과 레벨 성장 곡선은 해석 방식이 비슷하다. 곡선 추세를 통해 유저의 '성장 단계'를 파악하고, 각 모듈의 육성 레벨에서 유저가 얼마나 머무는지 분석해 각 성장 모듈의 육성 경험을 판단하는 것이다.

각 모듈의 주기 육성 곡선은 대부분 나선형 증가 추이를 보인다. 즉, 각 성장 모듈의 곡선이 서로 겹쳐져 돌며 증가한다(그림 5.3에서 성장 모듈 4, 5, 6의 곡선 추세). 이 곡선들은 지속적으로 교차해 유저가 모든 시점에서 일정한 성장감을 느낄 수 있도록 게임의 '성장 리듬'을 형성한다(그림 5.4).

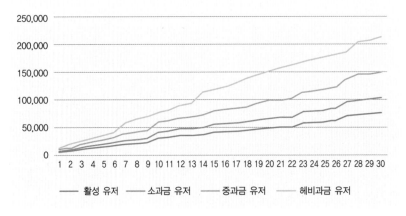

그림 5.4 **전투력 성장 곡선**

과금 수준별 유저의 **전투력 성장 곡선**은 '구매력'에 따른 전투력 데이터의 차이를 반영하고, '과금'이 전투력 데이터에 미치는 영향을 어느 정도 반영한다. 이는 유저의 과금 의향을 예측하기 위한 참조 데이터가 되기도 한다. '전투력 밸런스'에 중점을 둔 게임에서는 과금 수준별 그룹 간의 데이터 차이가 너무 크지 않아야 한다. 전투력 차이가 지나치게 크면 게임의 기본 전투력 밸런스를 붕괴시킬 것이다. 헤비과금 유저가 손쉽게 활성 유저를 이기면 활성 유저의 게임 경험을 악화시키고, 결국 게임 생태계에 악영향을 미친다.

기획자와 유저가 전투력 차이를 서로 달리 느끼기도 한다. 기획자는 전투력 차이가 클수록 유저의 과금 의향이 강해지고, 게임의 수익이 높아진다고 생각하는 반면, 유저는 전투력 차이가 클수록 게임이 불공평하고, 활성 유저가 생존할 공간이 없다고 느낄 것이다. 각자의 입장에서 바라보면 양쪽 모두 잘못이 없다. 이는 사실 취사선택의 문제다. 수익을 늘리려면 전투력 차이를 늘려야만 하고, '밸런스'를 맞추고 싶으면 전투력 차이를 줄일 수밖에 없다. '수익'과 '밸런스' 중 어느 것을 취하고 버릴지는 더 생각해봐야 할 문제이며, 이는 6장에서 중요하게 다루는 내용이다.

5.3 전투 검증

전투 검증은 게임의 모든 플레이와 전투 수치를 전반적으로 검증하는 것이며, 플레이 검증이라고도 한다. 5.2절에서 생산 검증으로 얻은 생산 데이터로 게임의 성장 과정을 전반적으로 검증해 여러 생명주기와 캐릭터 레벨에서 유저의 속성 데이터와 전투력 데이터를 구했다. 3.4절에서는 각 플레이의 몬스터 난이도 데이터를 설정했다. 플레이 검증은 게임의 생명주기 시점에 따라 유저의 속성 데이터와 게임의 몬스터 난이도 데이터를 사용해 전투를 시뮬레이션하고, 이로써 해당 플레이에서 몬스터 난이도 데이터가 합리적인지 평가하는 것이다.

게임의 플레이 검증을 통해 기획자가 설계한 플레이 경험과 실제 게임 경험이 일치하는지, 게임 생명주기 시점에서 각 플레이의 몬스터 속성 수치가 합리적인지 더 명확히 판단할 수 있다. 그리고 플레이 검증에서 얻은 전투 데이터는 인공지능의 고급 응용에 효과적인 데이터 지침이 된다.

전투 검증은 플레이를 검증할 뿐만 아니라 각 직업 또는 각 성장 루트 간의 **밸런스 검증**도 포함한다.

5.2.2절 '성장 검증'에서 사용자 층을 나눠 과금 수준별 유저의 속성 데이터와 전투력 데이터를 검증했다. 예를 들어 활성 유저는 일반적인 게임 경험을 통해 첫째 날 레벨은 40까지, 전투력은 5만 pt까지 올릴 수 있다. 소과금 유저는 일반적인 게임 경험과 소과금 '결제'로 첫째 날 레벨은 42까

지, 전투력은 6만pt까지 올릴 수 있다. 마찬가지로 헤비과금 유저는 첫째 날 레벨은 44까지, 전투력은 8만pt까지 올릴 수 있다. 세 종류 유저 간의 전투를 시뮬레이션해 전투 데이터를 획득하는 과정이 바로 게임의 밸런스 검증이다.

밸런스 검증을 통해 과금 유저 간의 경쟁 결과를 예측할 수 있으며, 각 생명주기 시점에서 유저 간의 전투 리듬이 예측과 일치하는지 파악 가능하다. 란체스터 법칙을 통해 과금 유저 한 명이 동시에 활성 유저 몇 명과 대적할 수 있는지 예측할 수도 있다. 이러한 데이터도 밸런스 데이터로서 게임의 밸런스를 조정하고 최적화하는 데 도움을 줄 수 있다.

5.3.1 플레이 검증

게임의 플레이를 검증하려면 두 가지 중요한 데이터 소스가 필요한데, 각각 플레이 해금 레벨과 플레이의 몬스터 속성이다. 플레이 해금 레벨을 사용하면 5.2.2절 '성장 검증'의 레벨 성장 검증 데이터를 인덱싱해 해당 레벨에서 유저의 육성 데이터를 구할 수 있다. 3.4.1절 '기본 응용'에서 데이터를 인덱싱하면 몬스터의 속성 데이터를 획득 가능하다. 유저의 육성 데이터와 몬스터의 속성 데이터를 게임의 전투 공식에 대입해 계산하면 각 플레이의 전투 과정과 전투 결과를 알 수 있다.

각 플레이의 전투 과정과 전투 결과를 파악해서 각 플레이 설계가 예측과 부합하는지, 플레이에서 AI의 난이도가 설계 수요를 충족하는지 알 수 있다. 또한 플레이들의 실제 경험도 파악 가능하다 (표 5.12).

표 5.12 **각 플레이의 유저 전투력 데이터와 몬스터 난이도 데이터**

플레이 이름	해금 레벨	유형	게임 주기	유저 속성				몬스터 속성		
				전투력	체력	공격력	방어력	체력	공격력	방어력
일반 던전 1	1	일반 던전	0.02	270	123	33	11	264	20	11
일반 던전 2	3	일반 던전	0.02	810	369	99	33	792	60	33
엘리트 던전 1	5	도전 던전	0.02	1,350	615	165	55	2,200	165	55
...	...	...	...	...	...	...	...	...	...	...
일반 던전 8	20	일반 던전	0.02	5,400	2,460	660	220	5,280	396	220
엘리트 던전 5	20	도전 던전	0.02	5,400	2,460	660	220	8,800	660	220

플레이 이름	해금 레벨	유형	게임 주기	유저 속성				몬스터 속성		
				전투력	체력	공격력	방어력	체력	공격력	방어력
…	…	…	…	…	…	…	…	…	…	…
일반 던전 15	35	일반 던전	0.29	9,450	4,305	1,155	385	9,240	693	385
엘리트 던전 10	35	도전 던전	0.29	9,450	4,305	1,155	385	15,400	1,155	385
…	…	…	…	…	…	…	…	…	…	…
시련 1	40	도전	0.73	10,800	4,920	1,320	440	26,400	1,584	440
일반 던전 20	40	일반 던전	0.73	10,800	4,920	1,320	440	10,560	1,320	440
A 이벤트 1	41	활성 플레이	0.83	11,070	5,043	1,353	451	13,530	1,083	451
시련 2	42	도전	0.94	11,340	5,166	1,386	462	27,720	1,664	462
B 이벤트 1	42	쟁탈 플레이	0.94	11,340	5,166	1,386	462	16,632	1,248	462
…	…	…	…	…	…	…	…	…	…	…
파티 던전	45	하드 던전	1.31	12,960	5,883	1,551	528	51,150	3,102	528
일반 던전 22	45	일반 던전	1.31	12,960	5,883	1,551	528	12,276	931	528
시련 3	45	도전	1.31	12,960	5,883	1,551	528	30,690	1,862	528
…	…	…	…	…	…	…	…	…	…	…
월드 보스	50	보스	2.08	16,192	7,306	1,871	660	24,220	9,355	660

표 5.12처럼 게임의 모든 플레이를 레벨 순서대로 정렬하고 차례로 인덱싱해 각 플레이에서 유저의 전투력 수치, 속성 수치, 몬스터의 속성 수치를 계산할 수 있다.

게임에서 대미지 계산 공식으로 뺄셈 공식을 사용한다고 가정하자.

> **대미지 수치 = 공격력 수치 – 방어력 수치**
>
> **생존 주기 = 체력 수치 ÷ 대미지 수치**

유저의 속성 데이터와 몬스터 속성 데이터를 대미지 계산 공식에 대입하면 전투에서 생기는 대미지 수치를 구할 수 있다. 캐릭터 체력 수치에서 대미지 수치를 나누면 전투의 생존 주기 데이터가 나온다. 생존 주기 데이터를 사용하면 실시간 전투 장르 게임의 전투 리듬을 더 쉽게 판단할 수 있다. 턴제 또는 반턴제 게임의 경우 복잡한 전투 데이터 시뮬레이션으로 플레이의 승률을 판단해 해당 플레이의 난이도를 평가해야 한다(표 5.13).

표 5.13 **플레이 전투 검증**

플레이 이름	해금 레벨	유형	게임 주기	유저 생존 턴	몬스터 생존 턴	생존 비율
일반 던전 1	1	일반 던전	0.02	13.67	12	1.14
일반 던전 2	3	일반 던전	0.02	13.67	12	1.14
엘리트 던전 1	5	도전 던전	0.02	5.59	20	0.28
…	…	…	…	…	…	…
일반 던전 8	20	일반 던전	0.02	13.98	12	1.16
엘리트 던전 5	20	도전 던전	0.02	5.59	20	0.28
…	…	…	…	…	…	…
일반 던전 15	35	일반 던전	0.29	13.98	12	1.16
엘리트 던전 10	35	도전 던전	0.29	5.59	20	0.28
…	…	…	…	…	…	…
시련 1	40	도전	0.73	4.30	30	0.14
일반 던전 20	40	일반 던전	0.73	5.59	12	0.47
A 이벤트 1	41	활성 플레이	0.83	7.98	15	0.53
시련 2	42	도전	0.94	4.30	30	0.14
B 이벤트 1	42	쟁탈 플레이	0.94	6.57	18	0.37
…	…	…	…	…	…	…
파티 던전	45	하드 던전	1.31	2.29	50	0.05
일반 던전 22	45	일반 던전	1.31	14.60	12	1.22
시련 3	45	도전	1.31	4.41	30	0.15
…	…	…	…	…	…	…
월드 보스	50	보스	2.08	0.84	20	0.04

> 노트 생존 비율은 유저의 생존 턴에서 몬스터의 생존 턴을 나눈 값으로, 생존 비율이 높을수록 해당 플레이가 쉽다는 것을 뜻한다. 생존 비율의 크기와 게임 장르는 전투 리듬과 관련이 있다. 보통, 생존 비율은 각 플레이를 수치적으로 비교하는 데만 사용되며, 플레이의 실제 경험을 직접적으로 나타내지는 않는다.

플레이의 난이도를 평가할 때 같은 유형의 플레이의 모든 전투 데이터를 필터링해 해당 유형에 해당하는 모든 게임 플레이의 관련 데이터를 확인할 수도 있다.

게임의 플레이를 검증한 후에는 게임 전투의 밸런스를 전반적으로 검증한다.

밸런스 검증은 게임 내 과금 수준별, 직업별 유저의 전투 과정을 검증하는 것이다. 밸런스 검증의 정의에 따라 밸런스 검증을 **과금 수준별 검증**과 **직업별 검증**, 두 단계로 나눌 수 있다. 과금 수준별 검증은 게임 생명주기 시점에서 과금 수준별 유저 간 전투를 시뮬레이션한다. 직업별 검증은 각 레벨 주기 시점에서 각 직업 간의 전투를 시뮬레이션한다.

과금 수준별 검증은 '속성 판매'가 게임의 밸런스에 미치는 영향을 판단하는 데, 직업별 검증은 각 직업 간의 밸런스가 예상과 부합하는지 판단하는 데 사용된다.

1 과금 수준별 검증

과금 수준별 캐릭터의 전투 '밸런스'를 검증하기 전에 게임 주기로 활성 유저, 소과금 유저, 헤비과금 유저의 속성 수치를 인덱싱한다. 이 속성 수치들은 5.2.2절 '성장 검증'에서 주기 성장 검증을 살펴보며 집계하고 계산했다. 여기서는 해당 데이터를 검증 구조에 인덱싱하기만 하면 된다(표 5.14).

표 5.14 **밸런스 검증 - 과금 수준별 검증**

게임 주기	유저 레벨	활성 유저 전투력 속성				소과금 유저 전투력 속성				헤비과금 유저 전투력 속성			
		전투력	체력	공격력	방어력	전투력	체력	공격력	방어력	전투력	체력	공격력	방어력
1	42	11,374	5,209	1,413	499	13,649	6,251	1,696	599	18,199	8,335	2,261	799
2	49	16,945	7,784	2,160	750	20,334	9,341	2,592	900	27,112	12,455	3,456	1,200
3	54	21,830	9,886	2,566	951	26,196	11,864	3,080	1,142	34,928	15,818	4,106	1,522
......	......	......	......	......	......	......	......	......	......	......	......	......	......
30	97	77,776	34,730	8,649	3,371	93,332	41,676	10,379	4,046	124,442	55,568	13,839	5,394
31	98	80,052	35,707	8,838	3,465	96,063	42,849	10,606	4,158	128,084	57,132	14,141	5,544
......	......	......	......	......	......	......	......	......	......	......	......	......
50	110	115,660	51,368	12,498	4,990	138,792	61,642	14,998	5,988	185,056	82,189	19,997	7,984
......	......	......	......	......	......	......	......	......	......	......	......	......
100	133	191,733	84,395	19,638	8,201	230,080	101,274	23,566	9,842	306,773	135,032	31,421	13,122

과금 수준별 유저의 속성 데이터를 얻은 후 해당 유저의 데이터를 게임의 대미지 계산 공식에 대입해 계산하면 과금 수준별 유저 간의 전투 데이터를 구할 수 있다(표 5.15).[1]

---

1 옮긴이 예를 들어 '활성 vs 소과금'에서 첫 행의 4.35는 활성 유저가 소과금 유저에게 가하는 1회 대미지 수치이고, 7.68은 소과금 유저가 활성 유저에게 가하는 1회 대미지 수치이다(예시 데이터로서, 정확히 어떤 대미지 공식에 따라 이 수치들이 계산되었는지는 알 수 없다). 두 대미지 수치의 비율이 '생존 비율'이다(예를 들어 0.57 = 4.35 ÷ 7.68).

표 5.15 과금 수준별 유저 간의 전투 데이터

게임 주기	유저 레벨	활성 vs 소과금			활성 vs 헤비과금			소과금 vs 헤비과금		
		생존 비율	활성	소과금	생존 비율	활성	헤비과금	생존 비율	소과금	헤비과금
1	42	0.57	4.35	7.68	0.22	2.96	13.57	0.40	3.76	9.29
2	49	0.57	4.23	7.41	0.22	2.88	12.97	0.41	3.65	8.95
3	54	0.56	4.64	8.33	0.21	3.13	15.15	0.39	4.00	10.15
……	……	……	……	……	……	……	……	……	……	……
30	97	0.55	4.96	9.05	0.19	3.32	17.07	0.38	4.26	11.15
31	98	0.55	5.00	9.16	0.19	3.34	17.34	0.38	4.29	11.29
50	110	0.54	5.13	9.47	0.19	3.42	18.21	0.38	4.40	11.72
……	……	……	……	……	……	……	……	……	……	……
100	133	0.53	5.49	10.34	0.18	3.63	20.72	0.36	4.69	12.93

데이터를 보면 게임 내 과금 수준별 유저 간 전투 관련 데이터를 대략적으로 판단할 수 있으며, 이를 통해 속성 판매가 게임 생태계에 미치는 영향이 허용 범위에 있는지 평가할 수 있다. 또한, 란체스터 법칙을 사용해 과금이 게임 PVG(헤비과금 유저가 동시에 상대하는 여러 유저)에 미치는 영향을 예측해야 한다(표 5.16). 란체스터의 제곱 법칙에 따르면 다음과 같은 방정식을 구할 수 있다.

> 그룹 A 대미지 × (그룹 A 유저 수)^2 = 그룹 B 대미지 × (그룹 B 유저 수)^2

A를 헤비과금 유저 그룹, B를 활성 유저 그룹이라고 가정하면, 위 방정식에서 다음 방정식을 유도할 수 있다.

> 헤비과금 유저 1인이 동시에 상대할 수 있는 활성 유저 수 = $\sqrt{(\text{헤비과금 대미지} \div \text{활성 대미지})}$

[참고] 유저 그룹 A 대미지는 헤비과금 유저가 활성 유저에게 가하는 1회 대미지 수치이며, 유저 그룹 B 대미지는 활성 유저가 헤비과금 유저에게 가하는 1회 대미지 수치다.

표 5.16 PVG 유저 수

게임 주기	유저 레벨	활성 vs 소과금	활성 vs 헤비과금	소과금 vs 헤비과금
1	42	1.33	2.14	1.57
2	49	1.32	2.12	1.57
3	54	1.34	2.20	1.59

게임 주기	유저 레벨	활성 vs 소과금	활성 vs 헤비과금	소과금 vs 헤비과금
……	……	……	……	……
30	97	1.35	2.27	1.62
31	98	1.35	2.28	1.62
……	……	……	……	……
50	110	1.36	2.31	1.63
……	……	……	……	……
100	133	1.37	2.39	1.66

일련의 전투 데이터 검증을 통해 게임의 각 주기에서 과금 수준별 유저 간 전투 기본 데이터를 예측해 게임 전투 수치 설계가 예상과 부합하는지 판단할 수 있다.

❷ 직업별 검증

직업별 검증을 위해서는 게임 레벨로 인덱싱해 같은 레벨에서 각 직업의 속성 수치를 구한다. 이 속성 수치는 5.2.2절 '성장 검증'의 레벨 성장 검증을 살펴보며 계산해 구했다. 직업별 검증 단계에서는 이를 데이터 구조에 인덱싱하기만 하면 된다(표 5.17).

표 5.17 **밸런스 검증 - 직업별 검증**

게임 주기	유저 레벨	A 직업 유저 전투력				B 직업 유저 전투력				C 직업 유저 전투력			
		전투력	체력	공격력	방어력	전투력	체력	공격력	방어력	전투력	체력	공격력	방어력
0.02	1	270	123	33	11	276	147	26	11	260	98	39	11
0.02	2	540	246	66	22	554	295	52	22	522	196	79	22
0.02	3	810	369	99	33	833	442	79	33	783	295	118	33
……		……	……	……	……	……	……	……	……	……	……	……	……
0.08	30	8,100	3,690	990	330	8,343	4,428	792	330	7,857	2,952	1,188	330
0.1	31	8,370	3,813	1,023	341	8,620	4,575	818	341	8,117	3,050	1,227	341
……	……	……	……	……	……	……	……	……	……	……	……	……	……
2.08	50	16,192	7,306	1,871	660	16,378	8,767	1,496	660	15,328	5,844	2,245	660
2.26	51	17,264	7,773	1,971	704	17,396	9,327	1,576	704	16,260	6,218	2,365	704
……	……	……	……	……	……	……	……	……	……	……	……	……	……
33.41	100	75,511	33,025	7,343	3,111	72,564	39,630	5,874	3,111	66,696	26,420	8,811	3,111

마찬가지로 유저 데이터를 게임의 대미지 계산 공식에 대입해 전투 데이터를 구한다(표 5.18).

표 5.18 밸런스 검증 – 직업 간 생존 주기

생존 주기	유저 레벨	A 직업 vs B 직업			A 직업 vs C 직업			B 직업 vs C 직업		
		생존 비율	A 직업	B 직업	생존 비율	A 직업	C 직업	생존 비율	B 직업	C 직업
0.02	1	1.23	8.20	6.68	0.99	4.39	4.45	0.80	5.25	6.53
0.02	2	1.22	8.20	6.70	0.97	4.32	4.45	0.79	5.18	6.53
0.02	3	1.20	8.02	6.70	0.97	4.34	4.47	0.81	5.20	6.41
……	……	……	……	……	……	……	……	……	……	……
0.08	30	1.19	7.99	6.71	0.96	4.30	4.47	0.81	5.16	6.39
0.1	31	1.19	7.99	6.71	0.96	4.30	4.47	0.81	5.16	6.39
……	……	……	……	……	……	……	……	……	……	……
2.08	50	1.21	8.74	7.24	0.96	4.61	4.83	0.79	5.53	6.99
2.26	51	1.21	8.91	7.36	0.95	4.68	4.91	0.79	5.62	7.13
……	……	……	……	……	……	……	……	……	……	……
33.41	100	1.28	11.95	9.36	0.93	5.79	6.24	0.73	6.95	9.56

[노트] 직업 간의 생존 주기 데이터를 볼 때 생존 비율을 집중적으로 본다. 생존 비율이 1에 가까우면 직업 간의 전투 속성 데이터가 밸런스를 이룬다고 볼 수 있다.

여러 직업을 검증함으로써 게임의 전투 수치 설계가 수치 기획자의 예측에 부합하는지 더 쉽게 판단할 수 있다.

속성 정의, 전투 구조, 능력치 정량화(유저와 몬스터의 속성 정량화)를 통해 하나의 전투 수치 시스템 시스템을 구축했다. 하지만 전투 수치 시스템이 안정적인지, 합리적인지, 전투가 밸런스를 이루는지 검증해야 한다. 다시 말해 전투 리듬이 밸런스를 이루는지 검증하는 과정이다.

전투 리듬의 밸런스는 대량의 데이터를 계산하는 것 외에 검증 방법이 없다. 대량의 데이터를 계산하기 전에 반드시 전투 수치 시스템이 밸런스 설정을 거쳤는지 확인해야 한다(3.3.1절 '밸런스 살펴보기'와 3.4.3절 '밸런스 다시 살펴보기'). 기본적인 밸런스를 맞춰둬야 엑셀 VBA 또는 파이썬Python을 사용해 게임 내 전투 데이터를 일괄적으로 시뮬레이션할 수 있다. 데이터를 비교하고 분석해 전투 수치 시스템을 다시 한번 최적화한다.

전투 리듬 밸런스를 검증할 때는 검증 대상을 집중적으로 설계한다. 전투 모델을 통해 필요한 유저의 속성 데이터와 대상의 속성 데이터를 도출하고, 상응하는 공식에 대입해 계산한다. 스킬에 스킬 사이클 설정이 있는 경우 전투를 검증할 때 스킬도 따로 검증해야 한다.

일반적으로 PVE 환경과 PVP 환경에서 각각 '밸런스' 데이터를 계산한다. 즉, 유저와 유저의 전투

데이터, 유저와 몬스터의 전투 데이터를 계산해야 한다. 유저와 유저의 전투 데이터는 각 직업 간의 전투 과정을, 유저와 몬스터의 전투 데이터는 각 직업과 각 레벨의 유저와 몬스터의 전투 과정을 시뮬레이션해야 한다. 이로써 전투 '밸런스'를 판단할 때 필요한 전투 데이터를 구한다. 전투 데이터는 유저들의 딜, 힐, 평균 대미지, 최고 대미지, 최저 대미지, 전투 턴, 승패 등을 포함하고, 전투 데이터를 비교해 유저와 유저, 유저와 몬스터 간의 강약과 합리성을 확인한다.

리듬 밸런스 단계는 쉽지 않다. 전투 시뮬레이션으로 필요한 전투 데이터를 구하는 데는 아주 많은 에너지 또는 시간이 필요할지도 모른다. 시간이 부족하다면 소량의 데이터를 집중적으로 계산할 수 있는데, 몇 가지 대표적인 전투를 뽑아 계산한다. 밸런스에 주의해 전투 데이터를 설계하면 통제 불가능한 상황이 발생하지는 않을 것이다.

게임의 수익화

게임의 수익화를 설계하기 전에, 게임의 수익화는 게임 경험을 최적화하기 위한 것이지, '수익 창출'이 최우선 목적이 아니라는 점을 명확히 해둬야 한다.

게임 장르에 따라 수익화하는 관점도 달라지기도 한다. MMORPG에서 유저는 다른 유저와 상호작용을 해야 게임 경험이 더 나아진다. 주관적 또는 객관적인 요인으로 유저의 '상호작용'이 줄어들면 육성에 필요한 게임 자원이 부족해질 것이 틀림없다. 수익화는 시스템 측면에서 유저의 '부족'한 육성 자원을 보충해 상호작용을 원치 않는 유저도 원활하게 게임을 경험할 수 있도록 하는 것이다. 반면 상호작용이 필요 없거나 조금의 상호작용만 있어도 원활하게 플레이할 수 있는 게임에서는 유저가 매일 플레이하기만 하면 필요한 육성 자원을 얻을 수 있다. 이런 게임에서 유저의 '대기 시간'을 줄이면 수익화의 좋은 출발이 된다. 유저는 '결제'를 통해 더 빠르고 편리하게 게임을 경험할 수 있다. 예컨대 게임에서 희귀한 5성 캐릭터의 경우 일반 활성 유저가 한 달을 플레이해야 얻을 수 있는 반면, 과금 유저는 결제를 통해 3일이면 얻을 수 있는 것처럼 말이다. 이는 실제로 수익화를 통해 '대기 시간'을 줄이는 하나의 방식이기도 하다.

우리는 전투 모델과 경제모델을 통해 게임의 각종 '경험 데이터'(첫째 날 유저는 30레벨까지 올릴 수 있다든지, 최대 8번째 던전까지 클리어할 수 있는 등 기본적인 경험 데이터를 말한다)를 미리 설계했다. '경험 데이터'는 게임의 모듈마다 다른 게임 경험을 제공한다. 여러 방법으로 게임 수치가 '경험 데이터'의 예측에 부합하는지 검증했더라도 설계는 결국 이론일 뿐이다. 게임의 실제 경험은 우리의 예상과 다를 수 있다. 게임의 수익화를 설계할 때 원활하지 않은 경험을 원활하게 만들고, 답답한 육성 과정을 더 리드미컬하게 만드는 몇 가지 전략이 있다.

일반적으로 게임의 수익화는 수익화 포지셔닝, 수익화 전략, 수익화 검증 세 가지로 나뉜다. 수익화 포지셔닝은 게임 장르에 따라 기본 원칙을 정의하는 것이다. 수익화 전략은 수익화 포지셔닝에 실현 가능한 계획을 미리 설정하는 것이다. 마지막으로 수익화 검증을 통해 미리 설정한 수익화 전략이 기본적인 수익화 표준에 맞는지 검증한다.

6.1 수익화 포지셔닝

게임의 **수익화 포지셔닝**은 주로 수익 모델의 포지셔닝을 말하며, 수익화 포지셔닝을 하기 전에 게임에서 적용할 수익 모델을 명확히 해야 한다. 인터넷 산업에서 중요한 세 가지 수익 모델은 광고 판매, 부가가치 서비스, 전자 상거래다. 그중 게임은 부가가치 서비스에 속하고, 부가가치 서비스의 핵심은 차별화된 경험을 제공하는 것으로, 무료 유저에게는 기본 기능만 제공하고 더 나은 경험을 위해서는 결제를 해야 하는 방식이다.

게임에서 부가가치 서비스는 경험 결제, 성장 결제, 기능 결제, 화폐 결제 등으로 분류할 수 있다.

경험 결제는 게임 경험권을 판매하는 것으로, 주로 일회성으로 판매하는 싱글플레이어 게임이나 시간 단위 유료 게임에서 사용된다.

성장 결제는 게임의 육성 자원을 판매하는 것으로, 유저가 더 강해지고 싶다면 결제를 하는 방식이다. 소프트 성장 결제 방식을 사용하는 게임들도 있는데, 이는 유저 그룹마다 다른 게임 경험을 할 수 있게 하는 식이다. 과금 유저는 좋은 캐릭터로 '시원한' 게임을 경험하고, 일반 유저는 일반 캐릭터로 '일반적인' 게임 경험을 한다. 예를 들어 게임 <원신>에서 활성 유저는 4성 캐릭터로 게임을 플레이해 일반적인 게임 경험을 하고, 게임에서 얻은 자원도 4성 캐릭터를 육성하는 데 쓴다. 반면 과금 유저는 5성 캐릭터로 게임을 플레이해 시원한 게임 경험을 하고, 게임에서 얻은 자원은 5성 캐릭터를 육성하는 데 쓴다. 4성 캐릭터와 5성 캐릭터 모두 게임을 원활하게 경험할 수 있지만, 과금 유저의 경험 과정은 일반 유저보다 '시원'하다. 카드 게임에서 이런 유형을 자주 볼 수 있다.

기능 결제는 게임 경험을 위해 편리한 기능을 제공하는 것으로, 예를 들어 자동 전투, 빠른 물약 구매 등의 형식이다. 일반적으로 기능 결제는 다른 형태의 결제와 함께 묶어서 판매한다.

화폐 결제는 게임의 주 화폐를 직접 판매하는 것으로, 부가가치 서비스 유형의 게임에서 주 화폐 생산량은 수요량보다 한참 부족해서 빨리 주 화폐를 얻고 싶은 유저가 결제를 하는 식이다.

게임의 수익화 포지셔닝을 하기 전에 게임 운영의 기본 데이터 지표를 이해해야 한다. 기본 데이터 지표로 결제를 측정해 우리가 설계한 수익화 포지셔닝으로 게임을 장기적으로 운영할 수 있는지 평가하고, 이는 이후 수익화 전략에 지침을 제공한다.

6.1.1 기본 데이터 지표

게임의 수익화 운영 과정에는 다양한 데이터 표준이 있다. 이러한 데이터 표준들은 게임의 운영 상태를 아주 잘 보여줄 수 있다. 수치 기획자는 게임 수익화를 설계할 때 데이터 표준들 중 유저 이탈률CHURN(또는 리텐션율), 활성 유저 결제율paying rate, PR, 과금 유저의 평균 결제액average revenue per paying user, ARPPU, 활성 유저의 평균 결제액average revenue per user, ARPU, 생애주기 가치lifetime value, LTV, 고객 확보 비용cost per acquisition, CPA 등에 집중해야 한다. 이 데이터들은 게임의 투자 수익률return of investment, ROI을 반영하므로 판매의 성공 여부를 나타내는 중요 지표다.

1 유저 이탈률(CHURN)

> 유저 이탈률 = 주기 동안 이탈한 유저 수 ÷ 총 유저 수

유저 이탈률은 전체 유저 수 대비 주기 동안 게임을 이탈한 유저 수의 비율이다. 일부 통계 방법에서는 리텐션율을 사용하기도 하는데, 이는 전체 유저 수 대비 주기 내 남아 있는 유저 수의 비율이다. 게임에서 중요한 주기로는 2일, 3일, 1주, 2주, 1개월이 있으며, 이에 대응하는 데이터는 각각 2일 이탈, 3일 이탈, 1주 이탈, 2주 이탈, 1개월 이탈이다. 예를 들어 월초에 게임 유저가 100명 있었는데, 월말에 유저가 70명 남아 있다면 유저 이탈률은 30%((100 − 70) ÷ 100 × 100%)다.

또 유저 이탈률에 따라 게임의 생명주기를 예측할 수도 있다.

예를 들어 게임의 월 유저 이탈률이 30%라면, 다음 공식을 통해 유저의 생애주기가 1 ÷ 30% = 3.3개월이라는 걸 알 수 있다. 이는 게임 운영에 중요한 데이터다. 특히 유저의 LTV, 즉 각 유저의 평균 가치를 계산할 때 중요하다. 이는 뒤에서 설명하겠다.

> 운영 측면에서의 게임 생명주기 = 1 ÷ 유저 이탈률

참고   유저 이탈률을 사용해 예측한 게임의 생명주기 데이터는 참고용이다. 이런 계산은 정확하지 않으며, 게임의 실제 생명주기는 예측한 생명주기보다 훨씬 크다. 데이터 분석과 운영 측면의 지식은 리샹옌黎湘艳의 저서《数据驱动游戏运营(데이터 기반 게임 운영)》을 참고하면 좋다. 게임의 데이터 분석과 운영 지식은 수치 기획자의 능력 향상에 큰 도움이 된다.

❷ 활성 유저 결제율(PR)

> **활성 유저 결제율 = 과금 유저 수 ÷ 활성 유저 수**

활성 유저 결제율은 게임 내 전체 활성 유저 수 대비 과금 유저 수의 비율을 말한다. 활성 유저 결제율은 게임 데이터 중 매우 중요한 지표로, 게임의 전체 수익에 직접적인 영향을 미친다. 예를 들어 어떤 게임이 프로모션을 통해 100명의 유저를 확보하고 그중 10명이 결제했다면, 게임의 결제율은 10%(10 ÷ 100 × 100%)다. 게임의 과금 유저의 ARPPU가 5만 원이라면, 과금 유저 10명은 게임사에 50만 원의 수익을 창출한다. 대다수 게임의 과금 유저는 월 ARPPU가 게임 장르에 따라 결정된다. 같은 게임 장르에서 과금 유저의 월 평균 결제액은 거의 비슷하므로, 결제율의 차이는 게임사의 수익 상황에 직접적인 영향을 미친다.

❸ 과금 유저의 평균 결제액(ARPPU)

> **과금 유저의 평균 결제액(ARPPU) = 주기 동안의 총 결제액 ÷ 과금 유저 수**

과금 유저의 평균 결제액은 게임에서 주기 동안 각 과금 유저의 평균 결제액으로, 보통 월 또는 주 단위로 계산한다. 대다수 무료 게임에서 수익은 규칙적인 분포 모델을 따르지 않고 멱법칙 분포를 따른다. 유저의 결제 금액으로 유저를 소과금 유저, 중과금 유저, 헤비과금 유저 세 분류로 나눌 수 있다. 게임에서 **헤비과금 유저**가 과금 유저 중 차지하는 비율이 10%이고, ARPPU가 10만 원이라고 가정해보자. **중과금 유저**가 과금 유저 중 차지하는 비율은 40%이고, ARPPU는 3만 원이다. **소과금 유저**가 과금 유저 중 차지하는 비율은 50%이고, ARPPU는 3천 원이다. 그렇다면 과금 수준별 유저의 결제 비율과 결재액 데이터로 계산해 게임의 예상 ARPPU는 23,500원이 된다(10% × 100,000 + 40% × 30,000 + 50% × 3,000). 과금 수준별 유저의 결제 데이터를 시뮬레이션하고 설정함으로써 과금 수준별 유저의 비율을 미리 계획할 수 있고, 이는 이후 수익화 전략을 수립하는 데 데이터 지침이 된다.

4 **활성 유저의 평균 결제액(ARPU)**

> 활성 유저의 평균 결제액(ARPU) = 주기 동안의 총 결제액 ÷ 총 활성 유저 수

활성 유저의 평균 결제액은 주기 동안 유저당 평균 결제액으로, 게임 수익을 측정하는 중요한 운영 지표다. 일반적으로 게임의 활성 유저의 평균 결제액은 월 단위로 측정한다. 다시 말해 매월 활성 유저의 평균 결제액을 측정한다.

게임 테스트 단계에서는 주 또는 일 단위로 유저의 평균 결제액을 측정하기도 한다. 단기 유저의 평균 결제액과 다른 운영 데이터를 결합하면 단위시간 내 게임의 수익 상황을 계산할 수 있고, 이것으로 게임의 투자 수익률과 투자 수익 주기를 추정할 수 있다.

5 **생애주기 가치(LTV)**

> 생애주기 가치 = 활성 유저의 평균 결제율 × (1 ÷ 주기 이탈률)

LTV는 통신 업계에서 고객 평생 가치로 직역되는데, 게임에서는 주로 단위시간당 유저의 평균 결제액을 계산하는 데 사용된다. 이는 활성 유저의 평균 결제액과 유사하다.

주기 이탈률에 따라 생애주기 가치는 주, 월 단위로 측정할 수 있다. 가령, 2주 활성 유저의 생애주기 가치가 100이라면, 14일 활성 유저의 평균 결제액이 100원임을 의미한다. 각 주기의 생애주기 가치는 게임이 수익을 내기 시작하는 시점을 반영할 수 있다. 예를 들어 첫 주에 유저의 생애주기 가치가 1만 원이고, 활성 유저 확보 비용이 3만 원이라면 3주 차에 수익이 지출과 같아진다는 것을 알 수 있다. 3주 차 이후 게임은 수익을 내기 시작한다.

참고 이 단계에서 수익의 예측은 참고용이다. 실제로는 게임 출시 후 시간이 갈수록 유저의 결제액은 점차 줄어든다. 실제 LTV 데이터는 균일한 증가 추세를 띠지 않는다.

6 **고객 확보 비용(CPA)**

CPA는 게임에서 유저 한 명을 확보하기 위해 지출하는 금액으로, 유저 한 명을 게임으로 유입시키는 데 드는 비용을 측정할 때 사용한다. 고객 확보 비용의 측정 기준은 다운로드 및 가입, 튜토리얼 완료 등 여러 형태가 될 수 있다. 물론 단계가 늘어날 때마다 고객 확보 비용도 가파르게 증가한다.

플랫폼마다 '고객 확보 비용'도 달라진다. 예를 들어 같은 게임이라도 고객 확보 비용이 위챗_{WeChat}에서는 15,000원, 다른 플랫폼에서는 22,000원이며, 광고 제휴를 통해 유입되는 유저의 고객 확보 비용은 30,000원이다. 게임이 출시되는 플랫폼도 수익에 직접적인 영향을 미치는 핵심 요소다.

게임의 테마, 장르, 아트 스타일, 경쟁 게임 수는 게임의 고객 확보 비용에 직접적인 영향을 미친다. 참신한 테마, 고전적인 장르, 뛰어난 아트 스타일에 경쟁 게임까지 적은 게임은 '비슷비슷한' 게임들보다 유저에게 더 매력적이며, 이는 유저의 다운로드 전환율을 높이고 게임의 수익 상황에 영향을 미친다.

게임의 기본 데이터 지표를 파악했다면 이를 활용해 게임의 수익 상황을 예측해 계산해볼 것이다. 게임의 수익화 포지셔닝이 수익화 목표에 부합하는지 평가하는 것은 이후 수익화의 구체적인 내용을 정립하는 데 데이터 지침이 될 것이다.

6.1.2 과금 측정

과금 측정의 첫 단계는 단일 서버의 '최적' 유저 수를 판단하는 것이다. 여기서 최적 유저 수란 단일 서버가 최적의 게임 환경을 유지하는 데 필요한 유저 수를 말한다. 게임의 단일 서버의 유저 수는 많을수록 좋은 것이 아니며, 최적 유저 수는 게임 장르에 따라 달라지기도 한다. 예를 들어 <미르의 전설> 같은 게임에는 경쟁 요소가 많아서 유저들은 경쟁을 통해 공공 자원을 획득한다. 이런 게임 생태계에서는 소수의 유저만이 게임 자원을 소비할 수 있으므로, 단일 서버의 최적 유저 수를 2,000명으로 한다. 개인의 경험과 유저 간의 상호작용에 중점을 둔 게임, 예컨대 모바일 게임 <몽환서유>의 단일 서버의 최적 유저 수는 훨씬 많다. 단일 서버의 최적 유저 수를 판단할 때 게임의 '공공 자원' 수량의 비율에 따라 적절한 '최적' 유저 수를 판단할 수 있으며, '공공 자원'의 비율이 높을수록 단일 서버의 최적 유저 수는 줄어든다.

> 참고 | 게임 서버의 기본 구조도 단일 서버의 최적 유저 수에 영향을 미치지만, 물론 이는 우리가 결정할 수 있는 사항이 아니다.

유저 수를 확정한 후에는 게임의 유저당 고객 확보 비용도 예측해야 한다. 고객 확보 비용은 시장 환경에 따라 결정된다. 게임 장르와 경쟁 게임 수에 따라 고객 확보 비용은 달라진다. 일반적으로 게임의 고객 확보 비용은 대략 3,700원-55,500원이다. 여기서는 같은 장르 경쟁 게임의 고객 확보 비용에 따라 대략적인 가격을 가정할 수 있다.

유저 수와 고객 확보 비용을 확정한 후에는 월 이탈률, 결제율, 월 ARPPU 등 다른 기본 데이터 지표를 시뮬레이션한다. 이 데이터들을 통해 월 ARPU, 월 LTV, 비용, 수익, 손익 분기점 데이터를 계산할 수 있다. 이는 게임의 수익화에 데이터 지침이 된다(표 6.1).

표 6.1 간단한 과금 측정

유저 수	고객 확보 비용	월 이탈률	결제율	월 ARPPU	월 ARPU	월 LTV	비용	수익	손익 분기점(월)
5000	80	80%	10%	400	40	50.00	400,000	200,000	마이너스
5000	80	85%	10%	400	40	47.06	400,000	200,000	마이너스
5000	80	90%	10%	400	40	44.44	400,000	200,000	마이너스
5000	80	80%	15%	400	60	75.00	400,000	300,000	마이너스
5000	80	85%	15%	400	60	70.59	400,000	300,000	마이너스
5000	80	90%	15%	400	60	66.67	400,000	300,000	마이너스
5000	80	80%	20%	400	80	100.00	400,000	400,000	1.00
5000	80	85%	20%	400	80	94.12	400,000	400,000	1.00
5000	80	90%	20%	400	80	88.89	400,000	400,000	1.00
5000	80	80%	10%	500	50	62.50	400,000	250,000	마이너스
5000	80	85%	10%	500	50	58.82	400,000	250,000	마이너스
5000	80	90%	10%	500	50	55.56	400,000	250,000	마이너스
5000	80	80%	15%	500	75	93.75	400,000	375,000	1.05
5000	80	85%	15%	500	75	88.24	400,000	375,000	1.06
5000	80	90%	15%	500	75	83.33	400,000	375,000	1.06
5000	80	80%	20%	500	100	125.00	400,000	500,000	0.84
5000	80	85%	20%	500	100	117.65	400,000	500,000	0.83
5000	80	90%	20%	500	100	111.11	400,000	500,000	0.82

> 노트 월 ARPU = 총 수익 ÷ 총 유저 수, 월 LTV = 활성 유저의 평균 결제율 × (1 ÷ 월 이탈률), 비용 = 총 유저 수 × 고객 확보 비용, 수익 = 월 ARPPU × (총 유저 수 × 결제율), 월 수익률 = 수익 / 비용 - 1

기본 운영 데이터 지표를 시뮬레이션해 각 운영 데이터에서 게임의 미래 수익을 파악할 수 있으며, 이는 수익화 전략 수립 단계에서 데이터 지침이 된다. 이로써 게임의 안정적이고 장기적인 운영을 위한 기초적인 데이터를 예측할 수 있다.

6.2 수익화 전략

게임의 수익화 전략은 주로 게임의 '양질의' 운영을 유지하기 위해 세우는 장기적인 계획을 뜻한다. 게임에서 사용되는 수익화 전략은 여러 가지가 있으면 보통 여러 부서의 협력이 필요하다. 예를 들어 연구 개발자는 기본적인 수익화 전략을, 운영자는 데이터 지표에 따라 수익화 운영 전략을, 마케팅 담당자는 최적의 유도 방식으로 수익화 유도 전략을 세운다. 제대로 된 수익화 전략을 세우는 것은 상용화된 게임이 지속 가능한 경쟁 우위를 확보하기 위한 최선의 방법이다.

현재 게임 연구 개발에서 수립하는 기본적인 수익화 전략은 이미 꽤 발전해, 거의 모든 상용화 게임의 표준 전략이 됐다. 목적에 따라 사용할 수 있는 방법도 매우 많다. 예를 들어 결제율을 높이기 위해 사용되는 첫 충전 이벤트, ARPPU를 높이기 위한 월간 패스, 성장 패스, 연속 충전, 누적 충전, 누적 소비, VIP, 일일 보상 패키지, 한정 구매 패키지, 푸시 패키지, 시즌 패스 등이 있다. 수익화 전략 수립에서 중요한 것은 형식이 아니라 목적이다. 게임 연구 개발에서는 어떻게 이 목적을 효과적으로 달성할지 고민하고 실천해야 한다.

수익화 전략의 유형에 따라 게임의 주요 수익 모델을 일반 결제, 유도 결제, 뽑기 결제 등 세 가지로 나눈다. 그중 일반 결제는 기본적인 수익 모델이고, 유도 결제는 게임 프로모션 수단이다. 뽑기 결제는 복권을 판매하는 방식이다.

깊이 있고 품질이 좋은 게임의 경우 수익 모델이 많을수록 좋지 않다. 특히 게임 출시 초반에 과도한 수익화는 게임의 평판 하락과 유저 이탈로 이어져 게임의 서비스 종료일을 앞당길 것이다. 물론 연구 개발의 기조가 '패스트푸드(빠른 비용 회수와 수익 창출)'라면 초반에 반드시 치열하게 수익화를 해야 한다. 결제 의향이 있는 유저를 많은 유도 결제로 유지하는 전략이다. 게임을 장기 운영하고 싶다면 수익화 속도와 규모를 절제해야 하기 때문에 수익화를 조절해 차근차근 추진해야 한다는 점을 주의해야 한다. 게임이 '패스트푸드' 마케팅에만 적합하다면 진심으로 수익화를 대해야 한다. 유도 결제의 종류와 지속성 유지는 양극단의 문제여서 수익 모델 선택에서 절충 방안은 없다.

게임의 수익화 전략을 세분화할 때 각 수익화 전략의 목적성과 합리성을 5단계 운영법으로 검증할 수 있다. 이는 수익 모델의 유효성을 보장하는 방법이다. 때로는 특정 수익화 전략이 가져다주는 게임 수익이 더 많다고 생각해 다른 게임에서 효과가 좋았던 수익 모델을 존재의 목적을 파악하지 못한 채 근거 없이 자신의 게임에 적용하면, 결과는 불 보듯 뻔하다.

게임의 수익화 전략을 수립할 때는 수익화 전략의 **기본 형태**를 통해 수익화 내용을 사전 설정할 수 있으며, **5단계 운영법**으로 우리가 사전 설정한 수익화 내용을 검증한다. 마지막으로 실제 검증과 운영 데이터 분석으로 수익화 전략을 최적화한다.

6.2.1 기본 형태

게임 수익 모델의 기본 형태는 일반 결제, 유도 결제, 뽑기 결제로 나뉜다.

일반 결제는 게임의 일반적인 결제 루트로, 보통 상점 형태로 나타난다. 게임의 상점에서 판매하는 것은 판매 아이템의 종류에 따라 아이템, 자원, 아바타, 패키지 등으로 나뉜다. 게임 설계의 초기에 일반 결제는 가장 중요한 수익화 형태였다. 게임의 수익 모델이 계속해서 발전하면서 일반 결제는 더 이상 게임의 주요 수익 모델이 아니게 됐다. 여전히 상점의 기능이 남아 있는 게임도 있지만, 상점은 수익화를 보충하는 한 가지 형태일 뿐이며, 유저의 주요 과금 행위는 다른 수익 모델로 대체됐다.

유도 결제의 핵심은 할인 판매다. 게임 내 자원이나 화폐를 다양한 형태의 할인 프로모션으로 포장해 유저의 결제를 유도한다. 유도 결제는 초기에 운영의 범주에 속했다. 게임의 수익화가 끊임없이 발전하고 성숙해지면서 유도 결제는 점차 게임의 표준이 됐다. 비슷한 모델이 없는 게임은 비슷한 모델이 없다는 것이 도리어 단점으로 작용해, 유저도 할인이 없는 상품을 결제하려 하지 않았다. 물론, 고품질 게임은 이런 '관행'을 무시할 수 있었다.

현재 주류의 유도 결제 모델은 비교적 성숙해졌다. 우리가 유도 결제 모델을 설계할 때는 수익화 요구 사항에 따라 '패키지 형식'을 고를 수 있다. 주류 유도 결제 모델은 종류에 따라 첫 충전, 월간 패스, 성장 패스, 시즌 패스, 보상 패키지(한정 구매 패키지), 누적 충전(누적 소비) 등으로 결제 형태가 나뉜다. 일반 이벤트와 묶어서 간접 결제 형태로 나타나는 10일 목표, 순위(레벨 순위, 경쟁 순위) 등도 있다. 결제 형태는 6.1절에서 나열한 기본 데이터 지표를 끌어올리는 것, 즉 데이터 목표를 실제 수익으로 만드는 것을 목표로 삼는다.

다음으로 게임의 주류 유도 결제 형태를 차례로 소개한다. 수익 목적에 따라 결제 형태를 선택하면 게임의 수익 향상에 큰 도움이 될 것이다.

첫 충전은 유저가 처음으로 충전 결제하는 것으로, 게임에 대한 유저의 인지도를 나타낸다. 첫 충전에 대응하는 기본 데이터 지표는 유저 결제율이다. 첫 충전을 하는 유저가 많을수록 게임의 결제율도 올라간다. 일반적으로 권장되는 '첫 충전' 수익률은 4,000%다. 이는 유저가 1,000원을 소비해 40,000원 가치의 아이템을 얻을 수 있음을 의미한다. 물론 실제 수익률이 높을수록 유저의 결제 의향도 커진다.

월간 패스는 구매 후 일정 기간 동안 자원이나 특전을 즐길 수 있다. 월간 패스는 기간에 따라 '주간 패스'와 '월간 패스'로 나눌 수 있다. 월간 패스의 가장 큰 목적은 해당 기간 동안 리텐션율을 올리는 것이다. 예를 들어 유저가 주간 패스를 구매했다면 이 유저는 높은 확률로 1주일 연속으로 게임에 접속할 것이다. 마찬가지로 월간 패스를 구매한 유저는 높은 확률로 한 달 연속으로 게임에 접속할 것이다. 월간 패스의 콘텐츠를 설계할 때 유저가 매일 로그인할 때마다 초과 보상을 제공하거나 차별화된 서비스 콘텐츠로 유저의 월간 패스 구매를 유도할 수 있다.

월간 패스는 유저의 리텐션율을 올리는 것 외에도 결제 유저의 결제액을 높이는 데도 효과가 있다. 월간 패스를 설계할 때 가격 차별price discrimination[1] 원칙을 사용해 여러 월간 패스를 정의할 수 있다. 가령 월간 패스는 페이백 금액 또는 특권 대우에 따라 일반 월간 패스와 프리미엄 월간 패스로 나눌 수 있는데, 두 가지 '월간 패스'는 판매 가격 또한 다르다. 일반 유저는 일반 유저는 일반 월간 패스와 프리미엄 월간 패스 중에 골라서 구매할 수 있고, 헤비과금 유저는 두 가지 '월간 패스'를 모두 구매할 수 있다. 보통은 일반 월간 패스의 수익이 프리미엄 월간 패스의 수익보다 높은데, 이 경우 일반 월간 패스는 맛보기 상품이고, 프리미엄 월간 패스는 고급 상품이다. 또 다른 방법으로 프리미엄 월간 패스의 수익과 가성비를 일반 월간 패스보다 훨씬 높게 설정해 유저가 프리미엄 월간 패스를 구매하기 위해 더 많은 돈을 쓰기를, 그래서 유저의 결제액이 증가하기를 기대할 수 있다.

성장 패스는 월간 패스와 기능 측면에서 비슷하다. 모두 일회성 구매이며, 장기적으로 혜택을 받는다. 성장 패스와 월간 패스와 다른 점은 성장 패스는 유저의 활동에, 월간 패스는 유저의 리텐션에 더 중점을 둔다. 보통 성장 패스의 페이백 형식은 유저 레벨을 기점으로 한다. 예를 들어 유저가 20, 30, 40, 50레벨이 됐을 때 일회성 '혜자' 보상을 받는다. 성장 패스의 페이백 수단은 화폐뿐 아니라 자원, 아이템 등이 될 수도 있다.

시즌 패스는 비교적 유행 중인 결제 모델이다. 성장 패스처럼 유저의 활동에 중점을 두긴 하지만, 성장 패스는 일반적으로 과금 유저 그룹을 대상으로 해 무과금 유저는 참여할 수 없는 반면, 시즌 패스는 모든 유저 그룹을 대상으로 해 과금 유저와 무과금 유저 모두 활동에 따라 보상을 받을

---

1   옮긴이 동일한 상품을 구매자에 따라 다른 가격으로 판매하는 것

수 있다. 시즌 패스는 유저의 활동을 높여주는 효과가 있으며, 결제율과 평균 결제액을 크게 끌어올리는 역할을 한다. 이는 현재 효율이 높은 유도 결제 형태다.

보상 패키지는 '한정 구매 패키지'라고도 하며, 보통 여러 게임 자원을 묶어 할인하는 형태로 판매한다. 패키지는 구매 가능한 간격에 따라 일일/주간/월간 보상 패키지, 평생 보상 패키지, 조건 보상 패키지 세 종류로 나뉜다. 보상 패키지는 유저의 결제액을 높이는 것을 목표로 삼으며 가장 설계하기 어려운 유도 결제 수단이기도 하다. 특정 기간에 유저가 필요로 하는 게임 자원을 미리 예측해 유저의 구매 의향을 높여야 한다.

보상 패키지 가격을 책정할 때는 종종 '가격 차별' 전략을 쓰는데, 이는 단계별로 결제를 유도하는 형태다. 예를 들어, 일일 보상 패키지를 설계할 때 먼저 가격이 가장 낮고 가성비가 좋은 패키지로 결제를 유도한다. 유저가 이를 구매하면 두 번째로 가격이 낮고 가성비가 보통인 패키지로 결제를 유도한다. 이렇게 단계별로 패키지를 판매하면 과금 수준이 다른 유저들이 각자의 '구매력'에 따라 알맞은 수량의 보상 패키지를 선택할 것이다. 보상 패키지를 설계할 때는 이런 전략을 써서 유저가 대량의 패키지를 보고 거부감을 느끼는 상황을 방지할 수 있다.

보상 패키지 중 또 다른 중요한 패키지는 조건 보상 패키지다. 이는 유저가 특정 조건에 도달하면 푸시 알림으로 조건 보상 패키지를 띄운다. 예를 들어, 유저가 40레벨에 도달하면 40레벨 장비 패키지를 할인된 가격으로 푸시 알림을 띄우고, 유저가 처음으로 펫을 획득하면 해당 펫의 스킬북을 할인된 가격으로 푸시 알림을 띄운다. 이런 형태는 유저가 패키지를 구매할 가능성을 크게 높여 게임의 평균 결제액을 높일 수 있다.

누적 충전과 누적 소비는 유저가 지정된 충전 금액이나 소비 금액에 도달하면 받을 수 있는 일회성 아이템 또는 자원 보상이다. 이는 유저의 평균 결제액을 높이는 방법으로도 쓰이는데 보통 게임의 기본 플레이에 포함돼 있다. VIP와 특전 레벨도 누적 충전과 누적 소비의 또 다른 형태다. 유저의 누적 충전 또는 누적 소비 금액이 설정된 금액에 도달하면 이 금액에 해당하는 특전 레벨이 활성화돼 우리가 미리 설계한 게임 특전을 누릴 수 있다. 특전 레벨에 따라 헤비과금 유저에게 더 좋은 패키지를 제공하는 게임도 있다. 예를 들어 유저가 VIP10 레벨이 되면 매우 저렴한 가격으로 특전 패키지를 구매할 수 있게 하는 방법으로 유저의 평균 결제액을 높일 수 있다.

게임의 **유도 결제** 형태는 이분만이 아니다. 게임 산업이 발전하면서 더 효율적인 유도 결제 형태가 더 많아졌다. 미래에 결제 형태가 얼마나 다양해지든, 우리는 그 핵심이 운영의 **기본 데이터 지표**를 중심으로 이뤄져 있음을 이해하고, 그 결제 형태의 목적과 게임 데이터에 미치는 영향을 분석하고, 사용 여부를 선택하면 된다.

뽑기 결제는 주로 복권 형태로 게임에서는 '카드 뽑기' 또는 보물상자 형태로 자주 나타난다. 뽑기 결제는 핵심 플레이가 수집인 카드 게임에서 가장 흔히 볼 수 있으며, 물론 일부 '패스트푸드 웹 게임'에서도 흔한 형태다. 뽑기 결제는 유저의 경험 수준을 구분하는 게임에 적합한데, 가령 카드 게임에서 유저는 서로 다른 품질의 카드를 조합해 게임 콘텐츠에 참여할 수 있다. 일반 유저는 파란색 또는 보라색 품질의 영웅 조합을, 과금 유저는 주황색 또는 빨간색 품질의 영웅 조합을 사용한다. 과금 수준별 유저가 플레이하는 게임 콘텐츠는 같지만, 플레이 과정에서 느낌만 다를 뿐이다.

뽑기 결제는 높은 가치의 아이템을 잘게 쪼개 비교적 저렴한 가격으로 판매해 유저의 거부감을 줄임으로써 높은 가치의 아이템의 판매량을 높여 게임의 수익을 올리는 데서 면모를 드러낸다. 게임 <원신>에서 5성 캐릭터의 기대 가치는 28만 원이다. 만약 일반 결제 방식으로 판매한다면 유저의 구매 의향은 크게 하락할 것이 틀림없다. 그런데 뽑기 결제 방식을 사용하면 유저는 1회에 3천 원으로 뽑기 기회를 한 번 얻을 수 있다. 28만 원과 3천 원을 비교하면 당연히 3천 원일 때 유저의 구매 의향이 더 강할 것이다. 이 상품 판매 방식이 커버하는 유저층은 매우 넓고, 이는 게임 수익을 극대화하는 가장 좋은 방식이다.

게임에서 어떤 형태의 수익 모델을 사용하든 반드시 그 목적이 무엇인지 분명히 알아야 한다. 결제율을 높이는 것이 목적인 수익 모델과 평균 결제액을 높이는 것이 목적인 수익 모델은 설계 시점에서 본질적인 차이가 있다. 수익 모델을 설계할 때는 '운영의 5단계'로 수익 모델의 프로세스를 정리하고, 수익 모델의 포지셔닝과 목표를 명확히 할 수 있다.

6.2.2 5단계 운영법

이벤트를 운영하는 5가지 요소로 수익화 전략을 완성하는 방법으로, 이벤트 수익 모델을 검증하는 방법을 가리켜 5단계 운영법이라고 한다. 이벤트 운영의 5요소는 이벤트 목적, 이벤트 형식, 참여 조건, 이벤트 주기, 이벤트 콘텐츠다.

1 이벤트 목적

이벤트 목적은 이벤트의 목표이자 만드는 이유이며, 이벤트 설계의 전제이기도 하다. 이벤트를 설계하기 전에 반드시 이벤트의 목적이 유저의 결제율을 높이기 위해서인지, 유저의 활동을 늘리기 위해서인지 명확히 해야 한다. 모든 이벤트는 핵심 목적이 있는데, 이벤트는 이를 달성해야 하는 목표가 있다.

이벤트의 목적은 하나가 아닌 여러 가지일 수 있다. 예를 들어 유저의 결제율을 높이고 또 유저의 활동을 늘리기 위해 생긴 '시즌 패스' 이벤트가 있다. 유저는 활약도를 높여서 시즌 패스의 보상을 받을 수 있지만, 약간의 과금으로 많은 자원 보상을 받을 수도 있다. 또 많은 과금으로 더 빠르게 많은 자원 보상을 받을 수도 있다. 이벤트의 목적은 많다고 좋은 것이 아니다. 목적과 목적이 상충하면 오히려 목적이 불분명해져 이벤트가 실패할 수도 있다. 유저의 리텐션율을 높이고자 하는 목적과 유저의 평균 결제액을 높이고자 하는 목적은 상충되는 부분이 있는 것처럼 말이다. 유저의 리텐션율을 높이기 위해서는 과금을 줄여야 하고, 과금을 늘리면 유저의 이탈률이 늘어날 것이다.

❷ 이벤트 형식

이벤트 형식은 이벤트를 시행하는 구체적인 방식이다. 우리는 이벤트 형식을 이름으로 묘사한다. 예를 들어 6.2.1절 '기본 형태'에서 나열한 월간 패스, 성장 패스, 시즌 패스, 10일 목표, 순위표 등이다. 이벤트 형식은 유저의 참여도에 어느 정도 영향을 미친다. 신선한 이벤트 형식일수록, 익숙한 이벤트 형식이라면 '이벤트'의 할인율이 높을수록 유저의 참여도가 높아진다.

이벤트의 형식은 대부분 게임 경험 위주지만 때때로 사전예약, 투표 등 게임 외적인 형식도 있다. 이벤트 형식은 유저가 참여하는 방식에 영향을 미치며, 이벤트에 참여하는 유저 수에도 영향을 미친다. 이벤트 형식이 현장 뽑기라면 당연히 이 이벤트에 참여할 수 있는 유저 수는 크게 줄어들 것이다.

❸ 참여 조건

참여 조건은 이벤트에 참여하기 위해 필요한 조건이다. 일반적으로 참여 조건은 이벤트가 대상으로 하는 유저 그룹에 따라 나뉜다. 예를 들어 10일 목표 이벤트라면 참여 조건은 '모든 유저'가 무료로 참여 가능하지만, 첫 충전 보상 이벤트일 때는 참여 조건은 과금 유저만을 대상으로 한다. 이벤트 참여 조건은 이벤트 목적과 직접적인 관련이 있다. 이벤트의 목적에 따라 이벤트에 참여할 수 있는 유저 그룹을 미리 설정해 특정 유저가 이벤트에 참여하도록 유도할 수 있다.

그밖에 참여 조건에서 고려해야 할 것은 이벤트에 참여할 수 있는 횟수다. 보통 대부분의 이벤트는 주기 동안 한 번만 참여할 수 있고, 어떤 이벤트는 시간 제한이 있어 하루에 한 번만 참여할 수 있다. 참여 횟수 또한 이벤트의 효과에 직접적인 영향을 미친다.

4 이벤트 주기

이벤트 주기는 이벤트가 시작한 후 지속되는 시간이다. 게임에서 대부분의 이벤트는 지속 시간이 있으며, 지속 시간은 이벤트 콘텐츠에 따라 달라진다. 예를 들어 게임의 기본 이벤트는 30분 동안, 시간 한정 푸시 알림 패키지 이벤트는 몇 시간 동안, 충전 이벤트는 몇 주 동안 지속된다. 상용 게임이라면 정식 출시할 때 각 이벤트는 주기에 따라 몇 달 동안 지속될 수 있으며, 이는 상용 게임의 표준 구성 중 하나이기도 하다.

5 이벤트 콘텐츠

이벤트 콘텐츠는 유저가 어떤 방식으로 목표를 달성하고, 어떤 보상을 받는지 등 구체적인 이벤트의 세부 사항이다. 이벤트 콘텐츠 설계는 우리가 설계한 이벤트 목적과 이벤트 형식을 중심으로 구성되므로 기획자가 세부 사항을 얼마나 잘 파악하고 있는지 시험한다. 우리가 설정한 목표를 성공적으로 달성하기 위해서는 이벤트의 참여 조건, 이벤트의 과정, 이벤트 보상 등 세부 사항의 설정을 종합적으로 평가해야 한다. 이는 이벤트가 원활하게 진행돼 설정된 목표를 달성할 수 있게 할 것이다.

게임의 수익화 전략은 현실의 수익화 전략과 매우 비슷하다. 게임 역시 일종의 상품이기 때문이다. 어떻게 하면 유저에게 효과적으로 상품을 판매할 수 있을까? 이는 기획자의 종합적인 능력에 달렸다. 유저의 고충을 파악해 상품을 판매하거나, 특정 전략에 따라 반짝 상품을 만들어 유저의 구매량을 늘리거나, 가격 차별 원칙을 적용해 상품들을 포지셔닝할 수도 있다. 좋은 수익화 전략의 기준이 되는 답은 없다. 좋은 수익화 전략이 보물상자라는 건 누구나 알고 있지만, 모든 보물상자에는 맞는 열쇠가 필요하다. 보물상자를 열기 위해서는 끊임없이 시도하고, 분석하고, 탐구해 보물상자에 가장 적합한 열쇠를 찾는 방법이 가장 쉽다.

게임의 수익화 전략을 세웠다면 다음 단계는 게임 수익화를 전반적으로 검증해야 한다.

6.3 수익화 검증

수익화 검증은 유저의 행동을 시뮬레이션해 게임의 수익화를 추론하고 검증하는 작업이다. 검증을 통해 게임의 결제 및 소비 데이터를 주기별로 예측하고, 이 데이터를 기본 데이터 지표와 비교해 게임의 수익이 예측한 효과와 부합하는지 대략적으로 판단할 수 있다. 또한 게임 버전 최적화를 위한 기본 데이터 정보도 제공할 수 있다.

수익화를 검증하기 전에, 수익화 전략은 사실 유저를 위해 결제 목표를 커스터마이징하는 것이라는 걸 알아둬야 한다. 과금 수준별 유저에 따라 최적의 결제 전략을 세우는 것이다. 첫 충전(6 RMB), 기본 월간 패스(30 RMB), 프리미엄 월간 패스(128 RMB), 성장 패스(98 RMB), 보상 패키지 1(68 RMB), 보상 패키지 2(328 RMB)를 설계했다고 가정하자. 그럼 소과금 유저는 보통 첫 충전과 기본 월간 패스(총 36 RMB 소비)를 구매할 것이고, 성장 패스와 보상 패키지 1의 구입 여부를 두고 망설이게 될 것이다. 그들이 성장 패스와 보상 패키지를 구매하기를 바란다면 가성비를 올리거나, 실용성을 높이거나, 가격을 낮추는 등 다른 방법을 사용해야 한다. 중과금 유저는 보통 첫 충전, 기본 월간 패스, 프리미엄 월간 패스, 성장 패스, 보상 패키지 1을 구매할 것이고, 마찬가지로 보상 패키지 2에 대해서는 어느 정도 망설일 것이다. 이런 식으로 소과금 유저의 결제액은 36 RMB(첫 충전 6 RMB + 기본 월간 패스 30 RMB), 중과금 유저의 결제액은 330 RMB(첫 충전 6 RMB + 기본 월간 패스 30 RMB + 성장 패스 98 RMB + 보상 패키지 68 RMB)로 추정할 수 있다. 이 데이터들을 집계하면 어떤 수익을 얻을 수 있는지 예측할 수 있지만, 유저가 수익화 전략대로 결제를 할 것인지는 수익화 내용에 달렸다.

대부분의 게임에서 유저의 결제 형태는 상품 구매와 화폐 구매로 나뉜다. 여기서 상품 구매는 현실 돈으로 월간 패스, 성장 패스 등을 직접 구매하는 것이다. '화폐' 구매는 현실 돈으로 화폐를 구매하고 다시 '화폐로 상품을 구매'하는 방식으로, 다이아를 충전해서 다이아로 패키지를 구매하는 식이다. 물론 결제 형태는 두 가지 외에도 게임의 수익화 전략을 세울 때는 판매 형태를 섞어서 상품을 판매할 수도 있다. 예를 들어 상품을 구매하면 화폐를 주거나, 할인 화폐를 구매하면 상품을 주는 식이다. 어떤 결제 형태를 사용하든 게임 결제의 핵심은 상품 구매와 화폐 구매다. 그중 상품 구매는 게임의 충전에 해당하며, 현실 돈으로 직접 상품을 구매한다. 화폐 구매는 게임의 소비에 해당하며, 유저는 어떤 상품을 구매하기 위해 화폐를 구매한다. 충전은 유저의 과금을 직접적으로 유도하고, 소비는 유저의 과금을 수동적으로 유도한다. 따라서 수익화를 검증할 때 충전과 소비를 검증하면 된다.

6.3.1 충전 검증

충전 검증은 유저의 과금을 직접적으로 유도하는 모든 수익화 형태의 분류와 집계를 말한다. 이 단계에서는 기본적인 프로세스 표를 사용해 각 레벨에서 유저의 구매 경로에 따라 유저별 결제액을 집계하거나, 표를 집계하는 형식으로 과금 수준별 유저의 결제 데이터를 시뮬레이션하고 집계해 수익화 전략을 검증할 수 있다. 여기서는 표를 집계하는 형식으로 과금 수준별 유저의 결제 데이터를 시뮬레이션해본다.

첫 충전, 일반 월간 패스, 프리미엄 월간 패스, 다이아 성장 패스, 보상 패키지, 푸시 알림 패키지가 게임의 주 수익화 형태라고 가정해보자. 각 형태는 모두 5단계 운영법을 사용해 대상으로 하는 유저 그룹을 분명하게 포지셔닝했다. 그렇다면 이 상품들의 가격에 따라 과금 수준별 그룹의 결제액을 계산할 수 있다(표 6.2).

표 6.2 충전 검증 데이터 요약

기본 형태	대상 유저	가격(RMB)	수익 비율	소과금	중과금	헤비과금
가격 집계				66	398	1,958
첫 충전	소과금	6	4,000%	6	6	6
일반 월간 패스	소과금	30	800%	30	30	30
프리미엄 월간 패스	중과금	68	1,000%		68	68
다이아 성장 패스	헤비과금	128	1,000%			128
보상 패키지 1	소과금	30	600%	30	30	30
보상 패키지 2	중과금	68	300%		68	68
보상 패키지 3	헤비과금	128	350%			128
보상 패키지 4	헤비과금	328	350%			328
푸시 알림 패키지 1	중과금	68	400%		68	68
푸시 알림 패키지 2	중과금	128	300%		128	128
푸시 알림 패키지 3	헤비과금	328	300%			328
푸시 알림 패키지 4	헤비과금	648	300%			648

노트 유저의 과금 습관과 1회 결제액으로 유저 그룹을 분류할 수 있다. 30 RMB 이하는 소과금 유저를 대상으로, 30~98 RMB는 중과금 유저를 대상으로, 98~648 RMB는 헤비과금 유저를 대상으로 한다고 가정하면 이 데이터들로 주기 동안 과금 수준별 유저의 결제액을 계산할 수 있다.

충전 데이터를 집계해 소과금 유저의 결제액이 66 RMB, 중과금 유저의 결제액이 398 RMB, 헤비과금 유저의 결제액이 1,958 RMB라는 것을 알았다. '2대 8 법칙'에 따르면 과금 유저의 80%는 소과금 유저, 16%는 중과금 유저(20%의 80%가 중과금 유저다), 4%는 헤비과금 유저(20%의 20%가 헤비과금 유저다). 이 데이터를 사용하면 과금 유저의 평균 결제액(ARPPU)이 대략 194.8 RMB라는 걸 알 수 있다(표 6.3).

표 6.3 과금 유저의 평균 결제액(예측 데이터)

유저 그룹	점유율	결제액	가중 금액
소과금 유저	80%	66	52.8
중과금 유저	16%	398	63.68
헤비과금 유저	4%	1,958	78.32
집계			194.8

물론 위 데이터는 모두 기본적인 시뮬레이션 데이터로, 참고용으로만 사용한다. 실제 게임 환경에서 헤비과금의 비중은 생각보다 낮을 수 있다. 실제 게임의 수익화에서는 '소과금 유저의 결제액을 늘리는 것'과 '중과금 유저의 결제액을 늘리는 것' 중 어느 것이 게임 수익에 도움이 되는지 중점적으로 고려해 수익화 전략을 동적으로 조정하고, 그다음 충전 검증을 통해 지표 데이터를 검증해 이상적인 수익을 달성할 수 있다.

6.3.2 소비 검증

소비 검증은 유저의 결제를 수동적으로 유도하는 모든 수익화 형태를 정리하고 집계하는 것이다. 충전 검증과 비교하면 충전 검증은 과금 수준별 유저에게 최적의 결제 전략을 제공하는 한편, 소비 검증은 게임의 내부적인 동력으로 유저의 결제를 유도한다. 예를 들어 유저가 게임을 플레이할 때 깨지 못하는 스테이지가 있고, 해당 스테이지를 깨면 큰 보상을 획득한다. 이때 유저는 자신의 실력을 올리고자 하는 동력이 생긴다. 게임에서 소비의 주요 동력은 압박$_{push}$과 유인력$_{pull}$(목표가 유저에게 주는 압박, 보상이 유저에게 주는 유인력)이므로, 소비를 검증할 때 먼저 게임에 존재할 수 있는 압박과 유인력을 파악할 필요가 있다(표 6.4).

표 6.4 **게임 플레이 과정 중 압박과 유인력 요약**

방식	콘텐츠	목표	해결 방식
압박 (push)	경기장	전투력 증가	A 자원 패키지
	순위	레벨업	A 플레이 경험치 2배
	던전 13	공격력 증가	A 무기
	주간 목표	활약도	플레이 횟수 구매
	기간 한정 뽑기	한정판 무기	뽑기권 구매
	시간 제한 패키지	안 사면 손해	패키지 구매
	기간 한정 패키지	안 사면 없어짐	패키지 구매
유인력 (pull)	평생 한정 구매	빨리 구매할수록 빨리 즐길 수 있음	패키지 구매
	프리미엄 패키지	뛰어난 가성비	패키지 구매
	탈것	빨리 구매할수록 빨리 즐길 수 있음	상품 구매
	아바타	빨리 구매할수록 빨리 즐길 수 있음	상품 구매

노트 게임에서 압박과 유인력을 일으키는 방법은 예시 외에도 많이 있다. 유사한 경쟁 게임을 플레이해보면 소비를 늘리는 압박과 유인력을 역추론할 수 있다.

표 6.4와 같이 유저의 소비를 촉진하는 여러 상품이 있다고 가정하면, 소비되는 모든 상품 정보를 집계해 게임의 소비를 검증할 수 있다(표 6.5).

표 6.5 **소비 검증 데이터 요약**

방식	기본 형식	대상 유저	가격(다이아)	가성비	소과금	중과금	헤비과금
	가격 집계				670	3,070	15,146
	충전 검증 획득할 수 있는 다이아				360	2,280	14,800
	차액				-310	-790	-346
압박 (push)	A 자원 패키지	소과금	10	1,000%	10	10	10
	B 자원 패키지	중과금	100	800%		100	100
	A 플레이 경험치 2배	소과금	20	200%	20	20	20
	A 무기	헤비과금	500	500%			500
	플레이 횟수 구매	소과금	20	500%	20	20	20
	기간 한정 뽑기 1	소과금	300	600%	300	300	300
	기간 한정 뽑기 2	중과금	800	600%		800	800
	기간 한정 뽑기 3	헤비과금	2,800	600%			2,800
	일일 구매 1	소과금	20	400%	20	20	20
	일일 구매 2	중과금	200	300%		200	200
	기간 한정 패키지 1	중과금	300	300%		300	300
유인력 (pull)	평생 한정 구매 1	소과금	200	300%	200	200	200
	평생 한정 구매 2	중과금	800	350%		800	800
	평생 한정 구매 3	헤비과금	3,000	400%			3,000
	프리미엄 패키지 1	소과금	100	300%	100	100	100
	프리미엄 패키지 2	중과금	200	350%		200	200
	프리미엄 패키지 3	헤비과금	2,000	400%			2,000
	탈것	헤비과금	1,888	200%			1,888
	아바타	헤비과금	1,888	200%			1,888

노트 소비 검증의 원리는 충전 검증과 같다. 유저의 과금 습관과 1회 결제액에 따라 유저 그룹을 분류할 수 있다. 100다이아 이하 소비의 대상은 모두 소과금 유저, 100~999다이아 소비의 대상은 중과금 유저, 1,000다이아 이상의 소비의 대상은 헤비과금 유저다. 이 데이터들로 주기 동안 과금 수준별 유저 그룹이 소비한 화폐량을 계산할 수 있다.

소비 데이터를 집계하면 우리가 추천하는 모든 패키지를 구매하는 데 소과금 유저는 670다이아, 중과금 유저는 3,070다이아, 헤비과금 유저는 15,146다이아가 든다는 계산이 나온다. 충전 검증에서 유저가 다이아를 일정량 획득할 수 있고 소비에서 추가로 다이아를 소비해야 할 경우 유저는 다이아를 충전할 동력이 생기며, 패키지 구매로 인해 간접적으로 유저의 결제액이 증가한다.

게임의 소비를 설계할 때, 나선형 계단 방식을 사용해 유저의 결제를 간접적으로 유도 가능하다. 월간 패스, 레벨업 패키지 등(7,000원)을 구매해 300다이아를 얻은 소액 결제 유저가 있다고 하자.

그런데 더 좋은 보상을 얻기 위해서는 360다이아가 필요하다. 그럼 유저는 1,000원(60다이아)을 더 결제할 동기가 생긴다. 1,000원을 더 결제하고 보니, 누적 결제 금액이 10,000원이 되면 큰 보상을 주는 이벤트가 있다. 그럼 유저는 2,000원을 더 결제할 동기가 생기는 식이다. 충전과 소비, 두 개의 나선형 구조로 겹겹이 쌓으면 소비 수준이 각기 다른 유저들의 결제 금액을 크게 끌어올릴 수 있다.

충전 검증과 소비 검증을 통해 주기 동안 유저의 결제 데이터 정보를 주기별로 열거할 수 있으며, 이 정보로 게임이 정식 출시됐을 때 대략적인 수익을 파악할 수 있다. 수익을 추정함으로써 게임의 수익화가 기대에 부합하는지 더 정확하게 판단할 수 있으며, 수익화를 수정하는 데 분명한 데이터 지침을 제공할 수 있다.

또한 게임을 설계할 때 수익화를 위한 수익화에 빠지지 않도록 주의해야 한다. 충전 검증과 소비 검증은 게임의 수익화만을 대상으로 진행한다. 게임을 설계할 때는 반드시 게임 성장의 다양성, 플레이의 재미와 지속성, 난이도의 합리성을 우선적으로 확보해야 한다. 그리고 나서 IP의 가치와 아트 디자인의 수준을 높이고, 유저의 게임 경험을 향상시켜야 한다. 이렇게 되면 지나치게 복잡한 수익화를 고려할 필요가 없다. 모바일 게임 <꿈의 정원>이 이러한 측면에서 가장 좋은 예다.

CHAPTER

7

수치 시각화

앞의 6개 장에서 수치 프로세스 5단계(준비 작업, 전투 수치, 경제 수치, 수치 검증, 수익화)를 통해 게임의 완전한 수치 모델 구조를 구축했고, 수치 모델 구조를 통해 게임의 모든 시스템 모듈에 필요한 수치 구성을 계산했다. 수치 구성은 각기 다른 숫자 집합으로 구성된다. 정돈된 수열체 구조의 숫자 집합도 있고, 어떤 숫자 집합은 무작위적이고 불규칙한 결합체 구조다. 컴퓨터 게임은 여러 수열체 구조와 결합체 구조가 혼합된 일종의 '디지털 게임'이다.

흔히 게임을 플레이할 때의 감정 변화를 게임 경험이라고 표현한다. 다양한 게임 경험은 여러 수열체 구조와 결합체 구조의 조합과 매칭에 따라 생성되지만, 게임이 재미 여부를 평가하는 중요한 기준은 게임 경험이다. 일반적으로 말하는 게임 경험은 사람마다 묘사하는 방법이 다른 일종의 개념이고, 게임 기획자도 게임 경험의 형태를 정확하게 설명하기는 어렵다.

게임은 '제10의 예술'이라고도 불린다. 따라서 우리는 '예술'의 방식을 빌려 '게임 경험'의 핵심 구성 요소를 시각화해볼 수 있겠다.

현재 게임에서 게임 경험의 요소를 설명하는 데 자주 쓰이는 방법은 문학과 영화에서 차용한 방법으로, 대다수 게임에서 '리듬감', '의례감'[1] 게임을 플레이해 생기는 '몰입감'의 변화로 각기 다른 게임 경험을 묘사한다. 게임을 만들 때 게임 기획자는 단계별 목표를 설정하는 방식으로 '게임 경

---

1   옮긴이 한국에서는 많이 안 쓰이는 말이지만 이 책에서는 예를 들어 유저가 사냥하고 레벨업만 하다가 전직을 하러 갔을 때 느끼는 감정을 묘사하는 말로 썼다.

험'을 나타내고, 수치 기획자는 수치를 시각화하는 방식으로 '여러 숫자 집합'이 나타내는 게임 경험을 묘사하고 효과적으로 전달해야 한다. 단계별 목표로 게임 경험 과정을 나타내고, 도식화해 게임 경험을 묘사하고 해석하며, 현상을 통해 본질을 살펴봄으로써 진정한 의미의 '최고의 경험'을 실현해야 한다.

7.1 게임 설계 이념

리듬감, 의례감, 몰입감은 최근 몇 년 동안 유행하는 게임 설계 이념이다. 그중 리듬감, 의례감은 게임 경험을 조절하는 데 사용되며, 몰입감은 유저가 게임을 플레이할 때 내적 감정의 변화 과정을 묘사한다. 훌륭한 게임은 파란만장한 스토리, 긴장감 있는 전투, 일취월장하는 성장, 각종 의례로 유저의 감정을 요동치게 만들고, 게임 콘텐츠에 유저가 계속 빠져들게끔 유도해 게임의 여러 목적을 실현한다. 효과적인 방법은 사실 다양한 리듬감과 의례감을 통해 만들어진다. 리듬감이 게임 시기와 콘텐츠에 따라 생기는 경험의 변화라면, 의례감은 변화에 필요한 원동력을 강하게 만든다. 리듬감으로 유저에게 고정된 리듬 패턴을 만들어주고, 의례감으로 이 패턴을 강화한다. 몰입감은 각 주기에서 리듬감과 의례감의 커버 범위를 테스트한다.

게임을 개선하는 전략이 지속적으로 발전함에 따라 리듬감, 의례감, 몰입감도 게임 설계에 점점 더 많이 적용될 것이고, 게임의 재미 여부를 검증하는 수단이 될 것이다.

7.1.1 리듬감

리듬감은 객관적 사물과 예술적 이미지에서 규칙에 맞게 주기적으로 변화하는 운동 방식에 따라 발생하는 미적 느낌을 말한다. 리듬감은 음악과 소설에서 가장 자주 볼 수 있다. 음악에서 리듬감은 가장 직접적이다. 소리의 강약, 장단, 세기가 번갈아가며 나타났을 때 유쾌한 감정이 생겨난다. 소설의 리듬감은 스토리가 나아가는 느낌을 말하는데, 그중 스토리의 전개 속도의 빠르기, 단일 에피소드가 일으키는 독자의 심리 변화 크기 등이 소설 전체의 리듬감에 영향을 줄 수 있다. 스토리텔링의 '8단계 이론'[2]은 사실 '리듬감'을 향상시키는 데 사용되는 훌륭한 방법이다.

게임의 리듬감은 음악과 소설의 리듬감보다 더 풍부하다. 게임 스토리의 리듬감 외에도 성장의 리듬감, 전투 과정의 리듬감이 있다. 그중 게임 스토리의 리듬감은 소설의 리듬감처럼 스토리로 형성

---

2 (옮긴이) https://en.wikipedia.org/wiki/Dan_Harmon#"Story_circle"_technique

된다. 성장의 리듬감과 전투의 리듬감은 주로 게임의 성장 경험과 전투 경험에서 형성된다. 여기서는 **성장의 리듬감**과 **전투 과정의 리듬감** 두 가지 부분만으로 게임의 수치 기획자가 알아두어야 할 '리듬감' 경험을 분석해본다.

❶ 성장의 리듬감

성장 리듬감의 핵심 원동력은 **유저 성장의 변화**다. 유저의 성장은 게임에서 주로 장비 교체, 성장 모듈 레벨 업그레이드, 새로운 스킬 학습에서 느끼는 성장 감각으로 나타난다. 그중 새로운 장비를 획득하고 새로운 스킬을 학습하는 것은 성장의 질적 변화 과정이고, 성장 모듈 레벨 업그레이드는 성장의 양적 변화 과정이다. 성장의 리듬감은 여러 성장 모듈의 질적 변화와 양적 변화가 번갈아 가며 형성되는 유저의 실력 또는 전투력 상승을 나타내는 한 형태다.

성장의 리듬감은 성장 주기에 따라 결정된다. 단일 성장 모듈에서 20분에 한 번 업그레이드하는 느낌과 이틀에 한 번 업그레이드하는 느낌은 큰 차이가 있다. 때때로 성장의 리듬감을 성장의 세분성이라고도 한다. 세분성이 크면 성장 간격이 길고, 세분성이 작으면 성장 간격이 짧다. 여기서 세분성의 크기는 필요에 따라 적합한 측정 방법을 찾아야 한다. 작은 세분성은 30분마다 또는 10분마다, 큰 세분성은 180분마다 또는 1800분마다 하는 식이다. 일반적으로 우리는 일/회 방식으로 세분성의 크기를 판단한다. 예컨대 유저가 매일 캐릭터 레벨을 10레벨 올릴 수 있다면(또는 장비 10개를 교체하거나 스킬 10개를 배울 수 있다면) 레벨 성장 세분성이 작다는 뜻이고, 유저가 매일 1레벨만 올릴 수 있다면 성장 세분성이 크다는 뜻이다.

게임의 리듬감을 예측할 때는 꺾은선그래프를 사용해 모든 모듈의 육성 수익을 분석하고 각 주기에서 성장 모듈의 리듬감을 관찰할 수 있다. 이로써 게임의 각 모듈에서 육성의 리듬감이 겹치지 않는지, 유저가 게임에서 성장의 즐거움을 지속적으로 느낄 수 있는지 판단 가능하다.

[참고] 5.2.3절 '데이터 해석'의 주기 육성 곡선을 통해 성장의 리듬감을 평가할 수 있으며, 이는 앞에서 설명한 바와 비슷하므로 여기서는 생략한다.

❷ 전투의 리듬감

전투 리듬감의 핵심 원동력은 **게임 전투 리듬의 변화**다. 게임에서 전투 리듬의 변화는 주로 '단일 대미지'와 단일 전투 시간의 영향을 받는다. 단일 대미지는 유저가 유저가 공격할 때마다 상대에게 가하는 대미지 수치이며, 단일 전투 시간은 매 전투에 필요한 '턴' 수로, 이는 게임에서 몬스터의 생존 주기에 해당한다.

'단일 대미지'가 게임에서 가장 직관적으로 나타나는 형태는 캐릭터의 '2단계 속성'인 치명타와 회피로 일어나는 전투 리듬의 변화다. 예를 들어 게임의 전투에서 유저의 매 공격이 대상에게 일반 대미지 10 pt를 입히고, 치명타가 터지면 대상에게 치명타 대미지 100 pt를 입힌다. 치명타가 터지면 단일 대미지 수치에 영향을 미치고, 치명타 확률은 전투의 리듬감에 직접적인 영향이 있다. 전투 리듬감이 나타나는 또 다른 형태는 스킬로 인한 대미지 보정이다. 예를 들어 전투에서 일반 공격 1회 대미지가 10 pt이고 스킬 1회 대미지는 100 pt다. 스킬 사용은 '단일 대미지' 수치에, 스킬의 지속 시간은 전투 리듬감에 직접적인 영향을 미친다.

'단일 전투 시간'이 게임에서 가장 직관적으로 나타나는 형태는 각종 몬스터의 '방어' 속성 차이로 인한 전투 리듬의 변화다. 예를 들어 게임에서 일반 몬스터 A의 방어력이 10 pt, 체력이 50 pt이고, 일반 몬스터 B의 방어력이 5 pt, 체력이 30이고, 캐릭터의 공격력이 20 pt라면, 일반 몬스터 A를 물리치는 데 5턴(50 ÷ (20 - 10))이, 일반 몬스터 B를 물리치는 데 2턴(50 ÷ (20 - 10))이 필요하다. 유저는 각 몬스터를 잡는 데 소요되는 전투 시간이 다르며, 전투 시간의 차별화는 전투의 리듬감에 직접적인 영향을 미친다.

좋은 전투 리듬감은 '단일 대미지' 변화와 '전투 시간' 변화가 반복해서 겹치는 형태로 구성된다. 주기의 관점으로 봤을 때 단일 대미지 곡선은 요동치며 증가하는 추세를, 전투 시간 곡선은 주기적으로 요동치는 추세를 보인다(그림 7.1).

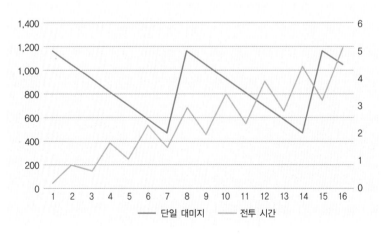

그림 7.1 **좋은 전투 리듬감 곡선 추세**

[참고] 유저의 속성이 성장함에 따라 유저가 대상에게 가하는 대미지도 증가해 단일 대미지는 게임 주기에 따라 요동치며 증가한다. 단일 전투 시간은 유저의 속성과 몬스터의 속성의 영향을 함께 받으며, 유저의 속성이 성장함에 따라 몬스터의 속성도 성장하므로, 전투 시간은 게임 주기에 따라 요동치는 추세를 보인다.

일부 게임에서는 일반적인 전투 리듬감의 형태 외에도 콤보, QTE, 연계 스킬, 속성 상극 등의 방식으로 전투의 리듬감을 조절하기도 한다. 콤보는 유저의 연속 공격에 대한 보상 형태이며, QTE는 빠른 상황 판단에 대한 보상 형태다. 연계 스킬은 스킬 조합 공격에 대한 보상 형태이고, 속성 상극은 속성을 정확하게 사용함에 대한 보상 형태다. 이러한 방식들 모두 밋밋한 전투에 리듬감을 부여한다.

`7.1.2` 의례감

의례감은 사람들이 내면의 감정을 표현하는 가장 직접적인 방식이다. 종교 의례에서 처음 등장했으며 종교의 발전과 함께 삶의 여러 측면으로 확장됐다. 게임 세계에서 의례감은 과장되지만 실제적인 표현 형태다. 과정은 과장되지만, 보상은 실제적이다. 게임에서 의례감은 주로 성장 과정과 플레이 보상에서 나타난다. 예를 들어 게임에서 무기 강화가 지정한 성장 단계에 도달하면 게임에서 특수 효과가 나타나고, 처음으로 보스를 잡았을 때 유저의 동상을 세우는 등 유저의 성과를 기념하는 것이다.

물론, 의례감은 하이라이트 시점에만 나타나지 않는다. 유저가 게임을 플레이하는 동안 여러 의례를 통해 유저의 실제 경험을 강화할 수 있다. 이처럼 크고 작은 의례는 최종적으로 게임 경험에서 의례감을 형성하고, 이는 유저의 긍정적인 습관을 만들기도 한다. 나아가 단계적 포상으로서 성장 모듈의 수요를 크게 증가시키고 각 플레이 모듈의 경험을 풍부하게 할 수 있다.

의례감의 핵심은 각 성장 모듈과 플레이 모듈에 원동력을 만들고 게임의 리듬감을 향상하는 것이다. 따라서 게임의 의례감 강화는 캐릭터의 **성장 모듈**과 **플레이 모듈**에서 전개할 수 있다.

성장 모듈과 플레이 모듈의 의례감은 주로 수익 측면에 집중된다. 즉, 유저가 육성이나 플레이를 통해 특별한 외형, 스킬 효과, 높은 속성 등의 수익을 얻을 때 의례감이 강화된다. 예를 들어 유저가 에픽 퀘스트를 통해 새로운 무기 외형을 얻었다면, 에픽 퀘스트의 과정 또는 결과를 월드 공지, 전 서버 알림 등의 형태로 알려 에픽 퀘스트의 의례감을 높일 수 있다. 또 유저가 모든 장비를 만렙까지 강화했다면 해당 유저에게 추가 속성이나 전신 특수 효과 보상을 줘 장비 강화라는 성장 모듈의 의례감을 높이는 사례도 있다.

의례감은 게임의 긍정적인 피드백 메커니즘이다. 일반적인 설계 외에 경험이 비교적 좋지 않은 모듈을 최적화하는 데도 사용할 수 있다. 유저가 유입되지 않는 성장 모듈 또는 플레이 모듈에 간단한 의례감을 통해 해당 모듈의 포지션을 완전히 바꿀 수 있다. 예를 들어 어떤 게임의 수집 시스템이 게임에서 책 20권을 수집하면 수집 포인트 10 pt를 획득할 수 있다. 이 플레이가 고립적이라면 해당 플레이에 관심을 가지는 유저는 분명 적을 것이다. 수집 플레이에 의례감을 넣기 위해 선착순 100명의 유저의 이름을 해당 책에 남긴다면, 이 플레이의 관심도는 어느 정도 바뀔 것이다. 이것이 바로 의례감의 묘미다.

7.1.3 몰입감

몰입flow이라는 개념은 심리학자 미하이 칙센트미하이Mihaly Csikszentmihalyi가 처음 고안했다. 그는 사람들이 완전히 몰두해서 일할 때 종종 시간과 주변 환경에 대한 인식을 잊는 현상을 제일 처음 발견했다. 사람들이 일할 때 느끼는 즐거움은 외부적인 보상이 아닌 활동 과정에서 나왔다. 몰입의 4가지 과정은 흥미 유발, 감정 유발, 집중, 몰입인데, 이 과정은 게임의 스토리에서 가장 쉽게 실현된다. 반면 성장이나 플레이에서는 더 긴 시간이 필요하다.

게임의 '몰입감'은 대부분 리듬감과 의례감이 교차해 발생하는 심리적 변화를 뜻한다. 게임에서 각 리듬 주기와 의례 주기가 유저의 심리에 미치는 영향을 예측해 리듬감과 의례감의 효과를 숫자 형태로 변환해 고정 주기 동안의 숫자를 면적 그래프로 나타낸다. 이는 유저의 단계별 몰입감 변화를 예측하는 데 사용하며, 유저가 게임을 할 때 느끼는 느낌과 감정의 변화 추이를 전반적으로 관찰할 수 있다(그림 7.2).

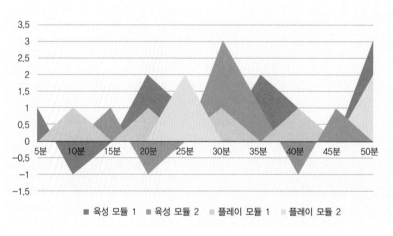

그림 7.2 **유저 몰입감의 변화**

참고 　주기 동안 리듬감과 의례감에 따른 감정을 수치화해 면적 그래프의 형태로 유저의 단계별 몰입감의 변화를 이해할 수 있다. 0 이상의 수치 범위에 집중해 어느 순간에 정점을 이루고 어느 순간에 저점을 이루는지 알 수 있다.

유저가 게임을 플레이할 때 느끼는 '몰입감'의 시뮬레이션 과정만으로는 각 유저의 요구 사항을 완전히 해결할 수 없다. 달성가형 유저는 캐릭터의 육성에 더 몰입할 것이고, 킬러형 유저는 전장에 더 몰입할 것이다. 따라서 몰입은 게임에 대한 유저의 느낌을 어느 정도만 피드백한다. 리듬감과 의례감을 검증하는 방식으로 몰입감을 사용하고, 게임의 실제 경험을 전적으로 몰입감에 의존해서는 안 된다.

여러 콘텐츠의 리듬감과 여러 형태의 의례감은 게임에서 서로 겹쳐지면서 유저의 몰입감을 함께 형성한다. 긍정적인 몰입감은 게임의 재미를 더하지만, 부정적인 몰입감은 재미를 떨어뜨릴 것이다. 리듬감, 의례감, 몰입감을 통해 게임 경험을 시각적으로 관찰하고 분석할 수 있다. 다음 단계는 게임 기획자가 '단계 목표'를 통해 나타내는 '게임 경험'을 설명하겠다. 이는 수치 시각화에 중요한 데이터 지침을 제공할 것이다.

7.2 단계 목표

단계 목표는 각 주기, 각 게임의 단계에서 기획자의 목표와 유저의 목표, 즉 게임의 목표를 말한다. 단계 목표는 100레벨 표라고도 부르는데, 말 그대로 100레벨 내에 포함된 모든 게임 콘텐츠를 의미한다. 100레벨 표를 작성하면 게임의 설계 내용, 큰 주기에서 유저가 참여하는 게임 콘텐츠, 유저의 게임 경험, 게임의 리듬감을 더 완벽하게 파악할 수 있다.

단계 목표 설정의 첫 단계는 **게임을 단계로 나누는 것**이다. 이는 게임의 육성 경험 또는 플레이 경험 두 가지 관점에서 전개된다. 게임이 육성에 중점을 둔다면 육성의 관점에서, 플레이 경험에 중점을 둔다면 플레이 경험 관점에서 나눈다. 예를 들어 게임의 육성 콘텐츠에 따라 튜토리얼 기간, 초보자 기간, 성장 기간, 정체 기간으로 나누거나, 플레이 경험 주기에 따라 초보자 기간, 솔로 연습 기간, 팀 탐험 기간, 팀 모험 기간, 서버 간 단련 기간으로 나눌 수 있다. 물론 게임의 자체 특성에 따라 게임 단계를 나눌 수도 있다. 어떤 방식으로 나누든 게임 단계는 게임 시간 주기를 기준으로 경험 주기에 따라 단계를 나눈다. 각 단계에서 유저의 성장 목표가 다르고, 경험하는 콘텐츠가 다르다. 모든 단계에서 핵심 목표가 유저에게 제시되며, 각 단계를 뛰어넘는 것은 유저에게 있어 게임 진척 정도가 늘어나는 것을 의미하므로 유저에게 상렬한 사극을 줄 필요가 있다.

게임의 육성 콘텐츠에 따라 게임을 튜토리얼 기간, 초보자 기간, 성장 기간, 정체 기간의 네 단계로 나눈다고 가정하자. 각 단계는 게임 주기의 길이와 유저 레벨에 대응한다. 이 데이터를 표에 나열해 기본적으로 게임 단계를 구분할 수 있다(표 7.1).

표 7.1 게임의 각 단계(성장 관점)

	게임 주기(일)	유저 레벨
튜토리얼 기간	0~0.4	20
초보자 기간	0.4~3	30
성장 기간	3~7	40
정체 기간	7+	50

노트 게임의 단계를 만들 때는 게임 주기, 즉 단계별로 유저가 소모해야 하는 시간을 결정하는 것이 가장 중요하다. 각 단계는 핵심 경험 콘텐츠가 다르며, 주기가 길수록 유저가 그 단계에서 머무는 시간도 길어진다. 따라서 그 단계의 콘텐츠가 유저를 머물게 할 만큼 신선하고 흥미가 있어야 한다. 중복되는 콘텐츠 경험은 유저의 흥미를 감소시켜 유저가 게임을 플레이하는 원동력에 영향을 준다.

단계 목표 설정의 두 번째 단계는 **해금 기능 검증**이다. 이는 게임의 각 단계에서 해금된 새로운 성장 모듈과 플레이 모듈을 열거하는 것이다. 새로운 기능과 새로운 플레이에 가중치 정보를 추가하고 유저의 단계별 흥미도 곡선을 그려 각 단계의 기능 해금 순서가 합리적인지, 게임 콘텐츠는 유저가 계속해서 게임 콘텐츠를 경험하도록 유도하는지 판단한다(표 7.2).

표 7.2 기능 해금 검증

분류				신규 콘텐츠			중복 콘텐츠		
주기	시간(분)	새로운 기능의 흥미도	유저 레벨	이름	구동 방식	콘텐츠 내용	이름	구동 방식	콘텐츠 내용
튜토리얼 기간	1	3	1	스킬 1 학습	성장	첫 번째 스킬 학습			
	3	2	2	장비 시스템	성장				
	4	3	3				스킬 2 학습	콘텐츠 업데이트	단체 공격 스킬 획득
	5	4	4	일반 던전	플레이	첫 번째 던전 패스	장비 시스템	콘텐츠 업데이트	정예 무기 획득
	8	2	5	장비 강화	성장	장비 속성 증가			
	10	2	6				스킬 3 학습	콘텐츠 업데이트	필살기 스킬 획득
	12	5	7	파트너 시스템	성장	새로운 파트너			
	15	2	8	파트너 레벨업	성장	파트너 속성 증가	장비 시스템	콘텐츠 업데이트	첫 갑옷 획득
	18	3	9	탈것 시스템	성장				

분류				신규 콘텐츠			중복 콘텐츠		
주기	시간(분)	새로운 기능의 흥미도	유저 레벨	이름	구동 방식	콘텐츠 내용	이름	구동 방식	콘텐츠 내용
튜토리얼 기간	20	10	10	10연뽑	보상	고급 파트너 확정 획득			
	22	4	11	엘리트 던전	플레이				
	25	2	12				장비 시스템	콘텐츠 업데이트	정예 갑옷 획득
	30	6	13	파트너 돌파	성장	파트너 등급 상승			
	35	3	14	일일 이벤트	플레이	매일 필수 이벤트			
	40	1	15				일반 던전	콘텐츠 업데이트	도전 던전 업데이트
	45	4	16	별자리 시스템	성장				
	50	5	17	필드 몬스터 레벨 상승	플레이	필드 몬스터 레벨 상승			
	60	10	18				10연뽑	보상	고급 파트너 확정 획득

노트 흥미도 가중치는 각 신규 콘텐츠와 중복 콘텐츠의 재미에 따라 부여하고 계산한다. 표의 흥미도 가중치는 개인적인 생각일 뿐, 콘텐츠의 가중치를 설정할 때 여러 명이 토론을 통해 가중치를 협의할 수도 있다.

마찬가지로 각 시점에서 유저의 흥미도, 즉 '몰입감'의 변화를 그래프로 판단할 수 있다(그림 7.3).

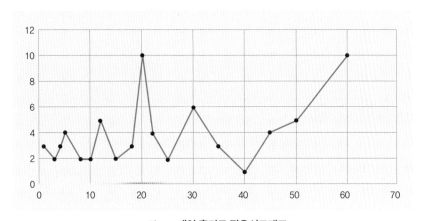

그림 7.3 게임 흥미도 꺾은선그래프

참고 X축은 게임의 시점을, Y축은 흥미도 수치를 나타낸다. Y축 값이 높을수록 해당 시점에서 유저의 경험이 좋다는 것을 의미한다.

각 주기에서 유저의 흥미도 분포를 관찰해 유저의 경험 리듬을 예측할 수 있다. 예를 들어 그림 7.3의 20분에서 흥미도는 고점에 달한다. 이는 유저가 20분 동안 게임을 플레이하면 클라이맥스에 도달한다는 뜻이다. 게임이 진행되면서 다음 클라이맥스는 60분이다. 이는 영화에서 스토리의 진행에 따른 리듬감과 비슷하며, 게임에서도 게임 진행을 위해 계속해서 흥미를 이끌어내야 한다.

단계 목표 설정의 세 번째 단계는 **성장 리듬 검증**이다. 5.2절에서 게임 주기에 따라 각 성장 모듈의 성장 리듬을 검증했다. 이 단계에서는 해당 검증 데이터를 인덱싱해 '단계 목표' 테이블에 매핑하기만 하면 된다.

단계 목표 설정의 네 번째 단계는 **과금 깊이 검증**이다. 여기서 과금 깊이는 게임의 주기별 과금 깊이를 말한다. 5.1.2절 '소비 검증'에서 성장 데이터를 통해 각 성장 단계에서 자원 소비 데이터를 검증했다. 이 단계에서 과금 깊이는 각 주기 동안 유저가 해당 레벨까지 성장하는 데 소모되는 자원량을 계산하고, 가치 체계에서 이 자원들에 정의한 가격을 사용해, 두 데이터를 곱해 게임 주기별 과금 깊이를 구한다. 이로써 과금 깊이의 단계 검증을 마친다. 과금 깊이 검증은 게임 수익화를 위해 일정량의 자원을 남겨두어 이후 결제 전략을 조정하고 게임의 수익화 데이터를 최적화하는 데 도움이 된다.

단계 목표 설정의 다섯 번째 단계는 **유저 목표 설정**이다. 여기서 유저 목표는 게임에서 기능으로 나타나는 유저의 단계별 목표이거나, 유저의 능력치를 잠재적으로 평가하는 일종의 목표 형태가 될 수도 있다. 예를 들어 게임에서 자주 볼 수 있는 '10일 목표'와 '업적'은 게임 기능에 속한다. 이는 게임 플레이에서 미리 설정돼 유저의 단계 목표가 된다. '탑'과 '무한 시련' 등 유저가 자신의 실력에 따라 계속해서 도전할 수 있는 플레이 유형에서 단계 목표는 유저의 능력치를 잠재적으로 평가하는 형태로 나타난다(보통 전투력 또는 속성이 평가 기준이 된다). 유저의 목표는 육성 목표와 플레이 목표로 나눌 수 있는데, 그중 육성 목표는 3단계의 성장 리듬에 따라 설정하면 된다. 데이터 검증을 통해 3일 차 유저의 장비 강화 레벨이 20레벨이 될 수 있다는 사실을 알았다고 가정하면, 장비 강화 20레벨을 활성 유저의 목표로 설정할 수 있다. 플레이 목표도 마찬가지로, 데이터 검증을 통해 3일 차 유저는 30레벨이 될 수 있고, 다섯 번째 장비를 착용할 수 있고, 장비 강화 레벨은 20레벨이 될 수 있다는 사실 등을 알았다면, 이런 성장 모듈에서 유저가 획득할 수 있는 전투력 데이터를 계산해 각 플레이에서 유저가 도전할 수 있는 단계를 판단할 수 있다. 이 단계는 각 플레이의 플레이 목표가 된다. 게임에 유저의 지속적인 참여를 유도하려면 반드시 목적성이 필요하다. 그리고 유저의 목적을 세분화해 각 목표마다 달성해야 하는 단계를 명확히 해야 한다. 유저 목표 설정은 큰 목표를 세분화해 유저가 게임을 계속 플레이할 수 있는 원동력이 되게 하는 것이다. 이로써 게임의 활력을 유지할 수 있다.

다섯 단계를 거치면 게임의 단계 목표 설정이 끝난다. 마지막 단계는 다섯 단계에서 나타나는 게임 체감을 종합적으로 평가하고, 체감에 대한 이해에 따라 유저의 게임 경험 과정을 최적화한다. 게임의 체감에는 절대적인 정답이 없다. 기획자마다 게임의 체감과 추구하는 게임 콘텐츠도 다르다. 경쟁형 유저의 게임 체감과 달성가형 유저의 게임 체감은 전혀 다를 것이며, 좋은 게임에도 트롤 유저가 있고, 훌륭하지 않은 게임에도 팬 유저가 있다. 기획자가 주류 설계 원칙을 따라 많은 유저의 선호도를 파악한다면 게임은 반드시 큰 성공을 거두지 않더라도 실패하지는 않을 것이다.

7.3 수치 시각화

수치 시각화는 게임 데이터를 시각화하는 것으로, 데이터를 정제해 시각적으로 나타낸다. 수치 시각화는 그래프 형태로 정보를 더 명확하고 효과적인 전달 및 소통을 목적으로 한다.

게임에서는 보통 꺾은선그래프, 원그래프, 막대그래프를 사용한다. 꺾은선그래프는 주기를 X축으로 해 주기 동안 수치의 변화를 확인한다. 원그래프는 수치들의 비율을 확인한다. 막대그래프는 곡선 그래프와 원그래프를 합친 것으로, 주기별 수치들의 크기와 비율을 확인한다.

꺾은선그래프는 주기별 게임 경험을 피드백하는 데 사용한다. 그림 7.4의 선 4개는 게임의 누적값에 따른 수치 변화를 나타내며, 게임의 경험 과정을 어느 정도 반영한다.

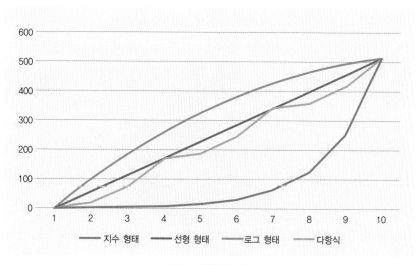

그림 7.4 **꺾은선그래프**

지수 형태는 주기가 증가함에 따라 수치가 기하급수적으로 증가하는 것을 나타낸다. 예를 들어 게임에서 합성 플레이의 합성 소비량은 지수 형태로 증가한다. 즉, 합성 레벨이 증가함에 따라 소비하는 자원량이 기하급수적으로 늘어난다.

선형 형태는 주기가 증가함에 따라 수치가 비례해 증가하는 것을 나타낸다. 선형 형태는 수치 증가가 안정적임을 나타내지만, 안정적인 것은 선형 형태의 최대 단점이기도 하다. 변화가 없으면 놀라움도 없기에 보통은 특정한 성장 모듈에만 쓰인다.

로그 형태는 주기가 증가함에 따라 수치가 한계효용체감을 나타낸다. 주기가 증가하면서 수치의 증가폭이 줄어든다. 게임의 대부분의 성장은 로그 형태의 추이를 보인다.

다항식은 큰 주기 내에서 작은 주기로 수치가 변동하는 것을 나타낸다. 작은 주기의 수치 변동에 적합하며, 게임 경험이 가장 좋은 그래프 형태다.

게임 경험은 네 가지 유형의 곡선 외에 다른 형태를 띨 수도 있다. 게임 설계 아이디어마다 사용하는 경험 곡선이 다르고, 각각의 게임 모듈은 고유한 특성을 가진 숫자 집합에 속한다. 이 각각의 숫자 집합은 모두 해당 게임 모듈의 게임 경험을 나타낸다. 숫자 집합을 시각화하고 그래프를 해석해 게임 경험을 판단하는 것은 게임을 최적화하는 데 매우 중요하고 효과적인 수단이다.

원그래프는 주로 여러 게임 모듈의 데이터를 비교하는 데 사용된다. 원그래프를 통해 여러 모듈의 속성 비율, 결제 비율 또는 생산 비율 등의 데이터 정보를 쉽게 확인할 수 있으며, 이는 모듈 간의 차이점을 판단하는 데 도움이 된다. 그림 7.5의 원그래프와 같이 각 성장 모듈의 속성을 비교해 이 성장 모듈의 중요도가 설계 기대치를 충족하는지 판단할 수 있다.

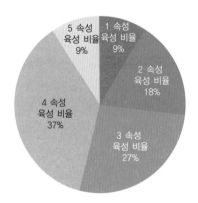

그림 7.5 **원그래프**

막대 그래프는 주로 주기 동안 각 모듈 데이터의 비율을 나타내는 데 사용한다. 막대그래프를 통해 각 성장 모듈의 성장 수치 비율, 각 플레이 모듈 자원의 생산 수치 비율 등의 데이터 정보를 쉽게 확인할 수 있으며, 이는 주기에 따라 모듈의 수치가 변화하는 비율을 이해하는 데 도움이 된다. 그림 7.6의 각 성장 모듈의 속성 변화 막대그래프를 보면 3 육성 모듈의 비율이 게임 주기의 변화에 따라 낮아지고, 1 육성 모듈이 주기 변화에 따라 올라간다는 사실을 알 수 있다. 이는 3 육성 모듈이 육성 초기 단계에 속하고 1 육성 모듈은 육성 후기 단계에 속한다는 것을 의미한다. 이러한 추세는 유저가 게임 주기별로 다른 성장 모듈을 추구하는 정도를 반영하며, 게임의 생산 구조를 최적화하고 수익화 콘텐츠의 리듬을 조정하는 데 도움이 될 수 있다.

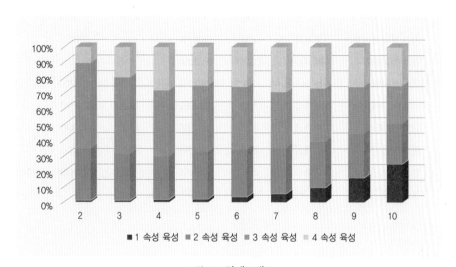

그림 7.6 **막대그래프**

게임을 설명하기 위해 사용하는 시각화 그래프에는 세 가지 유형 외에도 여러 가지가 있다. 레이더 차트를 사용해 여러 유형의 모듈 간의 수치 경향을 나타낼 수 있고, 선버스트 차트sunburst chart를 사용해 큰 모듈과 작은 모듈 간의 수치 비율을 판단할 수 있다. 한 가지 시각화 그래프 외에도 여러 그래프를 조합해 임의의 숫자 집합이 나타내야 하는 수치 변화를 표현할 수 있다. 숫자는 지루하고 정적이지만, 그래프는 생동감 있고 동적이다. 다양한 시각화 그래프를 사용해 지루한 수치 변화를 생동감 있게 만들면 이성적인 구상을 감성적으로 판단할 수 있다. 수치 시각화는 수치 모듈화를 시작하는 가장 좋은 방법이다.

수치 모듈화

모듈화는 복잡한 시스템을 처리할 때 위에서 아래로 하나씩 모듈로 나누는 과정으로, 소프트웨어 개발과 설계에서 자주 볼 수 있다. 게임 역시 복잡한 시스템의 집합으로, 여러 기능, 플레이, 성장 조합으로 구성돼 있다. 기능, 플레이, 성장은 여러 수치 구조로 연결돼 하나의 게임을 형성한다. 이 복잡한 시스템 조합은 모듈화하는 방식으로 분류 설계하고 집중 관리할 수 있다.

수치의 모듈화는 게임 내 다양한 기능, 플레이, 성장의 수치 구조를 독립 설계하고 집중 관리하는 한 가지 방식이다. 수치 모듈화의 핵심은 게임 내 모든 수치를 모델링하는 것으로, 이것이 우리가 말하는 게임 수치 모델이다.

1장에서 수치 프로세스 5단계로 게임의 수치 시스템을 구축했다. 전체 수치 시스템을 하나의 복잡한 시스템으로 본다면 각 프로세스는 하나의 수치 모듈이다. 이 수치 모듈들은 크고 작은 수치 모델로 구성된다. 예를 들어 우리가 말하는 전투 수치는 전투 모듈에 속하고, 전투 모듈은 속성 모델, 전투 프로세스 모델, 공식 모델, 성장 모델, 분배 모델, 구체적인 육성 기능 모델, 몬스터 난이도 모델 등의 수치 모델로 구성된다.

수치 모델은 독립성과 통합성을 갖고 있다. 독립성은 모델과 모델 간 콘텐츠의 독립을 말하며, 통합성은 모듈 간 서로 영향을 미쳐 함께 형성하는 게임 경험의 통합을 말한다. 예를 들어 게임의 속성 모델은 여러 속성 정의로 구성되고, 공식 모델은 여러 공식 정의로 구성되며, 성장 모델은 주기 성장의 속성 수치로 구성된다. 이런 모델의 콘텐츠는 각기 독립적이다. 속성 모델에서 정의하는 속성은 성장 모델에서 속성의 기초가 되고, 공식 모델에서 정의하는 공식은 속성 수치의 척도가 된다.

이러한 모델들은 함께 게임 전투 경험이라는 전체를 구축한다.

어떤 게임도 처음부터 훌륭할 수는 없다. 우수한 게임은 끊임없는 연마와 시행착오를 통해 만들어진다. 마찬가지로 훌륭한 수치 역시 끊임없는 조정과 최적화로 조성된다. 수치를 최적화할 때 어느하나의 부분만 최적화해서도, 모든 수치 구성을 조정해서도 안 된다. 경험이 좋지 않은 어느 하나의 수치 모듈을 조정해야 한다. 다시 말해 경험이 좋지 않은 수치 모델을 최적화하는 것이다. 수치모듈화의 중요한 역할은 전체에 영향을 미치지 않으면서 수치 모듈을 빠르게 포지셔닝하고 최적화할 수 있다는 것이다.

8.1 수치 모델

수치 모델은 변수, 등식, 부등식, 수학적 연산 등 수학 기호와 언어 규칙으로 사물의 특징과 내부연결성을 설명하는 모델이다. 게임의 수치 구조는 각기 다른 모듈의 수치 모델로 구성된다. 수치 모델의 규모에 따라 게임의 수치 모델은 넓은 의미의 수치 모델과 좁은 의미의 수치 모델로 나눌 수있다. 그중 넓은 의미의 수치 모델은 특정 콘텐츠의 수치 모델 집합을 뜻한다. 예를 들어 게임 전투모델은 전투 기본 모델, 여러 성장 모듈의 육성 모델, 몬스터의 난이도 모델로 구성된다. 반면 좁은의미의 수치 모델은 각각의 독립적인 모듈의 수치 모델을 뜻한다. 예를 들어 경제 모듈에서 전체생산 모델, 드롭 모델 등이다. 게임의 수치 모델은 넓은 의미의 수치 모델로 구성된다고 말할 수도있고, 좁은 의미의 수치 모델로 구성된다고 말할 수도 있다. 어떤 의미의 수치 모델이든 가장 중요한 것은 게임의 수치 시스템이 **이처럼 각기 다른 수치 모델을 계산해 이뤄진다**는 것이다. 느낌에 의존해 '갑자기 떠오르는' 것이 아니다.

여러 게임 모듈의 복잡도에 따라 데이터 모델의 복잡도도 달라진다. 예를 들어 모델 중 가장 간단한 속성 성장 모델은 다음 일차 함수 공식으로 수치 모델 설계를 마칠 수 있다(표 8.1).

공격력 수치 = 초깃값 매개변수 + (레벨 - 1) × 레벨 증폭 매개변수

표 8.1 **공격력 성장 매개변수**

매개변수 이름	매개변수 값
초깃값 매개변수	100
레벨 증폭 매개변수	50

여기서 초깃값 매개변수와 레벨 증폭 매개변수는 상수이며 레벨은 독립변수다. 매개변수값을 설정해 공격 속성의 성장 수치를 구할 수 있다(표 8.2).

표 8.2 공격력의 성장 수치

레벨	공격력
1	100
…	…
10	550
…	…
50	2,550
…	…
100	5,050

이처럼 간단한 공식, 변수, 상수로 가장 기초적인 수치 모델을 구성했다. 물론 게임 설계에서 대다수의 수치 모델은 속성 성장 모델보다 복잡하며, 각 수치 모델 간에 특정한 논리 관계가 있기도 하다.

게임에서 넓은 의미의 수치 모델에는 **전투 모델**, **경제모델**, **검증 모델**, **수익화 모델** 4가지가 있다. 각각의 큰 분류에는 여러 작은 분류가 있으며, 프로세스화해 각 수치 모델과 그 관계를 열거하고 정리할 수 있다(그림 8.1).

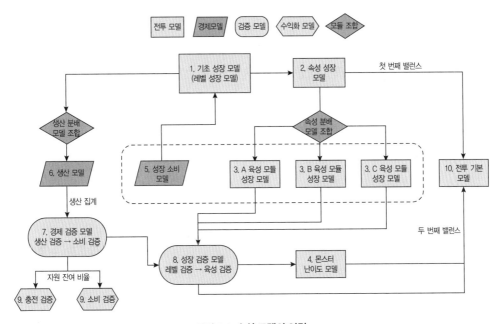

그림 8.1 **수치 모델의 연결**

수치 모델 구축 프로세스 표를 작성하면 게임의 수치 모델 구축에는 총 10단계가 필요하다는 것을 알 수 있다. 이는 게임 수치 모델 구축에 일반적으로 사용되는 **수치 모델 10단계**다.

1단계, **기초 성장 모델**을 구축한다. 기초 성장 모델은 **전투 모델**에 속하며, 게임에서 자주 볼 수 있는 레벨 성장 모델이 있다. 기초 성장 모델은 게임 생명주기, 게임 리듬 주기, 유저 경험 주기를 결정하며, 기본 수치 모델에서 가장 기초적인 수치 모델 구조다.

2단계, **속성 성장 모델**을 구축한다. 속성 성장 모델은 **전투 모델**에 속하며, 각 직업의 기본 성장 모델을 기반으로 한 속성 성장 설계, 즉 해당 레벨에서 직업별 속성 수치 계획이다. 속성 성장 모델로 유저의 속성 성장의 전체 개요인 표준 속성 성장 경험을 만들 수 있다. 속성 성장 모델을 구축한 후 모델 데이터를 전투 기본 모델에 대입해 밸런스 테스트를 해서 속성 성장 모델의 기본 데이터 밸런스를 맞춘다.

3단계, **성장 모듈 성장 모델**을 구축한다. 성장 모듈 성장 모델은 **전투 모델**에 속하며, 이는 속성 분배 모델 조합을 사용해 각 직업의 속성 성장 모델에서 성장 수치의 1단계 속성을 분배하는 과정이다. 속성 분배 모델 조합을 통해 게임에서 각 성장 모듈에 속성 비율을 분배했으며, 각 성장 모듈의 육성 경험 방식에 따라 해당 속성 수치를 성장 모듈에 대입하면 성장 모듈의 성장 모델이 완성된다. 성장 모듈의 성장 모델은 각 육성에 대해 설정된 성장 경험이며, 각 육성은 서로 교차하며 상승해 게임에서 성장하는 느낌을 준다.

4단계, **몬스터 난이도 모델**을 구축한다. 몬스터 난이도 모델은 **전투 모델**에 속하며, 이는 유저 속성 성장 데이터에 따라 구축된 몬스터 성장 데이터셋이다. 몬스터 난이도 모델을 구축할 때는 성장 검증 모델에서 플레이어의 육성 검증 데이터를 가져와 사용해야 한다. 수치 모델을 처음 구축할 때는 해당 데이터가 없으므로 각 모듈의 성장 모델 데이터에 따라 기본 데이터를 가져와 몬스터 난이도 모델을 만들 수 있다. 이후 성장 검증 모델이 완성됐을 때 해당 데이터를 몬스터 난이도 모델에 대입하면 된다. 몬스터 난이도 모델은 유저를 위한 성장 피드백 시스템이며, 유저의 성장 여정 중 압박과 장애물이기도 하다.

5단계, **성장 소비 모델**을 구축한다. 성장 소비 모델은 **경제모델**에 속하며, 이는 다양한 성장 모듈 육성 방식과 다양한 육성 경험에 따라 구축되는 모델이다. 성장 소비 모델과 성장 모듈 성장 모델은 일대일로 대응한다. 다시 말해 각 육성 레벨에서 유저가 해당 자원을 소비해야 해당 속성 수익을 얻는다. 수익에서 소비를 나누면 각 성장 모듈의 육성 가성비 데이터를 얻을 수 있고, 이로써 각 성장 모듈의 실제 육성 경험을 평가한다.

6단계, **생산 모델**을 구축한다. 생산 모델은 **경제모델**에 속하며, 기본적인 성장 주기의 소비 데이터와 생산 모델을 통해 게임의 모든 플레이에 생산 데이터를 설정한다. 생산 모델은 생산 방식에 따라 고정 생산 모델과 랜덤 생산 모델 두 가지로 나눌 수 있는데, 고정 생산 모델은 주로 보상이 고정된 플레이에 쓰이며, 랜덤 생산 모델은 주로 랜덤 드롭, 랜덤 패키지 등의 형태인 랜덤 생산 플레이에 쓰인다. 게임의 생산 모델은 각 플레이의 수익에 직접적인 영향을 주며, 수치 측면에서 각 플레이에 대한 유저의 선호도를 결정한다.

7단계, **경제 검증 모델**을 구축한다. 경제 검증 모델은 **검증 모델**에 속하며, 이는 게임 생산과 소비를 검증하는 중요한 수단이다. 경제 검증 모델에는 생산 검증 모델과 소비 검증 모델이 있다. 게임 내 모든 플레이의 생산을 집계하면 각 게임 주기에서 유저가 획득하는 자원의 데이터를 얻을 수 있고, 주기 내에 각 성장 모듈에서 올릴 수 있는 레벨을 고정해 각 주기에서 유저가 소비해야 하는 자원 데이터를 얻을 수 있다. 생산 데이터에서 소비 데이터를 빼면 각 게임 주기에서 자원의 잔여 정보를 알 수 있다. 경제 검증 모델은 주로 게임의 경제 데이터를 검증하는 데 쓰인다. 게임 경제를 검증함으로써 각 게임 주기 내에 유저의 성장 원동력과 생존 압박 정보를 미리 판단할 수 있고, 이는 게임 경험을 최적화하는 데 기본적인 데이터 지침이 된다.

8단계, **성장 검증 모델**을 구축한다. 성장 검증 모델은 **검증 모델**에 속하며, 이는 생산 검증에서 얻은 자원 데이터를 인덱싱하고 계산해서 구한 각 주기에서 유저의 성장 데이터다. 성장 검증 모델은 유저의 성장 경험과 몬스터 난이도 데이터를 검증하는 중요한 근거이며, 성장 검증을 통해 얻은 성장 데이터, 각 주기에서 유저 성장 모듈의 육성 데이터 정보, 각 주기의 육성 데이터를 통해 게임 생명 주기에서 각 성장 모듈의 육성 경험을 이해할 수 있고, 이로써 성장 모듈의 성장 모듈의 성장이 합리적인지 판단한다.

9단계, **수익화 검증 모델**을 구축한다. 수익화 검증 모델은 **수익화 모델**에 속하며, 이는 게임 수익화 전략을 집계하고 계산하는 방식이다. 게임 수익화 전략을 검증함으로써 각 주기에서 게임의 수익 상황을 예측할 수 있고, 이는 게임의 원활한 수익화를 위한 데이터 지침이 된다.

10단계, **전투 기본 모델**을 구축한다. 전투 기본 모델은 **전투 모델**에 속하며, 게임 전투 구조를 복구하는 것이다. 전투 기본 모델은 주로 각 직업 간의 밸런스나, 각 단계의 몬스터 난이도를 검증하는 데에도 쓰인다. 어느 특정한 시기에 게임 전투 기본 모델을 구축할 필요는 없으며, 자신의 필요에 따라 구축하면 된다. 게임 수치 구조에서 기본 속성 성장과 성장 검증은 반드시 전투 기본 모델을 통해 검증해야 한다. 기본 속성 성장은 기본 수치의 밸런스를 결정하며, 성장 검증은 게임의 실제 경험 밸런스에 직접적인 영향을 준다.

8.2 수치 모델 구축 방법

게임의 수치 모델 구축은 우리가 구상한 게임의 각 육성, 플레이의 특징을 수치 모델링을 통해 계산하고 게임 데이터를 얻는 과정이다. 먼저 아이디어를 구상한 다음 세부 사항을 보강하고, 마지막으로 구상을 모델링한다. 가령 게임을 설계할 때 요구 사항에 따라 성장 모듈을 설정했다고 하자. 성장 모듈은 어떤 기능에 종속되지 않은 독립적인 성장이며, 육성에 따른 속성 수익은 육성 레벨 증가에 따라 올라가므로 육성 수익은 단계별로 늘어난다. 이런 아이디어로 **성장 모듈의 성장 모델**을 설계할 수 있다. 이 아이디어를 계속 발전시키면, 육성 레벨을 올리기 위해서는 재료를 소비해야 한다. 유저는 해당 자원을 반복해 획득함으로써 육성 레벨을 올리고, 일정 레벨을 올릴 때마다 돌변하는 느낌을 받아야 하며, 돌변 지점에는 새로운 게임 자원이 필요하다. 이 단계에서는 발전한 아이디어에 따라 해당 성장 모듈의 **성장 소비 모델**을 설계한다. 물론 이 아이디어는 아직 완성되지 않았으니 성장 모듈에 경제 사이클을 설계해야 한다. 성장 모듈의 소비를 확정한 다음 성장 모듈에서 생산하는 자원을 분배해야 한다. 아이디어를 실행에 옮기는 과정이 바로 게임 수치 모델을 구축하는 과정이며, 이는 수치 모델의 가장 중요한 역할이다.

여기서는 게임 <원신>에서 성유물 시스템의 설계 아이디어를 예로 들어 시스템 모듈의 수치 모델을 구축한다. 수치 모델 구축의 1단계는 기능의 세부 사항을 요약하고 설계 아이디어를 명확히 해야 한다. 예를 들어 <원신>의 성유물 시스템에서 설계 아이디어를 다음과 같이 정리할 수 있다.

1. 성장 모듈은 혼합형 성장 전략에 속하며, 특정 조합 플레이를 설계하고, 성장 모듈은 유저가 5가지 부위의 성유물을 장착할 수 있게 한다.
2. 각 부위의 속성은 유형에 따라 주 속성과 부 속성으로 나뉘며, 주 속성과 부 속성 모두 유일하다. 다시 말해 주 속성에서 어떤 속성이 나오면 부 속성에서 그 속성이 다시 나오지는 않는다.
3. 주 속성의 속성 종류는 최대 1종류이며, 부 속성의 속성 종류는 최대 4종류다. 그중 두 부위의 주 속성은 고정돼 있고, 나머지 세 부위의 주 속성은 속성 풀에서 랜덤으로 선택된다.
4. 각 성유물은 별 등급에 따라 1~5성으로 나뉘며, 각각 흰색, 초록색, 파란색, 보라색, 주황색에

대응한다. 성유물의 별 등급은 올릴 수 없다. 별 등급에 따라 성유물의 주 속성과 부 속성의 수치가 다르며, 별 등급이 높을수록 속성이 높아진다.

5. 유저는 성유물의 레벨을 올려 주 속성의 수치를 높일 수 있다. 레벨을 올릴 때마다 고정값 또는 백분율의 주 속성 수치가 오르며, 올릴 수 있는 최대 성유물 레벨은 별 등급 × 4레벨이다.

6. 4레벨을 올릴 때마다 부 속성 1개가 추가될 수 있다. 이 수치는 속성 풀에서 랜덤으로 선택된다. 부 속성의 속성 풀은 별 등급에 따라 다르며, 같은 별 등급에서 최소 4개의 다른 속성 수치가 필요하다.

7. 성유물 속성이 4개가 되지 않았다면 부 속성을 4레벨 올릴 때마다 반드시 부 속성 1개가 추가된다. 이미 성유물 속성이 4개라면 부 속성을 4레벨 올릴 때마다 4개 속성 중 하나가 랜덤으로 강화된다(꽤 높은 확률로 해당 속성이 연속 강화된다).

참고 이 정보는 게임 기획안의 내용이 아닌 '브레인스토밍 단계' 또는 수치 기획안 작성 시 나열하는 중요한 아이디어 내용으로, 게임의 수치 모델을 구축하는 데 사용한다.

시스템의 아이디어를 명확히 한 후 수치 모델의 매개변수를 정의하는 단계다. 수치 모델의 매개변수는 수치 모델의 계산 방법과 결과에 직접적인 영향을 미친다.

8.2.1 매개변수 정의

앞의 설계 아이디어 (1) ~ (3)에 따르면 성유물에는 5개 부위가 있으며, 각 부위에는 주 속성과 부 속성이 있고, 각 부위의 주 속성의 유형과 부 속성의 수가 다르다. 이 조건에 따라 성유물 각 부위에 해당하는 주 속성 보너스 종류와 보조 속성 보너스 종류를 설계할 수 있다(표 8.3, 표 8.4).

표 8.3 **주 속성 보너스 종류**

	공격력	방어력	HP	공격력 %	방어력 %	HP %	원소 마스터리	원소 충전 효율	원소 피해 보너스	물리 피해 보너스	치명타 확률	치명타 피해	치유 보너스
1 부위	✓												
2 부위			✓										
3 부위				✓	✓	✓	✓	✓					
4 부위				✓	✓	✓	✓		✓	✓			
5 부위				✓	✓	✓	✓				✓	✓	✓
총합	1	0	1	3	3	3	3	1	1	1	1	1	1

노트 속성 보너스 종류는 시스템의 요구 사항에 따라 설정할 수 있으며, 1 부위와 2 부위의 공격력과 체력은 이 시스템의 가장 기본적인 공격력과 체력 속성으로써 정상적인 게임 경험을 보장하며, 극단적인 육성 전략이 게임의 밸런스를 깨뜨려 게임의 경험에 영향을 미치지 않도록 한다. 3, 4, 5 부위는 보편적이고 고유한 속성이 있어 부위의 특성을 차별화하고, 고유 속성이 나타날 확률을 높인다. 다양한 부위 조합의 난이도를 단순화하며, 유저가 원하는 속성을 빠르게 얻을 수 있도록 도와주는 긍정적인 가이드가 되는 설계다.

표 8.4 **부 속성 보너스 종류**

	공격력	방어력	HP	공격력 %	방어력 %	HP %	원소 마스터리	원소 충전 효율	원소 피해 보너스	물리 피해 보너스	치명타 확률	치명타 피해	치유 보너스
1 부위		✓	✓	✓	✓	✓	✓	✓			✓	✓	
2 부위	✓	✓		✓	✓	✓	✓	✓			✓	✓	
3 부위	✓	✓	✓	✓	✓	✓	✓	✓			✓	✓	
4 부위	✓	✓	✓	✓	✓	✓	✓	✓			✓	✓	
5 부위	✓	✓	✓	✓	✓	✓	✓	✓			✓	✓	✓
총합	4	5	4	4	4	4	4	4			4	4	4

노트 성유물의 부 속성은 조합 플레이의 핵심으로, 순수한 랜덤 속성이다. 유저가 다양한 조합을 선택할 수 있게 해 게임의 성장 재미를 강화한다. 출현 횟수를 집계할 때는 아이디어 (2)의 '주 속성에서 어떤 속성이 나오면 부 속성에서 그 속성이 다시 나오지는 않는다'는 점에 주의해서 랜덤 속성이 나오는 최대 횟수는 1을 빼서 계산한다.

설계 아이디어 (4)와 (5)에서 성유물의 별 등급이 초기 속성의 크기를 결정한다는 것을 알 수 있다. 성유물은 레벨을 올릴 수 있고, 올릴 수 있는 레벨은 별 등급과 관련이 있다. 그리고 레벨을 올릴 때마다 일정한 속성 보너스를 얻을 수 있다(표 8.5~표 8.7).

표 8.5 **매개변수 설정**

매개변수 이름	매개변수 수치
5성 초기 속성 비율	15.00%
올릴 수 있는 최고 레벨	20
돌파 가능 횟수	5

노트 5성의 초기 속성 비율은 속성 분배에서 성유물 시스템의 기초 속성 비율을 기준으로 하며, 여러 성장 모듈의 가중치에 따라 초기 비율 수치가 증가하거나 감소할 수 있다. 올릴 수 있는 최고 레벨은 5성 성유물이 올릴 수 있는 최고 레벨이다(5성 × 4레벨). 돌파 가능 횟수는 레벨을 올릴 때 부 속성을 증가시킬 수 있는 횟수를 나타낸다.

표 8.6 **1~5성 속성 비율**

별 등급	1성	2성	3성	4성	5성
주 속성 비율	60%	70%	80%	90%	100%
부 속성 비율	20%	40%	60%	80%	100%

노트 별 등급별 속성 비율 데이터는 시스템의 포지션에 따라 정의된 수치다. 예를 들어 등급 간 성유물의 주 속성 차이가 너무 크지 않아야 초반부의 게임 경험에 도움이 되고, 부 속성의 차이는 더 커야 후반부에서 높은 별 등급의 성유물을 필요로 하게 된다. 물론 여기서 실제 요구 사항에 따라 조정할 수 있다.

표 8.7 **부 속성 변동 범위**

구간	1단	2단	3단	4단
변동 범위	70%	80%	90%	100%

노트 설계 아이디어 (6)에 따르면 같은 별 등급에서 최소 4개의 다른 속성의 변동 범위가 필요하기에 4개의 속성 변동 범위를 설정했다. 속성 변동 범위는 시스템의 설계 요구 사항에 따라 정의한다. 급격한 변동이 있기를 바란다면 단과 단 사이의 수치를 크게 한다. 그렇게 되면 유저가 바라는 완벽한 속성이 나올 확률이 낮아지고, 반대로 변동이 완만해지면 유저의 육성 경험 과정도 완만해진다.

시스템 구상 아이디어에 따라 매개변수를 정의한 다음에는 다른 수치 모델 계산에서 얻은 데이터를 기준 수치로 참조해 성유물 수치 모델의 계산을 마친다.

8.2.2 데이터 호출

게임의 육성 시스템을 구축할 때 속성 성장 구축을 통해 게임의 속성 성장 데이터를 얻을 것이다. 성장 모듈 조합을 분할해 게임의 각 성장 모듈에 속성 비율을 분배한다. 여기서 성장 데이터와 속성 비율을 곱해(공식은 아래와 같다) 현재 성장 모듈의 총 속성값을 구할 수 있다(표 8.8).

성유물 속성 = 속성 성장 데이터 × 성유물 속성 비율

표 8.8 **속성 수치 집계**

	공격력	방어력	HP	공격력 %	방어력 %	HP %	원소 마스터리	원소 충전 효율	원소 피해 보너스	물리 피해 보너스	치명타 확률	치명타 피해	치유 보너스
주 속성	311		4780	139.8%	174.9%	139.8%	561	51.8%	46.6%	58.3%	31.1%	62.2%	35.9%
부 속성	388	580	5980	116.5%	146.0%	116.5%	465	130.0%	0.0%	0.0%	78.0%	156.0%	0.0%

8.2.3 모델 계산

정의한 매개변수와 호출한 속성 수치에 따라 별 등급별 성유물의 주 속성 수치, 레벨업 후 주 속성 수치, 부 속성 풀의 여러 속성 수치를 공식을 통해 계산할수 있다.

8.2 수치 모델 구축 방법 247

❶ 초기 속성(표 8.9)

> 속성 수치 = 5성 초기 비율 × 별 등급 주 속성 비율 × 속성 수치 총합 ÷ 속성 출현 횟수

표 8.9 5성 성유물 주 속성 보너스 수치

	공격력	방어력	HP	공격력 %	방어력 %	HP %	원소 마스터리	원소 충전 효율	원소 피해 보너스	물리 피해 보너스	치명타 확률	치명타 피해	치유 보너스
1 부위	46.65												
2 부위			717										
3 부위				6.99%	8.75%	6.99%	84.15	7.77%					
4 부위				6.99%	8.75%	6.99%	84.15		6.99%	8.75%			
5 부위				6.99%	8.75%	6.99%	84.15				4.67%	9.33%	5.39%
총합	1	0	1	3	3	3	3	1	1	1	1	1	1

> 노트   예를 들어 5성 성유물의 공격력이 15% × 100% × 311 ÷ 1 = 46.65라면 반올림해 47이고, 5성 성유물 1 부위의 초기 주 속성은 공격력 47 pt다. 다른 별 등급과 다른 부위의 속성도 속성 계산 공식을 통해 구할 수 있다.

❷ 레벨업 속성(표 8.10)

> 레벨당 업그레이드 비율 수치
> = (1 - 초기 비율) ÷ 업그레이드 가능 레벨 × 현재 레벨 × 별 등급 속성 비율

표 8.10 레벨업 속성 비율

레벨	1성	2성	3성	4성	5성
초기 속성	9%	11%	12%	14%	15%
1	11.73%	13.63%	15.52%	17.39%	19.25%
2	14.46%	16.77%	19.04%	21.29%	23.50%
3	17.19%	19.90%	22.56%	25.18%	27.75%
4	19.92%	23.03%	26.08%	29.07%	32.00%
5	22.65%	26.16%	29.60%	32.96%	36.25%
6	25.38%	29.30%	33.12%	36.86%	40.50%

레벨	1성	2성	3성	4성	5성
7	28.11%	32.43%	36.64%	40.75%	44.75%
8	30.84%	35.56%	40.16%	44.64%	49.00%
9	33.57%	38.69%	43.68%	48.53%	53.25%
10	36.30%	41.83%	47.20%	52.43%	57.50%
11	39.03%	44.96%	50.72%	56.32%	61.75%
12	41.76%	48.09%	54.24%	60.21%	66.00%
13	44.49%	51.22%	57.76%	64.10%	70.25%
14	47.22%	54.36%	61.28%	68.00%	74.50%
15	49.95%	57.49%	64.80%	71.89%	78.75%
16	52.68%	60.62%	68.32%	75.78%	83.00%
17	55.41%	63.75%	71.84%	79.67%	87.25%
18	58.14%	66.89%	75.36%	83.57%	91.50%
19	60.87%	70.02%	78.88%	87.46%	95.75%
20	63.60%	73.15%	82.40%	91.35%	100.00%

> [노트] 별 등급별 속성 비율을 구하면 속성 비율에 총 속성 수치를 곱해 성유물의 각 레벨에서 속성 수치를 구할 수 있다. 예를 들어 5성 1부위의 성유물은 15레벨까지 올렸을 때 공격력이 245(78.75% × 311)다.

❸ 부 속성 풀(표 8.11)

> 속성 수치 = (별 등급 부 속성 비율 × 총 속성 수치) ÷ (속성 출현 횟수 × 돌파 가능 횟수)

표 8.11 부 속성 풀 비율

	공격력	방어력	HP	공격력 %	방어력 %	HP %	원소 마스터리	원소 충전 효율	원소 피해 보너스	물리 피해 보너스	치명타 확률	치명타 피해	치유 보너스
1성	4	5	60	1.20%	1.50%	1.20%	5	1.30%			0.80%	1.60%	
2성	8	9	120	2.30%	2.90%	2.30%	9	2.60%			1.60%	3.10%	
3성	12	14	179	3.50%	4.40%	3.50%	14	3.90%			2.30%	4.70%	
4성	16	19	239	4.70%	5.80%	4.70%	19	5.20%			3.10%	6.20%	
5성	19	23	299	5.80%	7.30%	5.80%	23	6.50%			3.90%	7.80%	

> [노트] 예를 들어 5성 성유물 부 속성에서 공격력 속성은 (100% × 388) ÷ (4 × 5) = 19.4이며 반올림해 19다. 정의한 공식을 통해 별 등급에 따른 성유물 부 속성의 최댓값을 계산할 수 있다. 최댓값에 부 속성의 변동 범위를 곱하면 별 등급별 성유물 보조 속성의 속성 풀을 얻을 수 있다.

매개변수 정의, 데이터 호출, 모델 계산 세 단계를 통해 성유물 시스템의 수치를 구한 다음, 수치를 표에 넣어 성유물 시스템의 설계를 마친다.

성유물 시스템에는 또 중요한 개념이 몇 가지 있다. 예를 들어 성유물을 몇 개 착용하면 세트를 형성하고, 세트는 추가 속성이나 패시브 스킬 효과를 제공한다. 앞에서 서술한 3단계로 이 수치 모델을 계속 개선해 성유물 수치 모델을 완성할 수 있다.

8.3 모듈화

자동차는 현대 산업의 산물이며, 현대인이 여행하기에 가장 편리한 교통 수단 중 하나다. 과학 기술의 지속적인 발전과 산업의 발전으로 자동차 생산 공정은 수공업, 조립 라인 방식, 플랫폼 생산, 모듈화 생산의 4가지 생산 방식의 변화를 겪었다. 게임의 수치를 구축하는 것은 자동차 제조와 비슷하게, 수공업부터 시작해 조립 라인 방식, 플랫폼 생산을 거쳐 모듈화 생산을 이뤘다. 게임 수치의 발전 과정은 중국의 게임 산업 발전과 관련이 있는데, 이는 각각 PC 게임 시대, PC 웹 게임 시대, 모바일 게임 시대, 멀티 플랫폼 시대로 나뉜다(그림 8.2).

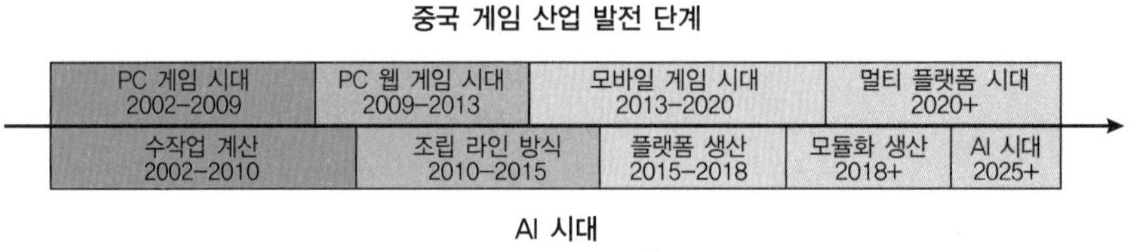

중국 게임 산업 발전 단계

PC 게임 시대 2002–2009	PC 웹 게임 시대 2009–2013	모바일 게임 시대 2013–2020	멀티 플랫폼 시대 2020+	
수작업 계산 2002–2010	조립 라인 방식 2010–2015	플랫폼 생산 2015–2018	모듈화 생산 2018+	AI 시대 2025+

AI 시대

그림 8.2 게임 수치의 발전

[참고] 수작업 계산은 말 그대로 수작업 계산이 아니라 그 단계에서 수치 설계 방식이 비교적 간단했음을 뜻한다. 여기서 말하는 시대는 여러 플랫폼의 게임 방식이며, 각 시대 사이에는 VR게임, 클라우드 게임 등 유사 개념이 있다. 물론 이는 개인적인 견해이며 주류 발전 규율은 아니다. 산업의 발전에 따라 게임의 수치도 자동차 제조와 같이 '모듈화' 생산에 진입했고, 결국에는 AI 시대에 진입해 인공지능이 사람을 대신해 게임 수치 모델을 구축할 것이다.

자동차는 엔진 제어 모듈, 자동 변속기 제어 모듈, 전조등 제어 모듈, 도어 잠금 장치 제어 모듈, 창문 제어 모듈, 계기판 제어 모듈, 에어백 제어 모듈, 자동 에어컨 제어 모듈, 전자식 서스펜션 제어 모듈 등으로 구성된다. 이 모듈은 각각 자동차의 여러 기능을 제어하며, 각 모듈은 독립적이나 모든 모듈이 모여 하나의 완전한 자동차를 형성한다.

수치 모듈의 원리는 자동차 모듈의 원리와 같다. 게임은 기초 성장 모듈, 속성 성장 모듈, 속성 분배 모듈, 성장 모듈, 몬스터 난이도 모듈, 소비 모듈, 생산 분배 모듈, 생산 모듈, 검증 모듈, 기본 전투 모듈로 구성되고, 각 수치 모듈은 여러 기능과 더불어 그에 맞는 역할이 있다.

모듈을 통해 **체계적으로 게임의 수치를 구축할 수 있기 때문**에 모듈화 방식으로 수치를 구축한다. 수치 설계에서 모든 수치 모델을 차례대로 연결해 수치 모델 사이클을 구성하고 게임에 좋은 수치 경험을 제공하는 작업이 가장 복잡한 부분이다. 수치 모델을 연결하려면 수치를 모듈화해야 한다. 이에 따라 각 수치 모델도 인터페이스, 함수, 로직, 상태와 같은 몇 가지 기본 속성이 있어야 하며, 그중 기능, 상태, 인터페이스는 모듈의 외부 특성을 반영하고 로직은 모듈의 내부 특성을 반영한다. 게임의 수치 모델을 구축하면 다양한 모듈에 필요한 게임 경험을 체계적으로 구현하는 데 도움이 되고, 게임 내 각 기능의 수치 요구 사항을 프로세스화해 처리하는 데에는 수치 시각화가 가장 편리한 방법이다.

수치 모듈화의 또 다른 중요한 역할은 다양한 기능이나 시스템의 최적화 및 조정을 편리하게 하는 것이다. 게임 콘텐츠를 계속 업데이트하면서 각 모듈의 수치도 기하급수적으로 증가한다. 최적화할 때마다 일일이 수작업으로 조정하거나 게임 내 각 모듈을 최적화할 수 없으니 하나의 표준이 되는 수치 모델을 만들어 버전 업데이트에 따른 기능 변화와 경험 최적화에 신속하게 대응할 수 있다. 이는 신속한 개발에 필수적인 단계다.

수치 모듈화는 수치 작업 커리어를 쌓는 데도 중요하다. 수치 기획자는 각 게임 시스템과 각 게임에 크고 작은 수치 모델을 계속 구축하는 작업이 핵심이다. 대부분 수치 기획자는 요구 사항을 받는 쪽이고, 수치 요구 사항마다 해결 방안을 만드는 방식은 수치 작업 커리어에 도움이 되지 않는다. 앞에서도 언급했듯, '여러 해 동안 일을 했지만 여전히 자신이 수치 구성만 하고 있는 것 같다. 어느 정도 방법론도 있고, 경험도 쌓였지만, 새로운 게임을 개발할 때마다 처음부터 다시 하는 것 같다. 과거의 경험은 축적되지 않고, 수치 모델을 만드는 것은 갈수록 빨라지지만, 수치에 따른 게임 경험이 향상되는 느낌은 없다' 같은 생각이 드는 건 여러 게임에서 수치 경험이 축적되지 않았기 때문이다. 효율은 높아졌지만 게임 모듈 감각이 늘었다고 하긴 어렵다.

수치 모듈화는 게임 경험을 계승하는 데에도 도움이 된다. 게임을 개발할 때 종종 '어떤 게임의 어떤 모듈을 복가(복기)하라'는 요구 사항을 맞딕뜨리게 된다. 물론 이것이 잘못된 방법은 아니다. 때로는 어떤 게임의 어떤 수치를 완벽하게 복각하는 것이 우수한 게임 경험을 계승하고 자신의 수치 감각을 높이는 방법이 되기도 한다. 사실 수치 기획자는 우수한 게임들의 수치 설계를 자발적으로 학습하고, 경험을 쌓아야 다음 게임에서 완벽하게 쓸 수 있다. 예를 들어 게임 <원신>의 성유물 시스템은 사실 <서머너즈 워: 천공의 아레나>의 룬 시스템을 개선한 것이며, 이는 <음양사>의 게임 시스템에도 쓰였다. 이런 조합 육성 시스템이 오래되긴 했지만, 여전히 새로운 게임에 새로운 게임 경험을 가져올 수 있다. 우수한 게임 수치에 따른 게임 경험은 변함이 없으며, 좋은 게임 경험에 반드시 독창성이 필요하지는 않다. 여러 수치 기획자의 수치 구조는 여전히 이러한 계승이 필요하다.

게임의 수치 구조를 구축하기는 사실 그리 어렵지 않다. 1장의 수치 프로세스에 따라 각 단계를 차례로 완성하면 게임의 모든 수치 요구 사항을 완벽하게 실현할 수 있다.

게임의 수치 구조를 읽고 이해하는 것도 구축과 마찬가지다. 수치를 시각화하는 방법으로 수치 구조를 정리하면 각 주기와 각 콘텐츠의 게임 경험이 좋은지 나쁜지 어렵지 않게 판단할 수 있다.

게임 산업의 발전에 따라 게임 제작 수준도 계속해서 높아질 것이다. 수치 기획자에게 필요한 것은 방법이 아니다. 우리는 게임 아이디어를 실현하기 위해 무수히 많은 방법을 사용할 수 있다. 수치 기획자에게 필요한 건 아이디어와 검증이다. 수치 검증과 시각화를 통해 게임의 수치에 따른 경험을 검증하고, 수치 구조를 어떻게 더 합리적이고 효율적으로 완성할 수 있는지, 게임이 정식 출시되기 전에 수치 구조의 '밸런스'와 '안정성'의 검증 방법을 생각해야 한다.

앞으로 게임 산업이 더 발전하고, 수치 기획자라는 직업이 더 보편화되면 수치 기획자는 생각하고 검증할 시간이 더 많아질 것이며, 수치 기획자가 설정한 수치에 따른 게임 경험도 더 '밸런스 있고 안정적이게' 될 것이다.

마지막으로 여기까지 읽어준 독자에게 감사드리며, 이 책이 도움이 됐기를 바란다.

게임이 하나의 '플랫폼'이고, 이 플랫폼에서 수치 기획자는 5가지 중요한 역할을 한다고 생각한다. 그 역할이란 각각 '플랫폼의 관찰자', '요구 사항 수집가', '기본 구조 구축자', '경험의 실천자', '이성적인 제삼자'다.

외부인의 관점에서 봤을 때, 게임 수치 기획자는 전지적 시점에서 게임의 모든 행위, 언어, 다양한 사건을 관찰해 게임의 전반적인 운영 프로세스를 이해해야 한다. 그리고 논리적 판단과 추론을 통해 이 세계를 개선해 게임 세계가 기획자의 초기 의도에 따라 작동하도록 해야 한다. 이것이 '플랫폼 관찰자'의 역할이다.

동료의 관점에서 봤을 때, 게임 수치 기획자는 고객(유저), 투자자, 제작자, 기획자, 레벨 디자이너, 아트 디자이너, 운영자의 요구 사항을 수집해야 한다. 그리고 요구 사항의 합리성과 중요성을 판단해 게임 수치 최적화의 방향과 조정 방법을 결정해야 한다. 이것이 '요구 사항 수집가'의 역할이다.

수치 기획자 자신의 관점에서 봤을 때, 게임에는 전투 수치와 경제 수치, 수치 검증과 수익화도 필요하다. 게임을 만드는 것은 건물을 짓는 것과 같아 수치 기획자의 일은 견고하고 연결되는 건물의 주요 구조를 만들어 다른 기획자가 내부 구조를 조정하고 외형을 바꿔도 구조는 여전히 견고하도록 하는 것이다. 이것이 '기본 구조 구축자'의 역할이다.

경험의 실천자와 이성적인 제삼자는 필자의 과거 경험을 바탕으로 수치 기획자에게 정의한 새로운 역할이다. 게임을 만드는 일은 곧 게임 경험을 만드는 작업이다. 모든 게임은 설계부터 제작까지 모두 '경험'을 게임의 각 시스템에 녹인다. 수치 기획자는 특정한 '경험' 요구 사항에 따라 알맞은 수치 구조를 설계해야 하며, 정식으로 유저와 마주하기 전에 수치 구조를 계속 조정하고 최적화해서 '기대하는 경험 설계'가 '실제 유저의 경험'이 되도록 해야 한다. 이것이 '경험의 실천자'의 역할이다. 게임 개발의 모든 단계에서 수치 기획자는 이성적인 마음 상태를 유지해야 한다. 분석하고 추론하는 능력이 있어야 이성적인 제삼자의 관점에서 게임을 관찰하고, 요구 사항을 처리하며, 기본 구조를 구축하고, 경험을 최적화할 수 있다. 이를 통해 우수한 게임 수치 기획자가 될 수 있다.

이것이 게임 수치 기획자에 대한 나의 해석이다.

진솔한 서평을 올려주세요!

이 책 또는 이미 읽은 제이펍의 책이 있다면, 장단점을 잘 보여주는 솔직한 서평을 올려주세요.
매월 최대 5건의 우수 서평을 선별하여 원하는 제이펍 도서를 1권씩 드립니다!

- **서평 이벤트 참여 방법**
  ❶ 제이펍 책을 읽고 자신의 블로그나 SNS, 각 인터넷 서점 리뷰란에 서평을 올린다.
  ❷ 서평이 작성된 URL과 함께 review@jpub.kr로 메일을 보내 응모한다.

- **서평 당선자 발표**
  매월 첫째 주 제이펍 홈페이지(www.jpub.kr)에 공지하고, 해당 당선자에게는 메일로 연락을 드립니다.
  단, 서평단에 선정되어 작성한 서평은 응모 대상에서 제외합니다.

독자 여러분의 응원과 채찍질을 받아 더 나은 책을 만들 수 있도록 도와주시기 바랍니다.